Genre et fondamentalismes

Gender and Fundamentalisms

Ce livre est issu de l'Institut sur le genre du CODESRIA.

This book is a product of the CODESRIA Gender Institute.

Genre et fondamentalismes

Gender and Fundamentalisms

Sous la direction de /
Edited by

Fatou Sow

Conseil pour le développement de la recherche en sciences sociales en Afrique
DAKAR

Conseil pour le développement de la recherche en sciences sociales en Afrique
Avenue Cheikh Anta Diop Angle Canal IV
BP 3304 Dakar, 18524, Sénégal
Site web : www.codesria.org

ISBN : 978-2-86978-754-4

Couverture : Création artistique de Madeleine Devès Senghor *L'apparition de la lune* (collage de tissus Lagos SOTIBA SIMPAFRIC, sur papier Canson, 1987)

Distribué en Afrique par le CODESRIA
Distribué ailleurs par African Books Collective
www.africanbookscollective.com

Le Conseil pour le développement de la recherche en sciences sociales en Afrique (CODESRIA) est une organisation indépendante dont le principal objectif est de faciliter et de promouvoir une forme de publication basée sur la recherche, de créer plusieurs forums permettant aux chercheurs africains d'échanger des opinions et des informations. Le Conseil cherche ainsi à lutter contre la fragmentation de la recherche dans le continent africain à travers la mise en place de réseaux de recherche thématiques qui transcendent toutes les barrières linguistiques et régionales.

Le CODESRIA publie une revue trimestrielle, intitulée *Afrique et Développement*, qui est la plus ancienne revue de sciences sociales basée sur l'Afrique. Le Conseil publie également *Afrika Zamani* qui est une revue d'histoire, de même que la *Revue Africaine de Sociologie* ; la *Revue Africaine des Relations Internationales (AJIA)* et la *Revue de l'Enseignement Supérieur en Afrique*. Le CODESRIA co-publie également la *Revue Africaine des Médias*; *Identité, Culture et Politique : un Dialogue Afro-Asiatique* ; *L'Anthropologue africain*, la *Revue des mutations en Afrique*, *Méthod(e)s : Revue africaine de méthodologie des sciences sociales* ainsi que *Sélections Afro-Arabes pour les Sciences Sociales*. Les résultats de recherche, ainsi que les autres activités de l'institution sont aussi diffusés à travers les « Documents de travail », le « Livre Vert », la « Série des Monographies », la « Série des Livres du CODESRIA », les « Dialogues Politiques » et le *Bulletin du CODESRIA*. Une sélection des publications du CODESRIA est aussi accessible au www.codesria.org

Le CODESRIA exprime sa profonde gratitude à la Swedish International Development Cooperation Agency (SIDA), à la Carnegie Corporation de New York (CCNY), à l'Agence norvégienne de développement et de coopération (NORAD), à la Fondation Rockefeller, à l'Open Society Foundations (OSFs), à l'Open Society Initiative for West Africa (OSIWA), à l'Open Society Initiative for Southern Africa (OSISA), à la Fondation Andrew Mellon, à la Fondation Oumou Dilly ainsi qu'au Gouvernement du Sénégal pour le soutien apporté aux programmes de recherche, de formation et de publication du Conseil.

Sommaire / Contents

Dédicace

À Aminata Diaw Cissé

Cet ouvrage est dédié à Aminata Diaw Cissé. Elle nous a quittés brutalement, en avril 2017, alors que nous préparions la publication des travaux de cet Institut sur le genre du CODESRIA. Elle l'avait coordonné, comme administratrice principale de programme. Aminata était notre collègue, amie et sœur. Elle nous impressionnait par sa dignité incarnée, sa fine élégance de l'âme et du geste, sa vive intelligence et son éloquence magique. Femme de science exemplaire, elle avait la force et l'humilité des vrais gens du savoir. Elle laisse une marque profonde au CODESRIA et à l'Université Cheikh Anta Diop de Dakar où elle avait passé le plus clair de sa carrière et venait de retourner. Elle avait contribué à la formation et à l'ouverture d'esprit de plusieurs générations d'étudiants sénégalais et africains en philosophie.

Dedication

To Aminata Diaw Cissé

This book is dedicated to Aminata Diaw Cissé who passed away abruptly in April 2017, while we were working on the publication of papers presented during this CODESRIA Gender Institute that she had coordinated in her capacity as Senior Program officer. Aminata was our colleague, our friend and our sister. She used to impress us with her personified dignity, her fine elegance of soul and gesture, her lively intelligence and magical eloquence. An exemplary woman of science, she had the strength and the humility of the real people of knowledge. She left behind a big void at CODESRIA and at Cheikh Anta Diop University of Dakar where she had spent most of her career and had just returned. She contributed a lot to the training and open-mindedness of several generations of Senegalese and African students in philosophy.

Remerciements

Cet ouvrage est né d'efforts collectifs de réflexion et de débat des participantes, participants et personnes ressources de l'Institut sur le genre du CODESRIA de 2011. Il est le nôtre. Merci !

Nous remercions très vivement Ebrima Sall et Godwin Murunga, respectivement ancien et actuel, Secrétaire exécutif du CODESRIA, et toute l'équipe de leurs programmes, pour leur disponibilité et leur soutien remarquables. Nos encouragements vont au CODESRIA pour la préservation de ses instituts sur le genre comme plateformes d'enseignement, de réflexion et d'échange autour de questions à la fois cruciales et si sensibles.

Les relectures critiques du manuscrit de Pathé Diagne et de Momar Coumba Diop ont été précieuses. Qu'ils en soient remerciés.

Enfin, Madeleine Devès Senghor a offert généreusement l'une de ses créations artistiques, pour que nous l'utilisions en couverture : « L'apparition de la lune » (collage de tissus Lagos SOTIBA SIMPAFRIC, sur papier Canson, 1987). Merci infiniment, Madeleine !

Fatou Sow
Sociologue CNRS

Acknowledgements

This book is a result of the collective efforts of reflections and debates by both female and male participants, and resource persons of the 2011 CODESRIA Gender Institute. It is ours. Thank you!

We deeply thank Ebrima Sall and Godwin Murunga, former and current Executive Secretaries of CODESRIA repectively, and all programme teams for their outstanding availability and support. We also encourage CODESRIA to preserve its Gender Institutes as platforms for teaching, reflection and exchange around issues that are both crucial and sensitive.

Pathé Diagne's and Momar Coumba Diop's reviews of the manuscript were invaluable. We are most grateful to them.

Finally, Madeleine Devès Senghor has generously donated one of her artistic creations, for the cover: "The appearance of the moon" (collage of Lagos SOTIBA SIMPAFRIC fabrics, on Canson paper, 1987). Thank you so much, Madeleine!

Fatou Sow
Sociologist CNRS

Note sur les contributeurs / Notes on Contributors

Fatou Sow, sociologue, titulaire d'un doctorat de 3e cycle (Université Paris-Sorbonne) et d'une habilitation à diriger des recherches en sociologie (Université Paris Diderot), a mené sa carrière académique de chercheure au Centre national de la recherche scientifique (France). Elle a travaillé au département de sociologie de l'Institut fondamental d'Afrique Noire de l'Université Cheikh Anta Diop de Dakar (Sénégal), puis au Laboratoire SEDET/CNRS de l'Université Paris Diderot (France). Membre de plusieurs organisations scientifiques (CODESRIA) et de recherche militante (DAWN, WLUML, …), le professeur Sow est, depuis 2008, la directrice du Réseau international de solidarité Women Living Under Muslim Laws (Londres, UK). Ses domaines de recherche portent sur les questions du développement en Afrique et sur une approche féministe des sciences sociales et des études des femmes. Elle a co-édité *Sexe, genre et société : engendrer les sciences sociales en Afrique*, avec A. Imam et A. Mama (CODESRIA–Karthala 2004), *Notre Corps, notre santé, la santé et la sexualité des femmes en Afrique subsaharienne*, avec C. Bop (Harmattan 2004), et a dirigé *La recherche féministe francophone : langue, identité et enjeux* publié à Karthala, en 2009.

Karima Bennoune is currently a Professor of International Law at the University of California at Davies (USA), after she left the Rutgers School of Law, Newark where she was Professor of Law and Arthur L. Dickson Scholar, and taught international law and human rights for ten years. From 1995 until 1999, she was based in London as a legal adviser at Amnesty International. Professor Bennoune has lectured around the world: at major US academic institutions, the University of London, the London School of Economics, the University of Oslo, the Australian National University, the Sydney Writer's Festival, the WLUML Feminist Leadership Institute in Senegal, the Gender Institute of the Council for the Development of Social Science Research in Africa (CODESRIA). She has published extensively on human right issues in many leading academic journals. Professor Bennoune's book, *Your Fatwa Does Not Apply Here: Untold Stories from the Fight against Muslim Fundamentalism*, was the winner of the 2014 Dayton Literary Peace Prize for nonfiction. Published by W.W. Norton & Company in August 2013, the book addresses resistance to fundamentalism in Muslim majority contexts. The field research for this book took her to many countries, including Afghanistan, Egypt, Israel/Palestine, Mali, Niger and Russia. The TED talk based on the book, "When people of Muslim heritage challenge fundamentalism" has received over a million views.

Albertine Tshibilondi Ngoyi est professeure d'université, docteure en philosophe de l'Université catholique de Louvain et docteure en sciences sociales (orientation coopération au développement) de l'Université Libre de Bruxelles (Belgique). Elle a enseigné à l'Université catholique du Congo (RDC) et à l'Université catholique d'Afrique centrale à Yaoundé (Cameroun). Parallèlement à ses enseignements au Congo et en Belgique, elle est la directrice du Centre d'études africaines et recherches interculturelles (CEAF&RI), qu'elle a fondé en 1986 à Bruxelles. Outre ses recherches en philosophie, elle s'investit dans l'éducation des femmes en Afrique. Elle est l'auteure de nombreuses publications, dont *Enjeux de l'éducation de la femme en Afrique. Cas des femmes congolaises du Kasayi*, Paris, L'Harmattan, 2005. Site : www.ceafri.org (Études africaines féminines et recherches interculturelles).

Rosalie Macchia-Samba, doctorante en sociologie du développement au Laboratoire de recherche sur les transformations économiques et sociales (LARTES/IFAN), de l'Université Cheikh Anta Diop de Dakar, Sénégal. Elle réalise une thèse sous la direction du professeur Abdou Salam Fall, sur le sujet : « Le paradigme de l'acteur appliqué aux développements – Fondements théoriques et épistémologiques d'une méthodologie au service des acteurs. Stratégies populaires de sécurisation en milieu urbain ouest-africain ». Son travail de terrain s'intéresse aux stratégies développées par les femmes chefs de ménage, de fait, de la banlieue dakaroise, aux stratégies de protection qu'elles développent en l'absence de système structuré de protection sociale inclusif. Belge d'origine italienne, elle vit depuis une dizaine d'années dans la capitale sénégalaise. Elle occupe parallèlement des activités professionnelles dans le milieu de la coopération au développement.

Francine Shako Obonga est licenciée en droit privé et judiciaire à l'Université de Kinshasa (RDC). Elle est chercheure associée au Réseau universitaire des chercheurs sur le genre depuis 2010 et membre du Centre d'étude sur la justice et la Résolution 1325. Depuis son affiliation à ces deux structures, elle a participé à plusieurs de leurs rencontres scientifiques relatives à la promotion de l'intégration genre dans les programmes et stratégies du gouvernement de la République démocratique du Congo. Elle a également, dans ce cadre, collaboré à des études et actions de terrain.

Awa Diop est titulaire d'un doctorat en sociologie à l'Université Bordeaux Segalen (France). Elle a été attachée au Centre Émile Durkheim de cette université. Ses travaux de recherche portent sur une analyse « par le bas » des transformations actuelles à l'œuvre dans la société sénégalaise. De manière plus générale, elle s'intéresse aux nouveaux processus de déconstruction des mœurs, aux discours moraux ambiants autour des corps féminins dans la sphère publique et le contournement de tels dispositifs, à la reconfiguration ou du moins le changement des échelles de valeur face à des pratiques perçues comme transgressives.

Moustapha Moncher Nsangou Mbouemboue est chercheur au Centre de développement des bonnes pratiques en santé de l'Hôpital central de Yaoundé (Cameroun) et a obtenu un Doctorat en sociologie à l'Université de Yaoundé I. Auteur de plusieurs articles scientifiques, ses travaux portent sur les itinéraires thérapeutiques des femmes infectées par le VIH qui semblent ne pas trouver satisfaction dans l'offre de santé moderne, en raison de leur inadéquation avec leur culture.

Maïmouna Ndoye, juriste de formation, a un vif intérêt pour l'interdisciplinarité et les études genre. Après sa maîtrise en droit privé (option judiciaire) à la Faculté des sciences juridiques et politiques de l'Université Cheikh Anta Diop de Dakar (Sénégal), elle a poursuivi ses études en Suisse. Elle a obtenu un DEA en études genre à l'Université de Genève et un doctorat en études du développement à l'Institut de hautes études internationales et du développement de Genève. Sa thèse a porté sur les MGF avec une ouverture interdisciplinaire sur le droit et les sciences sociales. De retour au Sénégal en 2011, Maïmouna a d'abord travaillé comme conseillère technique genre à FHI 360 et actuellement à IntraHealth International en tant que Conseillère Technique Genre et Jeunes.

Karine Geoffrion, PhD, is a lecturer in the Department of Sociology and Anthropology of the University of Cape Coast (Ghana). She is interested in gender and sexuality. More specifically, she has been researching gender non-conformity expressions in Ghanaian youth. Her recent publications are: "'I wish our gender could be dual': male femininities in Ghanaian university students", Cahiers d'études africaines 1/2013, N° 209-210, pp. 417-443; "Ghanaian youth and festive transvestism", Culture, Health & Sexuality. An International Journal for Research, Intervention and Care, 15 sup1, pp. 48-61.

Camille Welepele Elatre est professeur associé en sciences politiques et administratives de l'Université de Kisangani (RDC). Il est le coordonnateur du Réseau universitaire pour la recherche sur le genre (Unikis). Auteur de plusieurs articles et contributions à des ouvrages collectifs, il a co-dirigé l'ouvrage *Les réformes du secteur public en République démocratique du Congo: rétrospectives et perspectives*, CODESRIA, Dakar, 2013. Ses centres d'intérêt portent sur : genre et gouvernance, genre et religion, réforme du secteur public et construction nationale.

Érick Zacharie Endémé Tsamenyé est doctorant en sociologie sous la direction conjointe de l'Université de Yaoundé I (Cameroun) et de l'Université de Ouagadougou (Burkina-Faso). Il est rudologue et s'interesse à la sociologie urbaine et rurale, option santé environnement. Sa thèse porte sur « la politique de gestion des déchets et l'assainissement au Cameroun ». Auteur de plusieurs articles scientifiques et membre de nombreuses associations scientifiques, Tsamenyé est actuellement directeur adjoint des affaires sociales et communautaires à GEAIFEC.SA et consultant dans un cabinet juridique « BINYAME CONSULTING ».

Chidiebere Onwutuebe is a graduate assistant at the Southern Nigerian Institute of Innovative Technology, Ifewara, Ile-Ife, and a post graduate student at the Obafemi Awolowo University, Ile-Ife, Osun State, Nigeria. He has won many awards for his intellectual promise, both at local and international levels. His work is on cultural fundamentalism and gender disparity, reflections on women and politics in Nigeria.

Michael Conteh holds a Master's degree in Development Studies with specialization in women, gender, development and poverty studies from the Institute of Social Studies (ISS) of the Erasmus University Rotterdam, The Hague (The Netherlands). As a senior researcher at the Namibian Institute of Public Administration and Management (NIPAM), facilitator and a gender specialist, Conteh has 12 years' experience conducting research, training and capacity building, advocacy and publishing scientific papers on social development issues in Namibia and Southern Africa, such as gender based violence, politics and decision-making, gender mainstreaming and analysis, HIV/AIDS, women's property and inheritance rights, human and child trafficking, national pride and nationhood, local sustainable development, poverty and gender issues, to mention but a few.

Helen Promise Mhlanga is a full-time lecturer of the Department of History, the Faculty of Humanities, at the University of Swaziland. She holds a Master's degree in History from the University of Swaziland, in 2006. Her field of study is African History and she specializes in Gender Studies. She is currently enrolled with the University of Zululand in South Africa for a PhD in History.

Alfred Anangwe, a sociologist, is a researcher at Arid Lands Institute, Nairobi, Kenya. He has presented papers at a number of international conferences, and participated in various research projects alongside accomplished Kenyan scholars and contributed chapters to the *African Journal of International Affairs* (CODESRIA 2006), *Encyclopaedia of African Folklore* (Routledge 2004), *Governing African Health Systems* (CODESRIA 2008) and *Conflict and Peacebuilding in the Great Lakes Region* (Indiana University Press 2013). His current research interests are: political conflicts and democracy in Africa, terrorism in Eastern Africa, health sector reform in Kenya, and gender.

1

Genre et fondamentalismes en Afrique : une introduction

Fatou Sow

La culture, la religion et la politique, prises chacune comme ensemble d'idées et d'idéologies, d'institutions ou de systèmes et de pratiques propres aux sociétés humaines, ont une large place dans les sciences sociales en Afrique, comme en témoigne la recherche produite. Mais l'impact de leurs multiples interactions sur les relations de genre ou rapports de pouvoir entre les sexes, exacerbé par la montée des fondamentalismes dans l'Afrique contemporaine, ne constitue pas encore un enjeu crucial de recherche, d'où l'initiative de l'Institut sur le genre du CODESRIA de lui consacrer ses débats de l'année 2011.

Religion et culture se nourrissent mutuellement et ont une très forte influence sur le politique. Émile Durkheim, lorsqu'il s'attachait à cerner *Les formes élémentaires de la vie religieuse* (1912), en concluait que la religion était un soubassement du social. Il écrivait, plus tard, au sujet de *La division sociale du travail* : « À l'origine, [la religion] s'étend à tout ; tout ce qui est social est religieux ; les deux mots sont synonymes » (1986:143). D'où l'idée que reprenait Agnès Rochefort-Turquin, lorsqu'elle posait les termes du débat entre société et religion, la religion[1] ne serait-elle pas « ce qui fait lien, ce qui relie les hommes entre eux et les hommes à une divinité, au ciel » ? (2006:589). La culture donne une consistance effective à ce lien, tandis que la religion conditionne le symbolisme de très nombreux actes, même les plus élémentaires de la vie quotidienne, qui définissent la culture. On peut aussi accepter, avec Jean-Paul Willaime, que « la religion crée de la solidarité communautaire, relie les hommes entre eux, à travers la pratique des rites, le partage des récits et la référence à des figures fondatrices » (2011:20).

Des questions centrales traversent cet ouvrage. Comment la religion et de la culture peuvent-elles se faire à la fois sources et lieux d'expression des fondamentalismes ? À partir de quels moments leurs messages et leurs interprétations deviennent-ils fondamentalistes ? Quels sont leurs effets sur les femmes et sur les rapports de genre ?

Il est sans doute utile, dès le début de cette introduction, de (re)préciser la signification du genre, question centrale des instituts sur le genre du CODESRIA. Le concept a connu de multiples (més)aventures en Afrique. D'un concept féministe politique de contestation du patriarcat, le genre en est devenu un « d'accommodement ». Les institutions officielles, gênées par celui de féminisme, lui ont préféré le genre, en ôtant à ce concept une bonne part du sens critique dont il était porteur dans sa version féministe d'origine[2]. Nombre de terminologies (rapports hommes/femmes, rapports sociaux de sexe, inégalité entre les sexes, oppression, domination, genre, *empowerment*, autonomisation des femmes, pour n'en citer que quelques-unes), conçues autour de revendications féminines significatives, ont été soit contestées, soit édulcorées, voire vidées de leur sens premier : connotation antagonique, propre aux rapports de pouvoir. Les expressions de droit de disposer de son corps, de contrôle de sa fécondité ou de droits sexuels sont certes utilisées par les organisations féminines, mais avec une précaution soulignée par Maïmouna Ndoye, à propos de la campagne contre les mutilations génitales féminines. Elles expriment pourtant des réalités bien vécues. Si le droit à la parité rencontre toujours une certaine résistance dans l'opinion populaire, celui à l'orientation sexuelle est à peine audible et encore moins dicible[3], comme le montre Karine Geoffrion à propos du Ghana, dans cet ouvrage. Ces droits et d'autres, relatifs à la situation sociale, économique et politique des femmes, ne sont pas totalement acceptés par une part des opinions publique, politique et religieuse, malgré des succès sensibles sur une cinquantaine d'années.

Le féminisme, comme théorie et outil d'analyse critique et d'action politique, est sans doute celui qui a le plus dérangé les opinions établies. Il y a des productions théoriques et conceptuelles qui ont servi à structurer les débats d'idées autour des femmes, depuis les années 1960, pour ne pas remonter plus loin dans l'histoire plurielle des femmes et de leurs luttes. On peut partager, avec Elsa Dorlin, cette définition du féminisme comme « la tradition de pensée et, par voie de conséquence, les mouvements historiques, qui, au moins depuis le XVIIe siècle, ont posé selon des logiques démonstratives diverses l'égalité des hommes et des femmes, traquant les préjugés relatifs à l'infériorité des femmes ou dénonçant l'iniquité de leur condition » (2008:9).

Ainsi, le genre, concept à la mode, est (sur)exploité par tous les discours locaux, nationaux et internationaux. On admet volontiers « l'expertise en genre », sans questionnement, ni sur les conditions d'émergence du concept, sa signification première et ses implications dans les analyses socioéconomiques, politiques et culturelles contemporaines, ni sur le profil de ces experts des deux sexes. Le concept possède toute une histoire, largement ignorée par ses utilisateurs. Employé, au départ, par les féministes « comme une manière de se référer à l'organisation sociale de la relation entre les sexes » (Scott 1988:41), le genre a servi à souligner les rapports de pouvoir entre hommes et femmes, selon une hiérarchisation sociale des sexes, au sein des structures familiales, économiques, politiques, socioculturelles et religieuses. Ainsi que le rappelait Albertine T. Ngoyi, lors de sa présentation, à l'Institut sur le genre et ses méthodologies, citant Combes et Devreux :

> « Les sexes n'existent pas socialement l'un sans l'autre. Plus encore, « c'est l'oppression qui crée le genre ». C'est la pratique sociale qui transforme en catégorie de pensée un fait physique qui, en lui-même, n'a pas de sens pour le social, n'est pas explicatif du social. C'est donc le social qui crée le sexe biologique comme catégorie sociale. Dès lors on peut dire que le biologisme n'est pas une erreur « théorique », c'est proprement un système idéologique qui prétend rendre compte d'un fait social : le rapport entre les sexes » (1992:154).

Pour les féministes, s'ouvraient « des possibilités pour la réflexion sur les stratégies politiques actuelles et l'avenir (utopique), parce que [...] le genre doit être redéfini et restructuré en conjonction avec une vision d'égalité politique et sociale qui inclut non seulement le sexe, mais aussi la classe et la race » (Scott 1988:63). D'autres indicateurs seront progressivement pris en compte, selon les sociétés, les contextes et les périodes.

Si le féminisme représente un corpus d'idées, de théories et d'actions contre l'oppression des femmes, il a toujours rassemblé des courants de pensée pluriels, différents, voire divergents, en raison de la diversité des situations, des besoins et des priorités d'action. Tout en reconnaissant l'oppression des femmes, le féminisme des *Women of Color,* du *Black Feminism* et les multiples perspectives féministes du Sud (les organisations d'Asie, d'Afrique et des Amériques ont creusé leurs points de vue) ont été, avec l'expansion du mouvement, autant de courants de contestation du féminisme dominant *blanc.* De même, les catégories binaires du genre (homme-femme, masculin-féminin) ont eu leur part de remise en question, dès les années 1990, en

Occident même. La réflexion en pleine mutation sur les identités de sexe et de genre faisait reconnaître des catégories sexuelles hors du masculin et du féminin (transsexuel, transgenre, etc.). Judith Butler, première théoricienne du *queer*, discutait du *Trouble dans le genre.* Elle invitait à réfléchir sur un *féminisme de la subversion* (2005) et à une critique radicale de l'hétéronormativité.

On aurait dû donner une place spécifique au développement des théories féministes et du genre en études sur les femmes et dans les sciences sociales en Afrique, à l'origine de la création des instituts sur le genre du CODESRIA (1994). Des perspectives féminines et féministes du Sud (Asie, Afrique, Amérique latine et Caraïbe) ont jalonné cette histoire, pour tenir compte des positionnements et des priorités des femmes de ces régions. En Afrique, décoloniser les recherches sur les femmes en sciences sociales a été un moment capital de rupture intellectuelle avec une vision eurocentrée des théories sociales ; les « engendrer » a ouvert de nouvelles perspectives d'analyse critique de leur dimension masculiniste et patriarcale et soulevé des questionnements toujours à l'œuvre. L'institutionnalisation des études de genre est encore problématique dans le monde académique et dans ses productions autour de la question : approche de genre ou perspective féministe ?[4].

L'appropriation du féminisme et sa (re)création des débats scientifiques et politiques ont été au cœur des défis à la théorisation du genre entre chercheuses africaines elles-mêmes, entre féministes et « fémocrates », entre associations et féministes et féminines, entre femmes de toutes catégories. « Être ou ne pas être féministe » en a été l'un des termes les plus critiques avec les menaces d'accusation d'occidentalisation et d'intellectualisme. Les perspectives africaines en faveur et en défaveur du féminisme sont débattues dans une importante littérature produite ces trente dernières années. Elles sont bien illustrées dans deux revues africaines en ligne, *Feminist Africa* et *Jenda*, spécialisées en études des femmes et situées à des pôles opposés. Certaines de ces discussions sont reprises dans quelques contributions à l'ouvrage, dont celles de Fatou Sow sur « Le genre et les défis du fondamentalisme en Afrique » et d'Albertine T. Ngoyi sur les « Genre et fondamentalismes culturels et religieux ». Enfin, le féminisme dont le terme reste à créer dans les langues africaines, est-il seulement une position de l'élite féminine ? Que dire de l'activisme croissant de femmes de toutes catégories, pour changer l'ordre social ou certains de ses aspects ? Peggy Antrobus, qui analysait le mouvement global des femmes dont elle fut actrice sur plusieurs décennies, écrivait :

> « Les femmes engagées dans l'organisation et l'action pour le changement concernant les conditions et positions des femmes utilisent un éventail de stratégies qui vont des réformistes aux révolutionnaires. Toutes les stratégies peuvent être acceptables selon les circonstances spécifiques ou pour des raisons particulières » (2004:109)[5].

Si les femmes ne dénoncent pas nécessairement le patriarcat, elles n'en sont pas moins sensibles aux discriminations sociales et culturelles qui les affectent. La parité que l'on qualifiait de revendication de classe de l'élite féminine, dans la vie politique sénégalaise, était devenue une aspiration pour la plupart des candidates aux élections locales et départementales de 2014. Ces candidates n'étaient pas toutes membres des élites intellectuelles urbaines.

La religion, convoquée en politique

La religion est souvent convoquée par les États, pour légitimer leurs prises de décision politiques, malgré l'évidence possible de leurs intérêts géopolitiques. Ronald Reagan, 40e président des États-Unis (1981-1989) et George W. Bush, le 43e (2001-2009) avaient la réputation de témoigner ouvertement de leurs convictions religieuses dans leurs fonctions politiques. Lors de son fameux discours du 8 mars 1983, devant l'Assemblée nationale des Évangéliques, Ronald Reagan dénonçait les « pulsions agressives de l'Empire du Mal » que constitueraient, selon lui, l'Union soviétique et ses alliés communistes. Il les accusait de chercher « à placer [les États-Unis] dans une position d'infériorité militaire et morale ». George W. Bush s'en prenait à ce qu'il considérait aussi comme « l'axe du mal », en menant littéralement une croisade contre l'Afghanistan, puis l'Irak, après les attentats du 11 septembre 2001, en plein cœur de Manhattan. Sa propre dérive, que l'on pourrait aisément qualifier d'intégriste, ne fit, souligne Denis Lormier, « qu'exacerber le sentiment latent de frustration et nourrir la radicalisation extrême des mouvements politiques invoquant l'islam » (2007:182). Des centaines de milliers d'organisations de femmes dans le monde s'en indignèrent, lorsqu'il se servit de la politique du *Global Gag Rule*[6], promue par Reagan, pour retirer l'appui financier américain à tous les États, toutes les organisations internationales et non gouvernementales qui légaliseraient l'avortement (*Center for Reproductive Rights* 2001). On était certes au cœur d'un débat brûlant sur la famille, les droits sexuels et reproductifs dans la société américaine prise en tenaille entre le conservatisme religieux et les partisans de droits humains en quête de libertés nouvelles. Le Fonds des Nations Unies pour la population (FNUAP) fit les frais de cette radicalisation durant tout le mandat de George W. Bush, jusqu'à ce que le président Obama le rétablît en 2008, dès son élection.

Ailleurs, la Charte canadienne des droits et libertés[7] de 1982 stipulait, en son préambule : « le Canada est fondé sur des principes qui reconnaissent la suprématie de Dieu et la primauté du droit », bien que, quelques articles plus loin, elle concédât la liberté de conscience et de religion. De même, en 2005, plusieurs États membres de l'Union européenne tentaient, sans succès, d'inscrire, dans la nouvelle constitution, le christianisme comme religion constitutive de l'identité de l'Union.

L'Afrique, notre espace de réflexion, n'a pas été en reste. Le religieux s'est indubitablement installé dans le champ politique contemporain et s'y maintient de manière de plus en plus manifeste dans les relations nationales comme internationales. Les liens entre religion et politique se renforcent à l'évidence, sous des formes multiples, qu'il s'agisse des religions du Livre ou des religions locales. Comme le constatait Mame Penda Ba, professeure de sciences politiques à l'Université Gaston Berger de Saint-Louis, Sénégal :

> « L'Afrique en effet, n'a pas vécu la sortie du religieux que l'on prophétisait comme inhérente au monde moderne. [...] Au contraire, sur la terre africaine, il serait plus juste de parler d'une intensification, d'une amplification et d'une redynamisation des croyances et pratiques religieuses et, partant, d'une complexification des rapports entre politique et religion. En effet, les deux grandes religions monothéistes – islam et christianisme – qui se partagent les ferveurs des populations ainsi que les religions traditionnelles ont occupé et continuent d'occuper une place décisive dans la structuration des États, qu'ils soient pré-coloniaux, coloniaux ou indépendants. Le champ religieux, en Afrique, a toujours été vaste et englobant et ses contours mous et aléatoires » (2007:13).

Par exemple, tous les pays d'Afrique du Nord, la Mauritanie en Afrique de l'Ouest et le Nord-Soudan en Afrique de l'Est ont fait de l'islam leur religion d'État : les uns depuis l'indépendance ; les autres de manière plus opportuniste, au fil des ans, et ce, malgré la présence de minorités religieuses plus ou moins significatives[8], notamment chrétiennes et juives. Le Soudan et la Mauritanie l'ont fait respectivement en 1983 et 1985, dans des contextes très spécifiques de lutte pour le pouvoir politique. Au Nord Mali, en janvier 2012, les rébellions nationalistes et jihadistes en faisaient une loi. Et, en 2014, Boko Haram, un mouvement de rébellion à l'État nigérian, tentait de s'emparer d'un vaste territoire au nord du pays, pour en faire, clamait-il, un califat et rejoindre l'État islamique. Christian Coulon écrivait déjà, à propos des conflits survenus, en 1987, entre musulmans et chrétiens à Kaduna, toujours au Nord Nigeria,

> « les identités religieuses ont [eu] tendance à s'ériger en système de classification, et la norme religieuse [a] fait figure aux yeux de nombreux acteurs sociaux de loi de référence suprême » (1993:21).

Aussi ne s'est-on pas étonné que, quelques années plus tard (1999-2001), les parlements d'une douzaine d'États du Nord Nigeria adoptent un code pénal musulman, défiant littéralement le pouvoir fédéral à Abuja ; ils décidaient, par exemple, d'y introduire la peine de mort par lapidation pour l'adultère (*zina*) criminalisé[9]. Pourtant cette mesure ne figurait pas dans les systèmes juridiques en vigueur, dont les sources étaient, depuis l'époque coloniale, le droit civil, le droit musulman et le droit coutumier. Bien qu'aucune peine de lapidation n'ait jamais été exécutée dans ces États, elle continue à être prononcée et le code pénal demeure un héritage musulman.

Quant au christianisme, autre grande religion du continent, sa présence remonte au IIe siècle, parmi les populations berbères d'Afrique du Nord, bien avant la pénétration arabe. Cette « église » africaine a joué un rôle important dans le développement du christianisme latin, avec notamment des personnages aussi renommés que Tertullien et Augustin dans la fondation de l'Église de Rome (Tessier 2004 ; Lepelley 2007). Son influence fut à l'origine de l'Église copte orthodoxe d'Égypte et de l'Église orthodoxe éthiopienne qui figurent parmi les plus vieilles du monde. L'évangélisation prend un nouvel essor sur le continent, avec les activités des missionnaires occidentaux qui accompagnaient les explorateurs/colonisateurs, à partir du XVIe siècle et durant toute l'époque coloniale avec des histoires diverses d'évangélisation, selon les contextes et les régions (Gadille 1999). Aujourd'hui, le christianisme est une religion dominante en Afrique centrale, orientale et australe. Le catholicisme a dominé dans l'Afrique de colonisation française, portugaise et espagnole, et le protestantisme a surtout marqué les anciennes colonies britanniques.

Une littérature importante est consacrée à l'implication de l'Église dans la gestion du politique en Afrique, de l'époque coloniale aux indépendances. Les congrégations religieuses occidentales entretinrent des relations plus que complexes avec l'État colonial. Ces relations reposaient, en effet, sur des bases faites à la fois de conflit d'intérêt et de collaboration, de rivalité d'influence et de connivence, avec les autorités administratives dans l'accomplissement de l'entreprise coloniale[10] (De Benoist 1987 ; Ngongo (1982). Ces églises associèrent leurs missions d'évangélisation à leurs œuvres de charité, d'éducation et de santé dont le pouvoir colonial avait besoin. Leurs tâches de conversion des populations, établies sur leurs dogmes et symbolismes chrétiens, s'avérèrent difficiles, face à des cultures et pratiques cultuelles locales vivantes et dynamiques. Comme l'analyse Achille Mbembe, c'est « dès l'origine, [que] l'indigène s'avisa par conséquent d'instrumentaliser cette modalité neuve » (1988:10). Au sein des sociétés colonisées, les rapports entre le christianisme politiquement prééminent et les religions locales, y compris l'islam, furent entachés « d'indocilité », de capture et de re-création du message chrétien (Mbembe 1988 ; Boulaga 1991). Les travaux des synodes africains de 1974 et 1994 témoignèrent des efforts à élaborer « un visage africain » de l'Église catholique (Gabille 1999). Blaise Bayili se faisait apôtre d'une théologie de l'inculturation dans toutes ses publications, et, à l'instar de théologiens africains, affirmait que « l'inculturation du message évangélique » demeurait un besoin impérieux (2008).

De ces mouvements d'évangélisation, émergèrent, vers la fin du XIXe siècle, des églises africaines qualifiées d'indépendantes, guidées par des « prophètes » de renom, tels que William Wade Harris (1860-1929), un Libérien installé en Côte d'Ivoire et Simon Kimbangu (1889-1951) au Congo. Se réappropriant la tradition biblique, ils créèrent des églises d'essence chrétienne (catholique ou protestante) dont le rôle politique fut prééminent. Et, à la fin des années 1990, on assistera à une véritable explosion de « nouvelles églises » dites « églises de réveil ». Cette explosion a été liée à plusieurs facteurs comme : l'exacerbation des précarités politiques, économiques et sociales affectant des populations trouvant refuge dans la religion ; la prolifération des évangélismes vers l'Amérique latine, l'Asie et l'Afrique (Mayrargue 2004 ; Raquin 2005). Cette explosion a été aussi corollaire, comme l'analyse Bazonzi, de la « césure idéologique et doctrinale par rapport aux églises dites traditionnelles, à savoir l'église catholique, protestante, kimbanguiste et musulmane » (2006 :1). Les ouvertures démocratiques survenues sur le continent ont également favorisé des initiatives individuelles et collectives dans plusieurs domaines, y compris spirituel, avec l'éruption d'une foule de mouvements religieux de divers ordres.

Des indépendances aux années 1990, les Églises en voie progressive d'africanisation s'ajustèrent généralement au pouvoir des régimes autocratiques. Elles poursuivirent leurs missions religieuses et caritatives habituelles (éducation et santé), tout en se servant, selon les cas, de la religion, comme outil politique de débat, voire de contestation ou de négociation pour la préservation de leur sacerdoce. Certains membres en profitèrent aussi pour accéder à un système de privilèges[11]. Ces acteurs pouvaient être de toute confession.

Au début des années 1990, les remises en question des pouvoirs despotiques africains et les « transitions » démocratiques qu'accompagne une émergence de sociétés civiles plus puissantes concoururent à la (re)naissance d'une parole publique, y compris celle de l'Église, parole tantôt de conciliation, tantôt de contestation sur les questions sociales et politiques de sociétés en crise. Plusieurs chefs d'Église, comme par exemple dans les deux Congo (Brazzaville et Kinshasa), au Bénin ou à Madagascar, s'investirent dans des actions publiques : présider les conférences nationales des années 1990, veiller à la transparence des élections, etc. L'épiscopat prit des initiatives favorables à la démocratisation (dénonciation de la mal gouvernance, critique de la corruption, médiation ou arbitrage entre groupes opposés dans les crises politiques, ...). Au Sénégal, lors des élections législatives de 2012, l'Église catholique montrait son engagement politique. Non seulement elle questionnait les plateformes politiques des candidats, mais elle confiait, à la Commission épiscopale Justice et paix et au Mouvement national des scouts et guides du Sénégal, le soin de veiller à la transparence du scrutin[12]. Sur un autre plan, cette période de libéralisation politique aurait favorisé l'irruption d'églises évangélistes, comme l'étudient plusieurs articles du présent ouvrage.

Tous ces événements, toutes ces politiques, ces décisions et législations prises ou encouragées par des institutions religieuses dans des États et des régions aussi éloignés et diversifiés, firent alléguer d'un retour en force de la religion.

L'émergence actuelle, au niveau international, d'un projet politique islamique fondé sur des revendications identitaires anticoloniales et associé à un discours religieux, semble avoir été suscitée ou, en tous cas, coïncidé avec le choc pétrolier de 1973 et la reprise en mains, par les États pétroliers, de leurs richesses naturelles[13]. Ces États et, singulièrement, les monarchies arabes du Golfe persique qui pratiquaient un islam rigoriste (wahhabisme) furent des soutiens financiers de l'expansion d'un islam de plus en plus radical. Ces mouvements disaient combattre des puissances occidentales qui avaient imposé des valeurs jugées contraires à l'islam. Mais surtout, il devenait, déjà à cette époque, comme le soutenait Malik Acher :

> « un devoir pour chaque musulman de combattre, si nécessaire par la force, des autorités laïques considérées comme inféodées à l'Occident ou des puissances occidentales engagées militairement dans un pays musulman » (2014:1).

Enfin, la fin de la Guerre froide et la dissolution du bloc communiste, au début des années 1990, avaient suscité une réflexion féconde autour de la « mort des idéologies » et à propos de la résurgence d'une plus grande sensibilité à Dieu dans les sociétés contemporaines[14].

Au début des années 1990, les pratiques religieuses paraissaient avoir connu un regain, notamment dans des pays où elles avaient été reléguées au second plan, voire combattues ou bannies, comme dans les pays communistes ou socialistes d'Europe de l'Est. Dès que fut quelque peu levée la pression politique sur les pratiques religieuses, la fréquentation des lieux de culte parut plus assidue, comme en Chine ou en Russie. Les fidèles catholiques de Pologne avaient osé afficher l'attachement à leur foi, depuis les périodes de contestation du pouvoir communiste et de revendications dirigées par Lech Walesa, syndicaliste chrétien. Sur un tout autre plan, Jean-Paul II, durant son pontificat (1978-2005), drainait des foules de fidèles, surtout des jeunes, même quand il visitait une Europe perçue comme déchristianisée durant le XXe siècle[15].

À première vue, les opinions publiques convenaient, selon George Corm, qu'à nouveau « le phénomène religieux [s'était] emparé des préoccupations du monde » (2006:5) ; et ce, d'autant plus que ce monde semblait avoir déserté le sacré pour « les promesses de la modernité ». La modernité était en effet devenue, aux yeux de bien des analystes, porteuse de promesses, de ruptures multiples, notamment d'avec le religieux lui-même. Ce que le philosophe Alain Touraine contestait de manière acerbe, avec des accents postmodernistes. Sa *Critique de la modernité*, publiée en 1992, n'affirmait-elle pas que

> « Désenchantement, sécularisation, rationalisation, autorité rationnelle légale, éthique de la responsabilité : les concepts de Max Weber, devenus classiques, définissent parfaitement cette modernité dont il faut ajouter qu'elle est conquérante, qu'elle établit la domination des élites rationalisatrices et modernisatrices sur le reste du monde, par l'organisation du commerce et des fabriques et par la colonisation » (1992:44).

La religion semblait donc de « retour »[16]. Mais de quoi parlait-on vraiment ? Cette question nous importe en tant qu'Africaine, vivant dans des sociétés dont de larges pans de la population n'ont pas manifestement rompu avec les religions. Pouvait-on vraiment parler d'un retour ou d'une résurgence de la ou des religions dans le monde, alors que nombre de sociétés n'avaient jamais cessé de véhiculer des valeurs et pratiques religieuses et spirituelles, donnant un sens spirituel ou sacré à leur existence et à leur vie quotidienne ? Le « religieux », ses logiques et ses institutions ont fait partie des fondements sur lesquels des sociétés d'Asie ou d'Amérique latine, du Moyen-Orient ou d'Afrique par exemple, se sont développées et transformées.

En Afrique, les populations ont nourri leurs métaphysiques et autres imaginaires de constructions qualifiées de cosmogoniques ou de mythologiques, à partir de cultes des ancêtres, de cérémonies et de rituels spécifiques, de systèmes symboliques, initiatiques, syncrétiques, voire messianiques[17]. L'hindouisme, le bouddhisme, le christianisme ou l'islam se sont eux-mêmes déployés sur des terreaux riches de croyances, de spiritualité, de mystique et de piété, comme en témoignait Mircea Eliade (1976, 1978, 1983).

Mais pourtant, ce terreau qui construit ces imaginaires est-il le même pour toutes les religions ou formes de croyance et dans tous les contextes en Afrique même ? D'où des questionnements légitimes : ce terreau a-t-il survécu à l'influence des religions du Livre, aux convictions, certitudes et rationalisations nouvelles ainsi qu'aux transformations induites par la colonisation, par la modernité ? « Dieu peut-il mourir en Afrique ? » Cette question, bien qu'importante, est rarement, sinon jamais, posée, tant on atteste d'emblée la présence permanente de Dieu ou du divin. On ne discutera malheureusement pas ici de cette interrogation qui sert de titre à l'ouvrage du théologien camerounais, Eloi Messi Metogo, *Dieu peut-il mourir en Afrique ? Essai sur l'indifférence religieuse et l'incroyance en Afrique* (1997). Metogo tente de renouveler la réflexion sur le phénomène religieux dans une Afrique dont on affirme généralement qu'elle est fondamentalement croyante et pratiquante, car, écrit-il, « les Africains [seraient] doués d'un sens naturel de la présence de Dieu » (1997:236). Or on retrouve, sur le continent, toutes les formes, les forces et les tendances de conviction et de scepticisme, de dévotion et de non pratique, voire d'impiété religieux. L'accusation d'incroyance demeure encore un moyen de disqualifier les individus, lors des débats religieux et politiques sur la religion. Il est difficile de se revendiquer athée, et en sont systématiquement accusés les agnostiques et les laïcs qui font de la séparation de l'État et de la mosquée un impératif constitutionnel. Alors, plutôt que d'évoquer un retour à Dieu, ne pourrait-on pas parler, selon les contextes qui nous intéressent ici, d'*habitus* renouvelé, avec tantôt des époques de calme et des moments forts de continuité, tantôt des périodes de ruptures ou de « césures épistémiques » (Coulon 1993:23) des dynamiques religieuses et spirituelles. La survenue ou le renforcement de sentiments d'appartenance religieuse, pour diverses motivations identitaires, culturelles ou politiques, ont aisément fait le lit des fondamentalismes qui donnent une base exclusivement religieuse ou spirituelle aux normes et règles sociales et à la culture.

Ce « retour » agressif du religieux, quelle qu'en soit la confession, soulève de très nombreuses questions sur les relations entre culture, religion et politique et sur l'impact sur les populations, en général, et les femmes, en particulier. On peut s'accorder avec Florence Rochefort, historienne des féminismes, que le genre est au cœur de ces relations. La religion, la culture et leurs institutions peuvent exprimer leur autorité, en contrôlant les rapports de genre à travers les enseignements religieux, les traditions sociales et les lois. Pour de très nombreuses sociétés africaines, la fidélité à une identité culturelle originelle et/ou religieuse a été un facteur de résistance à la domination coloniale. Et, poursuit Florence Rochefort, à un autre niveau, la religion (on pourrait rajouter la culture religieuse) redéfinit le masculin et le féminin, afin de répondre aux besoins « de normativité, de réassurance identitaire et de certitude d'altérité » (2007 : 29) des sociétés.

Dénonçant les méfaits de la globalisation et « la marchandisation de la gouvernance », résultant des rapports de domination politique et économique établis par les grandes puissances et imposés par les institutions internationales[18], à travers tout un système de conditionnalités de l'aide et des échanges, Viviene Taylor rappelait l'impact catastrophique des liens entre « l'économie politique mondiale, la permanence des politiques macroéconomiques néolibérales et la montée des fondamentalismes et d'autres formes de patriarcat arriéré, qui émergent, dans le contexte des politiques identitaires » (2005:28). En effet, les femmes en font l'expérience, lorsqu'elles examinent les attaques contre leurs revendications citoyennes durant trente années d'engagement à l'échelle mondiale (1970-2000). Les grandes conférences internationales (femmes, terre et environnement, droits humains, population, etc.) ont été des espaces d'expression et de revendication de libertés des mouvements de femmes dans le monde. La laïcisation des mécanismes d'élaboration des lois leur a permis d'acquérir de très nombreux droits conformes aux conventions internationales en faveur des femmes. Mais ces droits n'ont jamais cessé d'être contestés par les courants conservateurs et fondamentalistes culturels et religieux, aussi bien lors de ces conférences qu'après leur adoption dans les pays.

La culture entérinée par le politique

La culture sera le cadre général de ce débat sur les fondamentalismes, dans cette introduction, comme dans toutes les autres présentations de cet ouvrage. On reprendra la définition générale de la culture donnée par l'UNESCO, dans la *Déclaration de Mexico sur les politiques culturelles*. Celle-ci convenait que

> « Dans son sens le plus large, la culture peut aujourd'hui être considérée comme l'ensemble des traits distinctifs, spirituels et matériels, intellectuels et affectifs, qui caractérisent une société ou un groupe social. Elle englobe, outre les arts et les lettres, les modes de vie, les droits fondamentaux de l'être humain, les systèmes de valeurs, les traditions et les croyances » (1982:1).

Il sera question surtout de deux dimensions de la culture tirées de cette définition. La première est celle du mode de vie, de la civilisation et de l'ancrage identitaire, à partir des « systèmes de valeurs, des traditions et des croyances ». La seconde dimension est religieuse. Elle regroupe toutes les structures sociales et religieuses, à savoir toutes les idéologies qui façonnent la culture et se transmettent par l'éducation. La religion n'a intéressé la présente réflexion qu'en tant qu'ensemble de pratiques socioculturelles. Il est important de le préciser, car elle n'a pas été interrogée comme système de croyance : ni le judaïsme, ni l'islam, ni le christianisme, ni les messianismes, ni les religions africaines locales dont des valeurs, des rites et des rituels subsistent très largement n'ont été étudiés *per se*. Dans ces débats, la Bible et le Coran, comme d'autres textes et mythes, n'ont été abordés que comme cadres idéologiques de systèmes religieux, spirituels, juridiques et politiques. La religion a été un élément de référence en tant qu'idéologie qui fonde la culture et outil politique qui fait accéder au pouvoir : pouvoir social, pouvoir moral et surtout pouvoir de plus en plus politique.

Les mouvements de femmes tentent d'écrire un contrat social (*social contract*) basé sur plus d'égalité entre les sexes et de justice sociale (*gender justice*), comme s'y est exercé DAWN[19], un groupe de réflexion de féministes du Sud, avec l'ouvrage *Remaking a Social Contract* (Sen & Durano *et al.* 2014). Or on note une place de plus en plus prégnante du culturel et du religieux, qui interfère dans les débats de société et contribue aux réactions hostiles (*backlash*) contre les progrès en droits des femmes. Il est important de passer à une revue critique minutieuse de la nature et du rôle des fondamentalismes religieux et culturels sur la société globale et, plus spécifiquement, sur les femmes, leurs statuts, leurs conditions de vie et leurs rapports avec les hommes en famille et en société. Ce sont ces questions qu'ont tenté de discuter les articles présentés ici.

Culture, religion et politique : leurs relations font-elles le lit des fondamentalismes ?

Les contributions à cet ouvrage décrivent les diverses formes de fondamentalisme dans quelques pays africains, leurs contextes d'émergence et la manière dont elles (re)façonnent les identités et les rapports hommes/femmes. Elles montrent qu'elles constituent des préoccupations persistantes dans les débats de société, aussi bien ceux des organisations féministes et féminines que ceux des mondes académiques et politiques. Les manipulations des cultures et des religions se font de plus en plus politiques et finissent par ancrer des discriminations sociales, voire des violences physiques, morales et symboliques, insoutenables.

Il est important, comme en discute Fatou Sow dès l'introduction, de prendre en compte ce double jeu, pour comprendre les continuités, les renouvellements et les ruptures à l'œuvre dans les sociétés africaines contemporaines sur le plan des transformations culturelles et religieuses exacerbées par les poussées fondamentalistes. Il est essentiel de procéder à une relecture des fondamentalismes pour en délimiter les espaces les moins visibles et comprendre les nouveaux modes de fonctionnement et analyser les défis face au genre.

Une redéfinition féministe du fondamentalisme est le premier axe de la communication de Karima Bennoune. Cette perspective permet d'en éclairer la complexité et les relations avec la globalisation. Elle témoigne de la menace croissante d'un extrémisme de nature politique sur les droits humains des populations, en particulier ceux des femmes, au nom de la religion et la manière dont il sape les fondements même du principe de l'universalité des droits humains, à l'époque contemporaine.

Les « traditions » ont été et demeurent un socle incontesté d'affirmation identitaire des populations africaines, durant la colonisation et après les indépendances. Le respect parfois aveugle de ces dites traditions finit par leur donner un statut de norme. Mais de quoi parle-t-on lorsque ces traditions deviennent des étendards et servent à des fins nationalitaires ? Albertine Tshibilondi Ngoyi en montre les manipulations perverses par les fondamentalistes, malgré les profondes transformations sociales, économiques et politiques. La dot (*lobola*) ou les rites du veuvage en Afrique centrale, par exemple, maintiennent les structures patriarcales, hiérarchisées et inégalitaires qui confinent les femmes dans des positions habituelles de subordination.

À partir d'environnements socioculturels différents (Sénégal et République démocratique du Congo), Rosalie Macchia Samba et Francine Shako Obonga en renforcent l'argumentation, avec leurs analyses des multiples discriminations à l'encontre des femmes fondées sur la « culture religieuse », qu'elle soit musulmane au Sénégal, ou chrétienne en République démocratique du Congo. Au Sénégal, le réagencement *de facto* des rôles de pourvoyeur des besoins de la famille y intègre de plus en plus les femmes qui peuvent devenir chefs de la famille, comme l'ont montré de nombreuses études menées sur les récentes crises économiques et financières africaines. Il tend à exacerber les tensions familiales. D'où, admet Rosa Macchia Samba, « les stratégies camouflées de contournement de la norme » de la part des femmes, sous couvert de *sutura*, afin de maintenir le rôle de chef de famille légitimé par la culture et la religion, en dépit des souffrances occasionnées. En République démocratique du Congo, les mesures de luttes et l'existence de lois contre les violences à l'égard des femmes n'empêchent pas les Congolaises de consulter les instances religieuses pour tenter de résoudre leurs déboires conjugaux et autres problèmes de vie dans un pays en proie à des conflits armés depuis plusieurs décennies. Les enseignements de l'Église, témoigne Francine Obonga, « consacrent, dans leur ensemble, le patriarcat comme modèle de fonctionnement des ménages et place les femmes sous l'autorité maritale » et ont contribué au renforcement des fondamentalismes religieux.

Le corps et la sexualité restent au cœur des controverses engagées par la religion et la culture. Les discours de la religion et de la culture sur le corps des femmes en renforcent le contrôle. De très nombreuses femmes les entérinent comme prescriptions qu'elles n'osent pas contrarier, en raison de pressions sociales encore importantes. Le corps de la femme n'a jamais été autant politisé, car il est le socle sur lequel se font et se défont nombre de normes sociales et morales. En effet, on ne peut comprendre la sexualité, comme le rappelait Charmaine Pereira, au cours de l'Institut, sans revisiter les idéologies socioculturelles politiques, morales et religieuses qui sous-tendent les relations de genre. Les conduites jugées « scandaleuses », que présente Awa Diop, battent en brèche les normes sociales établies pour les femmes sénégalaises. Mais celles-ci, est-il besoin de le rappeler, font l'expérience d'une globalisation culturelle, comme le reste des populations. Elles sont prises en étau entre une plus grande érotisation des féminités et « les injonctions à la maternité et à la conjugalité », constantes dans la société. Inscrire la rupture reste une tâche difficile, d'où leur « rapport ambivalent avec le fondamentalisme culturel : tantôt elles sortent des cadres de celui-ci, tantôt elles s'identifient aux assignations genrées et fermées ». Enfin, au Cameroun, Moustapha Nsangou Mbouemboue rend compte des pratiques coutumières qui empêchent les femmes infectées par le VIH/Sida de respecter les prescriptions médicales relatives à la maladie. La féminité reste liée à la maternité et les femmes, « pour vivre leur féminité, sont obligées de sacrifier leur santé ».

Toujours à propos du contrôle du corps féminin et de la sexualité, Maïmouna Ndoye se demande si les mutilations génitales féminines (MGF) peuvent continuer à être des marqueurs de l'identité féminine, dans les régions sénégalaises où elles sont pratiquées. Lors de l'adoption de la loi 99-05 criminalisant les pratiques, il semble, soutient-elle, que les féministes sénégalaises aient peu contesté les sources socioculturelles de pratiques de contrôle sur le corps des femmes. Plutôt que de remettre en question les valeurs morales et religieuses qui leur étaient attachées, elles axèrent leur argumentaire de lutte sur les risques sur leur santé encourus par les femmes.

La progression des fondamentalismes se lit dans les discours de plus en plus conservateurs des leaders religieux et politiques face à des attitudes jugées socialement déviantes. Karine Geoffrion donne en exemple la vague d'homophobie qui prévaut actuellement au Ghana[20]. Les anathèmes jetés, au nom de la religion et de la culture africaine authentique, contre l'homosexualité vue comme un symbole de la dépravation des mœurs occidentales en ont aggravé la condamnation, dans des contextes qui étaient, jusqu'à une période récente, d'une certaine tolérance à l'endroit d'une pratique privée. Cette surmédiatisation des débats fondamentalistes homophobes a suscité un climat de peur et de haine contre les homosexuels que les pouvoirs publics n'ont pas tenté d'enrayer.

Camille Welepele et Érick Endémé Tsamenyé se sont attachés à décrypter les messages et les actions fondamentalistes de ces « Églises africaines », kimbanguistes ou dites nouvelles, et surtout à en dénoncer les multiples formes de contrôle des comportements sociaux, du travail, de la sexualité et de la fécondité des fidèles des deux sexes et la recherche de pouvoir, à la fois politique et financier, des prêcheurs. Si, au Cameroun, ces églises accueillent les femmes en très grand nombre, c'est, écrit Érick Tsamenyé, parce que « les prédicateurs et les pasteurs leur font croire qu'ils sont capables de changer leur vie à travers les miracles ». Mais, constate

Camille Welepele, « les femmes kimbanguistes utilisent leur influence et leur pouvoir pour changer ces enseignements et règles fondamentalistes ».

Les liens entre religion, culture et politique, comme freins à la participation des femmes au politique, sont abordés par plusieurs contributions du présent ouvrage.

Chidiebere Onwutuebe, à partir du Nigeria et Michael Conteh, de la Namibie, s'accordent sur le fait que leur marginalisation politique est aussi le fait des discriminations fondées sur la culture et la religion qui pèsent sur elles. Les disparités de genre au Nigeria ne sont pas des « legs de la providence », mais des normes sociétales avérées. Pour Chidiebere Onwutuebe, les femmes peuvent et doivent en changer les termes. En Namibie, en dépit de leur rôle significatif dans les luttes anticoloniales, souligne Michael Conteh, « le droit des femmes à participer au politique et à la prise de décision est toujours compromis par les suppositions sous-entendues du rôle des femmes en société ou exprimées plus ouvertement par les fondamentalismes religieux ». Enfin, Helen Promise Mhlanga donne un exemple de « pouvoir » des femmes, à partir de la cérémonie *Kwetfula-Marula*. Cette cérémonie en l'honneur de la royauté est toujours organisée sur plusieurs jours, par les femmes, sous l'autorité de la Reine-mère. Aucun homme n'y participe. Mais cette ancienne et pure pratique swazi, autant acceptée que contestée aujourd'hui, est-elle le symbole de la participation des femmes au pouvoir politique ou, comme le veulent les fondamentalistes, reste-t-elle un simple marqueur de l'identité swazi pour maintenir la loyauté populaire à la monarchie, un système totalement hiérarchisé, en dehors de toute règle démocratique, comme l'ont montré les événements récents (2014) ? Dans un tout autre contexte où les femmes ne sont pas moins marginalisées, Alfred Anangwe montre combien la rébellion Al Shabaab pèse sur la société kenyane globale et fragilise les musulmanes. Celles-ci sont prises au piège entre des actes islamophobes d'un pays à forte population chrétienne et les actions terroristes menées par Al-Qaeda et les Al-Shabaab basés en Somalie où le Kenya est militairement engagé. Comme sur nombre de terrains de conflits, leur corps reste un site de lutte entre belligérants.

Le fondamentalisme est une donnée construite mais en mouvement constant, tout en se référant à une vérité immuable. Il veut verrouiller l'identité qui est une quête, un pari qui se construit en dynamique.

Notes

1. Le mot religion vient du latin *ligare, religare* : lier, relier.
2. Le genre lui-même a été conceptualisé par les médecins chargés des enfants hermaphrodites. Ces médecins étaient chargés de leur « réassigner un sexe » (Dorlin 2008:33).
3. Il faut constater que l'on trouve de plus en plus de recherches africaines sur l'homosexualité, mais les voix populaires sur la question n'ont pas le verbe haut, sauf pour en condamner les pratiques.
4. Le féminisme est tout aussi redouté. Makhtar Diouf en dressait un réquisitoire impitoyable dans *Lire le(s) féminisme(s) : Origines, discours, critiques* (2012).
5. Ma traduction de « Women engaged in organizing and acting for change regarding the conditions and the position of women employ a variety of strategies that range from reformist to revolutionary. All strategies may be valid in specific circumstances and for particular purposes ».
6. La « Règle du bâillon mondial » ou Politique de Mexico a été proclamée, lors de la Conférence mondiale des Nations Unies sur la population de 1984. Abrogée par Bill Clinton en 1993, la politique était remise en vigueur par G. W. Bush, dès son élection en 2001.
7. La Charte canadienne des droits et libertés est inscrite en première partie de la Loi constitutionnelle, base de la Constitution canadienne (17 avril 1982).
8. L'Égypte, qui a opté pour l'islam comme religion d'État, compte des Coptes et des Juifs. Les Juifs constituent la plus petite communauté de l'État juif d'Israël.
9. On se souvient de la condamnation à mort pour adultère, au début des années 2000, d'Amina Lawal et de Safiya Hussaini qui furent, fort heureusement, acquittées après une vaste campagne nationale et internationale en leur faveur.
10. Conflit par exemple entre les efforts de la laïcisation de l'État colonial français et la mission apostolique de l'Église.
11. L'ouvrage que Bayart *et al.* consacrent aux rapports entre religion et modernité politique en Afrique noire s'est longuement penché sur « l'usage politique différencié que des acteurs précisément identifiables font des représentations religieuses » (1993 :11).
12. Plusieurs centaines d'observateurs et des superviseurs ont couvert l'ensemble des régions du Sénégal (*Dakar actu* 30 juin 2012).
13. Le contrôle des ressources pétrolières et de la décision sur le prix du pétrole a accru de manière significative l'influence et le poids de ces États sur l'économie mondiale.
14. Voir : Gilles Kepel 1992 ; Francis Fukuyama 1992 ; Samuel Huntington 1997 ; Karen Armstrong 2000 ; George Corm 2006.
15. La déchristianisation de l'Europe a fait l'objet de débats récurrents, durant tout un XXe plutôt matérialiste. Sans entrer dans le débat ici, on peut se demander s'il ne s'agissait pas également d'un anticléricalisme qui a aussi

son histoire. En tout cas, cette déchristianisation est utilisée comme arme de contestation de la laïcité par les associations musulmanes en Afrique.

16. Le conditionnel devrait être de rigueur, comme l'avance Jacques Derrida. « Aujourd'hui de nouveau, écrit-il, aujourd'hui enfin, et aujourd'hui autrement, la grande question ce serait encore la religion et ce que certains se hâteraient d'appeler son « retour » (1996:61).
17. Pour plus de détails, lire : Griaule (1948), Tempels (1949), Deschamps (1954), Paulme *et al.* (1965), Hampâté Bâ (1969), Zahan (1970), Mbiti (1975), Thomas et Luneau (1975) ou Kagamé (1976), pour ne citer que quelques auteurs connus.
18. Fonds monétaire internationale, Banque mondiale, etc.
19. DAWN : Development Alternatives with Women for a New Era.
20. Cette vague n'est pas propre au Ghana. Elle sévit dans toute l'Afrique subsaharienne et a fait prendre des politiques de censure et des mesures légales de répression sévères comme en Ouganda ou au Zimbabwe. À l'entame du second tour des élections présidentielles sénégalaises, en 2012, le candidat Macky Sall affirmait que l'homosexualité était aussi pratique ancienne dans la société sénégalaise et qu'il soutiendrait un débat public sur la question s'il était élu. Dès son élection, le nouveau président déclarait sans ambages que l'homosexualité ne serait jamais dépénalisée durant son mandat.

Bibliographie

Acher, M., 2014, « L'islam politique à l'épreuve du pouvoir », *Afrique Inside*. En ligne : http://afriqueinside.com/lislam-politique-a-lepreuve-du-pouvoir/.

Antrobus, P., 2004, *The Global Women's Movement. Origins, Issues and Strategies*, London, Zed Books.

Armstrong, K., 2005, *Le combat pour dieu. Une histoire du fondamentalisme juif, chrétien et musulman (1492-2001)*, Paris, Seuil.

Bâ, A. H., 1969, *Kaydara, récit initiatique fule*, édité par L. Kesteloot et A. I. Sow, Paris, Julliard, Collection Classiques africains.

Ba, M.-P., « La diversité du fondamentalisme sénégalais. Éléments pour une sociologie de la connaissance », *Cahiers d'études africaines*, 2012, vol. 2, nos 206-207, p. 575-602.

Bayili, B., 2008, *La Tierce Église du Sud et les défis de l'évangélisation en Europe. L'inculturation comme chemin de catholicité de l'Église une dans la diversité*, Paris, L'Harmattan.

Bazonzi, M. J., 2006, *Les « églises de réveil » de Kinshasa à l'ombre du mouvement néopentecôtiste mondial : entre nivellement et déconstruction culturels, Centre d'études politiques, Université de Kinshasa*, En ligne : http://www.unibas-ethno.ch/ veranstaltungen /dokumente/papers/ bazonzi.pdf.

Benoist (de), J.-R., 1987, *Église et pouvoir colonial au Soudan français. Les relations entre les administrateurs et les missionnaires catholiques dans la boucle du Niger, de 1885 à 1945*, Paris, Karthala.

Boulaga, F. E., 1991, *À contretemps. L'enjeu de Dieu en Afrique*, Paris, Karthala.

Butler, J., 2005, *Trouble dans le genre : pour un féminisme de la subversion*, Paris, La Découverte.

Center for Reproductive Rights (Centre des droits reproductifs), 2001, « Le Global Gag Rule pourrait bloquer la réforme des lois sur l'avortement à travers le monde », New York. En ligne : http://www.crlp.org/fr_pub.

Combes, D. et Devreux, A.-M., 1992, « Travail des femmes et rapports sociaux de sexe », dans J. Bisilliat, *Relation du genre et développement, femmes et sociétés*, Paris, Éditions de l'ORSTOM, p. 149-166.

Corm, G., 2006, *La question religieuse au XXIe siècle. Géopolitique et crise de la modernité*, Paris, La Découverte.

Coulon, C., 1993, « Les itinéraires politiques de l'islam au Nord-Nigeria » dans J.-F. Bayart, éd., *Religion et modernité politique en Afrique*, Paris, Karthala [Les Afriques], p. 19-62.

Decret, F., 1996, *Le christianisme en Afrique du Nord*, Paris, Seuil.

Derrida J. et G. Vattimo, G., 1996, *La religion*, Paris, Seuil.

Deschamps H., 1954, *Les religions de l'Afrique noire*, Paris, Presses universitaires de France.

Diouf, M., 2012, *Lire le(s) féminisme(s) : Origines, discours, critiques*, Paris, L'Harmattan.

Dorlin, E., 2008, *Sexe, genre et sexualités. Introduction à la théorie féministe*, Paris, Presses universitaires de France, Coll. Philosophie.

Durkheim, É., 1968, *Les formes élémentaires de la vie religieuse : le système totémique en Australie*, 5e édition, Bibliothèque de philosophie contemporaine, Paris, Presses universitaires de France.

Eliade, M., 1976, 1978, 1983, *Histoire des croyances et des idées religieuses*, Paris, Payot, tomes 1, 2 et 3.

Fukuyama, F., 1992, *La fin de l'histoire et le dernier homme*, Paris, Flammarion.

Gadille, J., 1999, « Comment le christianisme a rencontré l'Afrique », p. 65-58. En ligne : http://www. assumption.org.

Griaule, M., 1997, *Dieu d'eau. Entretiens avec Ogotemmêli*, Paris, Fayard.

http://www.dakaractu.com/senegal-legislatives-2012-865-observateurs-et-superviseurs-de-l-eglise-catholique_ samedi 30 juin 2012, « 865 Observateurs et superviseurs de l'église catholique, pour les élections législatives de 2012, au Sénégal ».

Huntington, S. P., 1993, « The Clash of Civilizations », in *Foreign Affairs*, vol. 72, n° 3, p. 22-49. Traduction française : « Le choc des civilisations », *Commentaire*, n° 66, 1994, p. 238-252.

Lepelley, C., 2007, « Saint Augustin et le rayonnement de sa pensée », (2007), dans A. Corbin, éd., *Histoire du Christianisme*, Paris, Seuil, p. 121-122.

Lormier, D., 2007, *La dérive intégriste. Chrétiens, juifs, musulmans face au fondamentalisme*, Paris, Acropole.

Mayrargue, C., « Trajectoires et enjeux contemporains du pentecôtisme en Afrique de l'Ouest », in *Critique internationale*, n° 22, janvier 2004, p. 95-109.

Mbembe, A., 1988, *Afriques indociles. Christianisme, pouvoir et État en situation postcoloniale*, Paris, Karthala.

Mbiti, J. S., 1975, *Introduction to African Religion*, New York, Praeger.

Metogo, E. M., 1997, *Essai sur l'indifférence religieuse et l'incroyance en Afrique*, Paris, Karthala.

Ngongo, L., 1983, *Histoire des forces religieuses au Cameroun : de la Première Guerre mondiale à l'indépendance (1916-1955)*, Paris, Karthala.

Paume, D. *et al.*, 1965, *Les religions traditionnelles africaines*, Rencontres de Bouaké, Paris, Seuil.

Piault, M., « Afrique noire (Culture et société) - Religions », *Encyclopædia Universalis*. En ligne : http://www.universalis.fr/encyclopedie/afrique-noire-culture-et-societe-religions.

« Qu'est-ce que le religieux », 2003, *Revue du M.A.U.S.S.* (Mouvement anti-utilitariste dans les sciences sociales), semestrielle, n° 22.

Rochefort, F., 2007, *Le pouvoir du genre. Laïcités et religions, 1905-2005*, Toulouse, Presses Universitaires du Mirail, Collection Le temps du genre.

Rochefort-Turquin, A., 2006, « Sociologie religieuse », dans J.-P. Durand et R. Weil, *Sociologie contemporaine*, Paris, Vigot, p. 588-604.

Sen, G. and M. Durano, eds, 2014, *The remaking of Social Contracts : Feminists in a Fierce New World,* London, Zed Books.

Taylor, V., éd., 2002, *La marchandisation de la gouvernance. Perspectives féministes critiques du Sud*, édité de l'anglais et préfacé par Fatou Sow, Paris, L'Harmattan (traduction française de *Marketisation of Governance, Critical Feminist Perspectives from the South*, 2000, Cape Town, DAWN).

Tempels, P., 1949, *La philosophie bantu*, Paris, Présence africaine.

Tessier, H. 2004, « Les racines africaines du christianisme latin », Communication au colloque *Les racines africaines du christianisme latin*, Institut d'études augustiniennes, Paris, 13 mars 2003, dans 30 jours dans l'Église et dans le monde, Rome, 04. En ligne : http://www.30giorni.it/sommario/id_112_ l4.htm.

Thomas, L.V. et Luneau, R., 1975, *La terre africaine et ses religions*, Paris, Librairie Larousse.

Touraine, A., 1992, *Critique de la modernité*, Paris, Fayard.

UNESCO, 1982, *Déclaration de Mexico sur les politiques culturelles. Conférence mondiale sur les politiques culturelles*, Mexico City, 26 juillet-6 août. En ligne : *portal.unesco.org/ culture/fr/ files/11295422481mexico/mexico_fr.pd.*

Villaime, J.-P., 2011, « Approche sociologique des faits religieux ». En ligne : https://eduscol.education.fr/cid46656/1-approche-sociologique-des-faits-religieux.html.

Zahan, D., 1970, *Religion, spiritualité et pensée africaine*, Paris, Payot.

2

Religion, culture et politique : relire les fondamentalismes

Fatou Sow

Introduction

Les dynamiques des relations entre culture, religion et politique peuvent prendre ou reprendre des contenus, des tournures et des significations différentes, en fonction des périodes et des contextes dans lesquels elles s'inscrivent. Elles varient aussi selon les sociétés et les cultures, les espaces géographiques, les contextes politiques locaux et régionaux et l'environnement international. Il leur arrive souvent de rivaliser sur la base de conflits d'identités qui, comme le soulignait Amin Maalouf (1998), en deviennent « meurtrières ». Ces identités peuvent nourrir des conflits d'une telle ampleur qu'elles deviennent centrales dans les questions sociétales contemporaines. Mettant en évidence quelques facteurs majeurs liés à l'actualité, Michel Wieviorka en avait instruit le cheminement. En introduction à un numéro des *Cahiers internationaux de sociologie* (1998) consacré à « la différence culturelle en question », il écrivait :

> « En matière internationale, la Révolution iranienne, la poussée de l'islamisme radical dans de nombreux pays, les guerres communautaires au Liban, ou bien encore les pratiques de purification ethnique et autres génocides de l'ex-Yougoslavie ou dans l'Afrique des Grands Lacs ont alimenté des inquiétudes qui se sont cristallisées à la chute du mur de Berlin pour trouver leur théorisation politique avec la thèse du choc des civilisations proposée par Samuel Huntington : la planète n'est-elle pas

> menacée de fragmentation en grands blocs et de violences consécutives à leurs oppositions elles-mêmes irréductibles car culturelles ? » (1998:229)

Samuel Huntington, dans son fameux article de *Foreign Affairs* (1993), alléguait que « le choc des civilisations dominera la politique mondiale. Les lignes de fracture entre ces civilisations seront les lignes de front de l'avenir » (1994:238). Cette affirmation, qui a fait l'objet de très nombreux débats contradictoires dans le monde, nous interpelle. Il est sans doute aisé de contester cette théorie du choc des civilisations. Elle n'est qu'une hypothèse de travail dont on peut pointer « l'imposture » (Crépon 2002). On note pourtant qu'elle a servi à incriminer la domination de l'Occident. La première guerre du Golfe (1990-1991) n'avait-elle pas, avance-t-on, été perçue comme une agression de l'Occident contre le monde arabe en général, le monde musulman en particulier, et leurs valeurs ? Yves Lacoste, qui fait l'économie des débats autour de l'ouvrage de Huntington (2002), en tirait cette conclusion. En Afrique, emprunter cette ligne de fracture entre cultures africaines et cultures occidentales relève, encore aujourd'hui, du discours attendu contre le colonialisme, l'impérialisme, le néocolonialisme ou la globalisation. Huntington faisait état de la fatalité des oppositions et des chocs entre cultures occidentale et non occidentale, entre civilisations chrétienne et musulmane. George W. Bush s'en fera un argument de politique, durant ses années de présidence. Sans entrer dans le débat sur le choc des civilisations, l'on retiendra, de l'ouvrage, trois idées utiles pour la présente discussion.

La première idée porte sur le changement de regard sur les rapports internationaux contemporains. Les sociétés non occidentales ne sont plus réduites à n'être que des « objets d'histoire » ; en cette fin de XXe siècle, elles sont (on pourrait ajouter enfin) perçues comme actrices de l'histoire (1994:238). L'auteur constate, et c'est la deuxième idée, que les mouvements néo-conservateurs ou radicaux (religieux ou politiques) dans le monde revendiquent ce soubassement nationaliste, culturel ou religieux dont se nourrissent leurs oppositions et leurs accords, leurs luttes et leurs connivences. La collusion de leurs intérêts, traduite en politiques et programmes, a lourdement affecté de larges pans de populations, dont les femmes et les jeunes, groupes dits « vulnérables » (Taylor 2003). La troisième et dernière idée affirme l'ancrage de la question des « identités » au cœur du débat géopolitique contemporain. Des revendications identitaires entretenues par les expériences coloniales et exprimées de manières diverses après les indépendances, revêtent de nouvelles formes d'exacerbation.

Elles renvoient à un souci profond de reconnaissance historique de la part de populations ou de groupes exploités, marginalisés, précarisés, colonisés et exclus par divers passés, des *Damnés de la terre* (Fanon 1961). D'où, comme le soutenait M. Wieviorka, des quêtes de plus en plus exigeantes de « production des identités » (1998:241), notamment à partir de perspectives du Sud. Ces quêtes sont, aujourd'hui, autant de défis à la mondialisation/globalisation « au nom de la singularité culturelle et du contrôle des individus sur leur vie et leur environnement. Multiples, extrêmement diversifiées, elles épousent les formes de chaque culture et puisent aux sources historiquement constitutives de chaque identité » (Castells 1999:12).

Que faut-il entendre par l'identité ? On empruntera une définition de Manuel Castells qui réfléchissait sur *Le pouvoir de l'identité.* (1999). On sait que l'identité, comme marquage identitaire par la religion, la culture ou tout autre déterminant, est capitale pour l'individu ou la société. En tant que construction sociale, écrivait Castells, elle est « la source de sens et de l'expérience » (1999:16). Il poursuivait :

> « [Elle est] un processus de construction de sens à partir d'un attribut culturel, ou d'un ensemble cohérent d'attributs culturels, qui reçoit priorité sur toutes les autres sources. Un même individu, ou un même acteur collectif, peut en avoir plusieurs. Mais cette pluralité d'identités engendre des tensions et des contradictions tant dans l'image qu'il se fait de lui-même que dans son action au sein de la société » (1999:17).

Castells en distinguait trois formes :

> « *L'identité légitimante* est introduite par des institutions de la société civile afin d'étendre et de rationaliser leur influence sur les acteurs sociaux et l'État [...] *L'identité-résistance* est produite par des acteurs qui se trouvent dans des conditions dévalorisées ». Ceux-ci défendent des principes différents de ceux véhiculés par les institutions de la société [...] *L'identité-projet* apparaît lorsque des acteurs sociaux, sur la base du matériau culturel dont ils disposent, quel qu'il soit, construisent une identité nouvelle qui redéfinit leur position dans la société et, par-là même, se proposent de transformer l'ensemble de la structure sociale » (1999:18).

On retrouve tous ces registres dans les contextes qui intéressent cet ouvrage. En soi, aucune de ces identités n'est source ou forme de progrès ni de recul, si elle n'est pas située dans son contexte d'ancrage. En effet, une identité-résistance peut être à la l'origine d'un projet qui révolutionne les conditions sociales et culturelles et finir par se transformer en identité légitimante de domination. L'histoire abonde d'exemples.

Si cette requête identitaire était et reste légitime, elle a aussi conduit à des dérives qui ont poussé de très nombreuses femmes à s'interroger (on pourrait dire s'en inquiéter), au sein de leurs organisations, sur ce recours aux identités dont elles deviennent des icônes, sur le renforcement du conservatisme culturel et leurs formes « fondamentalistes ». La montée de ces fondamentalismes les a poussées à en décrire méticuleusement les signes précurseurs. Ayesha Imam *et al.*, décryptant les *Warning Signs of Fundamentalism* (2002), avaient montré, exemples à l'appui, le rôle crucial des conservatismes dans la construction des politiques identitaires de masse, articulées sur des bases ethniques, nationalistes et religieuses dans le monde. Cassandra Balchin, qui proposait une direction *Vers un avenir sans fondamentalismes,* offrait, dans le titre même de sa réflexion, une *Analyse des stratégies des fondamentalismes religieux et des réponses féministes* (2011). Marième Hélie Lucas, dans *The struggle for Secularism in Europe and North America* (2011), mettait en exergue le dilemme de descendantes de populations immigrées dans ces régions : elles sont prises au piège entre, d'une part, l'exacerbation de la xénophobie, du racisme et de l'islamophobie et, d'autre part, les tensions intégristes existant dans ces pays d'accueil dont elles détiennent souvent la citoyenneté. Les perspectives de ces études ont été extrêmement importantes pour la relecture des fondamentalismes actuels.

La brûlante actualité de la montée des fondamentalismes culturels et religieux oblige donc à soumettre, à une critique minutieuse, leur nature, leurs rôles et impacts sur la société. Toutes les contributions à l'ouvrage ont examiné les fondamentalismes qui perdurent ou émergent, aujourd'hui, dans leur région, comme faits de société, concepts, discours et actions à caractère éminemment politique. Elles ont interrogé leurs multiples facettes et manifestations locales qui infléchissent les vies des femmes et leurs rapports de genre.

On ne peut entreprendre cette réflexion sans s'interroger, en premier lieu, sur le fondamentalisme et en mener une analyse critique. Le concept a de multiples définitions et fait l'objet d'appréciations et de contestations tout aussi diversifiés et complexes. Le fondamentalisme est-il seulement « le combat pour Dieu » (Armstrong 2005) ? Ne porte-t-il pas l'expression de résistances sociales de personnes et/ou groupes contre un ordre établi, l'affirmation d'une identité culturelle à reconstruire de manière souvent exclusive, autant qu'une offensive politique de conquête du pouvoir contre des idéologies jugées en déroute, action qui peut émaner aussi bien du pouvoir en place que de ses oppositions ?

Il s'agira, en second lieu, de discuter de la portée du fondamentalisme, à l'époque contemporaine ; cela nécessite d'en réactualiser les significations pour comprendre son actualité. Il arrive que l'on ait besoin d'en élargir ou d'en restreindre les limites, en fonction du développement des sociétés et des contextes historiques. Si, par exemple, les États occidentaux et une majorité de pays africains ont promulgué des législations interdisant le mariage précoce, ou plus exactement le mariage d'enfants (*child mariage*), comment qualifier les sociétés, groupes ou familles qui s'y accrochent comme part normative de leur héritage culturel et religieux, ne respectent pas ou en rejettent la condamnation légale ? Les radicalismes de toutes confessions ouvrent la voie à des fondamentalismes dans des espaces qui n'y étaient pas exposés ou exposés différemment.

Enfin, la dernière partie questionnera les rapports entre culture, religion et politique et l'émergence du fondamentalisme au Sénégal, notre espace de recherche. Comment lire, sinon relire la progression du religieux et de ses discours liés à la culture, à partir des travaux sur la question de l'islam et de mes propres travaux sur les femmes confrontées à des discriminations dérivant de la religion et de la culture ? Cette progression ne devrait-elle pas se lire dans des faits et des gestes parfaitement identifiés que d'aucuns analysent comme « normalité » et, d'autres, comme « dérives » faisant le lit des fondamentalismes ?

Le fondamentalisme : concept et domaine contestés

Toute religion ou toute culture ne se traduit pas automatiquement en fondamentalisme ou intégrisme, d'où la difficulté à définir le fondamentalisme. Comme concept, le fondamentalisme suscite de vives polémiques, à l'instar d'autres termes qui lui sont fréquemment associés : fanatisme, extrémisme, intégrisme, radicalisme ou, plus simplement, traditionalisme ou conservatisme. Jacques Maritain (1936) avait utilisé celui d'intégralisme pour désigner les fondamentalistes catholiques extrémistes. Les orientalistes transposèrent le terme d'intégrisme aux révolutions musulmanes des années 1970. Maxime Rodinson définissait l'intégrisme comme « l'aspiration à résoudre, au moyen de la religion, tous les problèmes sociaux et politiques et simultanément à restaurer l'intégralité des dogmes » (*Le Monde* 6/12/1978). De nombreux islamologues africains s'approprieraient volontiers cette définition. Cette volonté de conformité à des dogmes et à des normes de l'ordre du sacré, si elle est partagée par de nombreux mouvements fondamentalistes, n'en comprend pas moins des formes et des progressions spécifiques et des impacts complexes sur les sociétés, les individus et sur les femmes en particulier. Nous reprendrons bien à notre compte cette définition de Castells : comme tout mouvement social, les fondamentalistes mènent « une action collective [...] en vue d'un objectif, dont le résultat, en cas de succès comme en cas d'échec, transforme les valeurs et les institutions de la société » (1999:14).

Le fondamentalisme a une longue histoire qui a son origine dans celle du protestantisme aux États-Unis. Le pasteur américain, Curtis Lee Laws, en forgeait le concept, en 1920, pour désigner un mouvement de protestants américains opposés à d'autres protestants « libéraux » qu'ils accusaient de compromettre le christianisme avec leur relecture de la Bible (Armstrong 2005:15). Ces *Defenders of God* se réclamaient « d'une autorité religieuse (culturelle / politique) comme holistique et absolue » qui

> « [...] n'admet ni critique, ni réduction ; [...] s'exprime dans l'exigence collective que les préceptes spécifiques de croyance et d'éthique prenant leur source dans les Écritures soient publiquement reconnus et mis en vigueur par la loi »[1] (Lawrence 1989:27).

Pour promouvoir une meilleure connaissance des textes religieux, ils financèrent leur vulgarisation par le biais de distributions massives de brochures *The Fundamentals : A Testimony to the Truth,* entre 1910 et 1915[2]. Que reste-t-il de cette histoire ? Cette conviction de l'intangibilité du message religieux n'est-elle pas partagée par d'autres confessions se définissant comme gardiennes de Livres (Thora, Coran) ou des idéologies qui, sans être des religions, ont une puissance de mobilisation indéniable ?

Le terme de fondamentalisme est demeuré, voire surexploité, aujourd'hui. Si, pour l'opinion et la presse occidentales qui l'ont vulgarisé, il évoquait les extrême-droites chrétienne et juive, il renvoie plus fréquemment aujourd'hui à l'hindouisme et à l'islam. Les partisans de l'Hindutva ont été vivement dénoncés comme fondamentalistes, lors des massacres de musulmans au Gujarat durant les élections législatives de mars 2002 (Jaffrelot 2003). L'Hindutva, idéologie politique de l'hindouïté ou de l'indianité, allègue que seuls les Hindous peuvent prétendre à la nationalité indienne ; les Indiens d'autres confessions ne seraient que citoyens de seconde zone (Mukherjee 2004).

L'islam paraît la religion dont l'étiquette intégriste est la plus récente et figure le plus dans les médias internationaux[3], surtout depuis la fin des années 1970 qui vit pointer et se propager les discours musulmans et islamistes, à la vitesse de l'information mondiale. Il se révélait comme protagoniste d'une géopolitique de crise, résultant de l'histoire coloniale du Moyen-Orient, de divers facteurs économiques, politiques et spirituels plus récents, porteurs d'enjeux et de conflits locaux et régionaux. Ce déploiement ne pouvait que marquer l'époque qui, entre autres repères, est aussi celle du choc pétrolier (1973, 1979) et de l'avènement de la République islamique d'Iran (1979). Les médias occidentaux ont déroulé des images de femmes en foulard islamique ou *hijab*, *tchador*, *niqab* et *burqa*, d'hommes barbus et de talibans armés, autant que celles de prières musulmanes tenues dans les rues de capitales occidentales[4]. Leur public les reçoit comme autant de marques stigmatisantes de l'islam. Les musulmans, sans que l'on s'inquiète de leur niveau personnel de foi et de pratique religieuses, sont littéralement sommés de s'expliquer sur le « fondamentalisme » de leurs coreligionnaires. De nombreux penseurs de l'islam contemporain se sont inquiétés de ces préjugés. À propos de la crise dite « islamique » dans la société française des années 2000, le politologue Rachid Benzine demandait :

> « … de quoi parle-t-on, quand, dans le grand concert des médias occidentaux, on parle d'islam ? La plupart du temps, il s'agit de l'islam comme religion « instrumentalisée » au bénéfice de tel ou tel pouvoir, tel ou tel courant politique, telle ou telle « révolution » ou telle ou telle idéologie du choc des civilisations » (2004:11).

Pour ne pas réduire le fondamentalisme seulement à l'islam, on citera d'autres mouvements. On pourrait avancer celui de Mgr Marcel Lefebvre consacré, en 1955, premier archevêque catholique du Sénégal colonial, intégriste opposé aux réformes de Vatican II ou Civitas, groupe français catholique intégriste de tendance d'extrême-droite et partisan de la « rechristianisation » de l'Europe. On pourrait revenir aux églises pentecôtistes et adventistes des États-Unis et aux autres courants évangélistes qu'elles ont influencées dans le monde, notamment en Amérique latine et en Afrique. On pourrait assurément leur associer les Wahhabites d'Arabie Saoudite, les Salafistes en rupture d'avec le wahhabisme de la fin du XIXe siècle, les Frères musulmans d'Égypte de Hassan Al-Banna, le Front islamique du salut d'Algérie, les colons juifs du Gush Emunim en Israël, Boko Haram du Nigeria, les Talibans du Pakistan et d'Afghanistan[5], etc. Cette liste ne saurait les épuiser.

Ces mouvements aussi disparates et dispersés dans le monde partagent-ils des principes, des positions et des directions ? Les courants sont certes vastes et on leurs particularités. On retiendra quelques caractéristiques issues de débats contradictoires multiples.

Le fondamentalisme est d'abord une tendance (*tendency*), un état d'esprit (*habit of mind*) de mouvements religieux, comme le définissaient Martin Marty et Scott Appleby, dans *Fundamentalisms and Society*, volume 5 du *Fundamentalism Project* (1991-1995), leur recherche sur le fondamentalisme dans le monde. Ces mouvements revendiquent une identité fondée « des doctrines, croyances et pratiques du passé sacré » (1993:3) ; ils combattent toute opposition à cette identité et à la soumission à une autorité ou un livre. Poussant l'analyse sur les fondamentalismes, Manuel Castells y voyait

> « la construction collective d'une identité collective par identification du comportement individuel et des institutions de la société aux normes dérivées de la loi de Dieu, interprétée par une autorité bien précise qui opère une médiation entre Dieu et l'humanité » (2005:19).

D'où le rejet d'une modernité jugée occidentale ou de la globalisation corruptrice de valeurs portées par leurs identités.

À partir de ses propres analyses comparées des fondamentalismes, Karen Armstrong tirait quelques principes concordants. Elle mettait en évidence le fait que le fondamentalisme ne prônait pas un retour à une culture du passé, mais qu'il s'attachait essentiellement à contester la modernité contemporaine comme énoncé occidental, tout en retenant ses progrès techniques. La revendication habituelle du retour aux lois musulmanes ou de l'islamisation d'institutions politiques et juridiques de pays à majorité musulmane, comme l'Indonésie, la Mauritanie ou le Soudan, avaient davantage relevé du rejet d'institutions et de lois imposées par un ordre colonial étranger et de la contestation de la laïcité comme symbole d'une modernité étrangère contraignante. Dans le même ordre d'idées, on constate que des dispositions du code pénal, du code de la famille ou du statut personnel rattachés à la tradition culturelle des pays furent plus souvent revisitées que les structures constitutionnelles d'accès au pouvoir, du fonctionnement de l'État et même de gestion de l'économie requérant une certaine modernité. Les pays, dont l'islam est la religion d'État ou la source des lois de la famille, n'en ont pas moins utilisé dans la majorité des cas des normes et règles modernistes, pour gérer la sphère publique.

Dans les sociétés à majorité de population musulmane, la perte des valeurs des générations actuelles et leur corruption par l'Occident sont régulièrement dénoncées et les réformes combattues. Au début des années 2000, des associations islamiques sénégalaises suscitaient à la polémique lorsqu'elles proposaient un code exclusivement réservé aux musulmans

(Brossier 2004 ; Sow 2007 ; Mbow 2010), en lieu et place du premier code laïc, mis en vigueur en 1973[6]. Ce fut également le cas au Mali, en 2009, avec la réforme avortée du code de la famille. Le Niger, république laïque, ne disposait toujours pas, en 2014, de cet instrument juridique. L'État avait, à deux reprises, échoué à adopter un code de la famille ou de statut personnel, comme le rappelait Zeinabou Hadari (2014).

Le christianisme n'est pas en reste en matière de conservatisme. L'Église tient certes des discours aux allures « modernistes » qui tentent de se mettre au niveau des profondes transformations sociétales survenues en Occident[7]. L'Église continue dans l'ensemble d'entretenir une approche très conservatrice, voire fondamentaliste, des droits sexuels et reproductifs qui affectent notamment la sexualité et la fécondité des femmes (Hélie Lucas 1998 ; Petchesky 2003 ; G. Sen 2005).

Les membres du Réseau *Women Living Under Muslim Laws* (WLUML) mettaient en exergue cette quête d'autorité et de pouvoir dans leurs débats sur le fondamentalisme. Elles convenaient que le fondamentalisme est « l'utilisation de la religion (et souvent de l'ethnie et de la culture) pour conquérir et mobiliser le pouvoir politique »[8] (1997:5). Le contrôle des femmes (2005) en devient objectif pressant, car il est un moyen pour y accéder. On retiendra cette définition de l'intégrisme de Marième Hélie Lucas qui donne un fil directeur à nos propres critiques sur l'impact des fondamentalismes sur les femmes dans nos sociétés :

> « [ce] n'est pas un mouvement religieux, c'est un mouvement politique qui rassemble des gens dont les opinions politiques varient de l'ultra conservatisme à l'extrême droite, qui utilise la religion pour parvenir au pouvoir politique ou s'y maintenir » (2009:1).

On veillera de même à la « vigilance » sur les mots que recommande Hélie Lucas 2009). En tant qu'analyste, on en est très souvent confronté aux dérives et aux manipulations idéologiques des fondamentalistes. Comment les appréhender ? Ne faut-il pas s'interroger sur l'essentialisation de l'islam, sur la construction idéologique de « la » culture musulmane comme une, alors que les formes en sont multiples, sur la mythification de la « Shari'a » comme loi d'essence divine, sur les menaces de *fatwa* discrètes ou abusives à propos de pensées, d'attitudes et de comportements qui paraissent contrevenir aux normes et règles religieuses édictées ?

Comment comprendre et évaluer l'impact des fondamentalismes sur les femmes et les relations de genre, si toute lecture critique des fondamentalismes religieux et culturel demeure un sujet extrêmement sensible et un exercice parfois dangereux, car perçue comme attaque de la religion ou de la culture. Reprenant Hélie-Lucas, en introduction au *Dossier 30-31* (2011) de WLUML, on peut en cerner les difficultés :

> « C'est au nom du respect de la culture et de la tolérance (des termes ultimes des droits humains) de la culture de « l'autre » que l'on nous demande de ne pas la critiquer ou d'en réfuter les pratiques qui ne respectent pas les droits humains fondamentaux. [ ] C'est aussi au nom de la tolérance et du respect de « la » religion de « l'autre » que nous ne devrions pas critiquer ou nous opposer aux interprétations fondamentalistes de la religion. [ ] L'approche essentialiste de la culture et/ou de la religion fait considérer toute critique à l'égard de cette culture ou de cette religion égale à une attaque contre « la » culture, « la » religion. Et nous serons accusées de manquer de respect et de tolérance, c'est-à-dire de violer les droits humains des autres »[9] (2011: 3).

Certes, la recherche identitaire traverse l'histoire, avec ses temps forts et ses moments critiques. L'identité religieuse a, entre autres sens, servi de soubassement à l'affirmation et à la revendication nationalitaire ou culturelle. Durant la colonisation, les populations africaines de confession musulmane firent de l'islam un repère identitaire, tout aussi religieux que social et politique (Marty 1917 ; Monteil 1963). Face aux projets de l'État colonial et des missions chrétiennes, elles avancèrent leur appartenance religieuse, au même titre que leur origine ethnique (Sambe 2004 ; Diouf 2008). « L'islam, longtemps naturalisé, soulignait Triaud, offrait le visage d'une religion africaine conservatoire et refuge des identités locales » (1998:13). Ces populations rejetèrent certaines de leurs coutumes qu'elles estimaient contraires aux préceptes islamiques ; elles en firent autant de certaines normes et pratiques jugées inhabituelles ou choquantes pour leurs cultures locales. Elles réinterprétèrent des règles comme la reconnaissance de l'enfant adultérin ou les exclurent comme la lapidation pour adultère ou l'amputation de la main pour vol[10]. Aussi, notait Maxime Rodinson, « ce n'est pas seulement l'islam qui a transformé la culture des sociétés musulmanes. Ce sont aussi les cultures qui ont transformé l'islam » (1993:5).

Les conditions d'émergence des confréries africaines sont connues, car elles ont été abondamment décrites par les sociologues, les historiens ou les islamologues. Leurs histoires, leurs *gestes*, leur *credo* et leurs pratiques sont largement relatés dans les traditions orales populaires. Une analyse plus fine permet de relever que ces mouvements religieux n'ont cessé de jouer en profondeur, à la fois sur le religieux et le culturel, pour influencer, voire contrôler la spiritualité et le mental. D'où ce besoin récurrent, constaté dans le système confrérique si répandu au Sénégal, d'avoir ou d'être un(e) *taalibé* (adepte, disciple, fidèle), d'avoir ou d'être un guide religieux et spirituel *Seriñ* (en général un homme). On en sollicite les prières. On finit par le considérer comme l'intermédiaire entre Dieu et le croyant, même si l'islam rejette cette intermédiation[11]. Il est vrai qu'en plus de donner sa bénédiction, le marabout peut intercéder en faveur de son *taalibé* auprès des notables locaux, des autorités administratives ou politiques pour régler des soucis d'ordre personnel, financier et professionnel. En échange, le *taalibé* a des obligations matérielles sous forme de dons en argent ou en nature, envers le marabout. Ainsi, à l'entame de ses études sur les mourides, D. Cruise O'Brien, dès les premières lignes d'un article sur le *taalibé*, admettait que

> « Le membre de la confrérie mouride, le disciple ou *taalibé*, croit qu'il n'est pas possible d'atteindre le ciel sans l'assistance d'un intermédiaire, un guide spirituel ou *shaikh* et il est prêt en échange de cette assistance à se soumettre presque entièrement à la volonté de ce dernier » (1970:562).

Près de quatre décennies plus tard, Olivia Gervasoni et Cheikh Guèye (2005) appréhendaient la même nature des rapports entre le khalife mouride et ses *taalibé*, ceux entre la confrérie et le pouvoir politique. Dans cette intermédiation, se crée un lien de dépendance, car les *taalibé* font allégeance (*jebbelu*) à ceux qui détiennent le savoir religieux (en arabe) et finalement le pouvoir d'en expliquer le sens originel ou d'en interpréter les contraintes, ce que ceux-ci font souvent à leur guise. La *dahira,* association qui rassemble les *taalibé,* devient progressivement un « lieu de pouvoir et d'émergence des élites au sein du mouridisme » (Bava 2005:159). On retrouve une allégeance du même ordre auprès des fidèles des confréries layène du Cap-Vert ou niassène de la région de Kaolack, encore qu'elle soit présente dans une moindre mesure chez les Tidiane qui donnent un *werd* (initiation au chapelet) plutôt qu'un *ndigël.* Cette allégeance est une étape vers un fondamentalisme ordinaire, si courant.

Il arrive aussi que les politiques (gouvernement, parlementaires, partis politiques, autorités locales) s'appuient sur la culture (au sens très large du terme) et la religion pour parvenir à des positions d'hégémonie. Le poids des institutions religieuses devient de plus en plus problématique, lorsque la connivence avec l'État est si manifeste et joue si fortement sur les actions politiques et la gouvernance nationale et locale. L'histoire africaine qui nous interpelle abonde d'exemples de connivence et/ou d'opposition du religieux et du politique. Ce fait n'est pas seulement propre à l'espace musulman, comme on l'a souligné dans l'introduction et les contributions de cet ouvrage.

Défenseure ougandaise des droits humains, Jessica Horn (2011), qui étudie le fondamentalisme chrétien, dénonce la connivence tout aussi particulière entre politique et religion. Elle décrypte la manipulation, par les politiques, des discours des églises pentecôtistes dont le développement est si fulgurant sur le continent (2011:2).

La préservation des droits humains et, en particulier, de ceux des femmes, suscite bien des résistances face à ces traditions bien établies. Ces droits sont très souvent remis en question en fonction de normes religieuses et culturelles en vigueur. Le droit à l'orientation sexuelle en est une. Il faut avoir en mémoire la vague d'homophobie qui balaie actuellement le continent. En 2008, Codou Bop dénonçait « une hystérie homophobe conduite par le président d'un parti politique fondamentaliste et une quinzaine d'organisations regroupées dans le Collectif des associations islamiques du Sénégal (CAIS) »[12] (2008:1). Le collectif déposait une plainte contre des homosexuels accusés d'avoir organisé un mariage gay. Curieusement, l'affaire survenait juste à la veille du Sommet de l'Organisation de la conférence islamique prévue, à Dakar, du 8 au 14 mars 2008. Pour Patrick Awondo, un sociologue camerounais, la poussée homophobe était aussi exacerbée par « l'implication de la droite religieuse américaine dans la politique locale : ses membres y font campagne contre l'adoption de lois protégeant les droits des personnes LGBT et en faveur des lois les restreignant » (2013:106).

Il faut enfin rappeler, voire insister sur « le fondamentalisme ordinaire de gens tout aussi ordinaires, des hommes, mais aussi des femmes, dont les réflexions, les attitudes et les comportements quotidiens ont un impact encore plus insidieux sur la vie des individus et des femmes, en particulier » (Sow 2005:348).

Comprendre le contexte actuel des débats autour du fondamentalisme

Les recherches sur les femmes et leurs situations sociale, économique et politique amènent à reconnaître et à questionner le poids de la culture et de la religion. Elles signalent des « pesanteurs ». Or il ne s'agit pas de pesanteurs, mais de discriminations effectives dont les effets se sont aggravés avec la montée des conservatismes et des fondamentalismes.

Au début de cet Institut sur le genre de 2011, le *printemps* arabe s'amorçait à peine. Mouammar Kadhafi était encore le guide suprême de la révolution libyenne. Le Mali disposait de l'intégralité (au moins géographique) de son territoire national, malgré les velléités indépendantistes épisodiques de groupes politiques se manifestant dans le nord du pays. Quelques années plus tard, la scène politique avait totalement basculé dans cette région nord et saharienne du continent africain, révélant la complexité des liens entre l'État comme institution politique, la culture comme référence identitaire et la religion comme à la fois institution et référence dont on est convié (de gré ou de force) à respecter la parole « sacrée ». La religion était un enjeu majeur des diverses crises politiques.

Dès 2011, le printemps arabe d'Afrique du Nord[13] faisait ses effets. Les présidents Zine el-Abidine Ben Ali de Tunisie et Hosni Moubarak d'Égypte étaient poussés à la sortie, à la suite de violentes émeutes populaires. En Tunisie, les élections mettaient au pouvoir un parti islamique *Ennahdha*. La poussée islamiste donnait peu de répit au pays qui continuait à faire face à une grave crise politique. Aux élections législatives de 2014, *Ennahdha* perdait sa place de leader au parlement, en faveur d'un parti anti-islamiste ; il perdait aussi la présidence de la République, en faveur de l'un des chefs de l'opposition. L'Égypte, après une période agitée de l'après-Moubarak, voyait la victoire aux élections des Frères musulmans, parti autrefois interdit, et l'arrivée de Mohamed Morsi, à la tête du pays, en juin 2012. Au bout d'une année de présidence, d'intenses manifestations populaires reprenaient dans les rues des grandes villes égyptiennes contre le président ; Morsi était pourtant arrivé au pouvoir par les urnes, mais il lui était reproché d'islamiser le pouvoir. L'armée intervenait et reprenait le pouvoir. Les régimes de Mauritanie, d'Algérie et du Maroc étaient également secoués par des manifestations aux effets plus atténués, puisque les pouvoirs restaient en place ; mais ils devaient, pour calmer leurs opinions publiques, concédaient des réformes légales et politiques importantes. Durant le second semestre de 2011, les événements de Libye marquaient un tournant crucial de l'évolution du printemps arabe et de ses conséquences sur l'Afrique de l'Ouest. Face à plusieurs fronts armés et non plus seulement civils, le président libyen promettait une répression qui servait de prétexte à des interventions militaires de l'OTAN et de pays partenaires, de mars-octobre 2011. Sa chute changeait radicalement le paysage politique libyen, avec un profond impact sur l'Afrique subsaharienne attenante. Le nouveau régime échouait à établir une stabilité sur l'ensemble du pays, aujourd'hui divisé et sous le joug de plusieurs milices armées.

L'Afrique de l'Ouest connaissait également des soubresauts. Une attention particulière est portée au Mali, en raison de sa proximité géographique, politique et culturelle avec le Sénégal et l'intérêt des populations pour les événements qui s'y sont déroulés.

Il est difficile de résumer, en quelques mots, la situation malienne, dont la crise de 2012 à 2014 était en partie liée aux événements d'Afrique du Nord. De cette dernière crise, quelques points saillants peuvent être mis en exergue pour nourrir notre réflexion. Ce que l'on a qualifié « d'irrédentisme » touareg et qui a servi de détonateur à la crise de 2012 remonte aux indépendances. Depuis l'indépendance, l'histoire du Mali a été jalonnée des troubles épisodiques, suivis de pourparlers, d'accords et/ou de ruptures entre l'État et les organisations politiques du nord du pays. Le 17 janvier 2012, après plusieurs confrontations sanglantes avec l'armée, le Mouvement national de libération de l'Azawad (MLNA) déclarait unilatéralement l'indépendance de l'Azawad et son ambition d'en faire un État islamique. Il recevait un solide appui de plusieurs groupes islamistes venus d'Afrique du Nord et de l'Ouest (Ansar Dine, le Mouvement pour l'unicité et le djihad en Afrique de l'Ouest (MUJAO), Al-Qaeda au Maghreb islamique (AQMI), Boko Haram (Nigeria), etc. Tous ces mouvements possédaient un meilleur équipement militaire que l'armée malienne chargée de défendre le territoire ; ils lui infligèrent de sévères défaites. Face à l'impuissance des autorités à contrôler la situation, une junte militaire prenait le pouvoir et mettait fin, en mars 2012, au régime du président Toumani Touré. Alors que Bamako, la capitale, était divisé par ses querelles politiques intestines, des mouvements indépendantistes et djihadistes investissaient, en avril 2012, tout le nord du pays jusqu'à Tombouctou et Gao. Les islamistes touareg d'Ansar Dine finirent par arracher le contrôle de la zone du MNLA et instaurer les lois musulmanes dans tous les domaines. Des violences physiques et morales inouïes, documentées et dénoncées par des organisations de la société civile, celles de femmes et de droits humains au niveau local et international, furent perpétrées à l'encontre des populations « au nom de l'islam ». Djingarey Maïga, fondatrice d'une organisation malienne de droits humains des femmes, en faisait une liste effrayante :

> « Port du voile obligatoire pour les femmes, abus physiques et sexuels, mariages forcés et instauration du mariage temporaire dit de jouissance (*muta'a*), séances publiques de flagellation et de lapidation toujours en public pour adultère, amputation des mains et pieds pour vol, prohibition

> de la mixité dans les espaces publics, suppression des loisirs (émissions de radio et TV, musique, bals, spectacles, sport, …), fermeture des salons de coiffure, interdiction de célébrer des événements sociaux (mariages, baptêmes, rencontres hebdomadaires des femmes), instauration de codes sur la façon de marcher avec l'imposition d'un code vestimentaire et même de faire le marché, visites inopinées pour s'assurer de la bonne pratique de la prière dans les mosquées, dans les familles, sur les lieux publics, réduction de la mobilité des populations et spécialement des femmes et des filles, etc. » (2014:18).

Par ailleurs, toujours au nom de l'islam, des mosquées et des mausolées furent saccagés. Les manuscrits de Tombouctou (héritage africain et mondial) furent vandalisés en grand nombre. Toutes les écoles publiques furent fermées, accusées d'être « à la française » et un grand nombre d'édifices publics détruit. Toutes ces exactions eurent lieu, face à l'impuissance totale du gouvernement de transition mis en place sous la pression africaine et internationale. Elles furent amplement dénoncées par les organisations de femmes et de droits humains au niveau local et international[14]. En janvier 2013, l'opération militaire française Serval était menée avec un fort appui d'armées africaines, notamment tchadienne et nigérienne, et mettait fin à l'avancée des groupes djihadistes vers Bamako et à la sécession politique du Nord. Un nouveau président était élu en juillet 2013. Aujourd'hui, bien que tout le Nord ne soit pas revenu sous le contrôle administratif et militaire de l'État malien[15] et que des attentats et des prises d'otage surviennent régulièrement, des pourparlers de paix entre le gouvernement et les séparatistes se tiennent en Algérie.

Le moment est certainement propice de réfléchir à ce contexte d'incertitudes et de questionnements et de dresser des bilans dans un espace géopolitique où le Sénégal continue de jouer un rôle majeur, face à des problématiques qui mettent en jeu, avec une acuité accrue, la culture, la religion et la politique face aux fondamentalismes en particulier.

Culture, religion, politique et fondamentalismes : où en est le Sénégal

En Afrique de l'Ouest, l'islam a constitué un enjeu politique capital dans les régions à population musulmane prédominante, avant comme après les indépendances. Au Sénégal contemporain, cet enjeu est au cœur des recherches relevant de plusieurs disciplines historique, sociologique, politique et économique[16]. Nombre de ces travaux ont très largement tourné, comme le déclinent Mamadou Diouf et Mara Leichtman, autour de « l'africanisation de l'islam » ou « l'islamisation des sociétés africaines » (2013:1). Comment lire ou relire les multiples formes de fondamentalismes religieux et culturels fortement associés et les islamismes et leur progression dans l'espace social et politique sénégalais ? Ils sont repérables par de multiples signes et événements, de faits et gestes quasi palpables.

L'islam s'est implanté très progressivement en Afrique de l'Ouest, dès le VIIe siècle, comme conviction religieuse et spirituelle propre, tradition intellectuelle et politique spécifique, éloignées des visions arabo-musulmanes. Insistant sur les différences en l'islam africain et l'islam oriental, P. Diagne avançait :

> [L'islam africain] s'est forgé à partir de son patrimoine monothéiste ramanique, au contact du message coranique, eu égard à une vision propre et conforme à des valeurs d'universalité conquises des millénaires avant les traditions abrahamiques. L'effort d'adaptation du récit prophétique que déploient les fondateurs des confréries religieuses en témoigne (2015:22).

Il sera un islam de contestation de l'ordre impérial à travers la création ou le renforcement des confréries et l'apparition beaucoup plus tardive de courants réformistes. Il conservera cette dimension politique après les indépendances, comme au Sénégal[17]. Les nouveaux leaders ont entretenu, avec ces forces religieuses, des rapports ambigus, à la fois de contrôle/opposition et/ou de collaboration/clientélisme. La dimension politique du mouridisme attestée par de très nombreuses recherches en est un exemple éclatant. Léopold S. Senghor, ancien député du Sénégal au parlement français et premier président, était chrétien ; il avait des rapports de dialogue et de contrôle avec les « marabouts de l'arachide ». Il est vrai qu'il avait su établir une certaine distance avec les cultes aussi bien musulman que chrétien. Abdou Diouf, qui lui succédait, fut tout de même accueilli, dans une fraction de l'opinion sénégalaise, comme le premier président « musulman », en faveur de qui furent donnés des *ndigël* électoraux. Mais c'est avec Abdoulaye Wade, le président de « l'alternance » en 2000, que les lignes de démarcation entre religion et politique furent le plus embrouillées. Au lendemain de sa victoire aux élections présidentielles, dont on s'accorde à dire qu'elles avaient été les premières transparentes de l'histoire politique du Sénégal indépendant, le nouvel élu allait se prosterner devant le khalife des mourides pour le remercier de ses prières, et ce, devant toutes les télévisions du pays[18]. Il faisait la preuve de son allégeance à la confrérie en revendiquant publiquement son statut de *taalibé*, en refusant de participer aux prières « officielles » de Korité et de Tabaski auxquelles assiste généralement le chef de l'État[19].

Cleo Santone et Erin Augis, toutes deux anthropologues, ont décrit les dérives fondamentalistes à l'égard des femmes qui secouent la société sénégalaise contemporaine, sans les qualifier comme telles. À propos des « filles voilées et l'appropriation de l'espace dans les mosquées à Dakar », Cleo Santone se posait la question :

> « Voyons en dernier lieu si le port du voile et sa corrélation avec la fréquentation de la mosquée est un « signe d'enfermement » [nous utilisons la phrase de Fatou Sow] ou un signe de prise de pouvoir ? » (2005:128).

Santone, non seulement ne voyait pas de signe d'enfermement, mais elle concluait à l'*empowerment* des jeunes femmes *ibadou*. Elle n'ignorait pourtant pas qu'il n'y a généralement pas d'espace réservé aux femmes à l'intérieur des mosquées sénégalaises. Au meilleur des cas, celui qui leur est réservé est toujours à l'extérieur ou est totalement séparé de l'espace central des hommes, sis dans l'édifice religieux. Il est aménagé pour les femmes plus âgées, surtout ménopausées[20]. Cet enclos d'où elles étaient jadis exclues, les jeunes femmes l'auraient conquis, d'où cette prise de pouvoir que clame Santone. À notre avis, il est grignoté sur les interdits à l'encontre de toute présence féminine dans la mosquée. Mais surtout, à aucun moment, l'auteure ne questionnait la tradition wahhabite très conservatrice qu'avait adoptée le mouvement *ibadou*.

Erin Augis décrivait ce que nous qualifions aussi de dérive :

> « Les discours [des femmes sunni] sur la définition des rôles de femmes soumises et de bonnes mères qui renforcent la Ummah en élevant des enfants vertueux sont d'une importance primordiale pour leur construction de la piété sunni orthodoxe. [...] Cependant, quelle que soit la durée temporelle de leur participation à l'islam sunnite, ce qu'elles disent du mariage, du travail et de la maternité *illumine* les nuances de la soumission et de la conscience dans les choix religieux complexes des femmes orthodoxes » (2005:325)[21].

Ce « choix religieux » si complexe, qui laisse perplexe l'observateur des droits humains des femmes, peut-il définir l'identité féminine musulmane dont les formes sont multiples ? De quelle identité est-il fait mention ici et de quel choix ? Erin Augis en donne, elle-même, l'origine qui l'éclaire, à la suite d'un entretien avec Amadou Makhtar Kanté, imam de la mosquée de l'Université Cheikh Anta Diop de Dakar, connu pour ses sermons d'imprécation musclée. Elle rappelle l'histoire de « l'appel » au voile.

> « Dans les années 1980 et 1990, des hommes sénégalais arabisants sont rentrés au pays après des années d'études en Afrique du Nord et dans les pays du Golfe et, s'investissant d'un rôle nouveau de réformateur et de théologien, ont exhorté les jeunes femmes à se voiler pour parvenir à une transformation spirituelle et pour élever le niveau de moralité au sein de la communauté musulmane sénégalaise » (2009:90).

L'université fut, pour ces arabisants prosélytes, une cible pour déployer et ancrer leurs convictions[22]. De l'époque coloniale aux deux premières décennies des indépendances, l'espace académique était resté laïc, malgré la présence d'associations estudiantines religieuses : l'Association des étudiants musulmans africains (AMEA) et la Jeunesse étudiante catholique universitaire (JECU). Les cultes étaient tous suivis à l'extérieur du campus. Le nombre d'associations s'est multiplié avec le développement de l'université, surtout après les années 1980 : Association des étudiants mourides, Amicale des élèves et étudiants layènes, etc. L'Association des étudiants musulmans de Dakar (AEMUD) était créée, en 1984, et sa mosquée érigée, en 1986, sur un financement d'Al Falah, un mouvement réformiste[23]. De l'imam Kanté, fondateur de l'AEMUD que citent tous les chercheur-e-s qui ont travaillé sur l'islamisme au Sénégal et sur lequel s'attarde longuement l'anthropologue italienne Adriana Piga (2005), on dira qu'il est le premier à avoir fait ériger un édifice religieux sur le campus alors que les textes règlementaires n'en prévoyaient aucun. Posté, en tant qu'imam, à une position politique devenue forte, « il incarne, selon Piga, l'éthique et l'idéologie morale et spirituelle de l'association » (2005:269). Il peut développer, en toute liberté, un discours islamiste des plus conservateurs. Désavouant la laïcité inscrite, dès 1960, dans toutes les constitutions du Sénégal, à l'exclusion de celle de 2002, avec Wade, l'imam prêche :

> « La laïcité est un véritable piège. Si elle peut apparemment respecter toutes les religions, elle représente en fait la volonté d'exclure le pouvoir religieux de la gestion sociale et implique le refus dédaigneux, typiquement occidental, de se laisser gérer par Dieu » (cité par Piga 2005:269).

A. Piga procède à une analyse fine de ses sermons de la prière du vendredi, à la mosquée de l'université, et de ses harangues truffées de menaces associées à « la colère de Dieu » et à la punition de l'enfer, en direction de son public estudiantin. Elle en donne une conclusion qui laisse perplexe, car on se demande quelle éthique ou quel genre d'éthique sont requis ici :

> « L'AEMUD représente bien l'exemple d'un islam radical qui n'est pas seulement l'expression d'une société parallèle où domine la contestation de

> l'ordre établi, mais qui est aussi la réintroduction de la dimension éthique et religieuse au cœur même de la politique » (2005:280).

Mame Penda Ba souligne la particularité des conditions d'émergence de *L'islamisme au Sénégal* (2007), comme rejet de l'ordre social dominant et ouverture d'un nouvel ordre islamique. Elle réexamine minutieusement tous les concepts et descriptions des fondamentalismes et islamismes et présente une analyse très détaillée des profils, des débats et des activités des divers mouvements musulmans. Ses conclusions tirées de ses analyses nous laissent cependant perplexe . L'islamisme sénégalais, soutient-elle

> « contribue à l'invention d'une modernité qui résulte non plus d'une greffe extérieure, mais d'une construction propre aux sociétés du Sud. Ce phénomène signe ainsi la fin d'une longue tradition de pensée qui voulait qu'il n'y ait qu'une voie vers la modernité : la voie scientifique et technique » (2007:614)

La modernité, à laquelle l'islamisme sénégalais convie, n'est certes plus dans la lignée scientifique et technique de la modernité que l'on rattache à l'Occident. Mais est-elle pour autant définie ici ? Cette tradition islamique serait-elle propre à toutes les sociétés du Sud ? N'appartiendrait-elle pas qu'aux sociétés musulmanes qui gèrent des visions culturalisées très diversifiées de l'islam et de ses pratiques ?

Nous ne pourrons pas avancer dans ce chapitre qui campe le cadre de la réflexion, sans revenir sur les rôles politiques des confréries classiques ou réformistes, tels qu'évoqués dans la recherche africaine et africaniste[24]. Lorsqu'il publie *L'islam républicain* (2010), Jean-François Bayart est conforté dans l'idée que le Sénégal est une « république confrérique », comme si le pays n'avait plus, pour l'observateur avisé, la capacité, acquise depuis l'époque des comptoirs, à gérer le principe de la laïcité, conservé envers et contre tout. Il poursuit :

> « L'islam confrérique s'est progressivement imposé comme une transaction hégémonique entre l'État colonial et la société wolof et a conservé son rôle d'intermédiation politique après l'indépendance » (2010:398).

Cette approche est sans doute séduisante, mais elle ne reflète pas toute la réalité, si l'on relit l'histoire politique du Sénégal. L'intermédiation qui a pris en charge tardivement l'islam confrérique a été ici une politique sur la longue durée comme pratique citoyenne. Elle est née dans les comptoirs et les Quatre Communes (Saint-Louis, Gorée, Dakar et Rufisque)[25] dont les habitants, citoyens français et électeurs des députés et des maires, ont fait garantir la liberté des cultes et protégé, de Blaise Diagne et Galandou Diouf à Lamine Guèye et Léopold Sedar Senghor, les leaders religieux[26]. Comme le souligne Pathé Diagne,

> « Les comptoirs cosmopolites du négoce atlantique, fondés avec les monarchies, gardiennes de la diversité et des libertés religieuses, auront en particulier été parmi les premiers laboratoires de l'État moderne, pluraliste et laïc. Comme acteurs à Gorée, Saint-Louis et aux Amériques de Francis Bellay, Goréen, député au parlement français, ils vont à la rencontre d'une Europe à l'origine sous contrôle de monarchies autoritaires de droit divin » (2013:118).

Cet islam, les événements politiques de l'indépendance à nos jours l'ont montré, a pourtant dû se plier au scénario global républicain, en dépit du rôle significatif des chefs de confrérie investis en politique. Aussi est-il difficile de conclure, avec Bayart et nombre d'autres acteurs de la recherche qui en arrivent aux mêmes conclusions en réécrivant une histoire de la république, des comptoirs-communes, de l'islam et du christianisme au Sénégal, que

> « le contrat social sénégalais » […] a néanmoins tenu bon et que l'islam, devenu républicain, est devenu l'inscription de la société sénégalaise dans l'universalité du marché et de la globalisation » (Bayart 2010:408).

Comme si l'on pouvait réduire le contrat social sénégalais[27], républicain et laïc dans sa modernité et ses origines à la religion ou à la question maraboutique arachidière ou mouride. Peut-on réduire, à cette inscription, la présence des milliers de cadres originaires du Sénégal, que leurs multiples compétences professionnelles et initiatives entrepreneuriales[28] retiennent, en Occident et ailleurs ? Il en est de même pour la main-d'œuvre immigrée non moins significative dont les forces ont été requises pour le développement des pays où elle a fini par faire souche ?

Les mourides, on le sait bien, ont dominé la production arachidière et participé à l'histoire économique du Sénégal. Leurs commerçants et artisans sont progressivement devenus le premier groupe national de négociants de produits manufacturés (tissus, équipements domestiques, électroniques et informatiques, donc modernes), lorsque cette monoculture de rente a cessé d'être rentable et que les diverses crises (la sécheresse, les politiques d'ajustement structurel, la privatisation des ressources impulsée par la globalisation, …) en ont ruiné l'économie. Leur insertion dans le monde national et international des affaires a été largement étudiée (Amin 1969 ;

Ebin 1993 ; Marfaing et Sow 1998 ; …). Illustrant cette présence, Victoria Ebin observait :

> « Ils se sont virtuellement emparés de Sandaga, principal marché de Dakar, et ont tissé des réseaux internationaux complexes installés dans les plus grandes villes commerçantes et constamment reliés entre eux » (1993:103).

Les mourides, malgré l'importance de leur contribution économique (30% de la production agricole nationale), ne détiennent pas de position hégémonique sur le monde paysan hors du bassin arachidier, sur l'artisanat ou sur la pêche dans lesquels d'autres communautés ont été impliquées et ont excellé. Tout en acceptant la position de l'islam confrérique comme représentant symbolique des autorités pré-coloniales de régions précises, il est difficile de la qualifier de médiation « par excellence » entre l'État colonial et la société wolof, qui n'est exclusivement pas rurale. On ne peut minimiser la participation décisive des partis politiques et des syndicats, celle des intellectuels, des associations professionnelles et populaires et des organisations féminines constitutives d'embryons aux futures sociétés civiles, en posture conflictuelle avec le pouvoir colonial. Ces mouvements furent au premier rang des luttes pour l'indépendance.

Comment, en outre, affirmer que cet islam est devenu républicain dans des espaces aussi peu démocratiques que ceux contrôlés par le système confrérique ou les petites familles maraboutiques ? Le cas de Touba est exemplaire à cet égard. Titre foncier établi par l'administration coloniale en 1930, la ville jouit, de fait, d'un statut d'extraterritorialité, après la réforme administrative de 1972. Cheikh Guèye, auteur d'une thèse sur la capitale mouride (1999), admettait que

> « Dans la confrérie mouride, les pouvoirs symbolique, spirituel et temporel sont incarnés par la seule personne du khalife. Mais ils font l'objet de plusieurs délégations dont les formes et les mécanismes de fonctionnement sont divers selon les khalifes, leur époque, leur personnalité. L'institution khalifale a toujours été, dans une certaine mesure, une affaire familiale, voire matrilignagère » (2003:611).

Sur cette base, Touba est une ville où l'État du Sénégal ne fait pas loi. La douane en est absente et les forces de l'ordre n'ont commencé à exercer leur autorité en filigrane qu'à la requête expresse d'un des khalifes. L'école publique (républicaine) y est interdite ; seule l'instruction religieuse y est autorisée. En 1996, trente-cinq écoles construites par le ministère de l'Éducation nationale sur un financement de la Banque mondiale étaient fermées, sur ordre de l'autorité religieuse. L'eau fournie par les services de l'État est gratuite pour le million et demi d'habitants que compte Touba, alors qu'elle est payante partout où elle est distribuée. Le khalifat contrôle les terres du domaine national situé dans sa proche périphérie et le politique en désignant les « élus ruraux ». Il peut, sans coup férir, ne pas respecter la loi sur la parité, votée en 2010 et appliquée pour la première fois lors des élections locales de juin 2014. Sa liste était pourtant validée par le ministère de l'Intérieur.

Comment évoquer un islam républicain pour des gouvernances maraboutiques qui nient la laïcité accusée d'une sorte de péché originel ? Pourtant Léopold Sedar Senghor, le premier président de la République, et Abdou Diouf, le second, n'avaient cessé d'affirmer et de consolider la laïcité républicaine de l'État. Abdoulaye Wade, le troisième, n'aura, en revanche, cessé d'en grignoter les principes, avec de multiples violations en la matière, voire sa suppression dans la constitution de 2002. D'autres responsables politiques, participant à des élections ou autres événements, se sont souvent abrités derrière la religion et ont promis d'abolir la laïcité comme principe anti-musulman, pensant capturer des votes. Nombre d'entre eux rendent régulièrement visite aux marabouts. L'une des premières femmes à se présenter à l'élection présidentielle, en 2012, en faisait aussi l'annonce à la sortie d'une audience, à Touba, avec le khalife des mourides.

On retrouve le discours anti-laïc de manière récurrente dans la classe politique. Mamadou Dia, premier président du Conseil du Sénégal (1960-1962), après un long compagnonnage avec Senghor[29], leurs péripéties politiques et sa sortie de prison, publiait *Islam, sociétés africaines et culture industrielle* (1975). En socialiste, mais musulman convaincu, il y proposait un retour aux sources de l'orthodoxie musulmane (Coran et Sunna) et aux valeurs des traditions négro-africaines, afin de renforcer la convergence entre « société islamique » et « société traditionnelle africaine ». Il avait l'ambition de construire :

> « un socialisme africain dynamique et réaliste, tournant le dos au laïcisme légué par la colonisation, pour aller vers l'islam, en étudier les potentialités, afin d'en faire un outil adéquat de développement socialiste par une révision de différents codes africains qui, s'inspirant des réalités africaines morales, spirituelles, psychologiques seront des outils de travail africain susceptibles d'aider à l'édification de sociétés nouvelles » (1975:104).

L'ancien président condamnait la civilisation occidentale, tout en reconnaissant ses qualités scientifiques qui avaient « montré le chemin du progrès matériel et de la maîtrise du monde ». Faire la synthèse de ces différents apports contribuait, selon Mamadou Dia, à la civilisation de l'universel. On peut pourtant se demander comment le premier président du Conseil d'un État qui avait fait de la laïcité un principe constitutionnel dès l'indépendance pouvait la contester, par la suite, en termes de dérive laïciste et de « laïcisme ».

Dans d'autres cercles, Makhtar Diouf, professeur d'économie, autrefois idéologue marxiste-léniniste, proposait, près de quatre décennies plus tard, une « économie politique de la Shari'a » (2011). L'islam, affirmait-il, disposerait de facteurs de transformation porteurs de développement. Diouf, faisant preuve d'érudition, présentait deux cents versets du Coran et des hadiths à l'appui de sa thèse. On chercherait toutefois en vain une État islamique géré, en ces termes, dans le monde musulman, notamment dans les monarchies pétrolières islamiques du Golfe.

Mamadou Diouf, Momar Coumba Diop et Donal Cruise O'Brien (2002) avaient considéré le modèle « islamo-wolof » du Sénégal comme un modèle de réussite du « contrat social sénégalais ».

> « Cette modalité, affirmaient-ils, recouvre la totalité du champ social et assure de surcroît une hégémonie wolof dans l'ordre idéologique, du discours et des pratiques dans l'espace public. Le modèle a concouru à la réussite « exemplaire » du système politique sénégalais en participant à la construction de la démocratie libérale et en assurant la relative stabilité de la « semi-démocratie » sénégalaise, malgré son « inachèvement » (2002:9).

Nous ne nous attarderons pas sur cette idée de construction d'une démocratie libérale sénégalaise et son effectivité, car les auteurs en traçaient eux-mêmes les limites. Ce modèle de réussite, matérialisé par la reconstruction d'une identité civilisationnelle propre et musulmane après la chute des pouvoirs pré-coloniaux, s'est renforcé avec l'exploitation de l'arachide, une agriculture coloniale d'exportation. Une dynamique politique s'est construite ; il n'est pas innocent qu'elle l'ait été autour des « marabouts de l'arachide » (Copans 1963). Les dynamismes d'autres régions comme la Casamance ou de la vallée du fleuve ont régressé, face à l'hégémonie de l'économie arachidière coloniale. L'irrédentisme casamançais ou les migrations hal pulaar et soninké de la vallée du fleuve Sénégal vers le reste du pays, l'Afrique et le monde, ont là une bonne partie de leurs racines.

Ce que ce modèle, dans sa dite exemplarité, tend surtout à masquer, c'est toute l'hétérogénéité de l'islam sénégalais. Le modèle islamo-wolof a ses diversités internes et ses chefs qui revendiquent chacun son autorité, son califat comme héritier d'un père local. Le *Seriñ* des Layènes et le *Seriñ Ndakaru*, qui remplaça le *Jaraf* de l'ancienne République lébou, coexistent au sein des communautés lébou et wolof dans la presqu'île du Cap-Vert. Les confréries tidiane, mouride, niassène ou qadir se partagent une bonne part de l'espace musulman. Une mention particulière devrait être prêtée à l'islam saint-louisien qui, bien que tidiane, est reconnue pour son érudition coranique ancienne. Le modèle islamo-wolof ne s'applique guère au milieu hal pulaar profondément attaché à une tradition omarienne dominante. La présence des nombreux mouvements réformistes qui se sont développés contre ce modèle islamo-wolof, tout comme l'émergence d'un mouvement chiite dont la branche estudiantine a tenu ses assises à l'Université de Dakar, au courant de l'année 2000, sont à prendre en compte. Enfin, le modèle de réussite de la société wolof est toujours fondé sur un système d'inégalité et de domination décrit notamment par Abdoulaye Bara Diop, dans ses travaux sur la question (1983). La division en castes et sa symbolique y perdurent, même si des changements sont intervenus, car les sociétés bougent.

Si Cheikh Bamba est célébré comme héros de la résistance anticoloniale[30], peut-on en dire de même des « nouveaux » marabouts qui font la une de la presse et de la recherche académique, comme symboles du pouvoir musulman ? Nombre de chercheurs (sénégalais et étrangers), qui travaillent sur la société sénégalaise contemporaine, semblent avoir été fascinés par des personnages émergents dans la sphère religieuse. Ceux-ci ont, en général, établi leur notoriété en « manipulant » l'ordre religieux, pour se faire une niche dans la sphère publique (politique), comme on peut en tirer des conclusions des recherches et de l'examen de l'actualité sénégalaise.

Fabienne Samson consacre à la *Dahiratoul Moustarchidina Wal Moustarchidaty* (tidiane) une thèse, parue en 2005, et décrit, avec minutie, le système fortement hiérarchisé et autoritaire, établi au profit du leader du mouvement sur ses *taalibé.*

> « La *Dahiratoul Moustarchidina Wal Moustarchidaty*, écrit Samson, est devenu un mouvement très hiérarchisé afin de pouvoir contrôler l'ensemble des disciples sur tout le territoire. Organisé, dès les années 1980, selon un système pyramidal complexe, il est découpé en « fédérations » régionales, elles-mêmes scindées en diverses branches autonomes dans leur mode de fonctionnement mais soumises à l'autorité de Moustapha Sy, le responsable moral. [...] Celui-ci, au sommet de la pyramide, est responsable de la moralité de ses jeunes fidèles. [...] Il transmet sa perception de l'islam. [...] Il contrôle ce qui s'y fait et s'y dit. [...] Il est l'exemple vers lequel doit vouloir tendre tout jeune *moustarchid.* [...Il est le] seul maître obéi et respecté » (2005:40).

Cheikh Modou Kara Mbacké, *Seriñ* mouride, entretient les mêmes relations de domination avec ses « troupes ». Xavier Audrain (2004) retrace son parcours « politique », entre 1999 et 2004. Il reprend à son compte l'expression de « marabout mondain ». Modou Kara n'est pas un *doomu soxna*, à savoir le fils d'une mère (lettrée) issue des lignées maraboutiques. Cela aurait donné un sens différent à son statut. Selon un vieux principe de l'aristocratie cayorienne, on ne peut prétendre au pouvoir khalifal que par la lignée maternelle. Aujourd'hui les fils de marabout ont peu de chances d'accéder au statut de khalife, en raison de règles strictes de transmission du pouvoir de frère en frère (des aînés aux cadets) avant d'arriver aux fils, successeurs présomptifs. Il leur est donc difficile de se bâtir un avenir d'autorité, à court terme, même si chaque fils aîné devient le khalife de la maison paternelle à la disparition du père. Les querelles de succession, déjà fréquentes parmi les frères, le sont encore plus au sein des fils qui s'impatientent dans la file d'héritiers nombreux. Aussi nombre d'entre eux se démarquent-ils en créant leurs propres mouvements. Il en est de même pour ceux qui n'appartiennent pas à cette lignée de droit. S'étant attribué le titre de « Général de *Seriñ* Touba » d'une armée-milice d'opérette, au sein de son Mouvement mondial pour l'unicité de Dieu (MMUD), Cheikh Modou Kara organise des réunions-spectacles au cours desquelles il dispense sermons religieux et discours politiques. En effet, il est aussi fondateur du Parti de la vérité pour le développement[31], rebaptisé *Jamma gën ay* (mieux vaut la paix que la guerre), en janvier 2014. Il ambitionne de changer la constitution sénégalaise qu'il juge « profane ». Si l'on peut, avec Audrain, lui concéder la capacité à embrigader et à récupérer des jeunes gens en détresse (2003), peut-on pour autant conclure que son action conduit à une réinvention de la citoyenneté sénégalaise ?

> « Cheikh Modou Kara apparaît comme le seul capable d'allier la modernité à laquelle ils aspirent et un mouridisme qui constitue, à leurs yeux, leur spécificité identitaire de musulmans sénégalais dans un monde globalisé » (Audrain 2004:118).

À ce prix, on peut légitimer toutes les dérives.

Cheikh Béthio Thioune est un autre personnage qui a retenu l'attention de la recherche (Havard 2006 ; Brossier 2013), etc. Il n'appartient pas aux familles maraboutiques et n'hérite d'aucun destin. Homme de caste d'origine modeste et ancien administrateur civil, il a compris que, contrairement aux fils de famille, il ne pouvait prétendre à une légitimité qu'en forgeant un mouvement autonome au sein du monde mouride. Il a, durant des années, « mobilisé », comme le souligne Marie Brossier (2013), une *dahira* et des moyens financiers considérables fournis en partie par ses *taalibé*[32]. Cette contribution fait de lui, proclame Béthio Thioune, un proche confident du défunt khalife Saliou Mbacké qui l'avait fait cheikh. Il prétend même l'incarner : « *Maay Seriñ Saaliu, Seriñ Saaliu mooy man* » (Je suis Seriñ Saliou, Seriñ Saliou c'est moi).

Malgré leur notoriété, Moustapha Sy, Cheikh Modou Kara Mbacké ou Cheikh Béthio Thioune ne gèrent qu'une minorité de la jeunesse sénégalaise. On peut donc s'interroger sur le niveau d'influence et la portée de ces mouvements religieux sur une jeunesse aussi trépidante, en butte à un chômage endémique et capable de changer la donne électorale, comme l'ont montré les élections présidentielles de 2000 et 2012.

À ce propos, on a beaucoup associé l'action des leaders religieux aux résultats des élections. Analysant l'impact de la religion sur des élections présidentielles de 2000, Fatou Diop notait, au vu des résultats des deux tours, qu'il fallait

> « se rendre compte du détachement des populations par rapport aux consignes des chefs religieux et la chute vertigineuse de l'électorat de Diouf qui en est le corollaire. L'usure du pouvoir, la dégradation des conditions de vie et la maturité de l'électeur corrélée à une fiabilisation du processus électoral pourraient en être l'explication » (2000:13).

Les trois candidats qui avaient décliné leur identité musulmane n'avaient obtenu, ensemble, qu'autour de 3 pour cent des voix. La sociologue de l'Université Gaston Berger nous engageait en conclusion à réfléchir sur un « nouvel électeur plus responsable, départi des attaches traditionnelles, donc plus individualiste » (2000:15), en raison de « la prise de distance » des *taalibé* à l'égard des *ndigël*, notée par Donal Cruise O'Brien (1992:17), de son « effritement, [...] de son absence [...] ou de sa fragmentation » signalée par Momar Coumba Diop, Mamadou Diouf et Aminata Diaw (2000:168-169).

Certes, le rôle des marabouts n'a pas seulement consisté à intervenir dans le jeu électoral. L'ouverture politique, l'entrée en jeu du PDS et ses multiples sollicitations en leur direction rendaient plus complexe l'intervention de la confrérie mouride dont le leadership ne donne plus de consigne explicite de vote, depuis 1988. Mais ce retrait ouvrait aux « marabouts mondains » des possibilités de marchandage et de pression sur le pouvoir central lors d'épisodes électoraux et dans la vie politique courante. D'où le danger pour la démocratie sénégalaise.

La recherche a continué à mettre en exergue « l'impératif religieux » dans la vie politique sénégalaise (Brossier 2013). Même si le religieux en est un élément avéré, il semble difficile de donner une place aussi centrale à la foi et/ou à l'appartenance confrérique des électeurs-*taalibé*. Le fameux *ndigël*, comme une consigne de vote, a-t-il vraiment eu l'impact qu'on lui prête ? Dans l'histoire électorale du Sénégal, contrairement à ce qu'affirme Brossier, il n'est pas « une ressource essentielle pour assurer la réélection d'un président sortant » (2013:193). L'une des rares fois où le *ndigël* aura été assurément actif fut l'appui apporté par les marabouts (ceux de l'arachide), durant les élections législatives de 1951, à Senghor, le candidat chrétien. Il avait été associé au milieu paysan, du fait de son origine sereer rurale, et avait été soutenu pour battre Lamine Guèye, son adversaire musulman représentant des comptoirs urbains. « La portée du *ndigël* a toujours été exagérée par les analystes politiques », confirme Cheikh Guèye (2003:624).

Abdoulaye Wade avait vainement mobilisé des personnalités maraboutiques lors du second tour des élections présidentielles de 2012. Ses visites aux familles religieuses furent retransmises en direct sur des médias sénégalais, y compris la télévision nationale qui couvre tous les déplacements du chef d'État. Ni les manifestations des *Thiantacounes* de Cheikh Béthio Thioune, ni sa visite à Cheikh Modou Kara Mbacké pour solliciter son appui ne lui permirent de conserver son siège, face à la détermination populaire de renouveler l'alternance au pouvoir. Ceci devrait permettre de relativiser la définition du vote des électeurs sénégalais, en termes d'engagement religieux, surtout durant cette décennie de « l'alternance ». Les électeurs ont fait usage de leur droit en raison de leur conviction que leur bulletin dans l'urne pouvait faire la différence. On ne peut qu'agréer avec ce que prévoyait Cruise O'Brien : « Les termes du contrat social sénégalais qui lie l'État à la société par l'intermédiaire des confréries musulmanes sont voués à disparaître avec les changements qui ont affecté le Sénégal » (1992 :20). Ce pronostic était, plus tard, confirmé par M.C. Diop, M. Diouf et A. Diaw, dans leur analyse des élections présidentielles de la première alternance.

> « L'individu exige la reconnaissance publique de cette part de liberté qui lui revient de droit. Il s'agit là de mutations sociologiques profondes de la société, qui n'ont été perçues ni par le pouvoir, ni par les marabouts grands électeurs qui n'ont pas vu la transmutation, du fait de la crise et du pluralisme des médias, du *taalibé* en citoyen » (2000:170).

Cette effervescence politico-religieuse a certes participé à une reconfiguration du paysage politique et culturel. Elle a été un des facteurs de changement d'une époque, comme le prévoyait l'ouvrage prémonitoire de Mory Magassouba (1985) sur l'arrivée des Mollahs. Béthio Thioune, Modou Kara Mbacké, l'imam Niang et autres *Ouztaz* en vogue dans les médias tiennent des discours politiques de légitimation, dans un espace confrérique qui leur fait peu de place. Ces médias ont beaucoup aidé à faire éclore des voix qui étaient peu autorisées. Il y a au fond une dispersion de la parole religieuse qui a « légèrement » profité aux femmes dont on entend plus souvent les prêches aujourd'hui. Ces prêches n'ont pas lieu dans les mosquées, où elles sont encore interdites de prise de parole, mais au cours d'émissions religieuses de radio et de télévision. Toutes les prédicatrices se croient obligées de porter le foulard islamique comme marque de leur religiosité. Elles tiennent des prêches des plus conservateurs qui exhortent les femmes à la soumission.

Nous évoquons l'implication des prédicatrices dans « l'évolution du monde », c'est pour la reconnaître et souligner l'ambiguïté des discours des organisations musulmanes sur la modernité dont toutes se nourrissent. Alors que celles-ci décrient la modernité comme contraire à leurs traditions religieuses, on est frappé par leur consommation intensive, si ce n'est excessive, des médias modernes. Cette consommation des médias est sans doute à insérer dans la révolution mondiale de la communication que décrit Manuel Castells (1999).

La libéralisation de l'information, au Sénégal, a vu, à partir de 1991, la multiplication des chaînes de radio et de télévision, les unes religieuses, les autres profanes. Mais leurs programmations ont, les unes exclusivement, les autres progressivement, incorporé et élargi les plages consacrées à la religion. Les causeries religieuses et les prêches y prolifèrent. Les *Gammu*, *maggal*, *jangg* (chants religieux) et autres cérémonies sont retransmis dans les médias ; ils reçoivent l'appui organisationnel, matériel et financier, parfois massif, de l'État que revendiquent, comme un dû, tous les promoteurs. Une multitude d'émissions interactives quotidiennes brasse les questions de société que les animateurs et les auditeurs des deux sexes discutent, en rivalisant d'argumentaires religieux. Ils font souvent référence à la « Shari'a », à propos de sujets que règlent normalement le droit civil, le code de la famille ou la loi sur le Domaine national d'une administration laïque. La laïcité est écorchée à tour d'émissions, comme le fait, par exemple, le propriétaire de *Wal-Fajri*, la première chaîne indépendante de télévision, Sidy Lamine Niasse, qui accuse, sans complexe, ni limite, l'État sénégalais d'être « judéo-chrétien ».

Dans ces mêmes médias, il est régulièrement reproché à l'État de ne pas veiller aux écoles coraniques (*daara*) et de laisser les petits *taalibé* mendier dans les rues[33]. Enfin, si l'on peut se féliciter que la sexualité soit devenue, avec l'épidémie du SIDA et ses programmes de lutte, un thème récurrent des médias, on peut regretter que l'utilisation des préservatifs pour du sexe sans risque (*safe sex*), la contraception, la planification familiale, l'avortement, la masturbation, la sexualité des adolescents, l'homosexualité y soient débattus avec ou à partir de références religieuses. Certaines pratiques sont réprouvées au nom d'une morale islamique.

Conclusion

Au vu manifeste de la prolifération des discours islamiques dans la vie sociale et politique et sa surmédiatisation, peut-on affirmer pour autant que les identités sénégalaises sont devenues surtout religieuses ? Cécile Laborde, spécialiste des Layènes, estimait que l'islam layène était « la forme moderne d'expression de l'identité lébou » (1995). Tous les Lébou sont-ils layènes ? Abdoulaye Makhtar Diop et Pape Ibrahima Diagne, tous deux concurrents intronisés nouveau Grand Serigne de Dakar et chef de la collectivité lébou depuis 2013, ne le sont pas. Et en quoi l'islam layène est-il l'expression d'une modernité religieuse pour ses fidèles ?

On a la même question pour « l'islamo-nationalisme » que Abdourahmane Seck attribue à la société sénégalaise (ou wolof ?) qui, il est nécessaire de le rappeler, est musulmane, chrétienne, sur une base non moins effective de coutumes religieuses locales.

Quel sens ou quelle vérité peut-on continuer à donner, avec Mamadou Diouf, à la « relation marabout-*taalibé* » dans l'islam sénégalais (2013:15) ? Et peut-on continuer d'affirmer que la société sénégalaise est engagée dans cette modernité wolof et islamique, qu'il résume si élégamment ?

> « La bibliothèque orale et écrite qui a cherché des ressources wolof et islamique autant que des valeurs françaises relatives aux responsabilités et droits du nouveau citoyen a préparé le terrain d'un dialogue qui a cherché de nouvelles manières – tant symboliques que littérales – de se comporter, de parler, de s'habiller, de se parfumer et d'échanger dans les espaces public ou privé, créant une modernité sénégalaise dépendant d'une Grammaire wolof de civilité »[34] (2013:15).

En conclusion à sa thèse de doctorat sur les islamismes, Mame Penda Ba prévoyait un avenir démocratique musulman pour le Sénégal. Elle écrivait :

> « Ce serait là l'émergence d'une démocratie musulmane dans des pays où il n'y a pas d'autre issue que d'évoluer vers la démocratie tout en restant attaché aux valeurs islamiques. C'est aussi, dans un autre registre, ce que suggère Olivier Carré qui promeut le retour de la « laïcité islamique », retour qu'il croit tout à fait possible, « puisqu'elle existe déjà dans la doctrine islamique » (2007: 614).

Comment définir un avenir démocratique musulman pour un Sénégal multiconfessionnel et laïc, où les espaces musulmans sont, sans aucun doute, les moins démocratiques ? Comment se référer à cette « doctrine islamique » pour élaborer des principes constitutionnels ? Enfin, de quelle démocratie parle le philosophe Blondin Cissé, qui étend l'expérience du religieux au point de nous inviter à revenir au message coranique pour « démocratiser » l'espace politique ? En effet, il écrit :

> « S'agissant de la cité musulmane[35], l'une des conditions de redéploiement de l'espace politique démocratique susceptible de favoriser une subjectivation politique portée par l'expérience du religieux ne consiste-t-elle pas à renouer avec la dynamique du message coranique posant le changement comme un principe directeur, une nécessité que ne sauraient appréhender ces lectures historiquement situées ? Le débat est ouvert » (Cissé 2013:16).

Est-il raisonnable d'ouvrir ce débat sur « une subjectivation politique portée par l'expérience du religieux » dans un État dont la laïcité est un principe constitutionnel, sans participer à une dérive fondamentaliste ? En dépit des entorses de plus en plus sévères à la règle, ce principe est encore respecté. Et tous les systèmes confrériques et organisations musulmanes qui ont été discutés ici ont des structures fortement hiérarchisées, sans aucune règle démocratique, comme le montrent les travaux de recherche et nos expériences personnelles.

Quelles applications citoyennes en tirer ? Les Sénégalais sont-ils des *taalibé* ou des citoyens ? La question finit par mériter d'être posée. On fait face à un islam politique qui ambitionne d'accaparer le pouvoir. Lors des élections présidentielles de 2012, l'opinion publique avait été sondée sur la place de l'élite maraboutique comme « quatrième pouvoir » et sur le retour au religieux islamique et à la tradition comme repères identitaires. Or les modèles et les messages convoyés étaient tous porteurs de conservatisme.

La religion peut certes être une composante importante de l'identité, mais elle n'est pas la seule. Rappelons que 42,1 pour cent de la population globale est âgée de moins de 16 ans, face à 3,5 pour cent de 65 ans et plus (RGPHAE 2013:64). Cette jeunesse est en butte à d'énormes frustrations, car elle n'est intégrée ni dans les instances politiques ni dans les structures économiques. Mais écrire, comme Mame Penda Ba, que « l'islamisme comme utopie politico-religieuse se révèle finalement vecteur de modernité » (2007:602) fait difficilement sens dans le Sénégal contemporain. Peut-on penser que cette jeunesse restera enfermée dans les cadres religieux rigides de notre époque et dans une modernité islamique ? En fonction des circonstances, la jeunesse avance les pions qui servent ses intérêts et ambitions du moment.

L'entrée dans la modernité, avec l'occidentalisation comme seul passage obligé, n'est plus tout à fait de mise aujourd'hui. La modernité ne devrait plus être considérée comme le danger identitaire culturel et moral d'occidentalisation et, donc, de déculturation, couramment agité, devant les masses populaires, comme « monde des Blancs » (Marshall-Fartai et Pelard 2012:10)[36]. Les populations africaines participent elles aussi de la modernité. Elles vivent, fabriquent et réinventent, en permanence, la modernité qui n'est pas une pâle copie de la modernité occidentale. Ce qu'elles déplorent, c'est moins de « subir » la modernité que de ne pouvoir disposer de ses atouts, pour améliorer leurs conditions de vie quotidienne, régler leurs soucis de santé et envisager l'avenir de leurs enfants. La jeunesse sénégalaise, comme celle du continent, ne craint pas la modernité que fustigent les religieux. Elle ne s'embarrasse pas de la *Négritude* de Césaire, de Senghor et de Damas des années 1930 ; elle n'est plus dans les *Mirages de Paris* d'Ousmane Socé Diop (1937) et ne vit plus l'exil vers l'Occident comme une *aventure ambiguë* pour Cheikh Hamidou Kane (1961). Malgré tous les dangers de mort, d'abus divers, voire de mise en esclavage qui la guettent, elle traverse les déserts et les mers pour rejoindre l'Europe, les Amériques et le reste du monde à la recherche de nouvelles opportunités. Elle vit dans la modernité dont s'arment les commerçants mourides au contrôle du commerce de l'électronique de Dakar à Pékin, via New York. Cette jeunesse recrée la modernité à Harlem, l'américaine. L'espace occidental et mondial n'est pas tant le symbole d'une modernité mirage qu'un espace voulu de concrétisation d'une vie meilleure et de quête de « nouvelles façons d'être et de vivre, [...], d'une « nouvelle subjectivité » (Marshall-Fartai et Pelard 2002 :12).

Ce serait « une défaite de la pensée démocratique », pour reprendre une expression de M. Shirali, à propos de l'Iran, que de faire du seul religieux la logique majeure de progression vers la citoyenneté et la modernité.

Notes

1. Notre traduction de « *The affirmation of religious (cultural/political) authority as holistic and absolute, admitting of neither criticism nor reduction; it is expressed through the collective demand that specific creedal and ethical dictates derived from scripture be publicly recognized and legally enforced* » (Lawrence 1989:27).
2. On retrouve toujours le même phénomène de distribution massive et gratuite de la Bible dans la plupart des hôtels en Occident et, très fréquemment, en Amérique latine, en Asie et en Afrique.
3. Dans le Dictionnaire universel, largement utilisé en Afrique francophone, car il comporte une cinquantaine de dossiers encyclopédiques sur les États d'Afrique et de l'océan Indien, l'exemple donné pour illustrer le fondamentalisme (tendance religieuse conservatrice) est le « fondamentalisme islamique » (1988:493).
4. Prières de rue que fustige Marine Le Pen, présidente du Front national, parti d'extrême-droite français. Elle les associe à l'occupation allemande durant la IIe Guerre mondiale, suscitant de vives réactions, dans une partie de l'opinion publique en France.
5. Cf. Képel 1992, Armstrong 2005, Lormier 2007, Hélie Lucas 2011, Yuval-Davis 2012, Bennoune 2013, etc., pour citer quelques références récentes.
6. Ce code contient aussi des dispositions d'essence religieuse et coutumière.
7. Lors du dernier Synode du Vatican consacré à la famille (octobre 2014), le Pape François avait, selon la presse, tenté de faire « bouger les lignes » de la famille en discutant des questions telles que « les unions civiles et les concubinages, les « dons et qualités » des personnes homosexuelles, le remariage des divorcés », etc. Mais aucune décision ne fut prise, écrivait Gaël Vaillant, dans le Journal du dimanche (14/10/2014).
8. Notre traduction de « *The use of religion (and, often, ethnicity and culture as well) to gain and mobilize political power* » (WLUML 1997:5).
9. Notre traduction de « *It is in the name of respect and tolerance (the ultimate human rights words) of 'the' 'other's' culture that we are demanded not to criticise or oppose practices that are against fundamental human rights. [ ] It is in the name of respect and tolerance (the ultimate human rights words) of 'the' 'other's' culture that we are demanded not to criticise or oppose practices that are against fundamental human rights. [ ] By essentialising culture and/or religion, any criticism addressed to one specific element of this culture or that religion will be equated to an attack against 'the' culture, 'the' religion. And we will be accused of lacking respect and tolerance, i.e. of violating the human rights of others* » (WLUML 2011:3).
10. Si ces deux peines extrêmes sont citées, c'est qu'elles ont été appliquées au Nord Mali, en 2012, durant la sécession, comme application de la loi musulmane d'État islamique.

11. La confession à un prêtre et le pardon des péchés n'existent pas en islam. Seul Dieu peut écouter et pardonner les péchés.
12. Un journal local avait publié un article et des photos du présumé mariage d'un couple homosexuel. Le couple avait été mis en prison.
13. Pour les besoins de cet ouvrage, seuls les pays d'Afrique du Nord ont été pris en compte, en raison de l'impact de ces événements sur l'Afrique de l'Ouest.
14. Le Réseau Women Living Under Muslim Laws (WLUML) publiait une Déclaration sur les violations des droits des femmes dans le conflit malien (2013).
15. La zone de Kidal *est la seule région du pays où la souveraineté de l'État n'est pas encore rétablie. Des troupes françaises y sont encore stationnées.*
16. C'est ce que montrent les travaux de V. Monteil (1963), P. Diagne (1967, 2015), C. T. Sy (1969), M. Dia (1975, 1977, 1979, 1980), D. Cruise O'Brien (1970, 1971), J. Copans (1980), C. Coulon (1981), M. Magassouba (1985), J.-F. Bayart (1993, 2010), C. Laborde (1995), D. Robinson et J.-L. Triaud (1997), 0. Kane et J.-L. Triaud (1998), A. Piga (2003), M. Gomez-Perez (2005), V. Samson (2005), Mamadou Diouf et M. Leichtman (2009), A. Seck (2010), Makhtar Diouf (2011), M.-P. Ba (2012), B. Cissé (2013), etc., pour ne citer que quelques titres de la place de l'islam dans cet espace, après les indépendances.
17. On pense notamment à l'Union culturelle musulmane (UCM), créée en 1953, par Cheikh Touré ; l'Union pour le progrès islamique au Sénégal (UPIS), en 1973 par Moustapha Niang, ou le Cercle d'études et de recherches islam et développement (CERID) en 1984 présidé par M° Fadilou Diop. Cf. notamment Gomez-Perez 1998 ; Loimieir 1998.
18. Sur cet incident, lire « La République couchée » d'Ousseynou Kane, UCAD.
19. Même Senghor, entouré de son gouvernement et du corps diplomatique, honorait de sa présence les prières, à l'extérieur de la mosquée. Il ne s'arrêtait qu'en mars 1967, après un attentat manqué à la grande Mosquée de Dakar. Il était remplacé par le Premier ministre.
20. Les femmes sont impures lors de leurs menstrues. Elles ne peuvent ni prier ni même pénétrer dans les espaces religieux (mosquée, cimetière, ...)
21. Notre traduction de « *The discourses [of Sunni Women] on shaping roles as submissive wives and good mothers who strengthen the Oumma by raising virtuous children are paramount to their construction of orthodox Sunni piety. [...] Yet whatever the temporal span of their participation in Sunnite Islam, their narratives on marriage, work, and mothering illuminate the nuances of submission and consciousness in orthodox women's complex religious choices* ».
22. Devenue Université de Dakar en 1959, à la fin de la Loi-cadre, elle est héritière d'un ensemble d'embryons institutionnels académiques dont le premier fut une école africaine de médecine créée en 1918.

23. Dans son préambule, il se définit comme une « association islamique éducative sunnite et apolitique ».
24. Toute une littérature académique a exploré leur rôle, notamment celui de la confrérie mouride au Sénégal, à partir des années 1970-1980, de Cheikh Tidiane Sy à Jean-Copans, de Donal Cruise O'Brien à Roman Loiemeier, Momar Coumba Diop, Mamadou Diouf et autres auteurs. La confrérie, constate Bayart, constitue un « filon [qui] ne semble pas épuisé, puisqu'une nouvelle génération de jeunes chercheurs talentueux s'emploie à son tour à l'exploiter » (2010:398).
25. L'Assemblée nationale législative de la première République française attribuait, le 4 avril 1792, la citoyenneté française aux habitants de Saint-Louis et Gorée, qui y envoyèrent des députés, jusqu'à l'indépendance du Sénégal.
26. Malgré le contexte colonial et ses discriminations raciales et politiques consubstantielles, les élites européennes, métisses et noires ont joué un rôle important dans l'évolution politique du Sénégal, comme le décrivent, entre autres sources, les Esquisses sénégalaises de l'Abbé Boilat.
27. D. Cruise O'Brien remettait en question le contrat.
28. Ils sont des médecins, infirmiers, sages-femmes, enseignants, avocats, informaticiens, ouvriers spécialisés du bâtiment et des industries, pour ne citer que quelques-uns de leurs secteurs d'activités.
29. Mamadou Dia, ancien compagnon de lutte de Senghor, au sein du Bloc démocratique sénégalais (BDS).
30. Le président Macky Sall décidait, en 2013, de faire de son maggal un jour férié, chômé et payé.
31. Le parti, fondé en 2004, a été membre de la Coalition Sopi 2007 qui appuya Abdoulaye Wade, lors de l'élection présidentielle de 2007. Cette création est autorisée par l'une des dérives politiques du président Wade et jette un nouveau pavé dans la mare des luttes entre partisans et détracteurs de la laïcité. L'article 4 de la Constitution interdit aux partis politiques « de s'identifier à une race, à une ethnie, à un sexe, à une religion, à une secte, à une langue ou à une région ». Certes, à aucun moment, Modou Kara Mbacké, chef religieux, ne qualifie son parti d'islamique, mais de « mouvement social qui œuvre pour le développement ». Ce fut aussi le cas des partis créés par des leaders religieux, à l'occasion des élections de 2000.
32. Il se vante de sa capacité à mobiliser leur générosité.
33. À la suite de l'incendie d'une daara à la Médina de Dakar, en mars 2013, la TV Wal Fadjri organisait un débat sur les écoles coranique. Tous les intervenants, y compris un ingénieur de l'X (Paris), avaient réclamé avec véhémence le concours de l'État dans la promotion et la protection des daara. Comme nombre d'universitaires sénégalais, ils recommandaient la modernisation des daara au lieu d'exiger l'inscription obligatoire (droit citoyen) des taalibé et de tous les enfants en âge de scolarité à l'école républicaine. À aucun moment, le plateau ne s'était demandé si le rôle de l'État laïc était aussi d'assurer l'éducation religieuse de sa jeunesse.

34. Notre traduction de « *The oral and written library, which sought Wolof and Islamic resources as well as French values regarding the responsibilities and rights of the new citizen, set the stage for a dialogue that sought new ways -both symbolic and literal- of behaving, speaking, dressing, perfuming and exchanging, in public or private spaces, creating a Senegalese modernity that hinged upon the Wolof Grammar of civility* » (Diouf 2013:15).
35. Peut-on qualifier l'espace urbain et rural sénégalais de « cité musulmane » ?
36. « Pour des cadets sociaux en porte-à-faux entre le « monde des Blancs », auquel ils n'ont pas accès, et le «monde traditionnel », qui les déçoit, l'affiliation à des mouvements religieux leur permet sinon de trouver le chemin de la « réussite » sociale et économique, du moins d'atténuer leur « échec ».

Bibliographie

Amin, S., 1969, *Le monde des affaires sénégalais*, Paris, Éditions de Minuit.

Amin, S., 2011, *Monde arabe : le printemps des peuples* ? Paris, le Temps des cerises.

Armstrong, K., 2005, *Le Combat pour Dieu. Une histoire du fondamentalisme juif, chrétien et musulman (1492-2001)*, Paris, Seuil.

Audrain, X., 2004, « Du *ndigël* avorté au Parti de la vérité. Évolution du rapport religion/politique à travers le parcours de Cheikh Modou Kara (1999-2004) », *Politique africaine*, Sénégal 2000-2004, l'alternance et ses contradictions, vol. 4, n° 96, Paris, Karthala, p. 99-118.

Augis, E., 2005, « Dakar's Sunnites Women : the Politics of Person », dans M. Gomez-Perez, éd., *L'islam politique au sud du Sahara. Identités, discours et enjeux*, Paris, Karthala, p. 309-326.

AUPELF - UREF, *Dictionnaire universel*, Vanves, Hachette-EDICEF.

Awondo, P. *et al.*, 2013, « Une Afrique homophobe ? Sur quelques trajectoires de politisation de l'homosexualité : Cameroun, Ouganda, Sénégal et Afrique du Sud », *Raisons politiques*, Presses de Sciences Po, vol. 1, n° 49, p. 95-118.

Ba, M.-P., 2007, *L'islamisme au Sénégal (1978-2007*), thèse de doctorat en sciences politiques, Université de Rennes 1.

Ba, S., 2014, *La prédication des femmes musulmanes dans l'espace public au Sénégal*, thèse de doctorat en sociologie, Université Cheikh Anta Diop de Dakar.

Balchin, C., 2011, *Vers un avenir sans fondamentalismes. Analyse des stratégies des fondamentalismes religieux et des réponses féministes*, Toronto, AWID.

Bava, S. 2005, « Le *Dahira*, lieu de pouvoir et d'émergence des nouvelles élites au sein du mouridisme », dans M. Gomez-Perez, éd., *L'islam politique au sud du Sahara. Identités, discours et enjeux*, Paris, Karthala, p. 159-175.

Bayart, J.-F., 2010, *L'islam républicain. Ankara, Téhéran, Dakar*, Paris, Éditions Albin Michel.

Benzine R., 2004. *Les nouveaux penseurs de l'islam*, Paris, Albin Michel.

Boilat, P.D., Abbé, 1984, *Esquisses sénégala*ises, 1984, Paris, Karthala.

Bop, C., 2008, « Sénégal : homophobie et manipulation politique de l'Islam », *Women Living Under Muslim Laws*, En ligne : http://www.wluml.org/fr/node/4514.

Brossier, M., 2004, « Les débats sur le droit de la famille au Sénégal. Une mise en question des fondements de l'autorité légitime ? », *Politique africaine*, Sénégal 2000-2004, l'alternance et ses contradictions, vol. 4, n° 96, Paris, Karthala, p. 78-98.

Brossier, M., 2013, « Penser la participation politique par l'impératif religieux : trajectoires d'engagements musulmans au Sénégal », *Revue internationale de politique comparée*, vol. 4, n° 20, p. 189-211.

Castells, M., 1999, *Le pouvoir de l'identité*, Paris, Éditions Fayard.

Cissé, B., 2013, « L'espace public politique ou le lieu de la construction déconstructive », *Cahiers Sens public*, vol. 1, nos 15-16, p. 69-83.

« Constitution République du Sénégal », 2001, En ligne : http://www.jo.gouv.sn/spip.php? article 36.

Copans, J., 1980, *Les marabouts de l'arachide. La confrérie mouride et les paysans du Sénégal*, Paris, Éditions le Sycomore.

Coulon, C., 1981, *Le marabout et le prince. Islam et pouvoir au Sénégal,* Paris, Pédone.

Crépon, M., 2002, *L'imposture du choc des civilis*ations, Nantes, Éditions Pleins feux.

Cruise O'Brien, D., 1970, « Le *taalibé* mouride. La soumission dans une confrérie religieuse sénégalaise », *Cahiers d'études africaines*, vol. 10, n° 40, p. 562-578.

Cruise O'Brien, D., 1992, « Le contrat social sénégalais à l'épreuve », *Politique africaine,* vol., n° 45, p. 9-20.

Cruise O'Brien, D., Diop, M. C. et Diouf, M., 2002, *La construction de l'État au Sénégal*, Paris, Karthala.

Dia, M., 1975, *Islam, sociétés africaines et cultures industrielles*, Dakar, Nouvelles éditions africaines.

Diagne, P., 1967, Pouvoir politique traditionnel en Afrique occidentale. Essai sur les institutions politiques précoloniales, Paris, Présence africaine.

Diagne, P., 2013, « Abdoulaye Wade ou la fin du cycle senghorien », dans M.-C., Diop, *Le Sénégal sous Abdoulaye Wade : le Sopi à l'épreuve du pou*voir, Paris, Karthala, p. 97-118.

Diop, A.B., 1981, *La société wolof. Tradition et changement*, Paris, Karthala.

Diop, F., 2000, *Comportements électoraux et déterminants : l'exemple de la religion dans les élections présidentielles de février-mars 2000*, GERCOP GNT Sénégal 2000, Université Gaston Berger, doc. polygraphié.

Diop, M.-C., 2013, *Le Sénégal sous Abdoulaye Wade : le Sopi* à l'épreuve du pouvoir, Paris, Karthala.

Diop, M.C., Diouf, M. et Diaw, A., 2000, « Le baobab a été déraciné. L'alternance au Sénégal », *Politique africaine*, vol. 2, n° 78, p. 157-179.

Diop, M.C., éd., 2003, *La société sénégalaise entre le local et le global*, Paris, Karthala.

Diop, O. S., 1937, *Mirages de Paris, Paris*, Nouvelles éditions latines, 2e édition, 1977.

Diouf, M., 2013, ed., *Democracy, and Sufis in Senegal*, New York, Columbia University Press.

Diouf, M., and Leichtman, M., eds., 2009, *New Perspectives on Islam in Senegal. Conversion, Migration, Wealth, Power and Femininity*, New York, Palgrave Macmillan.

Diouf, Makhtar, 2011, *Islam, un frein au développement. Économie politique de la Charî'a*, Paris, L'Harmattan.

Ebin, V., 1993, « Les commerçants mourides à Marseille et à New York. Regards sur les stratégies d'implantation », dans E. Grégoire et P. Labazée, éds., *Grands commerçants d'Afrique de l'Ouest. Logiques et pratiques d'un groupe d'hommes d'affaires contemporains*, Paris, Karthala, p. 101-124.

Fall, I.M., 2013, « La construction des régimes politiques en Afrique : insuccès et succès », En ligne : http://afrilex.u-bordeaux4.fr/sites/afrilex/IMG/ pdf/ la_construction_des_regimes_politiques.

Fanon, F., 1961, *Les damnés de la terre*, Paris, Maspero.

Feki, M., 2011, *Les révoltes arabes : géopolitique et enjeux*, Paris, Studyrama.

Guèye, C., 2003, « Touba enveloppe et produit d'une confrérie en mutation », dans M.C. Diop, éd., 2003, *La société sénégalaise entre le local et le global*, Paris, Karthala, p. 597-676.

Guidère, M., 2011, *Le choc des révolutions arab*es, Paris, Autrement.

Hadari, Z., 2014, « Femmes et politiques électorales au Niger, un pays à majorité musulmane », Présentation à l'Atelier francophone WELDD sur le *Leadership Féministe*, mai 2014, Dakar, Women Living Under Muslim Laws, document polygraphié.

Hélie Lucas, M., 2005, « Quelle est votre tribu ? Les luttes des femmes et la construction de l'identité musulmane », 2005, *Dossier* 26, Londres, WLUML, p. 27-39, En ligne : http://www.wluml.org/node/495.

Hélie Lucas, M., 2009, « Europe : Plaidoyer pour une grande vigilance sur les mots. Pourquoi la rigueur dans l'utilisation des concepts devient un élément crucial de la lutte contre l'intégrisme musulman en Europe, *ResPubli*ca, En ligne : http://siawi.org/article1527.html.

Hélie Lucas, M., ed., 2011, « The Struggle for Secularism in Europe and North America, Women from migrant descent facing the rise of fundamentalism », *Dossier 30-31*, London, WLUML.

Horn, J., 2011, *Fondamentalismes chrétiens et droits de la femme dans le contexte africain : cartographie du terrain*, AWID, En ligne : awid.org/fre/content/ download/102893/ cf_casestudy_africa_fr.pdf

Huntington, S.P., 1993, « Le choc des civilisations ? », *Commentaire*, n° 66, été 1994, p. 238-252.

Imam, A., Morgan, J. and Yuval-Davis, N., 2002, *Warning Signs of Fundamentalis*m, WLUML, London, available at http://www.wluml.org/sites/wluml.org/ files/WLUML-WSF-1h-final.pdf.

Jaffrelot, C., 2003, « Les violences entre hindous et musulmans au Gujarat (Inde) en 2002 : émeutes d'État, pogromes et réaction antidjihadiste », dans J.-C. Bresson et P. Salama, éds, *Entendre les violences, Tiers-Monde*, tome 44, n° 174, p. 345-368.

Kane, C.H, 1961, *L'aventure ambiguë*, Paris, Julliard.

Kane, Ousmane et Triaud, J.L., éds., *Islam et islamisme au sud du Sahara*, Paris, Karthala.

Kane, Ousseynou, 2001, « La république couchée », *Wal Fadjri*, n° 2744, 8 mai.

Képel, J., 1992, *La revanche de Dieu. Chrétiens, juifs et musulmans à la reconquête du monde*, Paris, Seuil.

Laborde, C., 1995, *La confrérie Layène et les Lébou du Sénégal. Islam et culture traditionnelle en Afrique*, Centre d'études d'Afrique noire, Institut d'études politiques, Université Bordeaux Montesquieu.

Lacoste, Y., 2002, « Géopolitique des religions », *Hérodote*, n° 106, 3ème trim., p. 3-15.

Lawrence, B., 1989, *Defenders of God: The Fundamentalist Revolt Against the Modern Age*, San Francisco, and Harper & Row Publishers.

Lormier, D., 2006, *La dérive intégriste. Chrétiens, juifs et musulman face au fondamentalisme*, Paris, Acropole.

Maalouf, A., 2001, *Les identités meurtrières*, Paris, Essai (poche).

Magassouba, M. 1985, *L'islam au Sénégal. Demain les Mollahs*, Paris, Karthala.

Maïga, D., 2014, « Le code des personnes et de la famille du Mali ; Un long chemin », Présentation l'Atelier francophone WLUML-WELDD sur *le Leadership Féministe*, mai, Dakar, document polygraphié.

Marfaing, L. et Sow, M., 1998, *Les opérateurs économiques au Sénégal entre le formel et l'informel, 1930-1996*, Paris, Karthala.

Maritain, J., 1936, *Humanisme intégral. Problèmes temporels et spirituels d'une nouvelle chrétienté*, Paris, Fernand Aubier.

Marshall-Fratani, R. et Péclard, D., 2002, « La religion du sujet en Afrique », *Politique africaine*, Paris, Karthala, vol. 3, N° 87, p. 5-19.

Marty, M. E., et Appleby, R. S., eds., 1993, *The Fundamentalism Project: Fundamentalisms and Society*, vol. 4 of *The Fundamentalism Project, (*1991-1995), 5 volumes, Chicago and London, University of Chicago Press.

Meddeb, A., 2011, *Printemps de Tunis. La métamorphose de l'histoire*, Paris, Albin Michel.

Mukherjee V.N., 2004. « The rise of Hindu Fascism in India. Challenges for Feminist Politics », *DAWN Inf*orms, available at http://www.dawn.org.fj.

Ould Bouboutt, A.S., 2014, « La révision constitutionnelle du 20 mars 2012 en Mauritanie », *L'Année du Maghreb*, En ligne à : http://anneemaghreb.revues.org/

Piga, A., 2005, « Analyse socioculturelle des sermons du vendredi à la mosquée du campus de Dakar : le rôle de la sourate de la caverne », dans M. Gomez-Perez, éd., *L'islam politique au sud du Sahara. Identités, discours et enjeux*, Paris, Karthala, p. 265-282.

Piga, A., éd., 2003, *Islam et villes en Afrique au sud du Sahara. Entre soufisme et fondamentalisme, Paris, Karthala.*

« Printemps arabe : la chronologie par pays », 2011, *Sciences humaines*, En ligne : http://www.scienceshumaines.com/printemps-arabe-la-chronologie-pays.

« Recensement général de la population et de l'habitat, de l'agriculture et de l'élevage (RGPHAE) », 2014, Rapport définitif, Agence nationale de la statistique et de la démographie, En ligne : http://www.recensement.sn/fr/publication-des-resultats-definitifs-du-rgphae et http://www.ansd. sn.

Rodinson, M., 1973, *L'islam : politique et croyance*, Paris, Fayard.

Rodinson, M., 1978, « Le réveil de l'intégrisme musulman », *Le Monde*, 6-8 décembre.

Sambe, B., 2004, « Islam, négritude et culture arabe : acculturation ou assimilation critique », En ligne : http:/oumma.com/islam-negritude-et-culture-arabe.

Santone, C. 2005, « Radicalisme au féminin ? Les filles voilées et l'appropriation de l'espace dans les mosquées à Dakar » dans M. Gomez-Perez, éd., *L'islam politique au Sud du Sahara. Identités, discours et enjeux*, Paris, Karthala, p. 119-130.

Senghor, L.S., 1964, *Liberté I, Négritude et humanisme*, Paris, Seuil.

Shirali, M., 2012, *La malédiction du religieux. La défaite de la pensée démocratique en Iran*, Paris, François Bourin Éditeur.

Sow, F., 2005a, « Les femmes, l'État et le sacré », dans M. Gomez-Perez, éd., *L'islam politique au sud du Sahara. Identités, discours et enjeux*, Paris, Karthala, p. 283-307.

Sow, F., 2003, « Fundamentalisms, Globalisation and Women's Human Rights in Senegal », in J. Kerr et C. Sweetman, eds, *Women reinventing Globalisation*, Oxfam Focus on Gender, Oxfam GB, Oxford, p. 69-76.

Sow, F., 2005b, « Penser les femmes et l'islam en Afrique : une approche féministe », dans C. Chanson-Jabeur et O. Goerg, éds, *Mama Africa. Hommage à Catherine Coquery-Vidrovitch*, Paris, L'Harmattan, p. 335-357.

Sow, F., 2010, « Fondamentalismes et politiques néolibérales : l'administration Bush, les Mollah et les autres », dans M. Benradi, éd., *Le féminisme face aux défis du multiculturalisme*, Rabat, Université Mohamed V - Agdal, p. 163-180.

Sow. F., and Pazello M., 2014, « The Making of a Secular Contract », in G. Sen and M. Durano, eds., *The Remaking of Social Contracts. Feminists in a Fierce World*, Development Alternatives for a New Era (DAWN), London, Zed Books, p. 181-195.

« Statistiques mondiales, âge moyen », 2014, En ligne : http://www.statistiques-mondiales.com/age_ moyen_population.htm.

Sy, C.T., 1969, *La confrérie sénégalaise des Mouri*des, Paris, Présence africaine.

Tayara, B., 2011, *Le printemps arabe décodé : faces cachées des ré*voltes, Paris, Albouraq Éditions.

Taylor, V., éd., 2002, *La marchandisation de la gouvernance. Perspectives féministes critiques du Sud* (édité de l'anglais par Fatou Sow), Paris, L'Harmattan.

Triaud, J.-L., Souley, H. et Moyet, X., éds., 2007, *Islam, sociétés et politique en Afrique subsaharienne : les exemples du Sénégal, du Niger et du Nigeria*, Paris, Karthala.

UNESCO, 1982, « Déclaration de Mexico sur les politiques culturelles ». En ligne : *portal.unesco.org/ culture/fr/ files/.../11295422481mexico/mexico_fr.pd.*

Wieviorka, M., 1998, « Introduction » et « Le multiculturalisme est-il la réponse ? », *Cahiers internationaux de sociologie*, « La différence culturelle en question », vol. CV, juillet-décembre, Paris, Presses universitaires de France, p. 229-231 et 233-260.

Women Living under Muslim Laws, 1997, *Plan of Action*, Dhaka.

Women Living Under Muslim Laws, 2013, « Déclaration du Réseau Femmes sous lois musulmanes sur les violations des droits des femmes dans le conflit au Mali », En ligne : http://www.wluml.org/node/8590.

3

Fundamentalism and the Challenge to Women's Human Rights

Karima Bennoune

Introduction

My current research examines the perspectives of those human rights defenders in diverse Muslim majority contexts and diaspora populations who are working in civil society against fundamentalism. For this research, I have travelled in the last few years to Afghanistan, Fiji, Algeria, France, Mali, Niger, Pakistan, Palestine and Israel, Russia, Egypt and Tunisia, along with interviewing constituencies of Somali and Iranian refugees, as well as Women Human Rights Defenders from Turkey, Malaysia and most recently Iraq. I interviewed about 286 people from 26 countries for my book, *Your Fatwa Does Not Apply Here: Untold Stories from the Fight against Muslim Fundamentalism* (2013).

Personally, by background, I am an Algerian-American. My father was from Algeria where I in part grew up, and my mother is an American. Both of my parents' countries have been afflicted by fundamentalisms in ways that have gravely affected the human rights of many. In the case of Algeria, the rise of fundamentalism in the 1980s led to what Algerians call the dark decade of the 1990s in which hundreds of thousands died in the battle against armed fundamentalism. Unveiled women, intellectuals and ordinary people were slaughtered by armed groups who believed quite literally that the more their victims suffered, the more the gates of paradise opened for them. During the 1990s, my father who had been for many years a professor of anthropology at the University of Algiers was forced to quit teaching and leave his apartment due to death threats from fundamentalists, while many of his colleagues were murdered around him or had to flee the county. This experience, and the work that I did in support of the Algerian women's movement during that time, has shaped my interest in and perspectives on these issues.

Meanwhile, in the US, since the 1980s, the Christian right – made up of perhaps some of the most politically powerful fundamentalists in the world – has shifted discussion on a range of human rights questions such as women's rights, reproductive rights, and the rights of lesbian, gay, bisexual and transgendered (LGBT) persons, and a range of international debates, significantly backwards. US Christian fundamentalists have been very politically active at the local level on school boards and at the national level have even run candidates for president of the US. They hold hostage the political platform of the Republican Party which has governed the US for a total of twenty years since 1980. At this point, no candidate can gain the nomination of the Republic Party without their endorsement.

Back in the 1980s during the Cold War, when Ronald Reagan was president, he reportedly had the Christian fundamentalist Jerry Falwell brief the U.S. National Security Council about Armageddon theory, the fundamentalist idea that the world would end in a nuclear war with the Soviet Union, and that all good Christians would be immune to the effects of nuclear war, and would instead go to heaven in the rapture. President Reagan believed that this was predicted by the Book of Revelations. Six weeks after he became president, Jerry Falwell told reporter Bob Scheer in a tape-recorded interview that President Reagan agreed with him on Bible prophecy and said, "Jerry, we are heading very fast for Armageddon now."

Many readers probably too young to remember the terrible nuclear tensions of that time when many of us feared a nuclear confrontation between the US and the USSR. Those making the policy decisions in the US on the civilian side were allegedly heavily influenced by such fundamentalist views. More recently, President George W. Bush's policies on a number of issues such as the Israeli-Palestinian conflict and the invasion of Iraq were said to be shaped by his views as a "prophetic Christian" (Brinkley 2006:10).

So, I am deeply concerned with diverse fundamentalisms from both Algerian and American perspectives, as well as from an academic point of view. However, in recent years I have worked most on issues of fundamentalism in Muslim majority contexts, so I will comment particularly about these issues. My latest academic article is entitled, "Remembering the Other's Others: Theorizing the Approach of International Law to Muslim Fundamentalism", and this lecture draws heavily from that work (Bennoune 2007, 2010).

I will begin by discussing questions of terminology. What do we mean by using the term "fundamentalism"? In other words, what precisely is our topic of discussion? Once we know what we are talking about, I will say a few words about how I understand some of the major impacts of these fundamentalisms on human rights. How does what I will call fundamentalism lead to violations of human rights?

What is Fundamentalism?

Even the terms used in any discussion of fundamentalism are today are fraught with controversy. A number of other terms are often used in related discussions. These include: "Islamism", "radical Islam", "the Islamic right", "militant Islam", and "Islamic extremism". (Badran 2006:15-16). Some use terms other than fundamentalism – such as the Christian right, the Hindu right or the Islamic right, new religious movements, religious extremism, radicalism, Islamism, revivalism etc. Another option is the term "religious intolerance", often used in international human rights law, with a range of connotations. (UN 1981)[1] It means both extreme forms of religious practice with negative consequences for the human rights of others, as well as discrimination on grounds of faith.

I prefer, the terms "fundamentalisms" and "fundamentalists". These are not easy terms to define. In fact, in a recent study, entitled "Towards a Future without Fundamentalisms", Cassandra Balchin declines to offer a definition of fundamentalism at all (2011:111-112). However, she suggests that there is "a great deal of common ground about how women's rights activists characterize religious fundamentalisms" (2011:111).

Because I am a lawyer, I like to try to define things, even though no definition can ever be perfect. I am not going to be fundamentalist about the definition of fundamentalism. The very acceptance of imperfection is indeed a hallmark of opposition to fundamentalism.

Marième Hélie-Lucas, the Algerian sociologist, who founded the Network of Women Living Under Muslim Laws and has been a real pioneer in the study of and advocacy against fundamentalisms, has recently made a plea in an article entitled "*Plaidoyer pour une grande vigilance sur les mots*"

(2009), for us to think carefully about the vocabulary we use in these debates. She argues that "rigor in the use of concepts has become a crucial element in the struggle against fundamentalism".[2] So, we will begin by thinking about terminology. I also note that this discussion is complicated by language differences and translation issues. In French we have other terms to consider: *intégrisme, fondamentalisme*, etc.

Why do I use the English term "fundamentalism" ? Since the manifestation of this phenomenon I most work on is *Muslim* fundamentalism, I am persuaded by the fact that many opponents of such movements from within what is called the Muslim world prefer these labels – though certainly not all of them. It is seen as more accurate than the commonly used term, "Islamist", which is both potentially derogatory of Islam itself and privileges "Islamist" claims of authenticity (Bennoune 2002). Some have talked about the role of "authenticity" discourse (Al-Ali 2004). Others who use the term "fundamentalist" in this context still recognize that the word is potentially laden with negative meanings, and has been used pejoratively by some to talk only about Muslims or to refer to all or most Muslims (Basu 1998).

The importance of the terminology of fundamentalisms stems from the fact that it also speaks across religious boundaries about movements within many traditions – Christian, Hindu, Jewish and others – that today pose a variety of significant human rights problems (Marty and Appleby 1991; Bhatt 1997; Buss and Herman 2003). These include the Christian evangelicals who crusade against advances in women's reproductive health and against the use of condoms even in the face of the AIDS pandemic (Mungai 2011), the Hindu fundamentalists who carried out the 2002 pogroms in Gujarat, India killing several thousand Muslims (Baldwin 2002:185), and portions of the Jewish settlers' movement in the West Bank that base their colonial project which deprives Palestinians of their human rights on religious arguments (Teibel 2011).

So, taking all these movements into consideration, Marième Hélie-Lucas, whom I referenced above, has defined fundamentalisms (note the "s") as "political movements of the extreme right, which, in a context of globalization manipulate religion in order to achieve their political aims" (2001). There are many other definitions, but I find this one to be especially useful. As a law professor, I always like to break things down into their elements. There are three key elements of this definition that I would like to discuss here:

- fundamentalisms as political movements;

- fundamentalisms on the political spectrum; and
- fundamentalisms in the context of what is called globalization.

Fundamentalisms as Political Movements

The cited definition specifies the nature of these movements as essentially political, rather than religious in nature. Such a description most accurately captures the character of many fundamentalist movements since they usually articulate public governance projects. Thus, they are understood to have *political* aims, but to exhort achievement of those aims by using a religious discourse (Ait Hamou 2004:117). The Pakistani human rights lawyer Hina Jilani described this kind of fundamentalism in the Pakistani context as "a use [of religion] by a very political group that has a political agenda of control [and] that utilizes and exploits religious beliefs of people [so as] to gain control of the polity as such". (Jilani 2010).[3] Sadia Abbas, the Pakistani post-colonial theorist, has described this as "the radical politicization of theology" (2007). Contrary to frequent stereotypical assumptions, this is not necessarily an inherently Muslim approach or one to which Islam or Muslim societies naturally tend (Abdullah 2002). Note that this is not to dispute what may be legitimate religious motivations on the part of some individual adherents of fundamentalist movements. Moreover, some of these movements may focus more on the community or the neighbourhood as the entity which they seek to control via their own version of religious dogma.

Nevertheless, recognizing these movements as political tendencies has significant legal consequences. In both doctrine and practice, political ideologies simply do not receive the same deference as religious claims, a reality that renders the categorization of fundamentalism as political an important one (Rehman and Breau 2007). Note that religion and religious practices are indeed subject to scrutiny and limitation under international law on human rights grounds (a significant fact whose implications should not be underestimated). For example, under Article 2e of the Convention on the Elimination of All Forms of Discrimination against Women, states parties are to "modify the social and cultural patterns of conduct of men and women" to the end of sex equality (UN 1979).[4] This includes religious practice. According to the UN Declaration on the Elimination of Violence against Women's Article 4, states are not to invoke religion as an excuse for violence against women.[5] Religious expression is subject to limitations to protect, *inter alia*, the human rights of others under article 18(3) of the

International Covenant on Civil and Political Rights, a fact that is too often overlooked.[6]

However, claims of religion are discursively extremely powerful. I was told this again and again while conducting my research. For example, the Algerian journalist and activist, Samia Allalou, told me that during the 1990s in her hometown of Blida, which was hard hit by fundamentalist violence, "young people who were our neighbours suddenly had arms. It gave them power. They didn't have work or social status. Suddenly, one day they had beards and they were respected *because people respected religion*. People didn't know what it would bring".

Fundamentalists make a tactical choice to use religion because it is so often not only respected but also deemed immutable, unchallengeable. The clearest statement I have heard of this came from an Algerian notary, a male legal official, during the discussion of an inheritance issue which arose under Algeria's discriminatory Family Code. He said, to a woman who questioned discrimination in inheritance provisions, "Madam, you cannot argue with God". This is a common theme of fundamentalists. You cannot argue with God, and of course, They are the representatives of God on earth, so by extension, you cannot argue with Them.

It is no accident that both the Christian religious right in the West, and Muslim fundamentalists have recently used the strategy of "disguis[ing] [themselves] through a wide range of organizations and hid[ing] [their] political aims by claiming to be representative of ordinary "believers of the particular faith" (Awaaz 2006:2). Often these movements claim to speak in the name of the faith itself, as Osama Bin Laden stated when he wrote "Moderate Islam is a Prostration to the West" (Ibrahim 2007). It must be stressed that they embody a specific set of discrete political movements rather than broad religious groupings. US Christian fundamentalists refer to themselves simply as "Christians", (as in "I am a Christian" which has come to have a very particular meaning) seeking to make this label synonymous with their ideological views which include opposition to abortion, same sex relationships and often opposition to women's rights in general.

As Rahila Gupta notes in a recent article entitled "Feminism and the Soul of Secularism" (2001), there are now attempts being made to claim that religious affiliation is an immutable part of identity akin to ethnicity. Such claims seek to make religious affiliation – and all the beliefs and practices said to go with it – beyond question or reproach. As Gupta explains this argument: "If religion is not a belief system, chosen freely, but seen as an embedded part of one's identity, then any critique of it becomes offensive and is collapsed into the same category as racism" (2001:2).

This is the argument that leads to the terrible efforts we have seen at the UN led by some government members of the Organization of the Islamic Conference to ban what they call "defamation of religion" (WLUML 2009). This equates criticism of religion itself with criticism of believers, and with discrimination. Paradoxically, in such a formulation, such criticism then comes to be deemed a violation of human rights, even when it is aimed at criticizing human rights violations occasioned by what is claimed to be religious dogma. All of these developments make it very important to surface the political nature of the project of fundamentalists as the Hélie-Lucas definition does.

Fundamentalisms on the Political Spectrum

The second key element of the definition to be discussed here is how it situates fundamentalisms on a comprehensible political spectrum. To avoid any confusion on the part of the left in the West and elsewhere, especially the academic left, which sometimes defends fundamentalist movements tactically, Hélie-Lucas's depiction situates them on a comprehensible political spectrum, that is to say, on the extreme right. The Algerian journalist Mohamed Sifaoui once told me that he often has to explain to European leftists and human rights advocates that "the Muslim fundamentalists are our extreme right" (Bennoune 2008:169). While this positioning may be controversial, it is critical to understanding the politics of all of this.

Fundamentalists clearly take far right positions on women's rights and violence against women. Often, they do so on the rights of minorities – religious and sexual – as well. They most often support and forward right-wing politicians, whether in Africa as Jessica Horn argues (2011), or in the US. Moreover, it is interesting that in the Algerian context the first fundamentalist groupings came together in the 1970s in opposition to President Boumedienne's socialist agrarian revolution and land reform policies (Bennoune 2002:76). While they are sometimes claimed to represent the downtrodden, in many countries their most powerful constituency is to be found among the *petite bourgeoisie* and merchants, and it is most often their interests which are served.

Fundamentalisms in the Context of Globalization

Let us now turn our attention to the third element of Marieme Hélie-Lucas's definition of fundamentalisms, namely the context of globalization. I think this is a very significant element. However, we need to think about these relationships in complicated ways. Fundamentalisms are often held up as representing tradition or local views in opposition to the forces of globalization. I think this is greatly mistaken in many, if not most cases. In fact, fundamentalist agendas often conflict with local lived Islams or Christianities and are often about trying precisely to change those practices, to homogenize them to conform to a certain interpretation which is reified as the real or true religion. Women in Niger complained bitterly to me during my research travel there in 2010 that fundamentalists were trying to get rid of local, traditional dress for women (boubous) and replace them with garments worn by some in parts of the Middle East and Arabian Peninsula, – namely the hijab, the niqab and so forth. These feminists in Niger told me that they experienced this as an attempt to de-Africanize their lived Islams, their local cultures. Many Algerians told me the same thing about what is happening in their country now.

International lawyer Balakrishnan Rajagopal, in a commonly held romantic view, considers what he calls "Islamic revival movements" to be local actors standing up to the menace of globalization, and writes as much in his book, *International Law from Below*:

> This is the sort of unsupported assertion one often hears in left and post-colonial circles in the West. However, I believe that it is a mistaken contention. These fundamentalist movements are often instead consummate transnational entities that use many of the strategic possibilities of globalization in creative ways to forward their agenda – an agenda which is not about revival of the past but about very radical transformation (2003:245).

This certainly may be said of many Christian fundamentalists who have truly gone global, working in transnational coalitions, and working at the UN as documented in the work of Canadian international lawyer Doris Buss (2003). Jessica Horn (2011) details the global networking between evangelicals in the US and their colleagues in Africa, including joint activities which gave rise to the recent proposed anti-gay legislation in Uganda (which was thankfully defeated, including by transnational advocacy). It is even more striking when fundamentalists go global and ecumenical at the same time, working tactically with fundamentalists from other religions – who would otherwise be their natural opponents – at the international level to thwart a women's human rights agenda – such as at the Cairo and Beijing conferences as documented by Michelle Goldberg in her book *The Means of Reproduction* (2009).

Moroccan anthropologist Hassan Rachik speaks of Muslim majority societies facing two kinds of globalization simultaneously: "Western globalization" and "Islamic globalization", by which he means transnational Muslim fundamentalist networks and ideology. He views local Moroccan Islams as "ideological all[ies] against global religious extremism" (2009). Olivier Roy (2005) shares Rachik's understanding. The views of scholars like Rachik and Roy are in stark contrast to those that position Muslim fundamentalists as representatives of "the local" (Barber 1995). I must say that I agree with the former group of scholars, and disagree with the latter. Fundamentalist groups may seek to impose a politicized version of Islam entirely alien to local communities. They may cross borders physically and virtually. They may recruit and fundraise and train and act in many different countries. They are actors *of* a particular kind of globalization not *against* globalization. A transnational response beyond the frame of a single state alone to this transnational phenomenon of religious fundamentalism is then essential. I think this is part of why it is so important that Marieme Hélie-Lucas references the framework of globalization within her definition of fundamentalisms.

Other aspects of fundamentalisms have been emphasized by other scholars. For example, Steve Bruce has written that "fundamentalisms rest on the claim that some source of ideas, usually a text, is inerrant and complete … fundamentalists also claim the existence of some perfect social embodiment of the true religion of the past" (2000:11).

I asked the leading Algerian women's rights advocate Cherifa Kheddar what she understood by the term "fundamentalism" back in October 2010. She said:

> Fundamentalism is trying to live any religion by trying to impose one's own vision on those around you. For me that is fundamentalism. I would not describe as fundamentalist someone who is simply a Muslim or Christian or Jewish, who applies her conviction on her own person. But trying to impose something on the community or on your environment that is fundamentalism.[7]

Finally, Jessica Horn, in her important article "Christian fundamentalisms in Africa" says that her working definition of fundamentalism is "a morally conservative ideology based on, and justified by, a particular interpretation of scripture that seeks to promote and establish itself as hegemonic" (2011:9). What I might add to her definition is a total refusal to accept that this interpretation is an interpretation at all. It is instead *the* way. In fact, a Muslim fundamentalist once told me that there is no such thing as interpretation.

While these definitions are all distinct, in all of them we see an emphasis on certain common elements – coercion of others, use of religion for power ends, doctrinal policing and rigidity, and claims of perfection.

Criticism of the Term Fundamentalism

Thus, we see that there are numerous definitions of the term "fundamentalism", and it is widely employed by scholars and activists. Nevertheless, I must concede that some object to the use of the term "fundamentalism" in relation to these movements on historical and other grounds. As the academic Steve Bruce notes, the most common historical complaint is that this was a term first used in Protestant Christianity, and is therefore inappropriate elsewhere (2000:11). In fact, while one of the positive aspects of using this language is the critical light in which it casts its subject, the simultaneous downside is that it may easily be reduced to an epithet used to castigate those with whom one disagrees. Notwithstanding the critiques, my choice to use it here in line with the usage in some international women's human rights scholarship and advocacy (AWID 2008) is deliberate. Here I think most recently of the important work done by the Association for Women's Rights in Development (AWID) on "fundamentalism". In any case, I think the critiques are easily refuted. Just because a term developed in response to a particular religious tradition does not make it inapplicable elsewhere over time, though one must be careful and contextual in how one uses it, and acknowledge the history of the term. Given the overwhelmingly negative impacts of fundamentalisms on human rights which I will discuss below, I think the critical perspective on these movements suggested by the term "fundamentalism" is entirely appropriate.

While looking for commonalities, it is important to avoid projecting the notion that fundamentalisms are monolithic. They too have their diversities and no definition can perhaps do justice to them all. One of the very paradoxes of finding a democratic response to fundamentalisms is that they tend to project simple messages like "Islam is the solution", or to talk about "*the* way" and "*the* word". It is hard to come up with a complex response to these movements that lives up to democratic values and standards of academic rigour, and that can also compete with the persuasiveness and the communicative power of that simplicity. These are parts of the scholarly and advocacy challenge.

Returning to questions of terminology, the word "fundamentalism" is not the only difficult verbiage. Another problem is what to call the groups of people affected by these discussions. One of the greatest successes of fundamentalist movements has been to get us all to adopt confessional language, to speak of the world in terms of broad confessional groups. Even former President Barack Obama, in his celebrated speech at Cairo University in 2009, adopted such a worrying confessional view of the world divided into Christians and Muslims – groups which are then assumed to have internally homogenous worldviews. Let me give one example of what I mean. Although almost no academic would think of referring to the diverse swath of human civilization from the Americas to Europe and beyond as "the Christian world", the terms "the Muslim world" and "the Muslim community" have come to occupy the field here (Khan 2003). Saleh Bechir and Hazem Saghieh, Tunisian and Lebanese intellectuals respectively, have problematized the term "*the* Muslim community", as a European invention that collapses all of the diversity in a population originating in countries from Indonesia all the way across to Morocco and beyond (2005). This same deconstruction can be applied to the all-too-common term "*the* Muslim world" as well. In fact, ironically, this term echoes the concept of the *umma*, or monolithic transnational community of Muslims which is championed so strongly by fundamentalists (2005).

Inspired by the writing of Chetan Bhatt (2001), I prefer the term "population" which allows for heterogeneity, rather than "community" which suggests a unitary, organized entity. However, even the term "*Muslim* population" or "*Christian* population" is rejected by some of the same people it seeks to describe. Those who are secular may not wish to be denoted by their religious identity alone. Hence, the term, "people of Muslim heritage", is another option, albeit imperfect, that I utilize at times. This expression acknowledges that not all of that heritage are in fact practising or even Muslim by religion or would choose this as their sole identifier. Of course, it is now difficult to enter the debates in academia, the media and policy circles without using the standard terminology which has come to define the parameters of the debate, so even I find myself slipping back into using these terms at times.

The very use of religious terms to characterize very large groups of people in an undifferentiated way itself exemplifies how fundamentalists have successfully shifted the frame of debate since the 1960s and 1970s (Bechir and Saghieh 2005). Religion and identity have thereby been constructed as one and the same, coterminous. Notwithstanding its positive intention of turning a much-needed new page in relations between the US and Muslim majority countries, this conflation was a critical error in Obama's Cairo speech (Bennoune 2009). In this framework, regional and national identities and even citizenship have been deprioritized. One of the interesting aspects of the early phases of the revolutions of 2011 in North Africa is that they reasserted the importance of citizenship as an identity category, and centred the language of citizenship (a strategy for combating fundamentalism discussed by Balchin (2011)), including among people so often labelled generically as Muslims.

Impact of Fundamentalisms on Human Rights

Next, I will consider the impacts of fundamentalisms on human rights. This will of necessity be a somewhat abbreviated discussion, and much more could be said about this. Former UN Special Rapporteur on religious intolerance, the Tunisian law professor Abdelfatah Amor, in a notable 1999 report to the UN Commission on Human Rights, framed what he called religious extremism as he termed it, generally, as a rising threat to human rights around the world.[8] He called for elaboration of a set of international standards for dealing with the problem of religious extremism, a recommendation that has never been heeded.[9]

Christine Chinkin and Hilary Charlesworth writing in 2000 in their groundbreaking feminist international law book, *The Boundaries of International Law*, asserted that what they too called "religious extremism" in general was then one of the two leading obstacles to the advance of women's human rights in the contemporary moment. They made this assertion globally. (Interestingly, in light of our discussion above, the second of the obstacles they identified were the negative aspects of economic globalization.)

That fundamentalisms are among the leading threats to women's human rights in today's world, is certainly true in the realm of international law, my field. For example, Muslim fundamentalist movements may push to further constrain women's rights, or oppose reforms like the lifting of reservations to human rights treaties that limit women's rights (Charlesworth and Chinkin 2000:105-106). In the US, one of the greatest obstacles to the ratification of both the CEDAW convention and the Convention on the Rights of the Child (the US and Somalia are the only countries not to ratify), is indeed the power of Christian fundamentalists in the US political process (Gunn 2006). Those movements are strongly opposed to both of those treaties on the grounds that they allegedly undermine the family (their notions of the family). Fundamentalists also seek to thwart domestic legal projects aimed at the defence of women's rights, such as the recent attempts to draft a more progressive family law in Niger which are roundly opposed by Nigerien fundamentalists. But the law is just a starting point of fundamentalist encroachment on human rights. Beyond law, fundamentalists are often associated in practice with broader patterns of violence, including violence against women and women human rights defenders – whether attacks on LGBT individuals in Africa – in Uganda, in Kenya and beyond, on abortion providers in the US, on women who do not cover their heads in places like 1990s Algeria and in contemporary diaspora Muslim populations and beyond. But it is a mistake only to focus on violence. This leads to a paradigm often used by Western governments in the context of the "War on Terror", in which fundamentalists who do not engage in terrorism (especially in terrorism directed at Western targets) then are deemed acceptable, or even "moderate", regardless of their ideology and practices and their broader human rights impact. This is happening now with regard to US policy toward the Afghan Taliban, for example.

So, beyond violence, we also need to consider the widespread discriminations purveyed by fundamentalists: against women, against religious minorities, against sexual minorities, against those who seek to exit religious "communities", among others. They are also involved in advocacy of corporal punishments; undermining of secular space; attacks on a wide range of human rights – the right to education, the right to health, the right to freedom of expression, cultural rights, and most obviously but also forgotten – attacks on the right to religious freedom of others. The latter is particular important to stress as fundamentalists sometimes ironically use this very human right to religious freedom to try to shield their own practices and ideology from scrutiny. The noted Indian feminist Gita Sahgal was quite right when she suggested that one of the challenges is not only to document fundamentalist abuses, but to formulate these abuses in human rights terms, that is to say as violations of human rights.

Fundamentalists not only violate specific human rights. They often undermine the notion of human rights itself, by attacking its basic principle of universality. The foundational principle of universality in international human rights law holds that all human beings qualify for equal human rights simply by being human, wherever they live and whoever they are. This is the central tenet of the touchstone instrument of human rights law, the 1948 Universal Declaration of Human Rights. Fundamentalists, on the other hand, are champions of particularity. They often argue in fact that there is no such thing as universal humanity, that specific regimes apply to specific persons based on their presumed religious identity, and that no principles may transcend these boundaries.

Conclusion

One of the critical issues to remember is that the impacts of fundamentalism are widespread, and cross religious and other borders. This is in sharp contrast to critiques that point the finger only at certain fundamentalists, often at Muslim fundamentalists in particular. For example, the *New York Times* columnist David Brooks turned the Danish cartoon issue into a debate between "you" who he dubs "Islamists ... young men who were well educated in the West, but who have retreated in disgust from the inconclusiveness and chaos of our conversation" and "us", a term that remains undefined but seems to mean "we in the West". "Our mind-set is progressive and rational. Your mind-set is pre-Enlightenment and mythological." This is a remarkable assertion in a country like the US where research into an AIDS vaccine was reportedly opposed by the Christian Right because it might lead to sexual promiscuity.

Furthermore, in the Brooks' worldview, those in the "East" who disagree with Muslim fundamentalists, and those in the West who represent other fundamentalisms, disappear. Contrast this with the paradigm framed by dissident intellectuals of Muslim heritage like Salman Rushdie and Ayaan Hirsi Ali in response to the cartoon controversy: "It is not a clash of civilizations or an antagonism between West and East that we are witnessing, but a global struggle that confronts democrats and theocrats" (2006). While this is too a generalization, I think it is a very interesting one that gets us to ask different questions. The outcome of this global struggle that they describe between democrats and theocrats has massive consequences for human rights in today's world.

Undoubtedly, this is the reason why CODESRIA and Fatou Sow have chosen to focus on this topic in the Gender Institute.

Notes

1. See U.N. Declaration on the Elimination of All Forms of Intolerance and of Discrimination Based on Religion or Belief, G.A. Res. 36/55, U.N. GAOR, 36th Sess., Supp. n° 51 at 171, U.N. Doc. A/36/684 (Nov. 25, 1981).
2. Idem (translated from French by the author).
3. Interview with Hina Jilani (Lahore, Pakistan, November 2010).
4. Convention on the Elimination of All Forms of Discrimination against Women art. 5(a) Dec. 18, 1979, 1249 U.N.T.S. 13 (states are to "modify the social and cultural patterns of conduct of men and women" to the end of sex equality).
5. See, e.g., U.N. Declaration on the Elimination of Violence against Women, G.A. Res. 48/104, art. 4, U.N. GAOR, 48th Sess., supp. n° 49 at 217, U.N. Doc. A/48/49 (Dec. 20, 1993) (states are not to invoke religion as an excuse for violence against women).
6. International Covenant on Civil and Political Rights art. 18(3), Dec. 16, 1996, S. Treaty Doc. n° 95-20, 999 U.N.T.S. 171.
7. Interview with Cherifa Kheddar (Blida, Algeria, October 2010).
8. Special Rapporteur on All Forms of Intolerance and of Discrimination Based on Religion or Belief, Civil and Political Rights, Including Religious Intolerance, 115–27, delivered to the Commission on Human Rights, U.N. Doc. E/CN.4/1999/58 (Jan. 11, 1999).
9. Idem at para. 125a.

References

Abbas, S., 2007, "Other People's History: Contemporary Islam and Figures of Early Modern European Dissent", *Early Modern Culture*, available at http://emc.eserver.org/1-6/abbas.html.

Abdullah, G. F., 2002, *New Secularism in the Arab World, Ibn Rushd Forum for Freedom of Thought*, 3rd Issue, Winter, available at http://www.ibn-rushd.org/forum/ secularism.htm.

Ait-Hamou, L., 2004, "Women's Struggle against Muslim Fundamentalism in Algeria: Strategies or a Lesson for Survival?" in Imam, A., et al, eds., *Warning Signs of Fundamentalisms*, London, WLUML, pp. 117-124.

Al-Ali N., 2004, "Secular Women's Activism in Contemporary Egypt", in Imam, A., et al., eds., *Warning Signs of Fundamentalisms*, London, WLUML, pp. 147-153.

Association for Women's Rights in Development, 2008, *Religious Fundamentalisms on the Rise: A Case for Action*, available at: http://www.awid.org/eng/about-awid/awid-news/religious-fundamentalisms-on-the-rise-a-case-for-action.

Awaaz-South Asia Watch, 2006, *The Islamic Right - Key Tendencies*, available at http://www.awaazsaw.org/awaaz_pia4.pdf.

Badran, M., 2006, *Women and Radicalization 15-16*, Danish Institute for International Studies, Working paper n° 2006/5, available at http://www.diis.dk/sw19081.asp.

Baldwin, R., 2002, "Gujarat's Gendered Violence", in B. Reed, ed., *Nothing Sacred: Women Respond to Religious Fundamentalism and Terror*, New York, Thunder's Mouth, Nation Books, pp. 185-87.

Barber, B. R., 1996, Jihad vs. McWorld. *Terrorism's Challenge to Democracy*, New York, Ballantine Books.

Basu, A., 1998, "Hindu Women's Activism in India and the Questions in Raises", in P. Jeffrey, P. and B. Basu, eds., *Appropriating Gender: Women's Activism and Politicized Religion in South Asia*, London, New York, Routledge.

Bennoune, K., 2002, "A Disease Masquerading as a Cure: Women and Fundamentalism in Algeria: An Interview with Mahfoud Bennoune", in B. Reed, ed., *Nothing Sacred: Women Respond to Religious Fundamentalism and Terror*, New York, Thunder's Mouth, Nation Books.

Bennoune, K., 2007, "Secularism and Human Rights: A Contextual Analysis of Headscarves, Religious Expression and Women's Equality under International Law", *Columbia Journal of Transnational Law*, n° 45, pp. 367-426.

Bennoune, K., 2009, "The Law of the Republic Versus the "Law of the Brothers": A Story of France's Law Banning Religious Symbols in Public Schools", in Hurwitz, D., et al., eds., *Human Rights Advocacy Stories*, New York, Foundation Press, pp. 155-190.

Bennoune, K., 2009, "Obama in Cairo: The Religionizing of Politics", June 8, available at http://www.wluml.org/english/.

Bennoune, K., 2010, "Remembering the Other's Others: Theorizing the Approach of International Law to Muslim Fundamentalism", *Columbia Human Rights Law Review*, 41, 635-698.

Bennoune, K., 2013, *Your Fatwa Does Not Apply Here: Untold Stories from the Fight against Muslim Fundamentalism*, New York, W.W. Norton & Company.

Bhatt, C., 2001, *Hindu Nationalism: Origins, Ideologies and Modern Myths*, Oxford, Berg.

Brinkley, A., 2006, "Clear and Present Dangers", *New York Times*, March 19, (reviewing Phillips, K., 2006, *American Theocracy: The Peril and Politics of Radical Religion, Oil and Borrowed Money*, New York, Penguin Books).

Bruce, S., 2000, *Fundamentalism*, Cambridge, Polity.

Buss, D., and Herman, D., 2003, *Globalizing Family Values: The Christian Right in International Politics*, Minneapolis, University of Minnesota Press.

Charlesworth, H., and Chinkin, C., 2000, *The Boundaries of International Law: A Feminist Analysis*, Manchester, Manchester University Press.

Goldberg, M., 2009, *The Means of Reproduction: Sex, Power, and the Future of the World*, New York, Penguin Press.

Gunn, J. T., 2006, "The Religious Right and the Opposition to U.S. Ratification of the Convention on the Rights of the Child", available at http://www.law.emory.edu/fileadmin/ journals/eilr/20/20.1/Gunn.pdf.

Gupta, R., 2011, "Feminism and the Soul of Secularism", March 8, *Open Democracy*, available at http://www.opendemocracy.net/5050/rahila-gupta/feminism-and-soul-of-secularism.

Hélie-Lucas, M., 2001, "What is Your Tribe? Women's Struggles and the Construction of Muslimness", *Dossier 23-24*, London, WLUML, available at http://www.wluml.org/english/pubs/pdf/ dossier23-24/pdf.

Hélie-Lucas, M., 2009, "Plaidoyer pour une grande vigilance sur les mots", *Res Publica*, December 9, available at : http://www.gaucherepublicaine.org/respublica/plaidoyer-pour-une-grande-vigilance-sur-les-mots/1317.

Horn, J., 2011, "Christian Fundamentalisms and Women's Rights in the African Context: Mapping the Terrain", available at htpp://www.awid.org/library/.

Ibrahim, R., ed., 2007, The Al Qaeda Reader, New York, Doubleday.

Khan, M. A., 2003, *Human Rights in the Muslim World: Fundamentalism, Constitutionalism and International Politics*, Durham NC, Carolina Academic Press.

Marty, M. E. and Appleby, R. S., eds., 1991, *Fundamentalisms Observed*, Chicago, University of Chicago Press.

Mungai, M., 2011, "The Bait of Christian Fundamentalism in Africa", *Huffington Post*, August 24.

Rachik, H., 2009, "National, and Global Islam: The Use and Meaning of the Notion of "Moroccan Islam", Paper presented at the conference: *From Colonial Histories to Post-Colonial Societies: Placing the Maghrib at the Center of the Twentieth Century,* Ann Arbor, University of Michigan, April 6-7.

Rajagopal, B., 2003, International Law from Below: Development, Social Movements and Third World Resistance, Cambridge, Cambridge University Press.

Rehman J., and Breau, S. C., eds., 2007, *Religion, Human Rights and International Law: A Critical Examination of Islamic State Practices*, The Hague, Martinus Nijhoff Publishers.

Roy, O., 2005, *La laïcité face à l'islam*, Paris, Stock.

Rushdie, S. and Hirsi Ali, A., 2006, *Writers Issue Cartoon Row Warning*, BBC News, London, March 1.

Saleh, B., and Saghieh, H., 2005, *The "Muslim Community": A European Invention*, Oct. 17, available at http://www.opendemocracy.net/conflict-terrorism/community_2928.jsp.

Teibel, A., 2011, "Jewish radicals get off hook in Israel", Boston, *Associated Press*, December 15, available at http://www.boston.com/news/world/middleeast/articles/2011/12/15/jewish_ radicals_get_off_hook_in_israel/.

WLUML, 2009, *UN Resolution on Defamation of Religion*, July 4, London, available at http://www.wluml.org/node/5181.

4

Genre et défis des fondamentalismes en Afrique

Fatou Sow

Introduction

Il n'est pas superflu de discuter des circonstances et des sens de la poussée des fondamentalismes, en raison de leur impact sur les populations, en général, et les femmes, en particulier. François Constantin et Christian Coulon s'interrogeaient sur cette poussée de l'islam au sud du Sahara. Ils se demandaient s'il fallait parler de « renouveau de l'islam ou [de] relecture de l'islam ? ». C'était en introduction au numéro de *Politique africaine* consacré à « La question islamique au Sénégal » (1981). Ils évoquaient non seulement « des progrès quantitatifs de l'islam, mais aussi et surtout de son extraordinaire capacité d'adaptation et de mobilisation » (1981:5). Muriel Gomez-Perez soutenait, de son côté, que ce mouvement tentait de « promouvoir l'image d'un islam comme force politique et comme projet culturel, voire de civilisation » (2005 :10). Elle poursuivait :

> « Une opinion musulmane s'est forgée depuis les années 1980 qui défend l'idée selon laquelle l'islam n'est plus apparu comme une formule dépassée, mais comme un outil pour sortir le continent de son isolement, investir l'espace public et concurrencer l'État sur ses propres terres. C'est la consécration d'un islam politique qui devient un instrument de conquêtes d'espaces et défend un autre système référentiel basé uniquement sur le sacré, à l'inverse de celui imposé par les États depuis les indépendances » (2005 :13).

Que signifiait, à l'époque et aujourd'hui encore, cette prétention de retour au « sacré » ? Quel impact a-t-elle sur la position des hommes et des femmes et sur les rapports sociaux de sexe au sein des familles et des sociétés ? Quels en sont les conséquences sur la citoyenneté des femmes ? Leur identité religieuse ou leur identité citoyenne n'y sont-elles pas mises en conflit ? Pourquoi les femmes sont-elles interpellées par ces questions ? Ne continuent-elles pas d'être représentées comme des icônes symboliques de leurs sociétés et cultures respectives ? La religion, la culture, comme le politique, n'ont cessé de discourir et de légiférer sur leur corps, leurs attitudes et comportements. Ils prennent des positions qui mènent à des décisions que l'on ne peut pas ne pas qualifier de politiques, comme on le voit à travers le code de la famille, les politiques d'éducation, de formation et d'emploi, les programmes de santé (accès à la contraception, à l'avortement), l'accès aux ressources et aux équipements, les stratégies d'accès au politique, etc. On verra l'importance d'élargir, sur ce plan, le concept de politique. « Le corps est politique », avisent les mouvements féministes dans le monde. La situation est d'autant plus critique que de très nombreuses femmes ont à se plier à des projets de société d'ordre culturel et religieux, servis pour faire face aux crises contemporaines, même lorsque ceux-ci manifestent clairement des dérives fondamentalistes.

C'est le fondamentalisme musulman, qu'il soit islamiste ou non, qui nous interpelle ici. En Afrique de l'Ouest, comme au Sénégal, les mouvements religieux pénètrent de plus en plus les allées d'un pouvoir, qui n'est plus seulement spirituel, et jouent sur les opinions, d'où une progression des fondamentalismes ordinaires. C'est là une raison qui amène à analyser l'impact de leurs discours sur la société où une large place est réservée aux femmes, à leur socialisation dans la famille et éducation, leur sexualité et fécondité, leur représentation sociale, leur place dans l'espace public, etc.

Face aux dérives fondamentalistes à la fois religieuses et culturelles contemporaines, comment les femmes peuvent-elles procéder à l'élaboration de nouveaux « contrats sociaux », comme les y invitent Gita Sen et Marina Durano (2014), contrats qui tiennent compte de leurs situations et prennent en charge leurs besoins et aspirations ? Comment préserver un espace laïc qui prescrit la séparation de la religion et du politique (Sow et Pazello 2014) ? Comment changer les dynamiques des relations, et le faire sans rompre le dialogue avec d'autres membres de la société (dont les femmes), et ce, afin d'aménager un meilleur « vivre ensemble » basé sur plus d'égalité et de justice sociale ? Ne s'agit-il pas là d'enjeux cruciaux pour toute citoyenneté, dans les sociétés africaines contemporaines ?

Droits humains des femmes : les résistances de la culture, de la religion et du politique

Le programme thématique *Aspects de l'État de Droit et Démocratie*, tenait, en 2006, un colloque sur « Genre, inégalités et religion » et réunissait des femmes et des hommes de plusieurs disciplines de recherche (droit, sociologie, anthropologie, philosophie, etc.) à l'Université de Dakar. Ghania Graba, dès l'introduction des actes du colloque (Becker *et al.* 2007), proposait l'articulation entre genre, inégalité et religion : « *genre*, comme construction sociale des rapports de sexe ; *inégalités* sociales et juridiques, liées à la hiérarchisation des deux sexes ; et poids des religions dans la construction de la différenciation des sexes, dans la justification des inégalités, mais aussi du rapport des religions aux États dans leur expression juridique » (2007 :23-24). Cette articulation est d'une grande utilité.

Au niveau international : les batailles féminines des grandes conférences contre les discriminations

L'histoire récente montre que les grandes conférences organisées par le système des Nations Unies ont été des lieux de débat et de partage de visions sur les droits humains ; les femmes y ont apporté une contribution conséquente dans la manière d'aborder ces questions. Elles ont largement contribué à porter les droits humains récents des femmes au niveau international. De la Société des Nations au système des Nations Unies, la communauté internationale s'est dotée, dans l'entre-deux-guerres, d'espaces stratégiques de débats pour proposer, discuter et adopter des accords, des traités et des conventions pour la promotion mondiale de ses idéaux. C'est grâce au système des Nations Unies qu'était adoptée, en 1948, la Déclaration universelle des droits de l'homme et que d'autres revendications de l'ordre de la paix, de la santé, du travail, ou de l'environnement avaient pu connaître des percées significatives.

L'engagement contre l'inégalité entre les sexes et le statut d'infériorité des femmes dans de très nombreuses cultures a été une constante dans l'histoire des luttes féminines et féministes. Il a pris des aspects et des échelles différents, selon les contextes. Les femmes ont participé à des multitudes de formes de luttes féminines et féministes, pour leurs communautés, pour elles-mêmes. Ces luttes, malgré toutes les entraves, ont donné des résultats. Mais il est évident que ces résultats firent un bond inégalé, lorsque les femmes purent en faire une question internationale, grâce à l'utilisation du système onusien.

L'ONU, rappelons-le, adoptait, en 1979, la Convention sur l'élimination de toutes les formes de discriminations à l'égard des femmes (CEDEF). Celle-ci comptait, en 2014, 188 États parties, dont 99 signataires.

L'un des principaux intérêts de la CEDEF fut d'avoir permis de s'accorder sur une définition des discriminations à l'échelle internationale. La discrimination à l'égard des femmes désigne

> « toute distinction, exclusion ou restriction fondée sur le sexe qui a pour effet ou pour but de compromettre ou de détruire la reconnaissance, la jouissance ou l'exercice par les femmes, quel que soit leur état matrimonial, sur la base de l'égalité de l'homme et de la femme, des droits de l'homme et des libertés fondamentales dans les domaines politique, économique, social, culturel et civil ou dans tout autre domaine » (1979).

Au cours des deux décennies des Nations Unies en faveur des femmes (1975-1995) et bien après, celles-ci profitèrent, sur cette base, de toutes les assises mondiales (sur l'environnement, les droits humains, la population, le SIDA, la pauvreté, les Forums sociaux mondiaux, le racisme, …) pour faire progresser leurs luttes et pointer du doigt les discriminations criantes auxquelles elles étaient soumises dans le monde. L'adoption de la Plateforme de Beijing (1995) en fut un événement mémorable. Le mouvement mondial des femmes, précisait à ce propos Peggy Antrobus (2007), réussissait à intégrer leurs préoccupations dans les négociations intergouvernementales. Au Sommet de la terre de Rio de Janeiro (1992), il avait fait de l'accès des femmes à la terre et aux ressources naturelles un point majeur de l'agenda. La conférence des droits de l'homme à Vienne (1993), à la suite des dénonciations des femmes contre toutes les violences domestiques et politiques, prenait la décision de nommer une Rapporteure spéciale chargée de la question. Les conférences mondiales de la population, dont la première s'était tenue, en 1974, à Bucarest, prirent des tournants radicaux avec l'entrée dans le jeu des pays en développement à celle de Mexico, en 1984, puis avec les mouvements de femmes à celle du Caire (CIPD), en 1994. Les pays en développement avaient fustigé les politiques de baisse des naissances prônées par les pays du Nord pour promouvoir la croissance. Ils avaient reproché aux pays riches « [leur] surconsommation et gaspillage des ressources … [qui étaient] la cause de l'iniquité dans les relations économiques internationales » (Sala-Diakanda 1988:174). Au Caire, ils avaient exigé un développement durable tandis que les femmes faisaient inscrire l'égalité entre les sexes et la promotion des femmes sur l'agenda (Pelchat 1995 ; Corrêa 2000). Le Programme d'action du Caire se donnait en effet cinq objectifs :

> « La croissance économique soutenue dans le cadre du développement durable ; l'éducation, en particulier celle des filles ; l'équité et l'égalité entre les sexes ; la réduction de la mortalité infantile juvénile et maternelle ; et l'accès universel aux services de santé de la reproduction, y compris la planification familiale et la santé en matière de reproduction » (Nations Unies 1995:11).

Malgré des percées substantielles, ces droits ont subi de fortes pressions de la part de lobbies de toutes confessions, partisans du maintien de traditions religieuses et culturelles pour le moins surannées. Cette opposition a survécu durant toute cette période et bien après. Alors que le débat sur les droits humains des femmes progressait dans diverses instances, les conquêtes continuaient à faire l'objet de controverses et de résistances vives de la part de secteurs aussi différents les uns des autres, avec l'entrée en lice des gouvernements, des partis politiques, des mouvements religieux, voire des opinions populaires alertées. Les organisations de femmes et celles des sociétés civiles auront eu à négocier serré avec les délégations officielles, souvent hostiles ou non averties des enjeux discutés autour de la question des droits des femmes. Il aura fallu en passer par là pour arriver à constituer l'arsenal juridique qui sert aujourd'hui de référence au niveau international et national. Sonia Corrêa, une militante brésilienne des droits sexuels et reproductifs, en faisait le constat amer :

> « Les ONG féminines et les quelques féministes présentes dans les délégations officielles qui avaient participé aux négociations laborieuses du Caire et de Beijing avaient travaillé d'arrache-pied pour assurer des séances d'information à l'intention des délégations. Nous nous sommes également heurtées à l'état d'esprit de tous ces diplomates résidant à New York dont les négociations quotidiennes sont fortement influencées par les conflits Nord-Sud et les agendas géopolitiques mondiaux, régionaux, nationaux. L'égalité des sexes tendait à rester la dernière de leurs priorités, au moins pour certains d'entre eux qui disaient clairement que cela ne valait pas de la défendre à ce forum »[1] (2000:270-271).

La tâche avait été d'autant plus difficile que des religieux, membres de délégations gouvernementales (Iran, Arabie Saoudite, Turquie, …), d'organisations confessionnelles (*faith based*)[2] et des observateurs à l'ONU, comme le Vatican, n'avaient cessé de contester les revendications féminines, accusées de violer les enseignements de la religion et de la morale. Les délégations africaines avaient parfaitement entériné le discours moral aussi bien de l'islam que du Saint-Siège. Les débats sur la sexualité, la contraception ou l'avortement avaient suscité de sérieuses controverses, à la Conférence du Caire sur la population (1994) ou à celle des femmes Beijing (1995). Il est vrai que les perspectives des femmes, dont le corps était pourtant en question, n'y étaient guère attendues (Sen et Corrêa 2000 ; Girard 2004 ; Sow 2006). La riposte religieuse à la plateforme de Beijing (1995) avait été si forte qu'en 2005, à la conférence de Beijing+10 qui devait en évaluer les promesses, les mouvements femmes refusèrent de rouvrir toute négociation sur leurs acquis.

Les associations de femmes, rapporte Sonia Corrêa (2003) qui avait suivi de près ces débats, durent dénoncer « l'entente cordiale » scellée entre l'administration de Ronald Reagan et le Vatican contre le droit à l'avortement, lors de la Conférence internationale sur la population de Mexico (1984). Après de très vives polémiques entre ses partisans et ses adversaires, l'administration américaine imposait sa politique du *Global Gag Rule* (Règle du bâillon mondial)[3]. Cette politique dont on connaît l'économie prônait la virginité et l'abstinence dans les programmes de prévention du SIDA. Elle proscrivait l'utilisation de contraceptifs américains (pilules, condoms, stérilets, ...). Elle faisait de l'interdiction de l'avortement une « conditionnalité » de l'aide américaine qui était suspendue ou supprimée pour tout État ou organisation nationale et internationale qui l'enfreindrait. L'administration avait également fait pression pour que l'avortement ne soit pas inscrit dans l'agenda de la conférence mondiale des femmes de Nairobi, l'année suivante (1985). Des progrès majeurs en matière de droits sexuels et reproductifs n'en furent pas moins acquis durant cette période, car les fondamentalismes religieux n'avaient pas encore d'emprise politique aussi forte durant ces décennies 1980-1990 (Sen 2005).

Au niveau national : les réserves politiques sur les conventions internationales en faveur des femmes

La Convention sur l'élimination de toutes les formes de discriminations à l'égard des femmes (CEDEF) dans quelques États musulmans servira d'exemple pour illustrer les résistances au niveau national.

Selon les règlements onusiens, la signature, par les États, des traités internationaux leur donnait la prééminence sur toute loi nationale. Mais le système devait par la suite s'accommoder du droit de réserve des États souvent tenus de prendre en considération leur contexte politique et leurs propres règles constitutionnelles et administratives. La réserve constitue, dans les termes de la

Convention de Vienne sur le droit des traités (1969), faut-il le rappeler, « une déclaration unilatérale, quel que soit son libellé ou sa désignation, faite par un État quand il signe, ratifie, accepte ou approuve un traité ou y adhère, par laquelle il vise à exclure ou à modifier l'effet juridique de certaines dispositions du traité dans leur application à cet État » (art. 2, para.1, al. d).

Il aurait été possible, de ce point de vue, d'étudier et de comparer toutes les réserves gouvernementales émises lors de l'élaboration des traités internationaux. En effet, des États non musulmans étaient également sur des positions défensives aussi bien religieuses que politiques, économiques et juridiques. On donnera, en exemple, les réserves de quelques États musulmans sur la CEDEF, la toute première convention internationale destinée aux femmes. Arnhild Haugestad en fait une excellente recension (1995). Ces États estimaient que plusieurs des articles de la convention entraient en contradiction avec les dispositions islamiques en vigueur dans leurs législations et notifiaient sous forme de réserve que « L'État de […] accepte de se conformer aux dispositions de cet article dans la mesure où elles ne vont pas à l'encontre de la *Shari'a* islamique », comme prévu par la Convention de Vienne sur le droit des traités (1969).

De tous les pays d'Afrique du Nord (Algérie, Égypte, Lybie, Maroc et Tunisie) et du sud du Sahara (Mauritanie et Soudan) qui ont l'islam pour religion d'État, seul le Soudan n'a pas encore ratifié la CEDEF. Les autres l'avaient fait massivement entre 1980 et 2000, mais ils avaient tous émis des réserves sur des articles pourtant fondamentaux. La raison majeure en était le conflit, soit avec leur droit national, soit avec la *Shari'a*, dont nous utilisons ici le terme, pour reprendre la formulation des textes des réserves. Ces pays émettaient donc, au nom de la religion, des réserves sur des libertés aussi fondamentales que la liberté de religion (art. 2), les droit égaux en matière de nationalité (art. 9), la capacité juridique pleine et entière de la femme et notamment la liberté de circulation et de choix de résidence et de domicile (art. 15), le droit à l'égalité dans les rapports découlant du mariage et des liens familiaux (art 16) et les modes de règlement des différends résultant de l'application ou de l'interprétation de la Convention (art. 29). Les signataires de la CEDEF étaient cependant prévenus qu'« aucune réserve incompatible avec l'objet et le but de la présente Convention ne [serait] autorisée » (art. 28).

Ces réserves ajoutées à d'autres préoccupations d'ordre administratif, juridique ou politique avaient créé, à l'évidence, un contexte particulièrement difficile pour les discussions, les actions de lobby des ONG et les votes de la convention. Les luttes des femmes sur plusieurs années permirent d'en faire lever certaines, comme celle relative à la nationalité. Ainsi le Collectif 95 Maghreb-Égalité[4], composé des militantes d'Algérie, du Maroc et de Tunisie, proposait, en 1995, dans une brochure, *Cent mesures et dispositions pour une codification maghrébine égalitaire du statut personnel et du droit de la famille.* Il avait produit deux rapports, l'un sur la situation des femmes dans ces trois pays et l'autre sur l'état des ratifications des conventions internationales par les pays, pour fournir les argumentaires de changement. Dans la préface, le Collectif faisait constater :

> « Bien que le statut et la situation des femmes dans la région aient enregistré des changements importants, il restait une résistance sociale et politique très forte, tandis que de nouvelles menaces contre les gains et droits acquis par les femmes au Maghreb se dessinaient largement à l'horizon » (1995:5).

En 1999, soit vingt ans après la proclamation de la convention, l'Algérie était invitée à soumettre au Comité CEDEF un rapport sur l'avancement des droits des femmes. À cette occasion, deux organisations de femmes, *International Women's Human Rights Law Clinic* (IWHRLC) et *Women Living Under Muslim Laws* (WLUML), produisaient un « Rapport officieux sur l'Algérie » (janvier 1999), comme les y autorisait le règlement des Nations Unies. Dès l'introduction, le rapport mettait en exergue les contraintes liées au contexte pesant sur les objectifs de la CEDEF, à savoir « la montée et la menace actuelles d'un fondamentalisme religieux, violent et politisé et son projet d'imposer sa vision particulière de l'islam, par la « théocratisation » de l'État et/ou par la violence et la terreur » (1999:3).

Reprenant les règles émises par la Convention qui exigeaient des rapports officiels de démontrer la cohérence des lois et des politiques publiques dans chaque État, les deux organisations écrivaient, sur fond d'expériences de fortes violences politiques[5] :

> « Dans le cas de l'Algérie, l'insurrection fondamentaliste, qui vise à la mise en œuvre et à l'institutionnalisation d'une discrimination extrême à l'égard des femmes, pour mettre en place une forme d'apartheid des sexes, représente l'une de plus grandes difficultés affectant la manière dont les obligations de l'égalité des sexes sont remplies » (1999:4).

Au Maroc, les multiples pressions des mouvements féminins avaient poussé l'État à réviser, en 2004, la *Moudawana* (Code du statut personnel marocain) promulgué en 1958. Le nouveau code introduisait des acquis dans le domaine des droits internationaux des années 1980-2000. Il innovait ainsi en matière d'autorité parentale, de fidélité mutuelle, d'abrogation de la tutelle matrimoniale des femmes, de restriction de la polygamie, de droits égaux à la nationalité, de pénalisation du harcèlement sexuel, etc. Mais comme Rabea Naceri, ancienne directrice du Collectif 95 Maghreb-Égalité, en témoignait dans un rapport présenté à l'atelier tenu au Maroc en 2011 sur la levée des réserves à la CEDEF en Afrique du Nord

> « En dépit de certaines réformes récentes, la faible mise en conformité des cadres juridiques internes et des politiques publiques de ces pays avec les dispositions de la Convention illustre parfaitement cette situation ». (2011: 17).

Il était en effet important de promouvoir une « culture de l'égalité » (Benradi 2006:19) et de rompre avec la « sacralisation » des codes de la famille (Naceri 2011:31). La désacralisation[6] et l'inscription de l'égalité entre les sexes et du respect des droits des femmes dans les constitutions et législations sont au cœur des discussions menées par les associations de femmes dans les négociations sociétales plus globales survenant dans le cadre des printemps arabes. Les femmes, écrit Hoda Elsadda, sont « coincées entre d'une part un discours religieux autoritaire et sectaire et d'autre part une position tout aussi autoritaire, sectaire et ultranationaliste »[7] (2015:1). Dans la majorité des pays du printemps arabe, les mouvements religieux arrivés au pouvoir réclamèrent une application plus stricte de règles musulmanes dans la conduite des affaires de l'État et la gestion de la société. En Tunisie, sous la gouvernance d'*Ennahdha*, les débats autour du terme « égalité » des sexes qui figurait dans la constitution depuis Bourguiba s'avérèrent très ardues. Des parlementaires avaient proposé de le remplacer par la « complémentarité » entre les sexes qui, bien entendu, n'a pas le même sens. Il fallut une lutte acharnée des femmes pour faire stipuler, dans la constitution de la VIIe République, que

> « l'État s'engage à protéger les droits acquis de la femme, les soutient et œuvre à les améliorer ; l'État garantit l'égalité des chances entre la femme et l'homme pour assumer les différentes responsabilités et dans tous les domaines ; l'État œuvre à réaliser la parité entre la femme et l'homme dans les conseils élus ; l'État prend les mesures nécessaires afin d'éradiquer la violence contre la femme » (art 46).

Pour la plupart, les pays à population musulmane majoritaire d'Afrique subsaharienne n'avaient pas émis de réserve sur la CEDEF. Même s'ils avaient mis du temps à la ratifier et avaient éprouvé des difficultés à en appliquer toutes les règles, ils en avaient admis, sinon toléré, les principes. Il est vrai qu'en dehors de la Mauritanie et du Soudan, aucun d'entre eux n'avait l'islam comme religion d'État. Le Niger, dont la constitution actuelle ne contient pas le terme laïcité, y consacrait cependant « la séparation de l'État et de la religion » (art. 3). De plus, l'article 22 assurait que

> « L'État veille à l'élimination de toute forme de discrimination à l'égard de la femme, de la jeune fille et des personnes handicapées. Les politiques publiques dans tous les domaines assurent leur plein épanouissement et leur participation au développement national. L'État prend, en outre, les mesures de lutte contre les violences faites aux femmes et aux enfants dans la vie publique et privée. Il leur assure une représentation équitable dans les institutions publiques à travers la politique nationale du genre et le respect des quotas » (2011:6).

Le Niger fut pourtant et demeure l'une des rares exceptions à avoir adhéré à la CEDEF, après avoir notifié des réserves encore en vigueur. Il n'a toujours pas souscrit aux dispositions de l'article 16 qui stipule que

> « Les États parties prennent toutes les mesures appropriées pour éliminer la discrimination à l'égard des femmes dans toutes les questions découlant du mariage et dans les rapports familiaux et, en particulier, assurent, sur la base de l'égalité de l'homme et de la femme, refusant ainsi aux femmes les mêmes droits et responsabilités que les hommes » (1979:7).

Et, malgré sa ratification de la Convention internationale des droits de l'enfant (CIDE) adoptée en 1989, le Niger n'a pas encore établi l'âge légal au mariage des filles. Pour Zeinabou Hadari (2013), cette démarche de l'État s'appuie sur les traditions culturelles et sur nombre de normes et de règles musulmanes, même si certaines d'entre elles peuvent être sources de discrimination pour les femmes. Ces traditions culturelles et religieuses, qui assurent la domination de l'homme sur la femme, sont, d'une certaine manière, inscrites dans la constitution quand celle-ci affirme, en préambule, « le peuple nigérien souverain [est] profondément attaché aux valeurs de civilisation qui fondent [sa] personnalité et soucieux de sauvegarder [son] identité culturelle » (2011:2).

Quelles conclusions tirer de ces premières analyses ? On observe que les législations qui touchent les femmes et les rapports de genre continuent de se conformer ou de se heurter à des modèles culturels anciens ou classiques de la famille dont de larges pans de la société rechignent à accepter les transformations profondes. Celles-ci sont dénoncées comme perte de valeurs et décadence des mœurs et suscitent des résistances aiguisées par la montée des fondamentalismes. Le statut des femmes est en butte à ces résistances, pour des considérations idéologiques religieuses et politiques qui vont au-delà du droit.

Genre et discriminations sociales au nom de la culture et de la religion

Toute société est pétrie de culture. Les représentations culturelles y reposent souvent des bases religieuses qui sont elles-mêmes des émanations ou des interprétations de la culture. Et il n'est pas vain de reprendre une définition consensuelle de la culture :

> « Dans son sens le plus large, la culture peut aujourd'hui être considérée comme l'ensemble des traits distinctifs, spirituels et matériels, intellectuels et affectifs, qui caractérisent une société ou un groupe social. Elle englobe, outre les arts et les lettres, les modes de vie, les droits fondamentaux de l'être humain, les systèmes de valeurs, les traditions et les croyances » (UNESCO 1982:1).

C'est sur cette définition générale, mais explicite, de la culture que seront posées et discutées les questions relatives à celle-ci lorsqu'elle devient fondamentaliste. Il existe bien sûr des interprétations variées de la ou des cultures, mais on convient que celles-ci sont vivantes et dynamiques et que les changements sociaux sont également un domaine extrêmement important de réflexion scientifique. Toutes les analyses, qu'elles soient historiques, sociologiques ou politiques, s'accordent sur le fait que les cultures vivent et meurent, perdurent et végètent, mais se renouvellent en permanence. Elles sont l'objet de mutations propres à toute société et l'Afrique, l'ancienne comme la contemporaine, n'a pas échappé à ces « dynamiques » (Tchicaya-Oboa *et al.* 2014). Réfléchissant sur les sociétés sahéliennes qui sont notre contexte de discussion, Pathé Diagne écrivait qu'elles étaient des « modèles en mouvement » (1984:7). Il rappelait à propos de l'univers africain que

> « Sa conception du monde traduite par les jubilés qui ponctuent la succession des générations reproduit une philosophie du temps et du changement. Dans ces systèmes d'idées, les nouvelles générations qui, chaque 50 ou 60 ans, organisent les rites de passage d'une époque révolue vers l'avenir, inventent de nouveaux masques, de nouvelles musiques, de nouveaux instruments, quand elles ne changent les us et coutumes les valeurs et les institutions » (1984:8).

Discutant de l'avenir de la tradition africaine, Souleymane Bachir Diagne ébauchait « une critique du discours sur la culture » (1992:279). À la conception courante, mais à notre avis équivoque et souvent discutable, de l'effritement des traditions sociétales comme produit de l'aliénation étrangère surtout coloniale, il proposait judicieusement de « substituer les significations culturelles et les exigences que posent les populations elles-mêmes, jeunes et de plus en plus urbaines » (1992:295). Et de conclure sur le fait que « l'identité de la tradition ne peut être une identité de répétition » (1992:295). Ceci pourrait parfaitement servir de réponse aux fondamentalistes qui ne cessent de revendiquer un retour aux traditions.

La question culturelle peut être envisagée, aujourd'hui, dans le cadre d'un débat majeur de projet de civilisation qui tente de recourir à des valeurs aussi bien locales qu'empreintes d'universalité au niveau sociétal et institutionnel pour en imprégner les mœurs, les politiques et les législations. En matière de législation, le code de la famille qui gère les relations homme/femme est celui qui convoque le plus les valeurs de la « tradition » (culture et religion). La culture reste cependant un terrain de fortes contestations. On le constate dans les projets de changement portés par un ensemble de réflexions, d'actions et de pressions, d'accords, de tensions et de ruptures, tant au niveau individuel que collectif. Ces changements, surtout lorsqu'ils sont influencés par des facteurs extérieurs aussi prégnants, peuvent être plus ou moins bien acceptés et faire l'objet de crainte, voire de peur, au point de susciter une « panique morale ». C'est ce qu'avance Stanley Cohen, auteur du concept. Il suggère :

> « Les sociétés semblent être soumises de temps en temps à des périodes de panique morale. Une situation, un événement, une personne ou un groupe de personnes, surgissent et sont définis comme menaces aux valeurs et aux intérêts de la société. […] Parfois, la panique passe et est oubliée, sauf dans le folklore et la mémoire collective. D'autres fois, elle a des conséquences plus graves et durables ; elle peut provoquer des changements sociaux comme ceux dans les politiques juridiques et sociales ou même dans la manière pour la société de se concevoir elle-même »[8] (2005:1).

Les cultures et les religions profitent fréquemment de ces moments de panique morale, quand elles ne les suscitent pas, pour exercer des pressions sur les communautés. Elles dénoncent invariablement la dégradation des mœurs, les comportements jugés déviants face à la morale et aux codes sociaux établis, la corruption, l'homosexualité, l'habillement des femmes et des jeunes, etc. Ces derniers d'ailleurs sont, en raison de leur âge, leurs victimes les plus fréquentes, surtout les filles. Appartenir à la fois au sexe féminin et à un jeune âge peut s'avérer une vraie gageure.

Il est habituel, dans les analyses scientifiques comme dans les articles de presse, de qualifier de « pesanteurs » les pratiques socioculturelles décriées comme obstacles au développement de l'individu ou de la société. Certes, toutes ces pratiques ne sont pas d'emblée des « pesanteurs » ; elles font souvent figure de normes sociales, morales ou religieuses qui constituent le savoir-vivre (ensemble) respecté par les communautés. Certaines d'entre elles peuvent cependant devenir des sources de différenciation sociale, de hiérarchisation, de domination, de discrimination, de disparité, voire d'oppression, au sein des collectivités, dans les relations entre groupes et individus, entre hommes et femmes, entre ainés et cadets, etc. L'âge, le sexe/genre, la religion/spiritualité, l'ethnicité, la race, la caste, la classe, le milieu (rural/urbain, centre/périphérie, Nord/Sud…), le handicap et divers autres déterminants (politiques, économiques, …) sont autant de catégories qui conditionnent la production et la reproduction des inégalités sociales et des inégalités de genre. Les dynamiques sociales, culturelles, religieuses, économiques ou politiques sont issues d'expériences qui découlent des interactions de ces catégories et varient selon les individus et leurs contextes spatiaux et temporels.

Ces interactions et leurs différences d'origine et d'impact doivent être prises en compte pour mieux analyser les réalités sociales et notamment les rapports hommes-femmes, comme l'avançaient Kimberlé Crenshaw (1989, 2005) et Patricia Hill-Collins (2000). Ces deux célèbres sociologues féministes africaines-américaines, théoriciennes de l'intersectionnalité, revisitaient le féminisme américain « blanc ». Sans cette approche, soutenait Kimberlé Crenshaw, on « amalgame ou ignore les différences internes à tel ou tel groupe » (2005:53). Ainsi, à propos des violences à l'égard des femmes en Amérique, elle reprochait aux « discours féministes et antiracistes contemporains de [n'avoir] pas su repérer les points d'intersection du racisme et du patriarcat » (2005:54) que subissent les femmes noires. Leurs expériences, poursuivait-elle, sont souvent « le produit des croisements du racisme et du sexisme » (2005:54), alors que les femmes blanches souffrent surtout du sexisme, d'où la nécessité de mener des politiques différentes pour traiter de ces violences. L'intersectionnalité met l'accent sur la diversité des facteurs de construction des identités résultant des formes plurielles de domination. Et on ne peut qu'agréer, avec Sirma Bilge, qui cherche à « repolitiser l'intersectionnalité », dépolitisée par la recherche académique, que « la dimension proprement scientifique de l'intersectionnalité doit rester, à mes yeux, étroitement lié à ce côté pragmatique et politique » (2012:2). Cette approche est importante pour notre réflexion qui se veut une analyse politique de déconstruction des discours fondamentalistes culturels et religieux sur le genre, afin de transformer le statut des femmes et les relations de genre.

Les femmes sont fréquemment prises en étau entre, d'un côté, leur besoin et quête de revendications identitaires tant individuelles que collectives, et, de l'autre, la pression d'identités imposées par les institutions sociétales et idéologiques, dans un cadre de féminités et de masculinités tout aussi assignées. L'oppression survient lorsque les pratiques culturelles et religieuses assignent et maintiennent des valeurs et des rôles contraignants sur leur corps, leur santé, leur sexualité et leur fécondité, leur position dans la famille et la société, leurs accès à l'éducation et aux ressources, leur participation au politique, pour ne citer que quelques lieux significatifs d'avènement de ces contradictions. L'inégalité des rapports sociaux entre les sexes est entérinée par le politique et le religieux et donne lieu à de nombreuses discriminations. Ainsi, reconnaissent Gita Sen et Marina Durano

> « En tant que femmes, les politiques de relations personnelles, du corps, du sexe et de la reproduction sont très importantes. Les relations au sein du ménage et de la famille sont un site critique des rapports de pouvoir entre les sexes dont les expressions ont de multiples dimensions » (2014:13)[9].

Aussi faut-il se demander à quel moment la culture se fait à la fois source et lieu d'expression des fondamentalismes et se laisse happer par les dérives fondamentalistes, que celles-ci soient sociales, morales ou religieuses. Pour discuter des inégalités de genre et de l'influence des fondamentalismes, trois domaines seront examinés pour leur pertinence : le corps féminin (la santé et la sexualité), le système juridique (le code de la famille) et politique (la parité).

Disposer de son corps : « Is not my body mine ? »

Formulée en anglais, la question « *is not my body mine ?* » (Sow 2009) ne choque presque plus les opinions publiques en Amérique ou en Europe : les conquêtes en matière de droits sexuels et reproductifs y ont fait progresser la réflexion. En France, les femmes ont pu revendiquer « un enfant si je veux, quand je veux, … », à la suite des légalisations de la contraception, en 1967, et de l'avortement, en 1975. Mais toutes ces avancées ne sont jamais totalement acquises ; elles courent des risques en fonction du contexte, de l'actualité et surtout à cause de la montée de l'extrême-droite en politique et des fondamentalismes religieux. Ainsi, en janvier 2014, les Espagnoles, après une vague de manifestations, réussissaient à bloquer le projet de réforme de la loi sur les droits sexuels et reproductifs[10] que venait d'approuver le Conseil des ministres de leur gouvernement de droite.

En revanche, il est toujours malaisé, voire inconcevable, pour les Sénégalaises, à l'instar des autres Africaines, de revendiquer le « *moom sa bopp* » (appropriation de soi). Si nous utilisons cette expression ici, c'est que le Parti africain de l'indépendance (gauche marxiste) en avait fait son slogan de campagne pour l'indépendance du Sénégal, dans les années 1950. Lors de sa tournée africaine en faveur du référendum pour la communauté franco-africaine, le général de Gaulle prononçait un discours sur la place Protêt, à Dakar, le 26 août 1958. Il y fut accueilli par un public populaire qui réclamait l'indépendance, aux cris de « *moom sa reew* [11]». Pour les Sénégalaises, le slogan « *moom sa bopp* » prend une connotation antinomique, car il signifie être femme « indépendante », jugée de mauvaises mœurs, notamment sexuelles.

Les revendications féminines contre des pratiques culturelles et religieuses qui se traduisent en violence sont toujours interprétées par la communauté comme un reniement de la culture et/ou de la religion. Or le mariage précoce qui est un mariage d'enfant, le mariage forcé, les mutilations génitales féminines, pour ne citer que quelques exemples, sont des violences culturelles et religieuses qui pèsent lourdement sur la vie des enfants et des jeunes femmes et leurs libertés. Bien que leurs revendications à renégocier les modèles sociaux (*social patterns*) définis par la culture et de la religion, voire en sortir, aient été présentes dans l'histoire, les Africaines sont devenues, on pourrait le dire, « féministes » lorsqu'elles les ont portées sur leur corps. Il est devenu presque banal, aujourd'hui, de dire que le corps est le site primordial de l'oppression des femmes. Il a fallu pourtant un temps de débats pour qu'elles se mettent à « sexualiser » leur discours sur leurs préoccupations. À la Conférence des Nations Unies pour la femme de Copenhague (1980), elles avaient plus débattu de maîtrise de leur fécondité (espacement, et non forcément limitation, des naissances) que de contrôle de leur sexualité. Le discours féministe autour du corps de l'époque portait sur la liberté sexuelle, le droit au plaisir, la liberté de procréation[12] ou le droit à l'avortement. Ce discours avait eu, chez elles, bien moins d'écho que leur revendication d'une maternité sans risque dans un contexte africain caractérisé par des taux alarmants de mortalité maternelle et infantile et un accès médiocre à des soins et services sanitaires de qualité.

Sexe et genre

La sexualité est au cœur des relations de genre. Elle a un impact dont la société fait peu cas sur le statut socioculturel des femmes, au moins ouvertement. Pourtant,

> « La sexualité est un aspect central de la personne humaine tout au long de la vie et comprend le sexe biologique, l'identité et le rôle sexuels, l'orientation sexuelle, l'érotisme, le plaisir, l'intimité et la reproduction. La sexualité est vécue sous forme de pensées, de fantasmes, de désirs, de croyances, d'attitudes, de valeurs, de comportements, de pratiques, de rôles et de relations. Alors que la sexualité peut inclure toutes ces dimensions, ces dernières ne sont pas toujours vécues ou exprimées simultanément. La sexualité est influencée par des facteurs biologiques, psychologiques, sociaux, économiques, politiques, culturels, éthiques, juridiques, historiques, religieux et spirituels » (OMS 2002).

Notre propos portera essentiellement sur « l'analyse de la construction culturelle », comme nous y invite Cheikh Niang[13] (2011:11). Le sexe, comme catégorie biologique, et le genre, comme catégorie socialement construite, renvoient aux modes d'organisations sociales, culturelles, religieuses, économiques et politiques, aux expériences psychiques, amoureuses et érotiques, aux morales et aux idéologies dans lesquelles s'inscrivent leurs rapports. Comme l'alléguait Charmaine Pereira, lors de cet institut sur le genre, il est toujours important, à propos des rapports entre genre et sexualité, de se demander si l'on parle du corps, des relations intimes, des rapports de pouvoir, de la subjectivité, etc.

On a souvent donné de la sexualité une représentation qui pousse à « la répression menée par une sorte d'alliance entre les pouvoirs religieux, les appareils répressifs de l'État et le discours de la morale officielle » (Niang 2012:11). Ces normes culturelles et religieuses couvrent d'une chape de vertu, quand elles n'en font pas l'impasse, l'expérience érotique et ses discours et images, artifices, parures et objets de séduction, pulsions et actes sexuels dont témoignent « la langue, les pratiques rituelles, les chants[14] et autres productions discursives relevant de la culture » (Niang 2012:28).

Le corps féminin est à la fois sujet et objet de désir sexuel. *Sujet*, car la femme participe à l'activité sexuelle autant qu'elle utilise son capital érotique à des fins de séduction. Son corps est au « centre d'un projet érotique » (Niang 2012:397) qu'il lui arrive de susciter, d'entretenir et/ou de subir. Il est aussi *objet* de rapports de pouvoir. Il est contrôlé par des normes et des valeurs culturelles, morales et politiques qui fixent les règles de la sexualité et relient la reproduction biologique à la reproduction sociale (Matthieu 1985 ; Tabet 1985). Nous n'irons pas plus loin dans le débat théorique sur la sexualité, si ce n'est pour discuter de sa construction sociale et de l'impact des cultures et des religions, non seulement sur les pratiques sexuelles, mais également sur les relations de genre et la position des individus dans la famille et dans la société.

Au Sénégal, la sexualité est généralement « considérée comme un ensemble de pratiques mettant en relation un homme et une femme (hétérosexualité) et organisées en fonction de règles de permissivité et d'interdits qui déterminent les conditions dans lesquelles elle prend place » (Bop et Niang 2008:7). C'est à travers les règles de permissivité et d'interdits, enseignées et intériorisées par les femmes, dès le plus jeune âge et tout au long de leur vie, que s'exerce le contrôle de leur sexualité et de leur fécondité : contrôle sociétal, contrôle religieux, contrôle politique. Ces formes de contrôle sont cependant tellement imbriquées qu'il est malaisé d'en déterminer les ressorts. Culture et religion, dans les sociétés musulmanes, ont des recommandations et des interdits similaires que l'État entérine souvent. Par exemple, l'État sénégalais a posé des règles dans le code de la famille, tendant à limiter la polygamie, pratique sociale pré-islamique et norme islamique courante, à défaut de pouvoir l'abolir. L'époux est tenu de choisir entre trois régimes matrimoniaux : monogamie, limitation de polygamie à deux épouses (ces deux options sont irréversibles, quelle que soit l'issue de l'union) et polygamie à quatre épouses (art. 134). Mais, étrangement, le même code stipule que « faute par l'homme de souscrire à l'une des options prévues à l'article 134, le mariage est placé sous le régime de la polygamie » (art. 133). Face à la résistance sociale et religieuse et sans doute en raison de leur conviction personnelle, il semble que les législateurs avaient dû lâcher du lest.

Avoir des relations sexuelles se dit *sey*, en wolof. Or, fait remarquer Cheikh Niang (2012), *sey* c'est également le mariage. Autrement dit, les relations sexuelles ne peuvent avoir lieu que dans le cadre du mariage, ce qui est une règle de l'islam et de presque toutes les cultures sénégalaises. Le corps de la femme est prédestiné et préparé pour le mariage et la reproduction. Bien que le taux de scolarisation et de professionnalisation progresse avec les changements de mentalité sur l'éducation comme moyen d'ascension sociale et la volonté politique de scolarisation des filles (SCOFI), cette représentation de la femme en épouse et mère subsiste toujours. Or le mariage est fondé sur des règles qui, érigées par la culture, la religion et la loi, sont sources d'inégalités dans les rapports sociaux de sexe. On évoquera quelques-unes de ces inégalités que les fondamentalismes actuels creusent.

Le prix du corps, un « champ de labour » du mari

À ce niveau, les discours de la culture et de la religion se recoupent parfaitement, comme le montrent les exemples choisis à ce propos.

La virginité a toujours été reconnue, dans la société sénégalaise, comme une vertu aussi bien par l'opinion religieuse que populaire. Les mères et les femmes de la famille sont chargées d'en assurer le strict contrôle. La présentation à la famille, au lendemain des noces, du pagne taché du sang[15] de la nouvelle mariée, était de rigueur. Si ces traditions perdent progressivement de leur vigueur dans les centres urbains, la virginité, la retenue ou l'abstinence sexuelle des jeunes filles continuent de faire la fierté des familles. Elles sont même exaltées dans les émissions musulmanes ou simplement interactives, où les comportements des filles sont, à longueur d'antenne, objets de vives critiques (*janxi ji da ñu yaxxu*[16]). Dans les villages, tant d'adolescentes sont mariées et « consommées » dès la puberté, de peur, pour les familles[17], qu'elles ne perdent leur virginité ! L'abstinence avait été utilisée comme mode de prévention du SIDA dans les premiers spots télévisuels des campagnes contre la pandémie au Sénégal. L'un des spots présentait une jeune adolescente qui, assise sur une balançoire, affirmait préserver sa virginité, alors qu'un homme au volant de sa voiture refusait l'invite d'une prostituée. L'usage du préservatif pour les adultes n'intervenait que beaucoup plus tard. Pour les jeunes, les messages n'étaient pas transmis clairement. Ils étaient conformes aux exigences de l'administration Bush qui finançait les campagnes contre le SIDA et prônait « le recul de l'éducation sexuelle en faveur de programmes pour la virginité, l'abstinence et la fidélité, la faiblesse de l'information sur la contraception et le port des préservatifs » (Sow 2008:176). Il est vrai que cette administration avait les mêmes recommandations pour la jeunesse américaine. Elle avait, dans le cadre des *U.S. Abstinence Programs* (programmes d'abstinence), indiqué que « les jeunes devaient de manière générale s'abstenir jusqu'au mariage. À défaut, la fidélité était la seconde méthode la plus sûre de se protéger contre la maladie, puis l'utilisation de préservatif[18] » (Allen[19] 2002, cité par F. Girard 2004).

La virginité avait aussi servi à mesurer le montant de la dot. On sait que la dot (*al mahr* en arabe, *warugar* en wolof) est une condition du mariage musulman[20] et une pratique sociale très fortement ancrée dans toutes les cultures au Sénégal. Elle figure dans le code actuel de la famille et le montant versé[21] est inscrit dans le livret de famille du couple :

> « La dot [est une] condition de fond du mariage. Les futurs époux peuvent convenir que la fixation d'une somme d'argent, ou la détermination de biens à remettre en partie ou en totalité par le futur époux à la future épouse, sera une condition de fond du mariage » (Art. 132).

La nature et le montant de la dot sont généralement estimés et/ou négociés par les familles et sont au cœur de multiples échanges de socialité (Sow 1975). Ces dépenses liées au mariage (y compris la dot) ont pris, dans certains milieux, de telles proportions que, déjà à l'époque coloniale comme après l'indépendance, des notables et l'administration les qualifiaient de « gaspillages » et tentaient de les réglementer (Diop 1985; Moya 2011). En février 1967, sous la présidence de Léopold Sedar Senghor, la loi 67-04 du 24 février 1967 contre les gaspillages dans les cérémonies familiales et religieuses était promulguée, mais elle fut rarement appliquée. Ce que l'on analysait peu, à l'époque, c'est la complexité de la signification de ces cérémonies et les positions et les rôles contradictoires des femmes y tiennent. Les femmes sont certes les objets et enjeux de ces transactions socio-financières, fort bien étudiées par Ismaël Moya, dans sa thèse de doctorat intitulée *De l'argent aux valeurs* : *Femmes, économie, parenté et islam à Thiaroye-sur-mer* (2011). Mais on oublie, sinon sous-estime, que la gestion et le contrôle de ces cérémonies leur donnent un rôle d'autorité que nous constations nous-même lors de nos enquêtes et dans notre vie personnelle :

> « C'est par référence aux femmes que s'établit et s'anime la vie sociale. Les rapports de *teranga* avec ses obligations et privilèges passent par elles. L'homme élargit le cercle social par ses fréquentations, amitiés, liens professionnels ou son mariage. La femme le structure. L'échange de *teranga* entre hommes s'effectue toujours par la médiation des femmes, entre femmes » (Sow 1975:112).

Ce qui nous avait surtout frappée dans la loi, ce n'est pas tant la condamnation des dépenses le fait que le barème de la dot soit fixé par les autorités en fonction du statut sexuel de la femme : vierge, divorcée/veuve, avec ou sans enfant, etc. Le « tarif » de la vierge a toujours été plus élevé. En 1905 déjà, il était estimé à « 600 francs, 500 francs pour une femme sans enfants et 400 francs pour une femme avec un ou deux enfants » (cité par Moya 2011:208). Nous nous souvenons parfaitement du débat autour de loi 67-04, initiée par un comité de notables de la ville de Saint-Louis, réputée pour son art de vivre et son goût de la fête. Le comité fixait le montant de la dot pour une vierge à 15 000 FCFA et de la moitié pour une veuve. Peu de monde s'était ému de la virginité mise aux enchères.

On aurait pu s'attarder sur la signification sociale de la dot que la législation n'a jamais remise en question comme condition du mariage. Bien avant l'islam, ainsi était assuré le « contrôle [de l'homme] sur le producteur des producteurs, c'est-à-dire de la femme procréatrice, notamment dans le choix matrimonial au sein du lignage et le paiement de la dot », avançaient Thomas et Luneau (1975:39). Socialement, le paiement par l'époux valide l'union matrimoniale et légitime sa prééminence sur le couple. Il lui offre l'appropriation sexuelle et sociale du corps et de la fécondité de l'épouse. Il est dit dans la Sourate 2 Verset 223 : « Vos femmes sont un champ de labour pour vous. Venez à votre champ de labour comme vous voulez, et œuvrez pour vous-même à l'avance ! ». À propos de la famille wolof, reconnaissait Abdoulaye Bara Diop, « l'octroi de la dot [fait] de la femme une procréatrice pour le compte du mari » (1985:23). Outre les services sexuels, le « contrat » matrimonial inscrit également les services domestiques qui vont des tâches reproductives (porter la descendance, assurer l'entretien domestique, les soins de santé, l'éducation des enfants) aux activités productives d'entretien de la famille. De très nombreuses violences conjugales se voient justifiées autant par le mari que par la société, lorsqu'ils estiment que ces services légitimés par la culture et la religion sont mal rendus.

Maternité, symbole de la féminité, et rapports de genre

La maternité est représentée comme le symbole par essence de la féminité ; elle est centrale au statut ontologique de la femme. Dans la société wolof, la femme est définie comme *xaleel*, puis *janx*, *jeeg* et *jigeen* qui sont autant d'étapes de leur cycle de vie construites autour de la sexualité et de la fécondité[22] (Niang 2012:245-246). Considérée comme « fonction naturelle » par la société et la religion, la maternité fait l'objet de théorisations contrastées ; elle est un point d'entrée des débats à la fois scientifiques et politiques sur le genre et sa pertinence pour l'étude de leurs réalités africaines, entre Africaines, entre les Africaines et les autres. On passe d'une idéalisation de la maternité à un examen plus critique de ses conditions. Ainsi Oyèrónké Oyěwùmí, sociologue nigériane, tient un discours d'idéalisation de la maternité (*motherhood*). Dans son article, « *Abiyamo: Theorizing African Motherhood* », paru dans les actes du colloque « *Images of 'Motherhood' – African and Nordic Perspectives* » (Gorée, Sénégal, 2003), elle affirmait :

> « La maternité occupe une place spéciale dans les cultures et sociétés africaines. Indépendamment du fait qu'une société africaine particulière

affiche un système de parenté patrilinéaire ou matrilinéaire, les mères sont la composante essentielle des relations sociales, des identités et évidemment de la société[23] » (2003:1).

Et, poursuivait-elle,

> « L'accent sur les expériences africaines de la maternité révèle qu'elle n'est pas une simple institution de la vie sur terre. Elle précède la gestation, elle est pré-sociale, prénatale et postnatale et se poursuit la vie durant[24] » (2003:3).

Oyèrónkẹ́ Oyěwùmí fait habituellement une critique virulente de la représentation de la femme africaine et des rapports sociaux de sexe en termes de genre, concept occidental qui, pour elle, ne fait pas sens (*making sense*) pour les réalités du continent (1997). Aussi rejette-t-elle, en toute logique, la « patriarcalisation » (*patriarchalization*) de la maternité (2003:4)[25]. Elle estime qu'il est totalement erroné de considérer la mère comme une femme, catégorie genrée (*gendered category*), soumise, sans pouvoir et qui subit l'oppression masculine au sein de la famille patriarcale nucléaire caractéristique des sociétés occidentales. La maternité, explique Oyěwùmí, est une expérience exclusivement féminine qui n'a rien à voir avec celle de la paternité ; elle passe par la gestation, la parturition et la naissance de l'enfant (*gestation, parturition and childbirth*). Elle écrit :

> « Tous les efforts spirituels et médicaux fournis durant les périodes de gestation et d'accouchement sont destinés à la maintenir fermement ancrée dans le monde vivant jusqu'au bout de ce processus de transformation de la vie et, en fait, de transformation de la communauté. En conséquence, parce que la communauté y est naturellement investie, il n'y a pas de plus grande institution publique que la maternité[26] » (2003:4).

Nous avions participé aux débats du colloque de Gorée, Sénégal, sur *Images of « Motherhood » : African and Nordic Perspectives* (2003)[27] et avions émis des réserves sur ces définitions de la maternité et surtout leur pertinence actuelle (Sow 2012). Est-il besoin de rappeler ici que c'est par le corps des femmes que les hommes en arrivent à la paternité, d'où l'importance du contrôle de ce corps dans le système patriarcal. Il est important d'en prendre compte dans l'analyse de la maternité, car cela permet de comprendre tous les ressorts de la place des femmes dans la famille et du besoin de contrôle social.

Il faut certes reconnaître la place fondamentale des femmes dans les rôles d'épouse et de mère assignés par les cultures africaines : entretien affectif et domestique de la famille, nombreux actes de socialité qui nouent et entretiennent le « lien social » entre membres des familles et des communautés. Mais cette position, faut-il le rappeler, est largement liée à leurs capacités reproductives générales dans les sociétés aussi bien patriarcales que matrilinéaires. « Engendrer est une exigence sociale », écrivait Nicole Échard à propos des sociétés nigériennes, car poursuivait-elle, « l'engendrement conditionne l'accès au statut d'adulte social » (1985:38-39). La règle est appliquée aux deux sexes. Au Sénégal, à toute jeune mariée il est souhaité une nombreuse progéniture : « *Yalla na sa lal yagg tooy*[28] ». Et tout enfant qui réussit dans la vie le doit évidemment au « travail de sa mère » (*ligeeyu ndey*). Presque tous les artistes sénégalais ont dans leur répertoire une chanson de louange des (la leur) mères. Les mères (nous rajouterons de préférence mère de famille nombreuse, mère de fils) occupent une position à partir desquelles elles sont honorées socialement (*honored social position of mothers*), souligne Signe Arnfred (2003:2). Elle reprend les thèses de Ifi Amadiume, dont les travaux, notamment *Male Daughters, and Female Husbands* (1987) et *Re-Inventing Africa: Matriarchy, Religion and Culture* (1997), ont marqué une césure épistémologique décisive dans la lecture du féminisme et de la critique des hiérarchies de genre. Amadiume introduisait ce que nous appelerons ici les théories du matriarcat comme pôle de réflexion sur les femmes, là où d'autres incluaient la race, comme en Amérique du Nord. Patricia Hill Collins, à l'instar de nombre d'autres chercheures africaines-américaines, indiquait, à propos de la famille « noire[29] », l'importance du rôle des mères qui « gagnent en influence sociale à travers leurs rôles de mères, de transmission de la culture et de parents pour la génération suivante[30] » (1993). Pourtant le fait de reconnaître ces rôles et leur importance liée à leur histoire n'a pas empêché les féministes africaines-américaines de trouver surfaite la célébration de la famille et de la maternité noires par des auteures comme Niara Sudarkasa qui faisait l'éloge du *Strength of Our Mothers*, dans son fameux ouvrage du même titre (1996). Hill Collins regrettait que « beaucoup trop d'hommes noirs, qui ne tarissent pas d'éloge sur leur propre mère, se sentent moins responsables vis-à-vis des mères de leurs propres enfants[31] » (1991:116). Tout en tenant compte des rapports complexes de race et classe prévalant dans la société nord-américaine, elle dénonçait, comme l'avaient fait Toni Morrison (1970), Angela Davis (1981) ou Alice Walker (1982), les rapports de genre inégalitaires et difficiles, dans les communautés noires. En effet, reconnaissait-elle, « certains hommes africains-américains pensent qu'ils ne peuvent être des hommes s'ils ne dominent pas une femme noire[32] » (1991:186). Et on ne serait pas en désaccord avec Marie-Sylvie Dupont-Bouchat, lorsqu'elle écrivait :

> « Tous les discours deviennent bavards, à propos des femmes, soulignant leur rôle irremplaçable, leurs talents inégalables comme piliers de la famille, à condition, bien sûr, qu'elles soient mères et de bonnes mères » (2002:95).

Les rapports sociaux de sexe sont toujours complexes, multiformes, souvent antinomiques, ce qui donne une certaine ambiguïté aux rôles et positionnements dans la famille et la société. L'âge, l'appartenance familiale, l'origine sociale, la caste, la classe et d'autres déterminants, on l'a rappelé avec l'intersectionnalité, interviennent dans le positionnement des individus dans la famille et la société.

Durant leur cycle de vie de fillette, de femme, d'épouse, de mère ou d'aïeule, des premières menstrues à la ménopause, les femmes changent de statut à chaque étape. La « séniorité » (*seniority*) que met en exergue Oyěwùmí (1997) peut effectivement être un déterminant important de hiérarchisation et parfois plus que le sexe. Les femmes les plus âgées ont prééminence sur les personnes plus jeunes des deux sexes ; l'aînée l'a sur la cadette, la première ou la plus âgée des épouses sur les autres épouses, la mère sur la fille, la belle-mère sur la belle-fille, etc. Les « premières » occupent une position de privilège et d'autorité sur les autres. La femme ménopausée peut presque prétendre à un statut d'homme. Elle était, il y a quelques années, la seule à pouvoir assister à la prière du vendredi à la mosquée[33]. Les filles les plus jeunes (enfant, belle-fille) sont chargées des corvées domestiques qu'accomplissaient les plus âgées. Des fillettes sont sorties de l'école à cette fin. Aussi l'âge n'est-il pas une autre catégorie de « binarisation » (aîné/cadet) comme le genre (masculin/féminin), contribuant à la domination d'un âge sur l'autre ? Et peut-on conclure que le sexe/genre n'a pas d'importance dans les sociétés africaines ?

Pour aller plus loin dans la hiérarchisation, il faut rappeler que la société wolof comporte une stratification en castes et ordres de la société wolof[34] (Diagne 1967). Abdoulaye Bara Diop la qualifie de système d'inégalité et de domination (1981). Et, souligne Mamadou Diouf, cette « division de la société wolof en catégories sociales distinctes imprime encore à la société sénégalaise contemporaine ses caractéristiques fondamentales malgré la diversité ethnique » (1981:1). On la retrouve dans d'autres ethnies, comme dans nombre de sociétés ouest-africaines. La caste divise la société wolof en catégories supérieure (*géér*) et inférieure (*ñeeño*) fondées sur l'hérédité, l'endogamie et la spécialisation professionnelle. Quant au système d'ordre d'essence plus politique, il la divise également en catégories, tout aussi hiérarchisées, de personnes libres (*gor*) et d'esclaves *(jaam)*, d'aristocrates (*garmi*) et de manants (*baadolo*). Bien que le système d'ordre soit aboli *de facto* et *de jure*, des survivances de l'idéologie peuvent encore affecter les individus en termes de rang.

La hiérarchisation sociale est donc bien en place comme marqueur social auquel tout individu est soumis. Certes, les lignes changent, comme le faisait remarquer Nkiru Nzegwu qui étudie l'égalité entre les sexes à Onitsha, ville portuaire du Sud Nigeria :

> « Tout rôle social et toute interaction sociale sont assortis d'un pôle à la fois subordonné et dominant qui n'est jamais stable. Non seulement il n'y a pas de lieux fixes ou permanents de subordination, mais en outre, le caractère subordonné/dominant des rôles permet de garantir qu'aucun groupe sexuel ou groupe d'âge n'est privilégié ou assujetti collectivement ou de manière permanente[35] » (2001:15).

Mais on ne peut dire qu'aucun groupe sexuel ou groupe d'âge n'est privilégié ou assujetti collectivement ou de manière permanente. On pourrait ajouter individuellement. Les hiérarchies existent dont certaines peuvent perdurer tout au long du cycle de vie de l'individu ou du groupe. Tout dépend des structures idéologiques et sociales en place et de leurs dynamiques dans le temps, comme on l'a vu pour les castes et autres formes de hiérarchies liées à la classe, à la race, à la religion, à l'activité socioéconomique, etc. Pour ce qui est de notre propos, peut-on éliminer les inégalités entre les sexes, lorsque le système familial et social les instaure ? Les relations matrimoniales donnent toujours prééminence à l'homme. Que la famille soit nucléaire ou élargie, il en est le chef de famille en accord avec les règles socioculturelles, religieuses et juridiques. Il l'est aussi bien dans le système patriarcal que matrilinéaire. Dans ce dernier cas, ce n'est plus le père (*baay*), mais l'oncle maternel (*nijaay*) qui fait figure d'autorité, lorsque les règles sont encore appliquées. Il a la prééminence sur les enfants de sa sœur, car ils sont ses héritiers. Le pouvoir politique pouvait être transmis par la lignée utérine, comme chez les Fall de l'ancien royaume du Kayoor. La parenté wolof repose sur un système dualiste qui a aussi ses références inégalitaires. Tout individu a sa parenté agnatique (*néégu baay*) et sa parenté utérine (*néégu ndey*) qui se complètent, tout en ayant leurs différences en matière d'autorité. Mais, comme le constate Abdoulaye Bara Diop, à propos de cette même société wolof

> « S'il n'en n'a pas été ainsi, en ce qui concerne la détention des titres et des charges, jadis partagée avec le lignage utérin, le patrilignage l'emporte depuis la disparition de la monarchie, à la fin du siècle dernier, et l'expansion plus générale l'islam au début de celui-ci » (1985:44).

Durant le colloque de Gorée, nous insistions sur la maternité comme élément important du statut de la femme, mais également comme « reproduction forcée » (Matthieu 1985). Cette reproduction associée au mariage est considérée comme un acte de culte. Certes, l'enfant né hors mariage est généralement reconnu par son père. Il peut, contrairement à la tradition musulmane, porter son nom, même s'il est exclu de l'héritage réparti selon les règles islamiques. La maternité est toujours perçue comme une fonction « naturelle ». Or cette fonction reproduction associé au corps et à la sexualité des femmes les met sous contrôle social, selon des règles codifiées par la culture et la religion : mutilations génitales féminines, préservation de la virginité, mariage/devoir conjugal, polygamie, sororat/lévirat, répudiation, etc. Oyěwùmí ne parle pas moins de contrôle lorsqu'elle assure que « la communauté est naturellement investie » dans cette maternité. Quelle liberté pour la jeune épousée dont mère et belle-mère s'inquiètent lorsque la grossesse ne survient pas, dès les premiers mois de l'union ? Comment comprendre que l'épouse plus âgée, proche de la ménopause, porte une « dernière » grossesse, lorsque le mari en prend une nouvelle, de l'âge de ses propres enfants ? Elle prouve de cette manière qu'elle continue à entretenir des relations sexuelles avec le conjoint partagé. Les femmes sont, dès la plus tendre enfance, conditionnées à remplir ce rôle. Elles sont les premières à culpabiliser lorsque la grossesse se fait attendre. Le « désir » de maternité se traduit souvent par une « obligation » de maternité parfaitement intériorisée. Nicole-Claude Matthieu parle alors, avec justesse, de « femmes, à reproduire – et à reproduire comme femme » (1985:9). La stérilité du couple peut être cause de polygamie (au « meilleur » des cas, le mari prend une seconde épouse) ou au divorce qui est en fait une répudiation de l'épouse toujours soupçonnée de l'infertilité du couple. Dans *L'arraisonnement des sexes* (1985), Paola Tabet remettait en question la notion de reproduction comme naturelle. Elle proposait de l'examiner comme « terrain de base des rapports sociaux de base » (1985:62).

« Un enfant si je veux ? » La décision de la maternité et du nombre d'enfants relève-t-elle enfin du pouvoir de toutes les femmes, au Sénégal ? On pourrait le croire à la lecture de la Loi n° 2005-18, du 5 août 2005, relative à la santé de la reproduction. Dans l'exposé de ses motifs, la loi déclare que « la procréation est un droit fondamental reconnu à la personne humaine. Elle repose sur la reconnaissance du droit fondamental de tous les couples et individus de décider librement et avec discernement du nombre de leurs enfants et de l'espacement de leurs naissances ». Elle confirme que « tout couple ou tout individu a le droit de décider librement de procréer, de déterminer le nombre d'enfants et de l'espacement de leurs naissances » (art. 9). Elle reconnaît « la survivance des facteurs socioculturels » comme une contrainte ; aussi soutient-elle « la lutte contre les mutilations génitales féminines, les sévices sexuels et les pratiques néfastes à la santé de la reproduction ». Elle encourage « la promotion de la santé de la reproduction des adolescents » (art. 4), dans la logique de l'article 3 qui dispose que « le droit à la santé de la reproduction est un droit fondamental et universel garanti à tout être humain sans discrimination fondée sur l'âge, le sexe, la fortune, la religion, la race, l'ethnie, la situation matrimoniale ou sur toute autre situation ».

Le choix de la maternité était difficile à prendre dans des circonstances culturelles où la maternité était une affaire « collective », comme l'avançait Oyěwùmí. Nous ajouterons qu'il était inconvenant, voire risqué, de s'y soustraire. Si l'on peut noter des changements de comportements aujourd'hui, c'est surtout en milieu urbain. Décider de sa maternité, c'est encore, malgré la loi, négocier l'acceptation familiale (du conjoint aux familles respectives) de la contraception qui espace les naissances, mais est perçue comme une limitation. Il faut également y avoir un libre accès. Les religieux ont généralement accusé les femmes de vouloir réduire leur fécondité en utilisant la contraception, contrairement aux prescriptions islamiques. Ils les ont même accusées de légèreté des mœurs. On constate que l'administration, la coopération internationale, les ONG de tous horizons et des associations de la société civile ne se sont guère souciées du fait qu'associer les notables et les leaders religieux aux campagnes d'utilisation de méthodes contraceptives (abstinence, préservatifs, pilules, stérilets, implants, etc.) pouvait renforcer le pouvoir de la société sur le corps des femmes. On attend de ces derniers qu'ils en encouragent l'utilisation, surtout dans les milieux populaires. Aurait-on confié un tel rôle à l'Église en France ? Rechercher l'autorisation morale d'une autorité locale ou d'un religieux sur sa fécondité ou toute autre question relative à sa vie ne fait que renforcer la subordination des femmes, en freinant le contrôle de leur sexualité et de leur fécondité. Le terme de contrôle semble faire peur et est perçu comme un outrage à la morale sociale et religieuse.

Décider de sa maternité, c'est aussi avoir le droit à l'avortement médicalisé. Or l'avortement est condamné pour des motifs purement religieux et culturels. Autorisé en islam seulement en cas de danger de la vie de la mère, il est formellement interdit dans le christianisme. L'inscription de sa dépénalisation et de sa médicalisation obligatoire au Protocole additif des droits de la femme à la Charte africaine des droits de l'homme et des peuples de l'Union africaine (Maputo, juillet 2004) a sans aucun doute été un progrès, puisque le viol et l'inceste étaient ajoutés aux motifs thérapeutiques. La dépénalisation totale et sa pratique pour convenance personnelle sont des avancées significatives en matière de droits reproductifs et n'ont été reconnus, pour le moment, qu'en Afrique du Sud, au Cap-Vert, en Tunisie et, depuis une date très récente, au Mozambique. Malgré toutes ces prises de position, la majorité des pays d'Afrique subsaharienne refusent la dépénalisation ou n'acceptent la pratique qu'en cas de mise en danger de la vie de la mère, comme le Sénégal. Cet avortement thérapeutique reste peu accessible : peu de structures sanitaires en offrent les services dont le coût est élevé pour la plupart des femmes et l'opprobre sociale est encore forte. Les hommes le rejettent généralement sans se rendre compte qu'eux-mêmes avortent toutes les fois qu'ils refusent une paternité. La majorité des avortements sont clandestins et présentent des risques très élevés pour la santé des femmes. Si les hommes politiques ont fini par légiférer sur le statut thérapeutique de la pratique, il est évident que c'est à cause de la pression des associations féminines qui se sont mobilisées avec plus ou moins de chance. Rappelons que les débats publics autour de l'avortement émergent très progressivement en Afrique. Au Sénégal, l'Association des femmes juristes a mis en place, en fin 2014, un groupe de travail (*task force*) composé de plusieurs organisations de la société civile pour mener une campagne en faveur de l'assouplissement de la loi actuelle et de la dépénalisation.

Pratiques autour du sexe des femmes : excision ou mutilation ?

On ne peut pas ne pas évoquer les mutilations génitales féminines (excision, infibulation), même si elles ne touchent pas la majorité des femmes au Sénégal. Elles sont pratiquées dans les milieux hal pulaar, soninké et mandeng. Les familles d'autres ethnies établies depuis longtemps dans ces régions ont souvent fini par les adopter, tant l'influence culturelle est prégnante. Le questionnement ouvert sur les MGF date de la fin des années 70 (Thiam 1978).

Longtemps perçues comme pratiques culturelles, leur remise en question a soulevé des controverses virulentes, notamment autour de la terminologie utilisée : excision ou mutilation ? En pulaar, l'excision se dit *kaddugol* ou *duhagol.* En pays bambara, comme au Mali ou au Sénégal, ce sont les femmes des familles de forgeron qui en font la pratique. Le concept de l'excision fait référence au couteau en fer qui « coupe » le clitoris. D'où l'expression *nègè koro sigi* qui signifie : asseoir sous le fer. La culture wolof, qui « n'excise » pas les femmes, utilise les concepts *jongal, xarafal,* pour désigner la circoncision masculine. Elle l'applique aussi aux femmes des autres ethnies. Ces concepts impliquent de « couper ». Tant que le concept ethnologique d'excision est demeuré, la pratique a gardé sa légitimité. Elle n'a pu être remise en question, avec efficacité, qu'avec sa qualification de pratique néfaste (CIAF) et de mutilation par les revendications féminines et féministes.

On prête à « l'excision » une valeur ontologique. Coutume pré-islamique, elle « confirme la fille dans sa féminité et la rend socialement apte à procréer, donc à assurer son métier de mère » (Thomas et Luneau 1975:39). Elle a beaucoup perdu de son sens aujourd'hui, car elle n'est plus forcément accompagnée de cérémonies initiatiques. Elle permet aux femmes des communautés musulmanes qui en assurent la pérennité d'accomplir leurs prières, en raison de la pureté attribuée à leur corps (Sow 1986). La pratique a des conséquences physiologiques, sexuelles, psychologiques et médicales parfaitement étudiées ; mais elle est surtout une mutilation dans la mesure où elle est l'ablation d'un organe sexuel érectile. Malgré les nombreux incidents mortels ou handicapants survenus sur les fillettes, l'État sénégalais ne s'était jamais penché sur cette violence faite aux femmes au nom de la culture et de la religion jusqu'à ce que, à la suite des campagnes nationales et internationales, il en fît voter l'abolition en 1999. La pression des populations et des marabouts d'ethnies qui en avaient la pratique n'avait pas pu empêcher le vote. On constate que, malgré des reculs notoires, la pratique persiste et leurs marabouts adressent régulièrement aux autorités politiques des requêtes d'abolition de la loi.

Si l'on s'attend à ce que les communautés concernées rechignent à obéir à la loi, il est plus étonnant de voir la recherche scientifique leur emboîter le pas au nom du respect de la culture. Liselotte Dellenborg, menant ses recherches doctorales sur les mutilations génitales féminines en Casamance, évoquait la spiritualité qu'à son sens l'on avait omis de prendre en compte, dans la justification des mutilations. Dellenborg écrivait :

> « La pratique est effectuée de sorte qu'une fille puisse prier et appartenir à la société secrète des femmes, acquérir des connaissances pratiques, théoriques et 'magiques' sur le corps, qui transforme essentiellement la jeune fille en une personne, un être humain de sexe féminin[36] » (2004:90-91).

Et de conclure ainsi son article :

> « En plus des hypothèses préconçues sur d'autres peoples et sociétés, ces représentations erronées pourront entraver les interventions appropriées

> pour mettre fin à la pratique des circoncision/mutilations génitales féminines[37] » (2004:92).

Quelle image de la féminité est véhiculée ici, si ce n'est celle d'un corps possédé ? L'acte que Dellenborg sublimait, sans sourciller, sur fond de sentiment de culpabilité, consiste en l'ablation d'un organe « sain » dont la fonction est essentiellement érogène. En outre, peu de filles excisées sont admises dans la société secrète des femmes, surtout lorsqu'elles le sont comme nourrisson.

On pourrait poser la même question sur les MGF[38] à Cheikh Niang qui affirme que « tout semble se passer comme la circoncision féminine introduisait un élément esthétique dont l'objet ultime est d'augmenter la sensibilité et le capital érotique de la femme » (2012:400). À la suite de Louis-Vincent Thomas et de René Luneau qui assuraient que « contrairement à une opinion très répandue (suppression totale de la masturbation clitoridienne, le clitoris étant l'organe du plaisir narcissique), [l'excision] ne détruit pas entièrement la sensibilité vestibulaire si elle est pratiquée très tôt » (1975), Cheikh Niang présentait l'excision comme un acte embellissant le sexe de la femme et n'altérant pas son plaisir sexuel, grâce à une initiation à des pratiques sexuelles qui permettent de le retrouver, sinon de le renforcer. Comme Dellenborg, Niang défendait l'idée que « l'analyse de la circoncision féminine en Afrique semble avoir souffert de la projection des sens donnés à l'excision comme outil de répression sexuelle ayant existé en Occident » (2012:404). Or de très nombreux commentaires sur la pratique attestent du contrôle de l'appétit sexuel des femmes. Tous deux rejoignaient les analyses d'Assitan Diallo qui décrivait les pratiques coutumières de prise en charge de la jeune épousée, avant et après la nuit nuptiale, par des personnes de caste (2004:176-179). Tout en condamnant l'excision généralisée au Mali qui, rappelons-le, est une culture pré-islamique, Diallo montrait le paradoxe entre l'excision « pratique néfaste » dénoncée par les organisations de femmes dans les régions concernées et le reste du monde et sa signification comme relevant d'un ordre social. Elle constatait que

> « L'excision / mutilation génitale féminine est un système social doté de sa logique propre, de différents paradigmes et de différents moyens pour atteindre ce que quelques personnes croient être un moyen de du renforcement du pouvoir des femmes[39] » (2004:188).

Toutes ces analyses soulèvent une série de questions essentielles, voire existentielles. Est-il possible, en tant qu'Africain/e, de remettre en question des pratiques culturelles archaïques et/ou nocives ? Faut-il continuer à conserver et projeter des valeurs de traditions d'un autre temps sur le corps des femmes ? Ne peut-on se construire comme personne qu'avec un clitoris coupé ? Ne risque-t-on pas de projeter une vision essentialiste de la condition féminine qui ne rende pas compte de la manière dont la majorité des Africaines et des Africains vivent aujourd'hui « la tradition » ? Celle-ci n'est-elle pas réinventée au jour le jour ? L'histoire contemporaine offre tant de valeurs nouvelles dont les Africain(e)s sont parties-prenantes, car elles/ils ont aussi contribué à les forger. Le combat reste certes difficile, dans la mesure où il est malaisé de remettre en question l'immuabilité des valeurs, au nom de la culture et de la religion. Le droit à l'intégrité physique est un droit inaliénable. Aussi l'abolition des mutilations génitales féminines continue-t-elle de relever de droits humains fondamentaux.

Le harem polygame

On pourrait s'interroger, comme nombre d'organisations féminines et féministes africaines, sur le vécu affectif et sexuel du « harem » polygame. Certes, la polygamie est un mode d'union matrimoniale normalisé dans les familles africaines, qu'elles soient musulmanes ou chrétiennes[40]. La pratique subsiste, comme le rappelait le Rapport définitif du dernier recensement du Sénégal (RGPHAE) :

> « De nombreux auteurs prédisaient, dès les années soixante, une disparition progressive de la polygamie, notamment sous l'effet de l'urbanisation, de la scolarisation, de l'ouverture aux valeurs occidentales, etc. Mais force est de reconnaître que la polygamie demeure plus que présente et intègre des milieux jusqu'ici insoupçonnés » (2013:279-280).

Les résultats du RGPHAE montrent que, malgré tout, la monogamie reste la forme la plus importante d'union matrimoniale dans la population mariée, car elle touche 77 pour cent des hommes et 56 pour cent des femmes (2013:281). La polygamie subsiste : « 35,2 pour cent des personnes mariées sont des polygames. Les hommes polygames représentent 23,1 pour cent et la proportion des femmes vivant en union polygamique s'élève à 44,0 pour cent » (RGPHAE 2013:280).

Ce qui nous importe ici, c'est le débat récurrent sur son maintien ou sa suppression. Ce débat est porteur d'un projet de société pensé, soit comme fidélité à la culture et à la religion, soit comme recul de la modernité. Pour beaucoup de femmes et surtout d'hommes, la polygamie est assumée et pratiquée en tant que valeur à la fois coutumière et musulmane. Elle est inscrite dans le code de la famille sénégalais de 1972 sous forme d'option matrimoniale que bien des musulmans et les islamistes récusent. Même le Protocole additif à la Charte africaine des droits de l'homme et des peuples relatif aux droits des femmes (2003), à défaut d'en exiger l'abolition, n'a pu qu'émettre des recommandations de protection :

> « La monogamie est encouragée comme forme préférée du mariage. Les droits de la femme dans le mariage et au sein de la famille, y compris dans des relations conjugales polygamiques, sont défendus et préservés » (Art 6).

Pour d'autres personnes et organisations, cette pratique est non seulement une coutume archaïque, mais elle continue d'être un privilège des hommes et une injustice aux femmes.

L'interprétation religieuse, sociologique, démographique ou économique courante ne suffit pas à définir le vécu des femmes de la polygamie. Nous parlons ici d'enfermement des femmes dans le « harem » polygame, car la polygamie ne dépend d'elles en aucune manière. Celles-ci ne peuvent pas s'opposer à la polygamie qui relève de la seule décision de l'homme. Elles ne peuvent que l'accepter, la refuser, la contester avec plus ou moins de violence, ou s'y plier sous la contrainte sociale et morale, ce qui les inscrit dans un système de rivalité (*wujjé*) constante entre coépouses. Au-delà de l'arrangement familial et social (le mariage donne un statut aux femmes), la polygamie implique aussi un arrangement sexuel qui pèse sur les relations affectives des femmes. Elle aboutit, faisaient remarquer Sylvie Fainzang et Odile Journet, à une véritable « dénégation sociale des affectivités féminines » (1988:158). Elles rajoutaient à juste titre :

> « Par un curieux détour, l'idéologie de l'égalité de la polygamie court-circuite à l'avance toute revendication féminine en la matière : la polygamie est à la fois posée comme une prévention contre la répudiation et contre le système dispendieux des maîtresses » (1988:157).

L'aversion de la polygamie n'est ni nouvelle ni réservée aux seules intellectuelles féministes, comme l'on a coutume de le dire. Elle a toujours existé. Les femmes ne la rejettent pas comme une pratique hors des normes : elle est acceptable ou insupportable pour elles ; mais elles la considèrent toujours comme une contrainte, aussi bien à Dakar qu'à Kano. Au-delà de l'affect violenté, le refus actuel peut aussi relever d'une conception nouvelle de la famille, le couple. D'où l'inscription de la préférence monogame au Protocole additif à la Charte africaine des droits de l'homme et des peuples relatif aux droits des femmes évoquée plus haut, à défaut d'une abolition légale de la polygamie que nombre de codes actuels de la famille refusent d'entériner.

L'invitation au voile

Le port du voile est un phénomène apparu dans les années 1980, au Sénégal, pays dont la population est à majorité musulmane depuis plusieurs siècles. Pour la majorité de cette population, le voile n'avait jamais été et continue à ne pas être un indicateur requis de l'identité musulmane féminine. Seules des femmes des communautés syrienne et libanaise musulmanes, résidant au Sénégal depuis la fin du XIXe siècle, le portaient. Les grandes confréries tidiane, mouride, layène, niassène et qadir, parfaitement implantées au Sénégal, n'en ont jamais fait une exigence religieuse.

Dans l'habillement local, la femme, généralement mariée, portait un mouchoir de tête (*musooru*[41]). Autrefois, commente Awa Diop Fall, une militante associative lébou, seules les femmes mariées de la haute société se couvraient la tête. La pratique s'est progressivement répandue dans les couches populaires. *Tagal* signifiait porter la coiffe, penchée sur le côté, des divorcées. C'était un élément de l'arsenal de séduction féminine qui pouvait signifier « je suis disponible, à la recherche d'un partenaire ». Les fillettes et les jeunes filles célibataires étaient toujours tête nue et avaient, selon les âges, diverses coupes de cheveux (*jubb*, *paxx*) ou des tresses (*lett, mëgg, laxas).*

Dans les milieux musulmans, le mouchoir de tête a été et reste un marqueur d'identité matrimoniale. Il n'est pas noué à la manière islamique contemporaine, car le visage, les oreilles et le cou de la femme restent dégagés. La manière de l'attacher est même devenu signe d'élégance, avec des formes des plus simples aux plus sophistiquées. On peut aussi noter, aujourd'hui, un symbole plus religieux, car de très nombreuses femmes qui ont effectué le pèlerinage à la Mecque (*hajj*) portent le *musoor* et y rajoute une écharpe (*kaala*) qui enveloppe les épaules et parfois la tête. Le terme *muuru* (se couvrir) est plus un symbole d'humilité et de soumission. Il est réservé à la nouvelle mariée, conduite (*jebbëlé*) au domicile conjugal, lors des noces ; elle est entièrement dissimulée sous une large étoffe ou un pagne tissé. Le terme est également utilisé pour signifier le deuil d'une femme de son époux (*mi ngiy muuru*[42]). La veuve porte un voile par-dessus son mouchoir de tête, même si son visage est toujours découvert. Ce signe de deuil est également un signe d'humilité. C'est de nos jours que *muuru* signifie aussi porter un voile islamique dont le phénomène apparaît et s'intensifie comme un signal associé à la montée des intégrismes. Il est introduit par des réformistes sénégalais qui invitaient « les jeunes femmes à se voiler pour parvenir à une transformation spirituelle et pour élever le niveau de moralité au sein de la communauté musulmane sénégalaise » (Augis 2009:90).

Le voile dont, rappelons-le, le port est récent dans un pays de vieille tradition musulmane est surtout répandu dans la jeunesse, y compris en milieu scolaire et universitaire. Il est également porté par les fillettes, même très jeunes, fréquentant les écoles coraniques ou arabes. Les télévisions sénégalaises offrent fréquemment des images de journalistes et d'animatrices voilées. Les prédicatrices musulmanes, porteuses de la voix de l'islam, le sont toutes. Le voile/foulard islamique (*hijab*) couvre les cheveux, les oreilles et le cou, tout en laissant le visage à découvert. Le *tchador* à l'iranienne qui dissimule tout le corps, de la tête aux chevilles, à l'exception du visage, apparaît, de temps à autre, chez les *Ibadou Rahmane*, parfois gantées et/ou en chaussettes. Le voile intégral noir, sous lequel disparaissent tout le corps et la tête[43], est plus rare ; il est surtout revêtu par des adeptes du wahhabisme dont le mouvement se développe au Sénégal et dans la sous-région. Il faut également souligner que le voile fait de plus en plus partie d'une mode vestimentaire directement sortie de magazines du Moyen-Orient. Il est de toutes les couleurs et se porte aussi sur des vêtements européens dont le pantalon en jeans, uniforme d'une certaine jeunesse urbaine féminine.

Le voile est questionné ici pour deux raisons. La première porte sur le symbole que certains religieux lui assignent comme identité féminine musulmane et « obligation » religieuse que d'autres réfutent au nom de la même religion. La seconde interpelle l'intention idéologique et politique que sous-tend « l'invitation » au voile. Il convient de rappeler que le voile sous toutes ses formes est, avant toute signification religieuse, une tenue vestimentaire orientale de tradition pré-islamique qui a évolué avec le temps. Du sens qui lui est donné, à savoir une marque de réserve et de piété, nous retiendrons surtout la volonté des hommes et des groupes religieux de contrôler le corps et la sexualité des femmes, d'infléchir leur habillement et leur code de conduite sur un modèle patriarcal masculiniste. Le voile ne sert-il pas d'abord, comme d'aucuns le suggèrent, à cacher le corps des femmes du regard masculin ? Abdourahmane Seck, auteur de *La question musulmane au Sénégal*, consacrait tout un chapitre de son ouvrage au port du voile. A. G., qu'il interrogeait longuement sur son voile, le revêtait comme on entre en religion. « Le voile se découvre subitement à A. G. comme un impératif auquel il était au-dessus de ses forces de chercher à se dérober », écrivait Seck (2010:204). Pour la jeune femme, c'était assurément un retour à Dieu. Elle affirmait recevoir plus de respect des adultes et des jeunes gens. On entend souvent dire que porter le voile favoriserait les demandes en mariage, pour le signe de vertu qu'il est supposé représenter.

La femme deviendrait une « *soxna* toujours porteuse d'une progéniture nombreuse marquée par la *baraka* » (2010:206), rapportait Seck qui ne faisait ici aucune critique de l'allégation socio-religieuse. Comment penser, en effet, que se couvrir la tête peut transformer une femme en *soxna* ?

Le port du voile n'est pas encore entré dans le débat politique au Sénégal, comme en France où, en 2004, était votée une loi qui en interdisait le port, ainsi que celui d'insignes religieux ostensibles (croix, kippa, etc.) dans les établissements de l'enseignement primaire et secondaire public. La mesure avait provoqué un grand tollé diversement exprimé dans l'opinion publique dont l'origine ou la confession ne recoupait pas forcément une ligne de partage. D'aucuns la soutenaient au nom de la laïcité, d'autres la condamnaient au nom de défense de l'identité culturelle et religieuse. Le voile devenait surtout, comme ailleurs dans le monde, source de confrontations politiques avec la montée des groupes fondamentalistes (Sow 2004 ; Bennoune 2011). Au Sénégal, alors qu'il est « imposé » par les réformistes islamiques, il n'a pas suscité de débat public, sauf lors de la décision d'interdiction qui en fut faite par l'enseignement catholique, en septembre 2011. Et pourtant ! Durant un séjour officiel au Sénégal, en janvier 2013, le président turc, Recip Erdogan, en visite à l'Institut d'études islamiques ne manqua pas de créer une situation singulière. Le reportage de la visite, retransmis en direct à la télévision, montrait le président turc caressant affectueusement quelques têtes de garçonnets qui venaient de réciter brillamment des versets du Coran. Tout d'un coup, la caméra se retournait et balayait un mur derrière les invités. On vit alors un groupe de fillettes au balcon, agitant de grands drapeaux sénégalais. Elles portaient toutes un foulard islamique blanc. Elles s'enfuirent rapidement à la vue de la caméra. Nous étions choquée de la différence de traitement entre élèves du même âge d'un même établissement. Les garçons participaient à la cérémonie officielle ; les fillettes en étaient exclues. Était-ce la meilleure leçon d'égalité entre les sexes dans la jeunesse ?

Le droit de porter ou de ne pas porter le voile suscite bien des questions dans les sociétés musulmanes. D'aucuns évoquent une obligation religieuse, d'autres contestent des lois jugées islamophobes ou racistes pour l'autoriser ou l'interdire. L'Algérienne Wassyla Tamzali, face à ces paradoxes, s'inquiétait du fait que le débat sur « l'assujettissement des femmes [...] disparaît derrière [celui] aberrant sur le droit ou pas de se cacher les cheveux, d'enfermer un individu dans son corps érotique » (2004:2). On pourrait ajouter, à propos de ces paradoxes : le droit ou pas de serrer la main de la personne du sexe opposé, de refuser la mixité, de se baigner dans des espaces séparés en *burkini* (maillot de bain intégral), d'imposer un revêtement sportif intégral aux Jeux olympiques, bref, d'obéir à toute obligation source d'infériorisation de la femme. Que dire du voile sinon qu'il en est bien un symbole, avec « son utilisation à contresens ou frivole » (Tamzali 2004) ?

Genre et discriminations politiques au nom de la culture et de la religion

Les pesanteurs culturelles qu'il faut impérativement qualifier de discriminations deviennent contraignantes lorsqu'elles sont entérinées par le politique qui les inscrit dans la loi. De manière générale, cette inscription a été massive dans les codes de la famille qui gèrent les relations hommes/femmes. Dans les États africains à majorité de population musulmane, les législateurs ont pris des précautions, lors de l'élaboration de ces codes, pour ne pas heurter l'esprit des lois musulmanes. Mais on remarque que les réformes, survenues depuis les indépendances, ont, pour la plupart, porté de sérieuses entailles à ce que l'on continue d'appeler la *Shari'a*. Nous prendrons, en exemple, le champ familial et l'espace politique.

La famille : un siège de discriminations au nom de la culture et de la religion ?

Revisiter la représentation des femmes au sein de la famille et dénoncer leur « domestication » (Rogers 1991) n'a pas été une mince affaire, tant leurs responsabilités domestiques et leur rôle social important dans la gestion des relations sociales, au sein de la famille et de la communauté, sont perçues comme inhérentes à la « nature » féminine. La position d'autorité de l'homme comme chef de la famille est jugée tout aussi naturelle. En outre, la famille est l'institution la plus influencée par l'islam d'où prend source une large part de sa législation. Les discriminations que l'on y retrouve sont ici qualifiées de politiques au regard des lois et des discussions politiques autour de leur élaboration. On s'attachera à étudier l'utilisation contemporaine de quelques dispositions qui sont tirées ou inspirées par la culture religieuse et qui continuent à entretenir l'inégalité entre les sexes dans divers codes en vigueur. Ces dispositions font le lit des revendications traditionnistes et fondamentalistes à propos des comportements sexuels, matrimoniaux et sociaux des femmes.

Le Sénégal et d'autres pays d'Afrique occidentale et centrale, quel que soit leur degré de laïcité/sécularité, continuent d'élaborer et de réviser leur code de la famille sur la base de leur interprétation des lois musulmanes, tout en y introduisant de très nombreuses réformes provenant de droits et conventions contemporains. Les anciens codes dits coutumiers y ont actuellement peu de place. Selon les contextes, la laïcisation des codes reste très frileuse. Des États, comme le Niger ou le Tchad, rechignent à en disposer de crainte de contrevenir aux règles de l'islam. Ainsi, au Tchad, en février 2012, le projet de code des personnes et de la famille, initié par le ministère de l'Action sociale, de la Solidarité nationale et de la Famille était rejeté, sous la pression des associations arabophones et musulmanes (Ngolo 2012).

Le code de la famille dont peu de pays ouest-africains francophones disposaient dans les années 1960, en raison de leur rejet du code civil Napoléon[44], a été une bonne entrée pour questionner la famille comme système institutionnel d'inégalités entre les sexes. Cela a permis de mettre en exergue le rôle contradictoire de l'État, qui paraît ignorer et/ou renforcer ces inégalités, alors qu'il élabore des mesures de protection des femmes. Cela a aussi obligé à interroger le rôle des patriarcats religieux islamique (et chrétien) très pointilleux sur les nouvelles libertés féminines. Il est encore fait reproche aux systèmes juridiques de garder une large part de leur héritage colonial, alors même qu'ils se sont développés sur un socle de cultures africaines vivaces et au prix d'efforts remarqués d'africanisation. Ce reproche est adressé aussi bien aux diverses législations qu'aux institutions éducatives, économiques et politiques. Pourtant, remarque, sur ce plan, I. M. Fall, lorsqu'il étudie les constitutions africaines,

> « Le réflexe mimétique habituellement reproché est de plus en plus nuancé, voire contesté par les juristes, soucieux qu'ils sont de recourir aux mêmes idéaux et valeurs que partagent toutes les sociétés démocratiques dans un contexte de mondialisation du droit constitutionnel » (2013:3).

Il en est de même des autres législations, dont les codes de la famille qui gèrent les relations entre individus au sein de modèles familiaux objets de profonds changements et d'enjeux idéologiques et politiques de pouvoir. Il faut ici évoquer, non un modèle unique de la famille africaine, mais une pluralité de modèles soumis à des influences multiples (colonisation, urbanisation, globalisation, …).

Le premier enjeu des législations sur la famille a été identitaire : comment appliquer des lois d'essence judéo-chrétienne et occidentale à la gestion de la famille, du mariage, du divorce, de l'héritage dans des sociétés africaines et musulmanes ? C'est tout le sens du refus ou de l'acceptation mitigée, par les populations musulmanes, de législations coloniales, avant et après l'indépendance. Or aujourd'hui, nombre de ces lois ont un caractère que l'on est bien obligé de reconnaître comme « universel ».

Le second enjeu est à la fois religieux et politique, comme l'ont montré les critiques des associations islamiques de ces codes laïques, au moment de leur élaboration aussi bien à l'époque coloniale qu'après les indépendances. Ce qui, dans les années 1960-1970, relevait d'une attitude religieuse a progressivement pris une allure politique avec la résurgence des mouvements islamiques dans les années 1980 et la progression du fondamentalisme dans les années 1990/2000. Ces associations revendiquaient une relecture des codes de la famille et, de ce fait, remettaient en question les quelques acquis juridiques favorisés par la laïcité, notamment : la célébration ou l'enregistrement du mariage à l'état civil, avec comme corollaire le consentement prononcé par les conjoints eux-mêmes, le divorce judiciaire, la fixation de la pension alimentaire par la loi, l'héritage civil, etc. Les interventions de ces mouvements dans les débats menés dans les conférences nationales et internationales sur les femmes, la population ou les droits humains ont trouvé des échos favorables auprès du Vatican et d'autres églises et temples dans le monde.

Les cultures sénégalaises et l'islam ont fait de l'homme le chef de famille de *facto*. Le législateur a confirmé cette position de pouvoir *de jure* dans les articles 152, 153 et 277 du code de la famille qui continuent de consacrer la puissance maritale et paternelle :

> « Puissance maritale : Le mari est le chef de la famille, il exerce ce pouvoir dans l'intérêt commun du ménage et des enfants » (art. 152) ; « Résidence du ménage : Le choix de la résidence du ménage appartient au mari ; la femme est tenue d'y habiter avec lui et il est tenu de l'y recevoir. Lorsque la résidence fixée par le mari présente pour la famille des dangers d'ordre physique ou d'ordre moral, la femme peut, par exception, être autorisée à avoir pour elle et ses enfants un autre domicile fixé par le juge de paix » (art. 153) ; « Enfants légitimes : La puissance paternelle sur les enfants légitimes appartient conjointement au père et à la mère. Durant le mariage, elle est exercée par le père en qualité de chef de famille » (art. 277).

Face à la puissance maritale et paternelle, la femme reste contrainte de solliciter l'intervention du juge pour faire valoir ses décisions. Les associations féminines qui, au fil des années, se sont battues pour réformer le code de la famille n'ont toujours pas réussi à changer cette disposition relative au chef de famille. L'argument religieux est toujours avancé. Il est vrai que le code est le seul texte de loi qui contienne des provisions d'inspiration musulmane. Il avait dans l'ensemble entériné, à des degrés divers, les inégalités entre les sexes inscrites dans la religion. L'Association des Juristes sénégalaises, alliée à d'autres mouvements féminins et à des organisations mixtes de la société civile, proposait, lors d'un colloque tenu à Dakar en 2006 une harmonisation du code avec les lois en vigueur. Le rapport indiquait :

> « En dépit des changements politiques intervenus, des déclarations faites et des conventions signées et ratifiées par l'État du Sénégal, le constat reste le même, le Code de la famille demeure un instrument d'infériorisation de la femme sénégalaise. Toutefois, le symposium sur l'harmonisation du code de la famille avec la Constitution et les conventions entend marquer la date du changement en initiant un mouvement républicain de respect de l'État de droit par le respect de la Constitution et des conventions qui font corps avec elle » (2006:33).

Le Sénégal a procédé à plusieurs réformes du code qui ont subi d'énormes contraintes politiques et sociétales. Les associations féminines n'ont pas encore réussi à abolir la règle de l'autorité maritale et paternelle sur l'épouse et la famille, qui est au cœur du débat sociétal sur les rapports hommes/femmes. Rappelons que le Sénégal compte parmi les premiers États africains à avoir promulgué, en 1972, un code de la famille applicable à tous les citoyens, quelle que soit leur confession. Le président L. S. Senghor, chrétien pratiquant, avait dû faire des concessions, face aux pressions religieuses, et garder l'islam et les coutumes comme sources de loi. Ainsi la polygamie, la dot et l'héritage musulman, toujours inégal entre les sexes, étaient conservés. Ce code aux règles contradictoires gardait de multiples discriminations à l'égard des femmes (F.-K. Camara 2006, 2009). Malgré la complexité de ce pluralisme juridique, on peut affirmer que le code avait eu au moins le mérite d'exister et de fournir un cadre juridique unique pour tous les citoyens. Il apportait quelques mesures de progrès telles que, par exemple, l'obligation d'enregistrement du mariage, l'irréversibilité de l'option monogamie pour l'homme, la suppression de la répudiation qui était une prescription musulmane et la judiciarisation du divorce. Sous l'impulsion des organisations féminines soutenues par le ministère de la Femme, la reconnaissance du travail domestique des femmes comme participation à l'entretien du ménage, la suppression de la clause autorisant le mari à interdire à l'épouse d'exercer un emploi pour atteinte à l'honneur de la famille devenaient des acquis de la révision du code, sous Abdou Diouf, en 1984.

Sous la présidence de Wade, le Comité islamique pour la réforme du code de la famille au Sénégal (CIRCOFS), composé d'associations musulmanes et intellectuelles, arabophones et francophones, présentait, en 2002, un nouveau code de statut personnel réservé aux seuls musulmans, en remplacement du code de la famille en vigueur. Son président, l'avocat M° Babacar Niang, plaidait pour le respect des convictions religieuses personnelles des citoyens. Il déclarait :

> « Il s'impose en vérité d'adopter un autre code totalement différent dans sa substance de l'actuel Code de la famille, et pour ce faire, il convient de respecter la liberté de conscience de chacun inscrite dans notre Constitution en substituant au Code de la famille un Code de statut personnel qui soumet chacun à sa loi personnelle, c'est-à-dire qui soumet les musulmans à la charia, les chrétiens et les non musulmans à leur loi personnelle» (2002:3).

Le CIRCOFS exigeait que le code de 1972 ne soit plus appliqué aux musulmans sénégalais. Cela signifiait un retour des tribunaux musulmans pour rendre la justice au nom de l'islam. Or Senghor avait aboli cette juridiction au nom d'une République une et indivisible. Le CIRCOFS proposait un code absolument archaïque qui faisait fi de la législation de 1972 et des diverses réformes effectuées en trente ans. Il exigeait que le code de statut personnel abroge les options matrimoniales pour la polygamie, rejette le divorce judiciaire pour revenir à la répudiation, impose l'obligation pour une musulmane de n'épouser qu'un musulman, le devoir d'obéissance des épouses au mari, l'autorité du père sur la famille, l'héritage inégal entre les sexes, l'élimination de l'enfant naturel de l'héritage, etc. Enfin, il prônait l'abolition de la loi contre les mutilations génitales féminines, etc. C'était une atteinte totalement antidémocratique et sans précédent à des droits conquis depuis les indépendances.

Les démarches des organisations de la société civile furent multiformes, mais elles condamnaient très largement l'initiative. Si certaines prônaient une concertation nationale sur la question[45], le Collectif pour la défense de la laïcité et de l'unité nationale au Sénégal, dans une déclaration commune publiée par WLUML, réclamait le respect strict de la laïcité des lois comme pour « préserver l'unité nationale, la laïcité et les acquis démocratiques » et dénoncer un code qui portait une « atteinte grave aux valeurs citoyennes au profit de conceptions d'un autre âge » (2003). Le débat était clos avec le refus du président Abdoulaye Wade de prendre en considération le projet.

Les multiples débats de société contradictoires suscités par le code de la famille depuis sa promulgation en 1972[46] amènent aussi à considérer la famille comme un espace politique de luttes contre la laïcité émaillant périodiquement l'histoire politique du Sénégal.

La parité : occuper l'espace politique

Il ne devrait plus être nécessaire de discuter de l'importance de l'implication de tout individu en politique, à titre citoyen, y compris les femmes. Pourtant l'espace politique reste, dans l'ensemble, frappé de « cécité du genre » (*gender blindness*), rappellent Véronique Mottier, Léa Sgier et Thanh-Huyen Ballmer-Cao, dans leur introduction à l'ouvrage *Genre et politique. Débats et perspectives* (2000 :8). On sait que l'espace politique colonial, puis indépendant, ne considérait pas les femmes comme partenaires politiques à armes égales. Il demeurait un espace à prédominance masculine dans la distribution des rôles, des pouvoirs et des hiérarchies. Il l'était également dans ses modes de fonctionnement qu'ont décrits de très nombreux travaux en Afrique et dans le monde. L'espace politique indépendant n'a pas équilibré, ni même amélioré les rapports de force.

À l'échelle globale, la faible présence en politique des femmes avait été une doléance majeure de la Plateforme de la quatrième Conférence mondiale sur les femmes de Beijing (1995). Si les conférences précédentes l'avaient dénoncée comme discrimination, c'est à Beijing que leur place dans la prise de décision avait fait l'objet de stratégies spécifiques. Pour « assurer aux femmes l'égalité d'accès et la pleine participation aux structures du pouvoir et à la prise de décisions » (objectif stratégique G.1, 1995:86), la Plateforme recommandait des mesures qui invitaient, par exemple, les partis politiques à « revoir les structures et procédures des partis aux fins d'éliminer tous les obstacles qui entravent directement ou indirectement la participation des femmes » et les gouvernements à « agir concrètement pour créer une masse critique de femmes dirigeantes, cadres et gestionnaires aux postes stratégiques de prise de décisions » (1995:87).

Aussi l'un des legs juridiques et politiques les plus importants de la Décennie d'Abdoulaye Wade à la tête du Sénégal (2000-2012) est-il la promulgation de la loi sur la parité absolue (Loi n° 2010-11), le 28 mai 2010. La loi stipule :

> « Art. 1 : La parité absolue homme-femme est instituée au Sénégal dans toutes les institutions totalement ou partiellement électives ;

> Art. 2 : Les listes de candidatures sont alternativement composées de personnes des deux sexes. Lorsque le nombre de membres est impair, la parité s'applique au nombre pair immédiatement inférieur. Les listes de candidatures doivent être conformes aux dispositions ci-dessus sous peine d'irrecevabilité ».

La lutte pour la parité a largement mobilisé le mouvement des femmes de la société civile et des partis politiques, avec le slogan du Conseil sénégalais des femmes (COSEF) « avec la parité, consolidons la démocratie » (2011:21). En témoignent les diverses campagnes menées en sa faveur par le COSEF, l'Association des juristes sénégalaises (AJS), le Caucus des femmes leaders, etc. Comme le résumait bien Aminata Diaw, ancienne présidente du COSEF

> « La quête de la parité et la bataille de sa codification au Sénégal sont consécutives à une dynamique interne d'approfondissement de la démocratie, de la démocratisation de la société et de mutations sociales ayant aussi bien des causes internes qu'externes » (2011).

Les résultats des élections législatives de 2012 furent éclatants. D'un taux médiocre de 1960 à la veille de ces élections (Dé 2000 ; Sow et Guèye 2000), le pourcentage passait de 22 pour cent de sièges durant la législature de 2007-2012[47]. L'effectif des femmes parlementaires grimpait, grâce à la loi, à 43,3 pour cent pour la législature 2012-2017.

Étape cruciale dans la promotion de la participation politique des femmes, la parité a soulevé bien des contestations, lors de son adoption en 2010, dans l'opinion, les médias, les milieux politiques et religieux. Elle fut un argument de campagne des élections présidentielles de février et mars 2012 qui opposèrent Abdoulaye Wade à Macky Sall. La contestation atteignait son paroxysme autour de la loi appliquée par Macky Sall, lors des législatives de juin 2012. Interrogé sur la parité, lors d'un entretien télévisé, un avocat sénégalais se demandait si la compétence des femmes serait au rendez-vous. Défenseur reconnu, au Sénégal et en Afrique, des droits humains, il prolongeait d'une certaine manière le discours populaire et religieux ambiant hostile et la résistance des politiques. L'opposition semblait avoir été prise de court par le vote, mais elle avait aussi été dérangée par la prise de décision autoritaire du président. Ce furent les associations islamiques qui manifestèrent le plus ouvertement leur hostilité. Pour celles-ci, la loi donnait aux femmes une égalité incompatible avec les lois musulmanes. Il est vrai que des résidus de cette inégalité sont toujours inscrits dans le code de la famille.

Régulièrement exprimée dans les prêches et les médias, cette hostilité s'appuie sur des versets coraniques ou des *hadiths*. L'exemple le plus significatif du rejet de la loi fut le refus de la liste *Benno Bokk Yakaar* de Touba Mosquée d'inscrire des femmes sur les listes de candidatures aux élections locales de juin 2014, et ce, sans équivoque, au nom de principes de l'islam. Or cette liste appartenait à la mouvance présidentielle et ne fut jamais remise en cause par le pouvoir en place. La spécificité de la ville de Touba comme propriété privée et siège religieux de la confrérie mouride fut régulièrement avancée comme excuse, y compris par le ministre de l'Intérieur chargé de faire respecter les lois de la République. La liste fut entérinée et les résultats, malgré leur illégalité totale[48], furent validés sur décision du même ministre et acceptation du président de la Commission électorale nationale autonome (*CENA*), tenus pourtant de veiller au bon ordre du processus électoral.

De même, après les élections, plusieurs municipalités ne respectèrent pas les règles de la parité dans la composition de leur conseil. Des protestations contre la violation de ces règles furent exprimées au sein des organisations des femmes et de la société civile, et de quelques partis[49] de diverses manières : réunions associatives et politiques, points de presse, articles (F.-K. Camara 2014 ; D. Fall Sow 2014 ; F. Sarr 2014 ;...). L'Observatoire national de la parité, créé en 2011 pour défendre les acquis de la loi, dénonçait les « manquements » à la règlementation en vigueur. Un comité se formait pour « le respect de la parité, des droits des femmes et des lois de la République », regroupant plusieurs organisations de la société civile autour de l'Association des femmes juristes qui apportait son soutien aux conseils municipaux. En effet, des conseillères municipales lésées par le non-respect de la loi furent aidées par ce comité à porter plainte devant la Cour d'appel de leur ville, puis la Cour suprême ; elles obtinrent gain de cause. Le Conseil municipal de Kaolack, fief dirigé par la ministre de la Femme de l'époque, était sommé de se plier à la règle : être dissous et reprendre les élections.

Il faut rappeler combien il était difficile pour les organisations féminines, face aux pressions religieuses et au silence des partis politiques, de mener les manifestations ouvertes dont elles sont coutumières[50]. D'où une question d'actualité ! Dans une république laïque, la citoyenneté peut-elle être en butte à l'impératif religieux ?

Faire face au fondamentalisme

Pour les mouvements féminins et féministes, faire face au fondamentalisme culturel est une tâche déjà ardue, car l'accusation de perte de l'identité africaine peut aisément les décrédibiliser, en les faisant passer pour des élites occidentalisées. Mais il est véritablement plus risqué de questionner l'ordre religieux. La culture religieuse et les lois de la famille qui gèrent le statut des femmes sont tellement imbriquées dans des pays qui ont fait de l'islam une source de leur législation que tout questionnement peut être assimilé à un « blasphème », surtout de nos jours. Les débats sur des sujets de sociétés sont souvent clos lorsque l'argumentaire est avancé sur la base d'un référentiel sacré : « *Teere neena, Al Qur'an neena* ! » (Le Livre a dit ! Selon le Coran !). Cette crainte n'est pas propre aux femmes ; elle est tapie dans le silence assourdissant des hommes qui semblent avoir perdu une perspective critique sur la place du religieux dans la société. On les entend rarement discuter des atteintes aux libertés et droits des femmes et des violences qui leur sont faites au nom de la culture et de la religion. On reste coi lors des émissions télévisées quand ils introduisent des perspectives religieuses, là où celles-ci ne sont pas attendues.

Nous prendrons ici deux questions débattues par les femmes dans des pays, au Moyen-Orient, en Asie et en Afrique, où l'islam peut dominer les discours sociaux. Faut-il « relire » les textes sacrés ou faire avancer la laïcité pour promouvoir les droits des femmes ?

Relire le Coran

Au Sénégal, et sans doute ailleurs en Afrique, il est coutume d'entendre les sermons des leaders religieux, ceux des prédicateurs et prédicatrices des médias, les discours des islamologues et les conversations quotidiennes des fidèles exalter la place de la femme dans l'islam et les libertés et droits gratifiés. Pourtant relire le Coran a été un effort auquel se sont attelées, à différentes périodes et à des degrés divers, les femmes dans l'histoire de l'islam. Théologienne musulmane, d'origine pakistanaise, Riffat Hassan pensait que cette relecture était indispensable, car, écrivait-elle, bien que le Coran ait cherché à améliorer leur condition, les femmes ont toujours eu à faire face aux « traditions héritées » de leurs cultures au lieu de celles de l'islam. Elle ajoutait qu'à l'époque contemporaine,

> « Il existe une très forte tension entre [le] désir de modernité et la volonté de maintenir la tradition. Les femmes se retrouvent de fait prises dans cette lutte de différentes manières, car le foyer musulman est en réalité la dernière citadelle des hommes musulmans et ils rechignent beaucoup à permettre un quelconque changement dans la maison » (1989:6).

Sans doute une masse conséquente de musulmanes dans le monde ne remet-elle pas en question les lois que l'on dit dérivées de l'islam et érige en préceptes divins. Les musulmanes peuvent lire les textes et les messages coraniques pour approfondir leurs connaissances de la religion, mieux comprendre ses préceptes et ses pratiques, sans forcément les suivre à la lettre. Mais se réapproprier la lecture du Coran et en commenter les discours ont été des exercices menés par un éventail composite de femmes, les unes, engagées en religion (théologiennes, simples croyantes ou curieuses), d'autres, militantes des droits des femmes et/ou mobilisées en politique, d'autres, intéressées par la recherche ou l'analyse des faits de société. La relecture du Coran venait de leur besoin d'appréhender et/ou de contourner l'interprétation souvent biaisée des religieux (en majorité des hommes) et d'en avoir, avec leur propre perspective, une meilleure compréhension, et d'en tirer les enseignements pour ou contre l'avancement des femmes. Ce fut, par exemple, une activité très importante pour la constitution du réseau WLUML qui, après avoir organisé des discussions exhaustives entre femmes venant de divers contextes musulmans, publiait *For Ourselves : Women Read the Coran* (1997). L'exercice avait, entres autres, permis aux activistes du réseau de faire éclater le mythe de « la Sharï'a », loi unique, en raison de la multiplicité des lois musulmanes et de « faire la distinction entre ce qui est religieux et ce qui est coutumier par rapport à la culture spécifique dans laquelle nous évoluons » (WLUML 1998:10).

D'autres organisations de femmes se sont réclamées d'un « féminisme islamique » né en Iran, dans les années 1990 ; leur revue *Zanan* a été un point de convergence. En 2006, la Commission *Islam & Laïcité* de l'UNESCO organisait un colloque sur le féminisme musulman qui, disait-elle, « se mobilise contre le patriarcat et toutes les inégalités de genre, à partir de références musulmanes, mais aussi comme partie du mouvement mondial pour les droits des femmes » (2007:8). De même, *Musawah*, « un mouvement global pour l'égalité et la justice dans la famille musulmane »[51], créé en 2009, prônait la même mobilisation. Sa directrice, Zainah Anwar, dès les premières lignes de l'introduction de leur ouvrage collectif, *Wanted. Equality and Justice in the Muslim Family*, se demandait si « l'égalité et la justice sont des valeurs intrinsèques de l'islam […] pourquoi les lois et les pratiques de la famille musulmane traitent-elles les femmes comme inférieures aux hommes ?[52]» (2009:1). Dans le même ouvrage, Amina Wadud, professeure africaine-américaine d'études islamiques, réputée pour revisiter les rapports de genre en islam, dans ses ouvrages (1999, 2006, 2009) et avoir, en 2005, dirigé la prière du vendredi à New York, rejoignait les perspectives de Cassandra Balchin ou Ziba Mir-Hosseini[53], pour confirmer « la possibilité de trouver justice et égalité dans l'islam[54] » (Anwar 2009:4).

De nombreuses associations féminines, face à l'évidence des inégalités entre les sexes entretenues dans les sociétés musulmanes, condamnent les interprétations masculines du Coran et des lois musulmanes ; elles engagent un débat quasi politique avec les autorités religieuses afin de promouvoir une élaboration plus juste des lois musulmanes. Il est vrai que cela arrivait surtout dans des pays où leur application était inévitable et devenait une question critique. Dans un Nigeria où la manipulation de l'islam est un élément crucial de la crise politique, *Baobab for Human Rights* publiait *Droits des femmes dans les lois musulmanes* (Imam *et al.* 2005), pour répondre aux nombreuses questions que se posaient les associations musulmanes face aux fondamentalismes culturels et religieux.

D'où la question : dans les États laïcs, faut-il continuer à se référer aux messages religieux lorsqu'ils sont utilisés dans les législations contre les droits des femmes ? L'identité religieuse des Sénégalaises musulmanes peut-elle mettre en danger leur identité citoyenne qui est au cœur de la démocratie et de la modernité en construction sur le continent ? Comment la protéger face aux assauts du religieux ? On sait, rappelle Penda Mbow, que « la relation entre l'islam et la démocratie se pose en termes [...] aussi de besoin de séparation des pouvoirs » (2010:3). De même, « pour les femmes, la laïcisation du droit, son affranchissement par rapport à la littéralité d'un texte sacré dont bien des exégètes montrent qu'il intériorise et prétend éterniser les préjugés d'une société patriarcale, est la clef de l'émancipation » (Pena-Ruiz 2003 : 260).

Renforcer le contrat social laïc, face aux menaces sur la laïcité

La référence à la laïcité pose la nature des relations entre pouvoir politique et pouvoir religieux. La laïcité suscite un débat d'actualité, y compris dans un Sénégal où l'islam est perçu comme plus « tolérant, paisible et démocratique » (Diouf 2013 ; Villalon 2013). Les lectures que les protagonistes de toute obédience ou opinion donnent des concepts de « laïcité » et « sécularisme » et des termes connexes varient selon leurs lieux de définition et les enjeux de pouvoir (Singaravelou 2005). L'histoire de la laïcité varie certes d'un pays à l'autre en fonction des époques et des circonstances, des visions idéologiques et des pratiques politiques. En Europe, l'Italie, l'Angleterre ou l'Allemagne ont toutes des systèmes, si ce n'est des processus ou, comme le souligne Baubérot (2004), des « seuils » différents de laïcisation.

À propos du cas français qui, pour des raisons historiques évidentes, sous-tend le débat sénégalais, la laïcisation a été fondamentalement « un mouvement d'émancipation face à une Église placée par l'histoire mouvementée de la France en mouvement hégémonique (voire monopolisatrice) dans l'univers symbolique » (Baubérot 1990:216). La loi de 1905 qui sanctionnait la séparation consacrait quelques principes clefs : « Le respect de la liberté de conscience et de culte ; la lutte contre toute domination de la religion sur l'État et sur la société civile ; l'égalité des religions et des convictions, les convictions incluant le droit de ne pas croire ».

Pourtant, à l'époque contemporaine, définir la laïcité dans les États africains se révèle de plus en plus complexe, bien qu'elle soit inscrite dans leur constitution. Toute laïcité n'est pas d'emblée porteuse de modernité et droits égaux et l'État ne garantit pas toujours l'égalité entre les sexes de ses citoyens. De même, la religion peut aussi véhiculer des valeurs de progrès. Le religieux et le politique dans les États actuels reposent sur des valeurs du patriarcat. Les événements récents autour du (re)déploiement du religieux et la montée des fondamentalismes sur la scène politique, de l'effervescence du printemps arabe et de la radicalisation religieuse de certains conflits en Afrique de l'Ouest ont complexifié, si ce n'est brouillé, les messages. On peut, avec un grand nombre d'organisations féminines et à l'instar de Ghaleb Bencheikh, dans ses réflexions sur *La laïcité au regard du Coran,* se demander « si les sociétés contemporaines avaient véritablement opté pour une « désacralisation » de la vie des hommes » (2005).

Les réponses à cette interrogation sont souvent incertaines, voire ambiguës. La laïcité, on l'a dit plus haut, n'aboutit pas forcément à plus de modernité et d'égalité des droits ; de même que la religion n'est pas toujours seulement porteuse de conservatisme et d'archaïsme. Le patriarcat s'exprime dans l'un comme dans l'autre. Pouvoir politique et pouvoir religieux continuent d'entretenir des relations très étroites. On note souvent des dérapages contre la laïcité de la part des élites politiques qui font des références constantes à la religion et aux religieux, dans un cadre supposé laïc à renforcer. Les autorités adoptent des positions quasi religieuses sur des questions de sociétés jugées délicates comme les droits sexuels et reproductifs : sexualité, contrôle et réduction de la fécondité, avortement. La pénalisation de l'homosexualité est en vigueur dans presque tous les pays africains majoritairement laïcs, à l'exception de l'Afrique du Sud.

La réponse la plus sidérante à cette question de la désacralisation de la vie des hommes est celle qui fait de la religion « un vecteur de la modernisation », comme l'avancent Marie Brossier (2004) et plusieurs chercheurs sur l'islam au Sénégal. Brossier affirme : « La religion comme institution sociale fortement impliquée dans l'historicité africaine ne peut pas être rejetée hors du champ politique » (2004:130). Pourquoi, l'historicité africaine seulement ? Que dire de cette historicité en France « fille aînée de l'Église » ? La religion est dans l'historicité du monde. Malgré l'importance de la confession musulmane face à d'autres qui y coexistent, le Sénégal n'est pas un État musulman. Le débat sur le code du statut personnel de la famille a certes été un moment de réflexion critique des populations sénégalaises sur leur projet, à la fois individuel et collectif, de société. Mais en tant que tentative de mise en brèche de la laïcité, les initiateurs du code élaboré au nom de Dieu ont parfaitement échoué.

La montée des fondamentalismes, corollaire d'une droitisation des régimes politiques poussant au rétrécissement de l'espace laïc, n'est propre ni au Sénégal, ni à l'Afrique de l'Ouest. Elle se développe dans le monde. Cette dernière décennie a vu la montée de partis de droite et d'extrême droite au pouvoir en Europe. Au Canada, des « accommodements raisonnables » des législations laïques en vigueur pour satisfaire les requêtes de leaders conservateurs de populations musulmanes immigrées auraient été adoptés si les femmes n'avaient pas organisé des protestations de masse contre la menace de leurs droits citoyens (Geadah 2007). En 2013, en Grande-Bretagne, une pétition internationale était lancée, avec succès, contre la décision de *Universities UK (*UKK*)*[55] d'autoriser la ségrégation des sexes, dans les conférences sur l'islam faites par des étrangers. Cette mesure, pour UKK, ne semblait pas discriminatoire, car elle obéissait aux coutumes de ces conférenciers. En 2014, des organisations laïques et féminines contraignaient la *Law Society* à retirer un guide proposé aux avocats chargés de rédiger des testaments conformes aux prescriptions islamiques (*Shari'a-compliant' wills*). Elles le considéraient porteur de discriminations à l'égard des femmes et filles musulmanes, des enfants illégitimes et adoptés et des non musulmans.

Conclusion

Les femmes sont prises au piège entre les préjugés ordinaires des communautés à leur égard, les argumentaires religieux de soumission, les décisions et attitudes paradoxales[56] du politique, légitimés au nom de la culture et de la religion. Elles doivent faire face à leurs défis. Des droits à plus d'égalité et de justice sociale acquis de haute lutte au niveau local, national et international par le mouvement des femmes sont comme des espèces en danger, car subvertis par la remontée des fondamentalismes d'ordres divers. Aucune révolution culturelle, aucun retour aux sources ou à l'authenticité ethnique, religieuse ou nationale revendiqués par les groupes qui s'en réclament ne sauraient légitimer la persistance, imprégnée d'idéalisation, de valeurs « traditionnelles » porteuses de graves discriminations et d'inégalités. C'est ce que cet article a voulu discuter.

En septembre 2012, le Conseil des droits de l'homme, institution onusienne basée à Genève, adoptait une résolution (A HRC 12/71) relative à la « Promotion des droits de l'homme et des libertés fondamentales par une meilleure compréhension des valeurs traditionnelles de l'humanité : meilleures pratiques ». Initiée par la Russie, cette proposition avait fait l'objet de vives contestations au sein de la réunion du Conseil autant que dans l'opinion internationale. Le chapitre III, paragraphe 32 du Comité consultatif qui recommandait aux États de « promouvoir et de protéger les droits de l'homme pour tous » (2011:23) n'en reconnaissait pas moins que

> « Les relations entre les valeurs traditionnelles et les droits de l'homme sont complexes: si diverses valeurs traditionnelles sont à l'origine des droits de l'homme universels, certaines ont contribué à justifier la subordination des femmes et des groupes minoritaires, dans les pays occidentaux et non occidentaux » (2012:11).

Dans ce débat récurrent aux thématiques, motivations et dynamiques changeantes, car il touche à l'identité, Farida Shaheed, première experte indépendante dans le domaine des droits culturels, affirmait le droit de tout individu à sa culture et à la culture, car chacun participe à la création de la culture. Si la religion pouvait instruire les normes culturelles, les pratiques religieuses étaient elles-mêmes influencées par les mœurs et coutumes de vie. Les femmes, parties prenantes de ces processus qui les transforment en icônes de transmission des valeurs de la culture et de la religion, ne devraient pas en demeurer victimes.

Combattre les fondamentalismes, c'est rompre avec la « sacralisation ». La rupture exige cette séparation entre les religions et les États pour assurer l'inscription de l'égalité entre les sexes et le respect des droits des femmes, dans les constitutions et législations.

Notes

1. Notre traduction de « *Women's NGOs and the few feminists on official delegations who had been through the protracted negotiations of Cairo and Beijing worked diligently to provide background briefings to delegations. We were also faced with the problem of the mind-set of New York based diplomats whose daily negotiations are heavily influenced by South-North conflicts and global, regional, or national geopolitical agendas. Gender equality tends to fall relatively low on their priorities and at least some of them clearly expressed that it was not worth struggling over in this forum* » (Corrêa 2000:270-271).
2. Nous citons ici les *faith-based* organisations, missions religieuses, promues et financées par l'administration Bush, convaincue qu'elles étaient humanitaires et plus proches des personnes démunies (Ferris 2006:324). Or ces organisations, généralement chrétiennes, étaient extrêmement conservatrices.
3. Le *Global Gag Rule* n'a jamais été appliqué aux USA.
4. Le Collectif 95 Maghreb-Égalité est un collectif d'associations féminines et d'individus d'Algérie, du Maroc et de Tunisie, créé en 1992. Il a pour objectif majeur de nourrir la réflexion et l'action pour promouvoir l'égalité entre les sexes dans ces trois pays du Maghreb qui partagent la même culture.
5. Après l'annulation du second tour des élections législatives de 1991 qu'il semblait en passe de gagner, le Front islamique du salut prenait les armes et signait le début de « Décennie noire » de violences.
6. La requête de désacralisation des lois n'est pas à confondre avec celle de sécularisation, même si elle peut y mener. La sécularisation est plus difficile à promouvoir dans des pays où la religion est inscrite dans la constitution. De très nombreuses organisations de femmes, à travers les pays où l'islam est la source du droit, se sont attelées à relire les traditions juridiques musulmanes.
7. Notre traduction de « *Caught between an authoritarian and exclusionary religious discourse on the one hand, and an equally authoritarian and exclusionary ultra-nationalist stance on the other* » (Elsadda 2015:1).
8. Notre traduction de « *Societies appear to be subject, every now and then to periods of moral panic. A condition, episode, person or group of persons emerges to become defined as a threat to societal values and interests. [...] Sometimes the panic passes over and is forgotten, except in folklore and collective memory. At other times, it has more serious and long-lasting repercussions, and might produce social changes as those in legal and social policies or even the society conceives itself* » (Cohen 2005:1).
9. Notre traduction de « *For women as women, the politics of personal relations, of the body, of sex and reproductive matter greatly. The household and family relations are a critical site of gender power expressed in multiples dimensions* » (Sen & Durano 2014:13).

10. La réforme introduisait notamment de sérieuses limitations à l'interruption volontaire de grossesse (IVG), légalisée en 1985.
11. Traduction littérale : « posséder son pays ».
12. « Choisir de donner la vie » (Halimi 1979), à savoir le choix de faire ou de ne pas faire d'enfant.
13. La construction culturelle de la sexualité est le thème central de sa thèse de doctorat remarquable sur l'anthropologie de la sexualité au Sénégal, soutenue en 2013.
14. *Taasu, laaban, xaxar* et *tuur* sont des cérémonies avec des chants érotiques exclusivement interprétés et réservés aux femmes
15. On s'assurait ainsi de la consommation du mariage et de la virginité de l'épouse.
16. Notre traduction de « Les jeunes filles sont dévergondées ».
17. La perte de la virginité de la fille et la survenue d'une grossesse hors mariage restent des « fautes » pour la famille, notamment pour la mère (qui peut être 'répudiée' en cas de grossesse) et la tante paternelle (*bajjan*), chargée de conduire la mariée au domicile conjugal.
18. Notre traduction de « *We believe young people across the board should abstain until marriage. If that fails, fidelity is the next-safest protection against contraction of disease followed by condom use* » (Allen 2002).
19. Claude Allen, ancien évangéliste afro-américain, était le sous-secrétaire d'État à la Santé et aux services à la personne de la présidence de George W. Bush. Il condamnait l'avortement, l'usage des préservatifs, la prostitution, l'homosexualité, et se faisait le champion de programmes de virginité et d'abstinence sexuelle pour les jeunes.
20. An-Nisa (les femmes), sourate 4, verset 4 recommande au croyant musulman : « donnez aux épouses leur mahr, de bonne grâce ». L'article 127 du code de la famille stipule que « en vue de la préparation de l'acte de mariage, l'officier de l'état civil [...] demande aux futurs époux s'il a été convenu du paiement d'une dot comme condition de formation du mariage, à quel chiffre la dot a été fixée et quelle portion doit en être perçue par la femme avant la célébration et quel terme est prévu pour le solde, ...] ».
21. C'est une pure formalité, car seul un montant symbolique y est généralement inscrit (3 000 FCFA). Les millions de FCFA alloués pour la dot ne le sont jamais.
22. *Xaleel*, c'est l'enfant; « *Janx* est la jeune fille qui n'a pas encore eu de rapports sexuels avec pénétration mais qui a déjà eu ses premières menstrues ; *jeeg* est la femme adulte parvenue à la pleine maturation sexuelle. [...] La *jeeg* devient *jigeen* (femme) une fois qu'elle aura vécu l'expérience de la grossesse et de l'enfantement » (Niang 2012: 246-247).
23. Notre traduction de « *Motherhood occupies a special place in African cultures and societies. Regardless of whether a particular African society displays a patrilineal or matrilineal kinship system, mothers are the essential building block of social relationships, identities, and indeed society* » (Oyěwùmí 2003:1).

24. Notre traduction de « *Centering African experiences of motherhood reveals that motherhood is not merely an earthly institution : it is pregestational, presocial, prenatal, postnatal, and lifelong* » (Oyěwùmí 2003:3).
25. Notre traduction de « *The gendering of the institution of motherhood leads to its patriarchalization* » : Définir l'institution de la maternité selon le genre mène à sa patriarcalisation » (Oyěwùmí 2003:4).
26. Notre traduction de « *All spiritual and medicinal efforts made during the periods of gestation and parturition is designed to keep her firmly planted in the living world at the end of this life-transforming and indeed community-transforming process. Consequently, because the whole community is naturally invested in it there is no greater public institution than motherhood* » (Oyěwùmí 2003:1).
27. Le colloque était organisé par Signe Arnfred du Nordic Africa Institute, Uppsala (Suède), Penda Mbow de l'Université Cheikh Anta Diop de Dakar (Sénégal) et Eva Evers Rosander, Uppsala University (Suède).
28. « Puisse Dieu faire que ta couche soit toujours humide », à savoir humide du sang des couches.
29. La race intervient ici, car Hill Collins oppose le statut de la mère dans la famille « noire » à celui de la mère dans la famille « blanche ».
30. Notre traduction de « *Gain social influence through their roles as mothers, transmitters of culture, and parents for the next generation* » (Hill Collins 1993).
31. Notre traduction de « *Far too many black men who praise their own mother feel less accounted to the mothers of their own children* » (Hill Collins 1991:116).
32. Notre traduction de « *Some African-American men feel they cannot be men unless they dominate a Black woman* » (Hill Collins 1991:186).
33. La survenue des menstrues met le corps de la femme en état d'impureté et lui interdit d'accomplir ses obligations religieuses (prière, jeûne, fréquentation de lieux religieux, ...). Les relations sexuelles sont prohibées durant cette période pour la même raison.
34. La stratification en castes existe dans d'autres ethnies sénégalaises : Hal Pulaar (Wane 1967), Sereer (Gravrand 1980) ou Soninké (Bathily 1989).
35. Notre traduction de « *Every social role and social interaction comes with both a subordinate and superordinate pole that is never constant. Not only are there no fixed or permanent locations of subordination, the subordinate/superordinate feature of roles ensures that no sex group or age group is collectively and permanently privileged or subordinate* » (Nzegwu 2001:15).
36. Notre traduction de « *The practice is carried out so that a girl can pray and be part of the women's secret society, to acquire the practical, theoretical, and corporeally 'magical' knowledge that essentially transforms the girl into a real person, into a human being of female gender* » (Dellenborg 2004:90-91).
37. Notre traduction de « *Adding to prejudiced assumptions about other peoples and societies, these misconceptions will impede adequate interventions to put an end to the practice of female circumcision/female genital mutilations* » (Dellenborg 2004:92).

38. Tout au long de sa thèse, Cheikh Niang ne qualifiait jamais la circoncision féminine de mutilation génitale. En outre, sa discussion sur l'excision était placée dans un chapitre intitulé « Incorporer le plaisir sexuel », p. 397-411.
39. Notre traduction de « *Excision/female genital mutilation is a social system which has its own logic, different paradigms, and different means to achieve what some people believe to be a means of women's empowerment* » (Diallo 2004:188).
40. L'Église coloniale et post-coloniale n'a pas réussi à la supprimer. Le second mariage d'un polygame chrétien peut être célébré selon la coutume, tandis que celle épousée à l'église restera l'officielle Les enfants issus de la seconde union seront socialement reconnus et acceptés par la communauté.
41. *Musoor* (mouchoir de tête), *musooru* (porter un mouchoir de tête) sont deux termes qui viendraient vraisemblablement du mot français mouchoir.
42. « *Mi ngiy muuru* » signifie littéralement elle est couverte : elle porte le deuil.
43. Il laisse quelquefois paraître les yeux dans une mince fente.
44. Le Code civil Napoléon a lui-même été régulièrement passé au crible depuis son élaboration et profondément remanié au fil du temps, suite aux pressions citoyennes.
45. Par exemple, le Réseau d'organisations féminines, Siggil Jigeen, craignant l'opprobre des religieux, insistait d'abord sur le caractère de l'islam comme « religion complète et achevée [… qui] reconnaît le principe de non restriction des droits et libertés de l'individu ». Puis il invitait « l'ensemble de ses membres, aux syndicats et aux organisations de femmes parlementaires, à tous les acteurs concernés pour une réflexion concertée avec tous les acteurs de la société sur le code de la famille ».
46. Marie Brossier (2004) en fait une fidèle recension.
47. Le quota accordé aux femmes de 25 pour cent de sièges au Parlement obtenu, à la fin des années 1970, après une lutte tenace des femmes du Parti socialiste dominant n'avait jamais été atteint avant 2012.
48. Cette illégalité était dénoncée par le président de la Commission électorale nationale autonome (CENA) qui finit par se plier à la décision du ministère de l'Intérieur d'approuver la liste.
49. Surtout les femmes de ces partis.
50. « Le COSEF a organisé, en partenariat avec les organisations de la société civile et organisations de défense des droits des femmes un sit-in de protestation, suite à l'élection de 23 femmes sur 120 conseillers, soit 19 pour cent, au sein du Conseil économique social et environnemental du Sénégal ». Accessible à unwomenwestafrica.blog.com/ 2013/05/02/).
51. Notre traduction de « *A global movement for equality and justice in the Muslim family* ».
52. Notre traduction de « *Equality and justice are values intrinsic to Islam. So why do Muslim family laws and practices treat women as inferior to men* ? » (Anwar 2009:1).
53. Connues pour leur activisme pour les droits humains en islam.
54. Notre traduction de « *The possibility of finding justice and equality for women within Islam* » (Anwar 2009:4).

55. Association des Universités du Royaume-Uni, créée en 1918.
56. Le politique fait appliquer la loi sur la parité sur toute l'étendue du territoire, à l'exception de Touba.

Bibliographie

Amadiume, I., 1987, *Male Daughters, Female Husbands. Gender and Sex in an African Society*, London, Zed Books.

Amadiume, I., 1997, *Re-Inventing Africa: Matriarchy, Religion and Culture*, London, Zed Books.

Anwar, Z., 2009, « Introduction: Why Equality and Justice Now », in Z. Anwar, ed., *Wanted. Equality and Justice in the Muslim Family*, Petaling Jaya, Musawah, an initiative of Sisters in Islam, pp. 1-9.

Arnfred, S., ed, 2004, *Re-thinking Sexualities in Africa*, Uppsala, the Nordic Africa Institute.

Arnfred, S., 2003, « Images of Motherhood - African and Nordic Perspectives », *Jenda. A Journal of Culture and African Women Studies*, Issue n° 4, available at http://www.africaknowledgeproject.org/index.php/jenda/article/view/80/131.

Association des juristes sénégalaises, 2011, *La parité. Mécanisme d'inclusion et de participation égale des femmes et des hommes aux instances de prise de décision*, En ligne : www.femmesjuristes.org.

Bakare-Yusuf, B., 2003. « 'Yorubas Don't Do Gender'. A Critical Review of Oyèrónké Oyěwùmí's The Invention of Women: Making an African Sense of Western Gender Discourses », *African Identities* 1, S, p. 121-143.

Bathily, A., 1989, *Les Portes de l'or : le royaume de Galam (Sénégal) de l'ère musulmane au temps des négriers (VIIIe-XVIIIe siècles)*, Paris, l'Harmattan.

Bencheikh, G., 2005, *La laïcité au regard du Coran,* Paris, Presses de la Renaissance.

Bennoune, K., 2011, « The Law of the Republic Versus the « Law of the Brothers ». A story of France's law banning religious symbols in public », in M. Hélie Lucas, ed., « The Struggle for Secularism in Europe and North America. Women from migrant descent facing the rise of fundamentalism », *Dossier 30-31*, London, Women Living Under Muslim Laws, p. 11-42, available at http://www.wluml.org/resource/dossier-30-31-struggle-secularism-europe-and-north-america

Bop C., Niang C.I., *et al.*, 2008, « Étude sur la sexualité au Sénégal », Dakar, manuscrit.

Brossier, M., 2004, « Les débats sur la réforme du code de la famille au Sénégal : La redéfinition de la laïcité comme enjeu du processus de démocratisation », mémoire de DEA en études africaines, option science politique, Paris, Université Paris 1 Panthéon-Sorbonne, En ligne : http://www.academia.edu/1631842/

Camara, F.-K., 2009, « Les droits de la femme en droit sénégalais », Master IDHP 2009/2010, Université Cheikh Anta Diop de Dakar, En ligne : http://fsjp.ucad.sn/files/power3.pdf

Camara, F.-K., 2014, « Au Sénégal, les hommes politiques s'imaginent que les lois ne s'appliquent pas à eux », En ligne : http://www.piccmi.com/fatou-kine-camara-au-senegal-les-hommes-politiques-s-imaginent-que-les-lois-ne-s-appliquent-pas-a-eux_a19963.html

Carver T., et al., 2000, *Genre et politique. Débats et perspectives*, Paris, Gallimard, Collection Folio Essais.

Cohen, S., 2005, *Folk Devils and Moral Panics. The Creations of the Mods and Rockers*, London, Routledge.

Collectif 95 Maghreb Égalité, 1995, Cent mesures et dispositions pour une codification maghrébine égalitaire du statut personnel et du droit de la famille, Londres, Women Living Under Muslim Laws.

Comité de suivi du Projet de code de statut personnel du Sénégal (CIRCOFS), 2002, *Projet du Code de statut personnel, Institut islamique de Dakar*, 2ème édition, année 1422/2002.

Conseil sénégalais des femmes (COSEF) et Agence espagnole pour la coopération internationale au développement (AECID), 2011, *Combats pour la parité, La Loi sur la parité absolue au Sénégal,* « Avec la parité, consolidons la démocratie », « La Campagne de Dakar », Dakar.

Constantin, F. et Coulon, C., 1981, éds., « Avant-propos. Au sud du Sahara : Renouveau de l'islam, ou relecture de l'islam », « La question islamique en Afrique Noire », *Politique africaine*, n° 4, décembre, p. 3-6.

Corrêa, S., 2000, *Weighing up Cairo: Evidence from Women in the South*, Suva, Fiji, Development Alternatives with Women for a New Era (DAWN).

Crenshaw Williams, K., 2005, « Cartographies des marges : intersectionnalité, politique de l'identité et violences contre les femmes de couleur », *Cahiers du Genre*, Paris, L'Harmattan, vol. 2, n° 39, p. 51-82.

Davis, A., 1981, *Women, Race, and Class*, 1981, New York, Random House.

Dé, A., 2000, *Femmes/Sénégal 2000 : des chiffres qui parlent*, Dakar, Institut Africain pour la Démocratie.

Dellenborg, L. « A reflexion on the Cultural Meanings of Female Circumcision. Experiences from Fieldwork in Casamance, Southern Senegal », in S. Arnfred, ed, 2004, *Re-thinking Sexualities in Africa*, Uppsala, the Nordic Africa Institute, p. 79-94.

Diagne, P., 1984, « Des systèmes sahéliens de valeur », Dakar, document préparé pour le Comité inter-États de lutte contre la sécheresse au Sahel (*CILSS).*

Diallo, A., 2004, « Paradoxes of Female Sexuality in Mali », in Arnfred, S., ed., 2004, *Re-thinking Sexualities in Africa*, Uppsala, the Nordic Africa Institute, p. 173-189.

Diaw, A., 2011, « La parité, une question bien sénégalaise », in Conseil sénégalais des femmes (COSEF) et Agence espagnole pour la coopération internationale au développement (AECID), 2011, *Combats pour la parité, La Loi sur la parité absolue au Sénégal*, Dakar.

Diop, A.B., 1981, *La société wolof. Tradition et changement. Les systèmes d'inégalité et de domination*, Paris, Karthala.

Diop, A.B., 1985, *La famille wolof. Tradition et changement*, Paris, Karthala.

Dupont-Bouchat, M.-S., 2002, « Le corps violenté », dans Coenen, M.-T., éd., 2002, *Corps de femmes : sexualité et contrôle social*, Bruxelles, Éditions de Boeck Université, Collection. Pol-His, p. 65-96.

Échard, N., 1985, « Même la viande est vendue avec le sang. De la sexualité des femmes, en exemple », dans N.C., Matthieu, éd., « L'arraisonnement des femmes. Essais en anthropologie des sexes », *Cahiers de l'Homme*, Nouvelle Série XXIV, Paris, Éditions de l›École des hautes études en sciences sociales, p. 37-60.

Fainzang, S. et Journet, O., 1988, *La femme de mon mari. Étude ethnologique du mariage polygamique en Afrique et en France*, Paris, L'Harmattan, Collection Connaissance des hommes.

Fall Sow, D., 2014, « Afin que force reste à la loi dans un État de droit », *Le Quotidien*, Dakar, 28 juillet, En ligne : www.seneplus.com/article/afin-que-force-reste-à-la-loi-dans-un-état-de-droit.

Fall, I.M., 2013, « La construction des régimes politiques en Afrique : insuccès et succès », Dakar, Université Cheikh Anta Diop, En ligne : http://afrilex.u-bordeaux4.fr/sites/afrilex/IMG/pdf/La_construction_des_regimes_politiques.pdf.

Ferris, E., 2005, « Faith-based and secular humanitarian organizations », *International Review of the Red Cross*, vol. 87, n° 858, June, p. 311-325.

Geadah, Y., 2007, *Accommodements raisonnables. Droit à la différence et non différence des droits*, Montréal, VLB éditeur.

Girard, F., 2004, « Global Implications of US Domestic and International Policies on Sexuality », The International Working Group on Sexuality and Social Policy, New York, *Working Paper* n° 1.

Gomez-Perez, M., éds, 2005, *L'islam politique au sud du Sahara. Identités, discours et enjeux*, Paris, Karthala.

Gravrand, H., 1980, *La civilisation sereer, tome 1 : Cosaan (Origines)*, Dakar, Nouvelles éditions africaines.

Hadari, Z., 2014, *Femmes et politiques électorales au Niger, un pays à majorité musulmane*, Atelier WELDD sur le Leadership féministe, Dakar, Women Living Under Muslim Laws, document manuscrit.

Halimi, G., 1979, *Choisir de donner la vie*, Paris, Éditions Gallimard.

Hassan, R., 1989, *Sélection d'articles* de Riffat Hassan, Londres, Women Living Under Muslim Laws.

Haugestad, A, 1995, « Reservations to the United Nations Women's Convention – with Special Focus on Reservations submitted by Muslim Countries », *Studies in Women's Law*, n° 39, Oslo, Institutt for Offentlig Retts Skriftserie, University of Oslo.

Heinen, J. et Razavi, S., éds., 2012, « Religion et politique. Les femmes prises au piège », *Cahiers du genre*, Paris, L'Harmattan, numéro hors-série.

Hill Collins, P., 1991, *Black Feminist Thought. Knowledge, Consciousness, and the Politics of Empowerment*, first published in 1990, New York, Routledge.

Hill Collins, P., 1993, « The Meaning of Motherhood in Black Culture and Black Mother-Daughter Relationships », in P. Bell-Scott et al, eds, *Double Stitch : Black Women Write about Mother-Daughter Relationships*, New York, Harper Perennial, p. 42-60.

Imam, A. et al., 2005, *Droits des femmes dans les lois musulmanes*, Lagos, Baobab for Human Rights.

Mbow, P., 2008, « État laïc et citoyenneté dans les pays musulmans : Intégrer l'Afrique dans le débat », *Dossier 28*, London, Women Living Under Muslim Laws.

Mbow, P., 2010, « Le contexte de la réforme du code de la famille au Sénégal », *Droit et cultures*, n° 59, 1, p. 87-96, En ligne : http:// www.droitcultures.revues.org/

Morrison, T., 1970, *The Bluest Eye*, New York, Pocket Books.

Moya, I., 2011, *De l'argent aux valeurs. Femmes, économie, parenté et islam à Thiaroye-sur-mer*, Dakar, Sénégal, thèse de doctorat d'anthropologie sociale et ethnologie, Paris, École des hautes études en sciences sociales.

Ngolo, A., 2012, « Tchad : le code des personnes et de la famille rejeté », 27 août, En ligne : http:www.nouvelessor.over-blog.com/article-tchad-le-code-des-personnes-et-de-la-famille-rejete-par-abba-ngolo-109479181.html.

Niang, C.I., 2012, *Anthropologie de la sexualité. Philosophie, culture et construction sociale du sexe au Sénégal*, thèse de doctorat d'État ès lettres, Dakar, Université Cheikh Anta Diop.

Nzegwu, N., 2001, « Gender equality in a dual-sex system: The case of Onitsha », *Jenda. A Journal of Culture and African Women's Studies*, vol. 1, n° 1, available at http://www.jendajournal.com/vol1.1/nzegwu.html).

Oyěwùmí, O., 1997, The Invention of Women: Making an African Sense of Western Gender Discourse, Minneapolis, University of Minnesota Press.

Oyěwùmí, O., 2003, « Abiyamo: Theorizing African Motherhood », *Jenda. A Journal of Culture and African Women Studies*, Issue 4, available at www.africaknowledgeproject.org/index.php/jenda/article/view/79.

Pelchat, Y., 1995, « La Conférence internationale sur la population et le développement du Caire : un parti pris pour les femmes », *Recherches féministes*, vol. 8, n° 1, p. 155-164.

Pena-Ruiz, H., 2003, *Qu'est-ce que la laïcité ?* Paris, Gallimard, Collection Folio Actuel.

Rochefort, F., al., 2007, *Le pouvoir du genre. Laïcités et religions 1905-2005*, Toulouse, Presses Universitaires du Mirail, coll. « Le temps du genre ».

Rogers, B., 1980, *The Domestication of Women: Discrimination in Developing Societies*, New York, St Martin's Press.

Sarr Sow, F., 2014, « La parité au Sénégal : Leçons d'hypocrisie », En ligne : www.ndarinfo.com/la-parite-au-senegal-lecons-d-hypocrisie-par-fatou-sarr-sow_a9964.html.

Sen, G., « Neolibs, Neocons, and Gender Justice. Lessons from Global Negotiations », Research Institute for Social Development (*UNRISD*), Geneva, *Occasional Paper* n° 9.

Sow, A.I., Balogun, A., Aguessy, H. et Diagne, P., éds., 1977, *Introduction à la culture africaine. Aspects généraux*, Paris, Collection 10/18.

Sow, F., 1998, « Mutilations génitales féminines et droits humains en Afrique », dans F. Sow, éd., « Revisiter le genre/Gender revisited », *Africa Development / Afrique et Développement*, vol. XXIII, n° 3, 1998, p. 9-28.

Sow, F., 2005, « Penser les femmes et l'islam en Afrique : une approche féministe », in O. Georg & C. Chanson-Jabeur, éds., *Mama Africa, Mélanges offerts à Catherine Coquery-Vidrovitch*, Paris, L'Harmattan, p. 335-357.

Sow, F., 2008, « Fondamentalismes et politiques néolibérales. L'administration Bush, les Mollah et les autres », dans M. Benradi, éd., *Le féminisme face aux défis du multiculturalisme*, Rabat, Université Mohamed V Agdal, p. 163-180.

Sow, F., 2009, « Mouvements féministes en Afrique. Entretien avec Fatou Sow », dans B. Destremau et C. Verschuur, éds., « Féminismes décoloniaux, genre et développement », *Revue Tiers Monde*, n° 9, janvier-mars, Paris, Armand Colin, p. 145-160.

Sow, F., 2009, « Religion, Culture and Politics : Isn't my body mine ? », Keynote speech, Conference on *Gender, Islam, and Health in Africa*, University of North Carolina at Chapel Hill, 15-19 April.

Sow-Sidibé, A., Becker, C., et al., éds., 2007, *Genre, inégalités et religion*, Paris, Éditions des Archives contemporaines.

Sudarkasa, N., 1996, *The Strength of Our Mothers: African & African American Women & Families : Essays and Speeches*, Trenton N. J., Africa World Press.

Tabet, P., 1985, « Fertilité naturelle, reproduction forcée » dans N.C., Matthieu, éd., « L'arraisonnement des femmes. Essais en anthropologie des sexes », *Cahiers de l'Homme,* Nouvelle Série XXIV, Paris, Éditions de l'École des hautes études en sciences sociales, p. 61-146.

Tamzali, W. « Féministes, je vous écris d'Alger », 2004, *Libération Tribunes*, 20 janvier, En ligne : www.liberation.fr/tribune/2004/01/14/feministes-je-vous-ecris-d-alger_ 465226.

Tchicaya-Oboa, R., Kouvouama, A. et Missié J.-P., éds., 2014, *Sociétés en mutation dans l'Afrique contemporaine. Dynamiques locales, dynamiques globales*, Paris, Karthala.

Thomas, L.-V., et Luneau, R., 1975, *La terre africaine et ses religions*, Paris, Librairie Larousse.

Villalon, A.L., 2013, « Negotiating Islam in the Era of Democracy : Senegal in Comparative Regional Perspective », in M. Diouf, *Tolerance, Democracy, and Sufis in Senega*l, New York, Columbia University Press, p. 239-259.

Wadud, A., 1999, *Qur'an and Woman : Re-Reading the Sacred Text from a Woman's Perspective*, New York, Oxford University Press.

Wadud, A., 2006, *Inside the Gender Jihad : Women's Reform in Islam*, 0xford, Oneworld Publications.

Wadud, A., 2009, « Islam beyond Patriarchy through Gender Inclusive Qur'anic Analysis », in Z. Anwar, ed., *Wanted. Equality and Justice in the Muslim Family,* Petaling Jaya, Musawah, p. 95-112.

Women Living Under Muslim Laws, 1998, *Pour nous-mêmes, des femmes lisent le Coran,* Londres, Women Living Under Muslim Laws, En ligne : www.wluml.org/sites/wluml.org /files/import/french/pubs/pdf/misc/pour-nous-memes-fr.pdf.

Women Living Under Muslim Laws, 2003, « Sénégal: Collectif pour la défense de la laïcité et de l'unité nationale au Sénégal », En ligne : http://www.wluml.org/fr/node/1060.

5

Genre et fondamentalismes culturels et religieux en Afrique

Albertine Tshibilondi Ngoyi

Introduction

Le genre est un concept qui tente de s'imposer dans les analyses et les actions relatives au développement. Il représente l'aboutissement des réflexions et recherches des féministes anglo-saxonnes, et le sens du terme, difficile à traduire en français, s'est peu à peu imposé chez les francophones. Au niveau épistémologique, la notion de genre exprime que la femme est femme par le « sexe », tout autant que l'homme, mais aussi par le « genre », c'est-à-dire par la construction sociale qui lui est superposée. Parallèlement à cet usage que l'on pourrait qualifier de philosophique, de politique, s'est développé un autre usage beaucoup plus pragmatique, introduit par les féministes qui luttent et travaillent dans les espaces de la coopération internationale. La théorie de genre correspond au moment où la critique des approches « Femmes et développement » ou « Femmes dans le développement » se fait plus radicale. Il s'agit de faire sortir les femmes de la marginalisation dans laquelle « les petits projets femmes » les enferment :

> « Politiques et projets doivent désormais s'adresser aux hommes et aux femmes, – le genre est avant tout une structure qui relie –, aux relations sociales, familiales, économiques qu'ils entretiennent afin de réduire la subordination qui justement fonde ces relations, trop souvent perpétuée, sinon renforcée, par les projets de développement. La notion de genre ne dénonce-t-elle pas, en effet, la construction du pouvoir masculin tout en

impliquant la possibilité de la disparition nécessaire, et possible, de cette universelle subordination féminine ? » (Bisilliat 2003:155).

Il s'agit d'une construction théorique dont l'objectif est de faire en sorte que toute analyse, toute initiative, tout projet de développement prenne en considération l'existence du découpage des sociétés et des activités humaines entre deux types d'individus, les hommes et les femmes.

Son application en contexte africain se heurte à de nombreux écueils, particulièrement aux fondamentalismes. Néanmoins, la perspective genre, en dépit des controverses, reste pertinente pour aborder le problème de la place de la femme dans la reconstruction du continent.[1] Elle doit s'appuyer sur des approches contextuelles et pluridisciplinaires alliant les sciences humaines, philosophiques et sociales. De plus, pour être pertinente, l'optique genre doit se démocratiser et devenir le moteur d'un développement participatif et durable. Cette transformation suppose d'éviter toutes les formes de blocage au processus de l'évolution des relations de genre, en l'occurrence par diverses formes des fondamentalismes.

Notre étude voudrait se limiter au problème du Genre et fondamentalismes en nous focalisant sur les fondamentalismes culturels et/ou religieux qui nous semblent, particulièrement en de l'Afrique centrale, être le principal frein à la transformation des rapports de genre. Nous préciserons d'abord ce que nous entendons par fondamentalismes culturels et/ou religieux. Ensuite, nous analyserons l'univers culturel et religieux négro-africain qui permet de comprendre les fondements de certaines pratiques, coutumes, institutions au nom desquelles l'on veut entraver l'évolution des relations de genre et la dignité de la femme. Nous poursuivrons notre étude en examinant la tradition culturelle et religieuse africaine qui porte en elle des éléments de promotion de la dignité de la femme, mais aussi des germes d'idéologies patriarcales et fondamentalistes. Pour les repérer, nous proposerons une approche critique philosophique du monde culturel et religieux africain. En conclusion, nous suggèrerons quelques antidotes aux fondamentalismes et la nécessité d'une recherche interdisciplinaire dans le domaine de genre.

Les fondamentalismes culturels et/ou religieux

Les fondamentalismes, comme quêtes de fondements, sont aussi bien religieux, politiques que socioculturels. Le fondamentalisme est défini comme

« une tendance conservatrice de certains milieux protestants, notamment aux États-Unis, qui admet seulement une interprétation littérale de

> l'Écriture et s'oppose à toute lecture historique et scientifique de celle-ci » (Le Petit Larousse 1999).

De façon plus large, les fondamentalistes prônent la préservation stricte de ce qu'ils considèrent comme fondamental, originel, à savoir le retour aux croyances traditionnelles, orthodoxes, religieuses, telles que l'acceptation littérale des Écritures et des croyances. En ce sens, on trouve des tendances fondamentalistes, parfois dites traditionalistes, dans toutes les religions (Bouvier 2008).

À propos des Églises afro-chrétiennes, Paulin Poucouta remarque qu'il existe plusieurs tendances avec le danger du fondamentalisme : « Les Églises afro-chrétiennes témoignent de la capacité réellement libératrice de la Parole de Dieu. Pour elles, la Bible libère autant de l'oppression occidentale que de la société traditionnelle » (2002:27)[2]. Ce fait explique le succès des Églises afro-chrétiennes qui remplissent souvent un vide que ne comblent ni les grandes Églises, ni les idéologies politiques, ni même une démocratie encore balbutiante. Plusieurs causes expliquent ce phénomène, à savoir : la déstructuration de la société, les conflits, la crise sous tous ses aspects, qui provoquent le désarroi et amènent, de nombreux adeptes et majoritairement des femmes à s'accrocher à ces Églises qui proposent vie et bonheur. Les valeurs de l'accueil et de la solidarité, importants dans ces communautés, attirent de nombreuses personnes, notamment des femmes, en quête d'une vie meilleure et de la chaleur humaine qu'elles ne semblent retrouver ni dans leur famille, ni ailleurs. Ainsi, les Églises afro-chrétiennes ramènent beaucoup de personnes vers les valeurs religieuses et éthiques, avec un certain rigorisme proche du fondamentalisme. Ces communautés nouvelles suscitent une réelle volonté de lire la Bible, comme l'indique Julie Ndaya dans son livre au titre évocateur, *Prendre le bic* (2008). À ce propos, Paulin Poucouta note :

> « Malheureusement, il peut s'agir d'une lecture fondamentaliste. La parole de Dieu inspirée n'a besoin de la médiation ni d'une tradition, ni de celles d'outils scientifiques, comme l'exégèse. Or le fondamentalisme, qui touche aussi les grandes Églises, éloigne de la vérité biblique, en refusant de tenir compte des médiations du langage humain et de la tradition par lesquels Dieu s'adresse aux hommes » (2008:28).

Cette approche est dangereuse, car elle attire des personnes qui cherchent des réponses bibliques à leurs problèmes de vie. Elle peut les duper en leur offrant des interprétations pieuses mais illusoires, au lieu de leur dire que la Bible ne contient pas nécessairement une réponse immédiate à chacun de ces problèmes. Pour la Commission biblique, « le fondamentalisme invite, sans le dire, à une fausse certitude, car il confond inconsciemment les limitations humaines du message biblique avec la substance divine de ce message » (1994:54, cité par Poucouta 2002:28).[3]

Face aux dérives mondialistes, aujourd'hui la tentation est grande de survaloriser la culture africaine, comme bouclier contre l'impérialisme culturel d'un univers mondialisé. Divers fondamentalismes politiques, économiques et religieux se greffent sur cette revalorisation identitaire. Et ce sont souvent les femmes qui en font les frais. Certes, il faut reconnaître des avancées dans l'évolution du statut juridique de la femme africaine, mais il reste encore beaucoup à faire pour l'égalité des droits entre les femmes et les hommes, notamment pour la femme au foyer, la femme travailleuse, la femme paysanne. Le poids vivace des traditions et des coutumes freine cette évolution. Le poids de la tradition s'accentue avec les croyances magico-religieuses auxquelles on lie les coutumes. C'est dire l'imbrication du religieux dans le socioculturel, voire le politique.

C'est sur ce lien que s'appuie le fondamentalisme religieux, qu'il soit islamique ou chrétien. Il s'est accentué, en réponse à la visibilité croissante et à l'influence grandissante des femmes dans la vie publique. Le fondamentalisme considère le féminisme comme une idéologie subversive et dangereuse, qui menace les valeurs fondamentales de nos sociétés. Toute idéologie qui soutient que les valeurs traditionnelles maintenant les femmes à leur « place » doivent être défendues et préservées, parce qu'elles promeuvent l'ordre, l'harmonie sociale et le respect pour la hiérarchie, rentrent dans ce que l'on qualifie de fondamentalisme (Massan d'Almeida 2006).

Par valeurs « traditionnelles », les fondamentalistes entendent la perpétuation de la structure du pouvoir et de la hiérarchie inégalitaire, basée sur le genre, qui maintient les femmes dans leurs positions subordonnées. Ainsi, tous les fondamentalismes prônent formellement la soumission des femmes aux hommes. Ils mettent particulièrement l'accent sur les différences naturelles ou biologiques entre hommes et femmes. Imam remarque, à juste titre, que les femmes restent la cible des projets fondamentalistes (et des cosmologies globales en général) « en tant que marqueurs de l'identité communautaire, porteurs et vecteurs de la culture (à la fois à travers la reproduction et le travail de socialisation qu'elles accomplissent avec les enfants) » (Imam 1996). Les fondamentalistes mettent l'accent sur l'importance des rôles des femmes dans la famille patriarcale et craignent que leur désertion mène à un désastre social. Ces positions peuvent avoir des conséquences multiples en matière d'autonomie des femmes et du contrôle de leur destinée. La politique fondamentaliste en matière de relations du genre a toujours visé à établir ou ré-établir les contraintes idéologiques et le contrôle des hommes sur les femmes.

En somme, on se posera la question suivante : comment déconstruire ces fondamentalismes religieux et culturels, liés au pouvoir masculin, sources de subordination et de domination ? Dans ce cas, ne faut-il pas poser un regard critique sur l'univers africain qui repose essentiellement sur la croyance en l'existence de deux mondes et à leur interaction, le respect de l'autorité, le sens de la communauté, l'attachement à la vie ? Ne convient-il pas d'approcher de façon critique les valeurs de l'univers négro-africain, d'hier et d'aujourd'hui, pour en éviter toute lecture et interprétation fondamentaliste ?

Culture et religion négro-africaine

Le cadre culturel, religieux et socioéconomique permet de comprendre les fondamentalismes au nom desquels l'on veut entraver la dignité de la femme.

Le terme culture, les anthropologues le savent, est difficile à définir. Il évoque tout ce qui fait l'être humain : sa manière de voir le monde, ses habitudes, l'organisation de son environnement matériel. C'est pourquoi la définition de la culture inscrite dans la Déclaration de Mexico, lors de la conférence mondiale de l'UNESCO sur les politiques culturelles (1982), semble plus adéquate. Dans son sens plus large, la culture y est définie comme « l'ensemble des traits distinctifs, spirituels et matériels, intellectuels et affectifs, qui caractérisent une société ou un groupe social. Elle englobe, outre les arts et les lettres, les modes de vie, les droits fondamentaux de l'être humain, les systèmes de valeurs, les traditions et les croyances ». La culture considérée comme un ensemble des valeurs, des traditions, des croyances constitue notre spécificité, notre identité. C'est ici que l'on distingue au niveau individuel la culture comme un ensemble des connaissances acquises, et au niveau social la culture comme un ensemble des valeurs qui caractérise une communauté (faits, traits distinctifs, etc.).

Quant au terme « religion », il vient, étymologiquement, du verbe *relegere* qui signifie *relire, revoir avec soin.* On pourrait lui donner aussi un autre sens étymologique de *religere* signifiant *recueillir, rassembler.* Le Négro-africain voit ainsi dans ce terme l'idée du *lien*, ou, comme le précise A. Lalande « un lien d'union entre les êtres humains, ou entre les êtres humains et les dieux » (1976:916). Ainsi, la religion est,

> « une institution sociale caractérisée par l'existence d'une communauté d'individus, unis : 1) par l'accomplissement de certains rites réguliers et par l'adoption de certaines formules ; 2) par la croyance en une valeur absolue, avec laquelle rien ne peut être mis en balance, croyance que cette communauté a pour objet de maintenir ; 3) par la mise en rapport de l'individu avec une puissance spirituelle supérieure à l'homme, puissance conçue soit comme diffuse, soit comme multiple, soit enfin comme unique, Dieu » (Lalande 1976:916).

Une telle définition de la religion peut être discutable, mais son cadre plus large permet de préciser ce qu'est la religion africaine. Vincent Mulago la définit comme

> « l'ensemble cultuel des idées, sentiments et rites basé sur : 1) la croyance à deux mondes, visible et invisible ; 2) la croyance au caractère communautaire et hiérarchique de ces mondes ; 3) l'interaction entre les deux mondes, la transcendance du monde invisible n'entravant pas son immanence ; la croyance en un Être Suprême, Créateur et Père de tout ce qui existe » (1980:12).

La religion africaine est fondée sur quatre éléments fondamentaux qui résument également la vision négro-africaine du monde, à savoir :

- l'unité de vie (ou l'union vitale) et la participation. La communion vitale est le lien unissant entre eux, verticalement et horizontalement, des êtres vivants et trépassés, fondement de la solidarité. Car pour l'Africain, la personne humaine ne se conçoit pas dépouillée de ses appartenances. Elle est en communion avec tous les membres vivants et morts ;
- la croyance à l'accroissement, à la décroissance et à l'interaction des êtres (une hiérarchisation des êtres) ;
- le symbole comme un moyen principal de contact et d'union (symboles de l'initiation, du mariage, de l'investiture, de la mort...) ;
- une éthique (un ensemble des normes et des valeurs) anthropocentrique et vitale. En effet, chez les Africains, et chez les Bantu particulièrement, la vie humaine, et donc l'être humain, est le critère du bien et du mal. Ils considèrent la vie comme le bien le plus précieux et que l'idéal du *Muntu* consiste à rester, même après sa mort, une force vitale continuellement renforcée et vivifiée dans et par sa progéniture.

Dans l'univers bantu, tout acte humain est jugé en fonction de cet idéal que sont la vie et la survie. Les traits essentiels de l'héritage spirituel des Négro-Africains peuvent se résumer, selon P. E.A. Elungu, à :

- « La *primauté de la vie*, l'omniprésence de la vie comme force et trait d'union.
- L'*anthropovitalisme* de l'homme, de la société. Elungu forge ce néologisme pour montrer que si la vie est omniprésente, elle est saisie concrètement, sensuellement à partir de la vie concrète de l'être humain comme point de départ, point d'arrivée et chemin à parcourir. Cette vie concrète s'élargit jusqu'aux autres humains dans la société par l'acte d'engendrer que la mort ne fait que souligner.
- Le *co-vitalisme* ou le *co-naturalisme* de toute société clanique et de la culture qui lui est liée. Elungu précise que le *co-vitalisme* est compris au sens de la conformité, ou mieux de la complémentarité à la nature. Le *co-naturalisme* est entendu au sens où la signification de *nature* renvoie ici à ce qui, aux yeux des intéressés, est essentiellement *vie*.
- La *consubstantialité* de l'individu au groupe ou société clanique, comme base de la culture.
- Le *caractère éminemment éthique, métaphysique et religieux de ces cultures* où l'ordre religieux, l'ordre de l'univers et l'ordre social se répondent fidèlement l'un l'autre, dans l'unité d'un même système cosmogonique et théogonique, sans que jamais cette unité systématique soit abstraite, séparée de l'être humain et de la société qui l'élabore » (1987:92).

A. Ngindu précise que

> « pour mieux comprendre l'attitude religieuse des Africains, nous devons nous défaire de la dialectique dualiste qui caractérise la pensée occidentale et selon laquelle l'exaltation de l'homme signifierait le rejet de Dieu. Non, la religion africaine s'articule autour des deux vérités-croyances comme autour de deux centres vitaux : Dieu et l'homme » (1969:11, cité par Mulago 1980:166).

Les religions africaines sont essentiellement anthropocentriques, en ce sens que toute démarche religieuse a pour visée essentielle la condition humaine. C'est elle qui prime dans les prières et les sacrifices, les contes et les proverbes, les mythes et les symboles. Néanmoins, elles atteignent leur sommet en Dieu, source de vie, père et créateur de tout ce qui existe.

L'adhésion des Africains aux religions importées, notamment aux religions révélées, n'a pas modifié fondamentalement leurs croyances dans les religions africaines. Celles-ci occupent leur place et jouent leur rôle dans toutes les couches de la population. Th. Tshibangu note à ce propos :

> « Si l'on veut construire une société intégrée et équilibrée, si l'on veut donner à l'Afrique la chance de rester elle-même, d'épanouir sa culture et

> sa civilisation traditionnelle dans un esprit moderne, il faudrait donner à la religion la première place et en faire le fondement et le sommet de l'édifice culturel de l'Afrique noire » (1968, cité par Mulago 1980:168-169).

Faut-il rappeler que la religion a un rôle conservateur ? Elle garantit le statut social ; elle est un instrument de contrôle social. Néanmoins, Eloi M. Metogo nuance ce qui précède, en affirmant que « les Africains modernes, pas plus que ceux d'autrefois, ne peuvent être qualifiés globalement d'incurablement religieux ». Il note qu'il existe une indifférence religieuse et une incroyance dans certaines sociétés négro-africaines traditionnelles (1997:31-43). En général, cet univers, où le politique, le culturel et le religieux sont fortement imbriqués,[4] marque de manière profonde la situation de la femme négro-africaine.

Pour nous résumer, cet univers repose, pour l'essentiel, sur des valeurs fondamentales, à savoir la croyance en l'existence de deux mondes et à leur interaction, la croyance en un être suprême, créateur de tout ce qui existe, l'attachement à la vie, le respect de l'autorité (et une hiérarchisation des êtres), le sens fort de la communauté, etc. (Mulago 1979, 1980 ; Thomas et Luneau 1981).

Un bref schéma indique la hiérarchie des êtres d'après leur rang et leur union organique les uns avec les autres :

« **Monde invisible** » :

- « La source de la vie : Dieu.
- Les premiers participants : les fondateurs des clans a) dynastiques, b) non dynastiques.
- Les esprits des anciens héros : culte récent d'après les vieux et non universel.
- Les âmes désincarnées des parents défunts et des membres du clan.
- Les génies et les forces telluriques, ces dernières appartenant au monde invisible et au monde visible ».

« **Monde visible** » :

- « Le roi ou *mwami* et la reine mère ; ceux qui participent au pouvoir royal ou l'étendent.
- Les chefs des clans, les patriarches de la branche aînée de chaque clan.
- Les chefs de famille : le père est au centre de la vie familiale.

- Les membres de différentes familles, de différents clans, forment, par leur appartenance au même roi, une seule communauté » (Mulago 1979 : 48-49).

C'est donc à partir de la croyance en ces deux mondes et leur interaction que l'on peut comprendre coutumes et institutions. Tout s'explique par la participation à la vie qui a sa source en Dieu. Ainsi, la communication de cette vie, la participation à cette unique vie, voilà le premier lien qui unit les membres de la communauté. Le second élément de l'union vitale porte sur la contribution à sa communication, à sa participation, à sa conservation, à son prolongement. Dans ce contexte, toute autorité trouve sa raison d'être dans la communication et la participation. La hiérarchisation des êtres est à comprendre dans ce contexte vital. Ainsi, celui qui a donné la vie à un autre lui est vitalement supérieur. De même, celui qui est plus proche de la source vitale dans une même lignée, celui-là a la préséance sociale. Également, celui qui procure à son voisin un moyen vital tel, par exemple, un lopin de terre ou une vache, lui devient supérieur. Plus cette participation est rapprochée de la source, et plus on a de considération. Il ne faut jamais interrompre ce circuit vital.

C'est donc dans cet univers socioculturel et religieux qu'il convient d'examiner le statut de la femme, l'évolution des relations de genre face aux fondamentalismes.

La femme et le fondamentalisme patriarcal

Dans ce contexte, l'homme est considéré comme père et chef de famille. Il a droit au respect et à la considération de sa femme, de ses enfants et de toute personne sous son autorité. De son côté, la femme est perçue comme mère, éducatrice, épouse et gardienne de certains aspects de la tradition. Elle a également droit au respect et à la considération de son mari et de ses enfants. Même si traditionnellement elle n'a pas droit à la parole en public, son influence est considérable sur les décisions importantes de l'homme.

Néanmoins, les femmes subordonnées à l'idéologie patriarcale sont opprimées et exploitées. Elles sont considérées comme devant naturellement se soumettre à toutes les règles culturelles, tout en s'acquittant de multiples tâches uniquement destinées à l'entretien de la famille et au profit de leur mari. Dans ce système patriarcal, la femme ne travaille en principe que pour son mari. Elle ne possède rien, son mari étant propriétaire de tous les biens et produits qu'elle apporte au ménage. Il peut ainsi les revendre et peut, selon son gré, en concéder l'usage à sa femme.

Le système de filiation également la défavorise. F. Héritier note fort justement :

> « La filiation est une donnée qui paraît aller de soi dans la mesure où elle nous semble biologiquement fondée, ce qu'elle n'est pas. La filiation est la règle sociale qui définit l'appartenance d'un individu à un groupe » (1996:44).

Or les systèmes de filiation ne sont pas univoques. En Occident, la filiation est bilatérale ou cognatique. L'enfant est apparenté de la même manière à son père, à sa mère et à ses quatre grands-parents. Tandis qu'en Afrique, le système de filiation est unilinéaire ou bilinéaire. Toujours selon F. Héritier,

> « Les systèmes unilinéaires sont ceux où la filiation ne passe que par un seul sexe, donc le long de chaînes de consanguinité unisexuées. Une seule ligne est alors reconnue sur les huit qui unissent un individu à ses arrière-grands-parents » (1996:44).

Dans ce système unilinéaire, la filiation passe, soit par le père, soit par la mère. Dans le premier cas, il s'agit du régime patrilinéaire. Le deuxième cas relève du régime matrilinéaire. Dans *la société patrilinéaire*, la femme n'a pas de pouvoir sur les enfants qui appartiennent au clan de leur père, au groupe de son mari. Ainsi, la société luba/lulua du Kasaï reconnaît à l'époux un statut plus élevé qu'à l'épouse. Le mari attend normalement de sa femme soumission, obéissance et respect, alors qu'il n'est pas supposé obéir à sa femme. Le rôle de décision lui revient en toutes matières afférentes à la vie et à l'organisation de la communauté familiale. Il décidera notamment du lieu d'habitation, du genre de culture à pratiquer et de l'utilisation de la récolte.

On pourrait penser que *le régime matrilinéaire* en vigueur dans une partie du Kasaï protège davantage la femme. En effet, dans ce système, la paysanne cultive davantage pour son propre lignage que pour celui de son mari. Ce qui lui assure un soutien plus ferme de la part de sa propre famille que du lignage de son époux qui ne lui doit rien. Mais, même dans ce système, le rôle premier revient aux hommes, les frères de la femme.

> « Ce qui ne veut pas dire que les sociétés matrilinéaires soient des sociétés où le pouvoir appartient aux femmes. Les femmes ont des frères, qui exercent leur autorité sur leurs sœurs et leurs neveux. (...) Ce sont donc des sociétés où, à côté de la règle de filiation définie à travers les femmes, le pouvoir sur les enfants – décider de leur mariage, utiliser leur force de travail – et l'autorité que nous considérons comme paternelle ne sont pas entre les mains du père, mais entre les mains de l'oncle maternel » (Héritier 1996:45).

Pourtant, quel que soit le système, toutes les femmes ne sont pas aussi résignées à leur situation que cela pourrait en donner l'impression. D'abord, au niveau symbolique, des chants, des récits et des contes mettent en scène la vitalité et le pouvoir réel des femmes qui contrastent bien d'avec les discours normatifs. En outre, il existe des femmes qui inspirent de la crainte à leurs partenaires.

Sur le plan économique, le régime de la séparation des biens, très rare, leur donne une certaine autonomie financière[5]. Les femmes ne remettent pas toujours tout leur argent à leur mari. Elles conservent un espace de liberté économique, souvent occulté, pour ne retenir que leur exploitation et les enfermer dans des représentations de dominées. Enfin, les femmes développent des stratégies de ruse qui leur permettent également de contester l'autorité des hommes, comme en témoignent les maraîchères de Kinshasa.

L'idéologisation de la femme, gardienne de la vie

La marginalisation de la femme repose également sur la maternité de la femme, gardienne de la vie. Cette valeur s'enracine dans l'environnement culturel et trouve force dans le religieux, une fois encore intrinsèquement imbriqué au culturel. Ce qui est une valeur culturelle et religieuse est utilisé comme une idéologie pour asservir les femmes.

En effet, dans la micro-société qu'est la famille[6] (au sens large du terme), l'éducation se fait d'après le sexe et le groupe d'âge. Les parents ont chacun un rôle spécifique. Mais dès l'enfance, le rôle de la mère est essentiel. C'est elle qui s'occupe de l'enfant au moment de la naissance. Elle est la première éducatrice : elle marque de son empreinte le processus de développement de la personnalité de l'enfant. La femme est essentiellement celle qui transmet la vie : recevoir, transmettre, sauvegarder, enrichir la vie, promouvoir la vie est un devoir sacré. Cette vie se renforce dans le sens aigu d'hospitalité, d'accueil, de partage et de solidarité. Tout est vie ; tout est relation. Ainsi, pour se saluer, on se souhaite la vie, *moyo*, en langue ciluba du Kasaï, signifiant la vie ou l'organe vital, le cœur. On explique que le destin de la femme réside dans le don de la vie, dans sa descendance. Le prestige d'une épouse se mesure au nombre de ses enfants et, dans le système patrilinéaire, au nombre des fils qu'elle donne au lignage.

La maternité est la fonction de la femme que l'on apprécie le plus. La fécondité est alors sa qualité première. Elle lui donne d'être considérée comme une personne accomplie. Les divers processus de socialisation d'une fille tendent à l'accomplissement de ce devenir. La stérilité est presque toujours une cause de répudiation de la femme. De même, celle qui n'a eu que des filles (considérées chez les Luba/Lulua du Kasaï comme des *biula*[7]) peut être répudiée ou, dans le meilleur des cas, se voir adjoindre une ou des coépouses.

Cette importance accordée au rôle maternel de la femme traduit la soif de vie qui habite l'Africain et l'ensemble de la communauté. La vie, c'est une progéniture nombreuse, une prospérité économique, une grande influence sociale, un pouvoir politique important ou une intelligence hors pair. Mais c'est particulièrement la procréation qui détermine la puissance vitale de l'homme. Sans procréation, un mariage est considéré comme nul. La procréation devient le contrepoids de la mort. Elle assure non seulement la continuité lignagère, mais permet aux vivants comme aux morts de revivre dans la descendance. Ainsi, les humains croient profondément que mourir sans enfant, c'est mourir pour toujours. Autrement dit, la survie est assurée par la pérennité de la lignée.

Dès lors, la stérilité est une épreuve tellement dure qu'elle fait courir les individus, surtout les femmes, derrière devins et guérisseurs pour en détecter les causes et tenter d'en guérir. Une telle épreuve fait susciter des prières pathétiques à Dieu, auteur suprême de la vie, surtout lorsque toutes les autres médiations sont restées infructueuses. Ce désir de vie et de progéniture s'exprime souvent dans la prière et les proverbes et leur donne une résonance très particulière. Voici la prière d'un homme luba-lulua dont le couple mariage est stérile :

« *Wewe, Mvidi Mukulu wanyi, nakutendelela bakishi, nakupanga. Nakupaka manga, nakupanga. Nabuka mbuku, nakupanga. Kadi Mvidi Mukulu muena bantu, nakulekela malu onso. Nkadi mutekemene kudi wewe. Ungambike bianyi muana, wakudia nende kuanyi ku mbelu* ».	« Toi, mon Dieu, j'ai invoqué les mânes des ancêtres, j'ai échoué. J'ai confectionné des fétiches, j'ai échoué. J'ai consulté les devins, j'ai échoué. Mais toi, Dieu, Maître des hommes, j'ai abandonné toutes ces pratiques-là, et je ne compte plus que sur toi. Donne-moi aussi un enfant avec qui partager mon repas à la maison ». (Caeneghem 1956, cité par Tshibilondi 2005:47-48).

Plusieurs proverbes traduisent également cette importance de la procréation. La polygamie trouve sans doute ici l'une de ses explications, comme le montrent les proverbes suivants :

« *Bua kudia nabake umwe, ba bungi tuabaka bua kulela* »	« Si c'était pour le repas, une seule femme aurait suffi. Si nous en épousons plusieurs, c'est pour avoir le plus d'enfants possible »
« *Walela wavudija, kudi ne wakumanya* »	« Lorsque tu engendres, multiplie le nombre de tes enfants ; il s'en trouvera au moins un pour te connaître (pour subvenir à tes besoins) »
« *Kuledibua nkaya mbupika* »	« Naître enfant unique est comme l'esclavage »
« *Kamonyi babo, ne baya kumudia kudi mibwabwa* »	« Celui qui n'a pas de parenté (ni frère ni sœur) sera mangé par des loups (sans protection) »

Ainsi, la femme n'est valorisée que grâce à ses nombreuses maternités ; elle est souvent marginalisée, répudiée en cas de stérilité. Celle-ci n'est pas vue comme d'ordre physiologique, mais comme le symptôme d'une infraction à la norme. Et c'est la femme qui est censée porter la responsabilité de cette infraction et qui en est également victime. La stérilité masculine est souvent méconnue. La femme stérile n'est pas considérée comme une vraie femme. Les fondamentalistes culturels, qui s'adossent à la conception religieuse de la vie, s'appuient sur ces traditions pour maintenir les femmes dans un statut de domination.

Dignité humaine et dignité de la femme africaine

Comme partout, la tradition culturelle et religieuse africaine porte en elle des germes d'idéologies patriarcales et fondamentalistes, mais aussi des éléments de promotion de la dignité la femme. Pour les repérer, il faut une approche critique du monde traditionnel.

Le mythe kongo de scission : complémentarité entre l'homme et la femme

Dans l'anthropologie négro-africaine, la personne humaine est un être à deux dimensions, l'une masculine, l'autre féminine. Dans le mythe kongo de la scission, le premier être créé n'était ni homme ni femme, mais il était homme et femme à la fois, possédant tous les attributs féminins et masculins. Cet homme était un être total et vivait dans un état d'harmonie et de plénitude. Suite à une transgression de l'interdit, il se scinda en deux, en homme et en femme. Ce mythe traduit de façon remarquable l'idée de la complémentarité radicale entre l'homme et la femme. Nous gardons, pour la beauté du récit, son style littéral :

- « Au commencement des temps, l'Être suprême avait placé dans un enclos un être qui était le premier être créé qu'il nomma *Mahungu* (qui signifie étymologiquement « celui sur qui on a soufflé »). *Mahungu* n'était ni homme, ni femme, mais il était homme et femme à la fois, c'est-à-dire possédant tous les attributs féminins et masculins.
- Dans cet enclos poussait un palmier. L'Être suprême autorisa *Mahungu* à jouir de tout le jardin, mais il lui interdit de contourner le palmier.
- Cet homme étant un être total, il vivait dans un état d'harmonie et de plénitude. Un jour, pris par la curiosité, il voulut faire le tour du palmier. Dans un premier temps, il essayait mais revenait sur ses pas, jusqu'au jour où il en fit le tour complet.
- Dès ce moment-là, il se scinda en deux, c'est-à-dire en homme et en femme. L'homme s'appela *Lumbu* (qui signifie étymologiquement « ce qui est métamorphosé, transformé ». Et la femme s'appela *Muzita* (qui signifie étymologiquement « ce qui relie ou qui noue ».
- Dès cette séparation, l'homme et la femme se sont sentis incomplets, solitaires et ont éprouvé le besoin de retrouver leur état initial de plénitude. Ils firent plusieurs fois le tour du palmier sans retrouver cet état et devinrent tristes.
- Un jour qu'ils étaient assis loin l'un de l'autre, ils éprouvèrent le besoin de se rapprocher. En se rapprochant, ils sentirent qu'ils s'approchaient de l'état initial de plénitude. Ils décidèrent de s'approcher davantage et lorsqu'ils furent au contact l'un de l'autre, ils éprouvèrent le sentiment qu'ils avaient connu lorsqu'ils étaient un même être. Mais cela ne dura que quelques instants. C'est pourquoi l'homme et la femme issus de la séparation en deux natures différentes du premier être créé *Mahungu* ont toujours besoin l'un de l'autre pour s'entraider et ils se recherchent pour se compléter » (Tshibilondi 1993 ; 2005:184-185).

De cela découlent, entre autres, la nécessité de l'union de deux sexes et l'idée du mariage. Ainsi, l'homme seul ou la femme seule ne constitue pas réellement une personne humaine. Un domaine où leur complémentarité est absolument nécessaire est celui de la procréation en vue de la perpétuation de l'espèce et de l'organisation de la société.

Le mythe dogon de la création : l'infériorité de la femme

Il existe également dans la tradition orale d'autres mythes, proverbes, contes, chansons, qui véhiculent l'idéologie archaïque tendant à inférioriser la femme considérée comme un être originellement impur. Tel est le mythe Dogon de la création dont voici le résumé :

> « Après avoir accompli son œuvre de création, Amma voulut s'accoupler avec la Terre, son épouse. Mais au moment où il s'approche d'elle, la Termitière, symbole du clitoris de la Terre, se dresse et gêne Amma, qui abat la Termitière et féconde sa femme. Au lieu des jumeaux prévus, il naît un chacal, le chacal mythique des Dogons. Cette première union est un échec. De la seconde union, réussie celle-là, sont issus les *nommo*. C'est du couple des nommo que la Terre-Mère tient les fibres de la Parole initialement destinées à cacher sa nudité. Or, voilà que pris de convoitise, le chacal traque sa mère, l'agresse et la dépossède des fibres dont elle était vêtue. Par cet acte incestueux, le chacal acquit la maîtrise de la Parole, ce qui devait lui permettre, pour l'éternité, de révéler aux devins à venir les desseins de Dieu. De plus, il fut la cause de l'apparition du sang menstruel qui teignit les fibres. L'état de la Terre devenue impure devint incompatible avec le règne de Dieu » (Griaule 1966:19-20, cité par Zadi Zaourou et Ehouman 1976:109).

Nous récusons le mythe de l'infériorité de la femme africaine où l'être-femme apparaît comme inférieur à l'être-homme. La femme est considérée idéologiquement comme impure, une sous-personne appelée à subir tout le fardeau de la famille / société sans rien dire. Même si elle tient une place importante dans la vie familiale comme donatrice de la vie et pourvoyeuse de nourriture, elle est en dessous de l'homme en tant qu'un être inférieur, faible qui a besoin de protection. Sur la base de ce mythe et de bien d'autres, la femme est soumise à des interdits et à des pratiques dégradantes.[8]

Et la dignité de la femme ?

La tradition africaine est réputée respectueuse de la personne humaine, de sa dignité. Le *bumuntu* désigne la personne humaine, quel que soit son sexe. Certains proverbes et expressions l'expriment bien. Ainsi, en langue kiswahili, on dira : *mtu ni mtu* (l'être humain, c'est l'être humain). En d'autres termes, toute personne est un être humain. On dira encore *mtu si nyama* (l'être humain n'est pas un animal). En kikongo on dit : *Bantu, inbantu, bintu mbintu* (les êtres humains sont des êtres humains, les choses sont des choses. À un tout petit enfant qui vient de rendre un service, les Bawoyo du Cabinda le félicitent : *mbua, muntu* (le chien, c'est le chien, l'être humain, c'est l'être humain). Enfin, un proverbe luba du Kasaï dit : *Batu basambuka mitshi, kabatu basambuka bantu* (on enjambe les arbres et non les hommes).

Tous ces proverbes et expressions montrent que tout individu est considéré comme une personne humaine digne de respect. Ici, les critères d'âge et de sexe passent au second plan. Même la situation sociale est relativisée, comme le montre un proverbe ciluba : *Mukalenga wa bantu, bantu wa mukalenga.* Ce qui se traduit littéralement : « Le chef des hommes, les hommes du chef ». En d'autres termes, si on est un chef, on ne l'est que pour les humains et par les humains. La personne humaine vaut plus que l'argent, plus que les objets, plus que les animaux. En ce sens, il est interdit de lui faire subir des traitements dégradants.

Pourtant, la tradition africaine justifie l'inégalité de traitement à l'encontre de la femme. Dans cet univers socioculturel, la distinction entre les sexes est la première de toutes les règles sociales. Dès leur jeune âge, les filles sont préparées surtout par leurs aînées (mère, tantes, sœurs, grands-mères) à accomplir les deux phases parfois dissociées de leur vie, à savoir être mère et épouse. À propos des structures sociales et familiales, il est à noter que la philosophie, les usages et le niveau de vie se combinent pour attribuer aux femmes une fonction génératrice primordiale. Toutes les femmes ont le devoir de procréation. L'accomplissement de la personnalité féminine passe par le mariage et les maternités. C'est l'un des fondements de la structure sociale. En plus de ce rôle de mère et épouse, la femme africaine joue un rôle important dans le secteur économique, notamment dans la production agricole et le secteur de l'économie populaire, dite informelle. La place de la femme rurale est tout autant aux champs, au grenier, à l'étable qu'au foyer.

Le mariage est l'institution où se perçoit le mieux la place de la femme africaine dans la société. Conçu sur le modèle de l'échange et destiné à sceller l'alliance entre groupes familiaux, il s'opère un déséquilibre en défaveur de la famille de la femme, puisqu'elle quitte sa famille pour rejoindre celle de son mari. C'est ce déséquilibre que la dot, dans son caractère symbolique, tend à réparer. Ici apparaît clairement l'appartenance de la fille au clan tout entier, plus précisément aux hommes du clan. Les droits de la fille et son consentement ne peuvent pas toujours être strictement respectés. De même, la polygamie, quelle que soient sa forme et sa justification, est un phénomène de décadence et d'anarchie sociale, même dans la société traditionnelle. D'ailleurs, certaines épouses des polygames s'opposent à ce système et ne le souhaitent pas pour leurs filles. Enfin, lors du décès de son époux, la veuve subit des traitements dégradants et inhumains.[9] Et souvent, ce sont les belles-sœurs (donc des femmes !) qui rivalisent de férocité pour faire souffrir la veuve. Cette situation d'infériorité de la femme n'est pas souvent remise en question, car la société la juge normale. Elle estime que les femmes doivent naturellement se soumettre à toutes les règles traditionnelles en s'acquittant de multiples tâches uniquement destinées à l'entretien de la famille et au profit de leur mari. Il est vrai que la femme a droit au respect et à la considération de son mari et de ses enfants. Même si elle n'a pas droit à la parole en public, son influence est considérable dans les décisions importantes de l'homme. L'on évoque ici « le pouvoir silencieux » des femmes. Mais il est plus illusoire que réel, d'autant plus que ce prétendu « pouvoir féminin » ne s'exerce que dans l'espace privé de la famille. N'est-ce pas un mythe qui sert plutôt la cause des fondamentalistes ?

En somme, les considérations sur le monde socioculturel africain montrent combien dans la tradition la dignité de la femme en tant que personne libre de ses décisions n'est pas toujours reconnue. Ces diverses coutumes rattachées au mariage confèrent à la femme un statut inférieur à celui de l'homme. Elles font d'elle un être dominé au lieu d'une partenaire égale et responsable aussi bien dans la famille que dans la société. Ainsi, au sein du foyer, cette inégalité de condition marque son statut personnel autant que son statut patrimonial. Les fondamentalistes s'appuient sur ces données culturelles pour chercher à perpétuer la domination masculine sur les femmes.

L'apport philosophique

Pour sortir de ces fondamentalismes, un regard critique sur nos traditions s'impose. Ici, la philosophie peut être d'un secours inestimable. On ne peut repenser les rapports de genre dans notre société sans recourir à une réflexion critique sur les mutations inhérentes à nos sociétés. Il convient de remarquer, au passage, que la philosophie africaine dans son émergence a exclu de son discours les femmes. J. G. Bidima le relève à juste titre :

> « Concernant les femmes et les enfants, la philosophie africaine les a exclues du discours. Quand il lui arrive de parler de la femme, c'est pour l'enfermer dans le "familialisme" où elle est épouse, mère ou sœur, le masculin est ici présent mais en ellipse. (….) Se profile donc une ruse phallocrate consistant à associer féminité et maternité » (1995:88).

Mais aujourd'hui, la réflexion sur le genre interpelle désormais les philosophes africains, notamment du fait de l'éveil des femmes africaines, de l'émergence des mouvements féminins et de leurs revendications pour l'égalité des droits. En effet, la philosophie a une fonction émancipatrice. La réflexion sur la condition humaine, sa spécificité et la destinée de l'agir humain permettent de dévoiler le statut spécifique de l'être humain tel qu'il se manifeste dans l'histoire et à travers les différentes cultures.

> « Entre deux genres qui constituent la nature humaine et, par conséquent, la société humaine, il se manifeste une relation fondée essentiellement sur l'altérité. Mais au cours de l'histoire, la condition féminine a subi de multiples avatars sous couvert de la notion de la nature. Ainsi dans les sociétés africaines, certains faits et pratiques qui ne favorisent pas l'épanouissement du genre humain masculin/féminin nécessitent un ajustement » (Tshibilondi 2003a:118).

Ainsi, la philosophie invite à un examen critique des cultures africaines. Elle permet d'y déceler les ajustements indispensables pour l'épanouissement de nos peuples, hommes et femmes. Elle rend compte de la condition de la femme dans le contexte africain, surtout là où les femmes se heurtent aux fondamentalismes. Centrée sur les personnes, la philosophie, dans sa fonction critique, n'invite-t-elle pas à dépasser le stade du diagnostic pour commencer à mettre au point des stratégies de développement, au sens d'épanouissement humain, complètes ?

En somme, si les conceptions, les fonctions et les courants de la philosophie africaine sont multiples, ne faut-il pas plaider pour une pensée critique et émancipatrice qui rompe avec le phallocentrisme, qui participe à la transformation des mentalités et aide à recouvrer la dignité de la femme ? Alors, comme réflexion critique et promotrice du bien-être de la personne, la philosophie ne permet-elle pas de mieux traquer les fondements et les ressorts de toutes les formes de fondamentalisme ?

Comme le note Ngoma-Binda, la philosophie a une parole authentique à proférer, une critique effective à effectuer et une orientation pratique à donner :

> « Dans son contexte actuel de sous-développement ou de désintégration économique radicale, de déraison politique incommensurable, de dénuement social sans espérance (...), l'Afrique actuelle constitue une source féconde de philosophie politique ou de philosophie inflectrice, c'est-à-dire susceptible de pouvoir d'inflexion du réel social. Ceci veut dire que le rôle de la philosophie africaine – comme celui d'ailleurs de toute

> philosophie véritable – consiste à contribuer, à partir de son angle de vue particulier, à la promotion de l'être humain, à l'allégement de la souffrance et au recul des frontières de la mort de l'homme » (1998:103).

Il s'agit en fait de la promotion de l'être humain, masculin et féminin. Ainsi, tenter de faire ressortir le rôle de la femme et de la famille dans le processus du développement permet de percevoir quels types de rapports sont vécus par l'homme et la femme. À partir de ces rapports, nous pouvons examiner l'évolution ou les mutations nécessaires pour un développement de l'Afrique où tous, hommes et femmes, participent – de manière spécifique mais égalitaire – à la reconstruction du continent.

La philosophie promotrice et émancipatrice du bien-être de la personne a pour objectif fondamental de conduire à l'élargissement des possibilités offertes à chaque individu. Elle invite à un examen critique des cultures africaines pour y déceler les discours, les représentations, les stéréotypes, les normes qui freinent les rapports égalitaires entre l'homme et la femme. Cette philosophie centrée sur les personnes a également pour objet d'élargir les choix offerts aux individus, et pas seulement d'augmenter leur revenu. Elle ne se limite pas à l'économie. Elle veut le développement des potentialités humaines par des investissements dans le capital humain. Le contrôle des personnes, et en particulier des femmes sur leur destinée, reste un moyen sûr pour établir le lien entre croissance et développement humain.

Les relations hommes / femmes dans les sociétés et les cultures africaines doivent donc être envisagées au niveau social, politique, économique, culturel et religieux. Dans un continent en mutation, l'organisation des recherches sur ces processus nécessite des travaux de terrain, des enquêtes ou des expériences qui augmentent la connaissance des phénomènes sociaux en milieu africain. Dans une conjoncture intellectuelle où le champ scientifique éclate, les disciplines s'interpénètrent. D'où la nécessité d'une approche pluridisciplinaire dans l'étude de genre afin d'enrayer les fondamentalismes. Les recherches en sciences humaines et sociales ont connu une évolution dans divers domaines scientifiques : l'histoire, les cultures, les langues, les religions, les sciences politiques, économiques (les stratégies de développement…). Pour appréhender à sa juste valeur ces questions dans le contexte africain, nous devons également faire appel à une critique philosophique. Car on ne peut approfondir le thème de « Genre et fondamentalismes en Afrique », et plus précisément reconsidérer les rapports entre les femmes et les hommes dans la perspective genre, sans tenir compte de la conception négro-africaine de la personne et de la communauté, de la famille, du mariage, du ménage, etc., dans une société en pleine mutation politique, économique, culturel, voire religieuse. Il y a une nécessité d'un effort constant de réflexion et de recherches interdisciplinaires sur la société africaine pour permettre à l'université africaine de devenir un moteur de développement national.

Conclusion

Ainsi, on l'aura compris : parler de genre et fondamentalismes en Afrique, c'est s'investir dans la mutation des schèmes culturels et religieux de notre société. Il s'impose alors une véritable « prise de pouvoir », ou l'*empowerment* des femmes. Ce terme anglais difficile à traduire exprime à la fois le renforcement du pouvoir politique des femmes, leur autonomie économique, leur capacité à exercer pleinement des droits juridiquement reconnus et la maîtrise de leur destinée. Mais la prise de pouvoir et la protestation contre les fondamentalismes passent par la formation, la conscientisation et la sensibilisation. Pour cela, on peut s'appuyer sur les réseaux des associations féminines et l'éducation.

En effet, les associations féminines doivent aider à ce refus des fondamentalismes. Elles doivent conduire à un nouvel ordre mental, à un regard autre sur la femme. Ces associations favorisent la solidarité entre femmes pour un engagement effectif dans le changement de la société. Depuis Mexico à Pékin, les mouvements féminins africains ont joué un rôle essentiel dans l'évolution du statut juridique et les actions de libération de la femme africaine (Tshibilondi 2008).

Quant à l'éducation, elle constitue pour nous la meilleure arme de combat contre les fondamentalismes[10]. L'éducation est un processus par lequel l'individu, à mesure qu'il grandit, s'installe dans son patrimoine culturel. En ce sens, elle porte sur le développement intégral de la personne, en l'occurrence, de l'enfant – fille ou garçon – dont il faut éveiller, *educere*, toutes les dimensions : individuelle, sociale, spirituelle, et intellectuelle. Ainsi entendue, l'éducation est plus large que l'instruction qui est l'un des modes spécifiques de communication des techniques complexes de la vie moderne. Elle comprend la formation de la personne sur tous les plans. Il sera certes question de l'instruction et de l'alphabétisation, mais la formation sera aussi basée dans tous les domaines de la vie (social, politique, économique, culturel, esthétique, technique, scientifique, voire religieux, etc.), avec une conscientisation dans le domaine des droits humains fondamentaux des femmes. Une réforme s'impose dans les contenus des programmes et des supports pédagogiques, des manuels qui véhiculent encore les stéréotypées liés au genre.

En somme, il convient d'encourager les femmes, les chercheur-e-s à se former et à se pencher spécialement sur les questions concernant le genre. D'où l'importance de l'éducation des filles pour permettre l'émergence en Afrique d'un nouvel ordre philosophique qui prenne en compte de manière prioritaire le problème du genre ; des rapports entre les femmes et les hommes en contexte africain. Des études de cas, des séminaires et questions approfondies dans ce domaine permettraient de traquer les fondamentalismes sous toutes leurs formes en vue de l'épanouissement du genre humain féminin/masculin. D'où la nécessité d'intégrer la thématique de genre dans les *curricula,* les programmes en sciences humaines, sociales, et notamment en philosophie (Tshibilondi 2003b).

Certes, les disciplines classiques sont importantes, mais il nous semble que la formation universitaire devrait de plus en plus approfondir les questions de la bioéthique dans l'évolution actuelle de la science et de la technologie ; la biodiversité avec les questions environnementales ; des identités dans le contexte de la globalisation ; de l'anthropologie fondée sur des valeurs humanistes de rapport de genre. La mondialisation invite à repenser la question de l'accomplissement humain dans la perspective de genre. Ici, la fonction émancipatrice de la philosophie, notamment la question de la philosophie de l'éducation, surtout de la jeune fille africaine, reste un problème déterminant dans la renaissance du continent. Dans les programmes des sciences humaines, notamment de la philosophie, devrait s'inscrire le module de philosophie et mouvements féministes en Afrique, où il sera traité entre autres les grandes problématiques du mouvement féministe ; la situation des femmes dans la tradition et leur statut actuel ; le contexte d'émergence de la philosophie africaine et l'exclusion du problème de genre ; autorité et pouvoir des femmes en Afrique, fondements philosophiques et raisons sociales, politiques, économiques, religieuses, etc.

Notes

1. Le « genre » est parfois considéré comme une importation occidentale des intellectuelles, des « bourgeoises » africaines ou « élites locales qui trouvent leurs propres intérêts dans l'adoption des catéchismes importés qui leur donne accès à des fonds de développement » (De Lame 2004:184). Certain-e-s préfèrent le « genre » et refusent le « féminisme ». Et pourtant, ces deux termes sont historiquement liés. Il convient de les contextualiser en Afrique (Cf. Tshilombo 2004:17-26; Massan d'Almeida 2006 :8-14, site http://www.

afard.org/docs/togogen.pdf). On lira aussi avec intérêt Henneau 2010:33-56. Particulièrement : 'Le Vatican et les femmes : une querelle de genre'. L'auteure commente un extrait du texte publié par la Congrégation pour la Doctrine de la Foi, 'Lettre aux évêques de l'Église catholique sur la collaboration de l'homme et de la femme dans l'Église et dans le monde', dans La documentation Catholique, 2320, 5 et 19 septembre, 2004 : 775-784.

2. Il faut signaler ici le cas de William Wade Harris (1865-1929), originaire du Libéria, qui fut enseignant et prêcheur laïc de l'Église méthodiste épiscopalienne. Il inspira la naissance d'une Église afro-chrétienne appelée le harrisme, implantée essentiellement en Côte d'Ivoire. De même le Kimbanguisme, l'une des grandes Églises afro-chrétiennes. Elle fut fondée au début du siècle dans l'ancien Congo belge par l'évangéliste et guérisseur Simon Kimbangu (1887-1951). Cette Église compte aujourd'hui plusieurs millions de membres en Afrique, en Europe et en Amérique.
3. Concernant la tendance conservatrice des Églises chrétiennes, notamment de l'Église catholique romaine, on lira avec intérêt l'ouvrage de Famerée, J., Henneau, M.-E, Parmentier, E. et Reijen, A.-M., éds., 2010. Les auteurs s'interrogent sur la place et le rôle de la femme dans les Églises. Sur l'Église africaine et la domination masculine, cf. Mawusée Togboga 2007. Sur le partenariat entre les femmes et les hommes dans l'Église et la société en Afrique, cf. A. Tshibilondi Ngoyi 1993.
4. Tshiamalenga montre la complémentarité radicale du politique, du culturel et religieux dans le contexte africain. Il se démarque des conceptions dualistes d'une certaine tradition théologique et philosophique occidentale ainsi que des abus de la chrétienté médiévale qui ont conduit à la réaction connue sous les noms de « sécularisation » et de « Lumières » depuis le temps moderne européen. Selon lui, « L'on peut émanciper l'homme de telle ou telle religion « instrumentaliste ou confessionnalisée ». L'on ne saurait l'émanciper du projet de société représenté par les idéaux religieux de solidarité, d'égalité de chances (de justice), de paix et de développement harmonieux. L'homme « profane », ontologiquement séparé du divin et du cosmique, est une simple vue de l'esprit, une « abstraction » métaphysique, une dichotomie dualiste simplement postulée et nullement démontrée. Ce n'est pas la « raison » qui est l'essentiel de l'homme ni son instance ultime de la pensée et de l'agir. C'est bien plutôt l'unité processuelle et sans frontières englobant le divin, le cosmique et l'humain qui constitue une telle instance ultime. Celle-ci n'est pas à chercher dans la rationalité solipsiste du je, mais bien dans l'argumentativité dialogale du Nous sans frontières et radicalement englobant » (1997:60).
5. Au Sénégal, l'application radicale de ce principe permet aux épouses d'embaucher leurs époux comme manœuvres et de les salarier.
6. Dans le contexte de la mondialisation, la famille africaine connaît des mutations profondes. Pour plus de détails, lire A. Tshibilondi Ngoyi 2006:171-183.

7. Biula, en ciluba du Kasaï, signifie crapaud. La femme qui n'a eu que des filles n'a pas encore mis au monde de vrais enfants, des fils. Elle est méprisée et on l'appelle Mua biula ; la mère des crapauds.
8. Ce mythe pose également le problème de l'adultère et de l'excision. Concernant les interdits et les sanctions de l'adultère dans la culture kasaïenne, lire Tshibalabala Ali Kankolongo 1980. Sur l'excision, lire, entre autres, Fatou Sow (1998). Signalons que l'Afrique s'est engagée dans la lutte contre les pratiques néfastes en élaborant, parmi tant d'autres, un instrument régional important, le Protocole à la Charte africaine des droits de l'homme et des peuples relatif aux droits des femmes dit Protocole de Maputo (2003). Tous les États ne l'ont pas encore signé. Ces questions mériteraient une étude plus approfondie afin d'éviter un regard simpliste. Limitons-nous à signaler qu'aucune religion ne fonde la pratique de l'excision et aucune culture ne peut justifier les pratiques dégradantes à l'égard de la femme. Il y a, fort heureusement, de plus en plus une prise de conscience pour l'abolition de l'excision/ mutilations génitales féminines, comme en témoignent les lois et les Plans d'Action dans certains pays où se pratique l'excision. Signalons ici les cas du Tchad (loi en 1995), Burkina Faso (loi en 1996), le Togo, (loi en 1998), et le Sénégal (loi depuis 1999), ont une loi qui interdit les mutilations génitales féminines/excision. Le Sénégal possède un Plan d'Action national pour accélérer l'abandon de mutilations génitales féminines/excision d'ici 2015. Ce plan s'appuie sur une approche holistique et multi-sectorielle afin de renforcer les capacités des communautés. Le chemin reste long, à cause de l'influence de valeurs socioculturelles. Ce sont les femmes en tant qu'éducatrices qui perpétuent ces pratiques. D'où l'enjeu de l'éducation et de la sensibilisation pour une transformation des mentalités, des femmes et des hommes, surtout en milieu rural.
9. Il existe une législation concernant les violences faites à la femme en général, et particulièrement à la violence sexuelle dans les pays post-conflits, notamment en Afrique centrale, le cas de la R.D Congo. Dans le cas du veuvage et des rituels de purification, très souvent, c'est la coutume qui prévaut. En dépit de la loi, les femmes acceptent de subir ces rituels à cause des croyances très ancrées et de la peur des malédictions, des maladies (la folie) et de la mort. Il faut noter ici l'évolution des mentalités et le changement grâce à la sensibilisation des mouvements des femmes, et particulièrement des veuves, dans l'accompagnement au moment du deuil.
10. On confond souvent l'éducation de l'instruction. L'éducation est plus large que l'instruction. En ce sens, les Africaines, même si elles ne sont peut-être pas majoritairement instruites, elles ne sont pas ignorantes pour autant. Elles possèdent un savoir-faire, un savoir-vivre et un savoir être qui sont un capital humain inestimable. Pour plus des détails, cf. Tshibilondi 2005:155-172.

Bibliographie

Bidima, J. G., 1995, *La philosophie négro-africaine*, Paris, Presses universitaires de France.

Bisiliat, J., éd., 2003, *Regards des femmes sur la globalisation. Approches critiques*, Paris, Karthala.

Bouvier, P., 2008, *Millénarisme, messianisme, fondamentalisme : permanence d'un imaginaire politique*, Paris, L'Harmattan.

D'Almeida, M., 2006, « Genre et féminisme », dans *Genre et pouvoir en politique*, Actes du séminaire-atelier national de formation, Lomé, 5-7 octobre, p. 8-14, En ligne : http://www.afard.org/docs/togogen.pdf.

De Lame, D., 2004, « Féminismes africains et rapport de genre », dans P. Denis et C. Sappia, éds., *Femmes d'Afrique dans les sociétés en mutation*, Louvain-La-Neuve, Academia Bruylant, p. 182-199.

Diop Fall, Awa, « Fondamentalisme religieux et culturel », 2010, en ligne http://www.africanfeministforum.com/wp-content/uploads/2010/10/Fondamentalisme-religieux-et-culturel-par-Awa-Fall-Diop.pdf.

Elungu, P. E. A, 1987, *Tradition africaine et rationalité moderne*, Paris, L'Harmattan.

Famerée, J., Henneau, M.-E, Parmentier, E. et Reijen, AM., éds., 2010, *Le christianisme est-il misogyne ? Place et rôle de la femme dans les Églises*, Bruxelles, Lumen Vitae.

Griaule, M., 1966, *Dieu d'eau*, Paris, Fayard.

Henneau, M-E, « L'Église catholique et les mouvements féministes : revendications des femmes de femmes belges et paroles du Magistère romain », dans J. Famerée, M.-E, Henneau, E. Parmentier et A-M. Reijen, éds., 2010, *Le christianisme est-il misogyne ? Place et rôle de la femme dans les Églises*, Bruxelles, Lumen Vitae, p. 33-56.

Héritier, F., 1996, *Masculin/Féminin*, tome 1 *La pensée de la différence*, Paris, Éditions Odile Jacob.

Héritier, F., 2002, *Masculin/Féminin*, tome 2 *Dissoudre la différence*, Paris, Éditions Odile Jacob.

Imam, A., 1996, « Femmes et fondamentalisme », juin, En ligne : http://www.wluml.org/fr/node/420.

Iman, A., Mama, A. et Sow, F., éds., 2004, *Sexe, genre et société. Engendrer les sciences sociales africaines*, Dakar, Paris, CODESRIA–Karthala.

Lalande, A., 1976, *Vocabulaire technique et critique de la philosophie*, Paris, Presses universitaires de France.

Mawusée T., 2007, « Église africaine et domination masculine. Un défi pour les femmes », dans M. Cheza, et G. Van't Spiker, éds., 2007, *Théologiens et théologiennes dans l'Afrique d'aujourd'hui, Paris*, Yaoundé, Karthala, CLE, p. 141-148.

Messi Metogo, E., 1997, *Dieu peut-il mourir en Afrique ? Essai sur l'indifférence religieuse et l'incroyance en Afrique noire*, Paris, Yaoundé, Karthala, Presses de l'Université catholique d'Afrique centrale (UCAC).

Mulago gwa Cikala, V., 1980, *La religion traditionnelle des Bantu et leur vision du monde*, Kinshasa, Faculté de Théologie catholique de Kinshasa, 2° édition.

Ndaya Tshiteku, J., 2008, *Prendre le bic. Le combat spirituel congolais et les transformations sociales*, Leiden, African Studies Centre.

Ngoma-Binda, P., 1998, « Du pouvoir politique de la philosophie africaine », *Revue philosophique de Kinshasa*, vol. XII, nos 21-22, janvier–décembre, p. 99-100.

Poucouta, P., 2002, *Lectures africaines de la Bible*, Yaoundé, Presses de l'Université catholique d'Afrique centrale (UCAC).

Protocole à la Charte africaine des droits de l'homme et des peuples relatif aux droits des femmes, dit Protocole de Maputo, 2003, Maputo, Mozambique, En ligne : http://www.africa-union.org/Official_documents/Treaties_Conventions_fr/Protocolesurledroitdelafemme.pdf.

Sow, F., 1998, « Mutilations génitales féminines et droits humains en Afrique », in Sow, F., éd., *Revisiter le genre / Gender revisited*, 3° numéro spécial de l'Institut sur le Genre du CODESRIA, session 1996, Africa Développent / Afrique et Développement, vol. XXIII, n° 3, Dakar, CODESRIA, p. 9-28.

Thomas, L. V. et Luneau, R., 1981, *Religions d'Afrique noire. Textes et traditions sacrés*, Paris, Stock.

Tshiamalenga Ntumba, I. M., 1997, « La complémentarité radicale du politique et du religieux. Une approche 'bisoïse' », dans *Religions traditionnelles africaines et projet de société*, 1997, Actes du 5° Colloque international du Centre d'études des religions africaines (C.E.R.A.), Kinshasa, Faculté catholique de Kinshasa, p. 47-64.

Tshibalabala, A. K., 1980, « Valeur éthique et éducative des interdits dans la société traditionnelle », dans *Éthique et société*, 1980, Actes de la III° semaine philosophique de Kinshasa, Recherches philosophiques africaines, Kinshasa, Faculté de Théologie catholique, p. 289-253.

Tshibilondi Ngoyi, A., 2005, *Enjeux de l'éducation de la femme. Cas des femmes congolaises du Kasaï*, Paris, L'Harmattan.

Tshibilondi Ngoyi, A., 1993, « Le rôle de la femme dans l›Église et dans la société », dans *La foi et le temps*, numéro spécial. « L'Église d'Afrique à l'approche de son Synode », tome 23, nov. déc., p. 559-572.

Tshibilondi Ngoyi, A., 2000, « La mondialisation : un défi pour les femmes d'Afrique », dans F. Nahavandi, éd., *Globalisation et néolibéralisme dans le Tiers-Monde*, Paris, L'Harmattan, p. 113-131.

Tshibilondi Ngoyi, A., 2003a, « La philosophie et la problématique du genre en Afrique », dans Collectif, *Pour une pensée africaine émancipatrice. Points de vue du Sud, Paris, Alternatives sud*, vol. 10, n° 4, Centre Tricontinental, L'Harmattan, p. 117-136.

Tshibilondi Ngoyi, A., 2003b, « Analyse critique des curricula en philosophie en Afrique », dans L. G. Mililo et N. Y. Soédé, éds, *Doing Theology and Philosophy in the African Context / Faire de la philosophie et de la théologie en contexte africain*, Francfort, London, IKO-Verlag fûr interculturelle Kommunikation, p. 91-102.

Tshibilondi Ngoyi, A., 2006, « Famille africaine et mutations socioculturelles », dans C. Lutercbacher-Maineri et S. Lehr-Rosenberg, éds, *Sagesse dans la pluralité. L'Afrique et l'Occident en dialogue*, Weischeit in Vielfalt. Afrikanisches und Westliches Denken in Dialog, Fribourg, Academic Press Fribourg, p. 171-183.

Tshibilondi Ngoyi, A., 2008, « Organisations féminines congolaises : pour un développement participatif », dans Schulz, M., éd., *Les agences de développement au Congo (R.D)*, vol. 94, Berlin, Éditions Lit/Münster, Kinshasa, Saint-Paul.

Tshilombo, G., 2004, « Existe-t-il un féminisme africain ? », dans P. Denis, P. et C. Sappia, éds., *Femmes d'Afrique dans une société en mutation*, Louvain-La-Neuve, Academia Bruylant, p. 17-26.

UNESCO, 1982, *Déclaration de Mexico sur les politiques culturelles. Conférence mondiale sur les politiques culturelles*, Mexico City, 26 juillet – 6 août.

Van Caeneghem, R., 1956, *La notion de Dieu chez les Baluba du Kasayi*, Bruxelles, Académie royale des sciences coloniales, tome IX, vol. 2.

Zadi Zaourou, B. et Ehouman, S., 1976, « Visages de la femme dans l'idéologie de la société africaine », dans Société africaine de culture, éd., *Civilisation de la femme dans la tradition africaine*, Paris, Présence Africaine, p. 106-121.

6

Évolution des rôles sans évolution du statut : souffrance et stratégies insoupçonnées des femmes de la banlieue dakaroise

Rosalie Macchia-Samba

Introduction

Certaines normes sociales, dont le fondement est à la fois culturel et religieux, ont tendance à se muer en fondamentalismes qui sous-tendent à ce point le quotidien des acteurs de manière négative qu'ils en deviennent asservissants. Ces fondamentalismes se camouflent sous le vernis des « valeurs africaines immuables » qui, paradoxalement aux idées véhiculées au quotidien, ont été et sont toujours constamment revisitées, souvent par les acteurs dominants et généralement dans le but de légitimer des attitudes, des comportements, aussi bien que des décisions législatives ou politiques. Comme l'écrivait la professeure Fatou Sow, dans sa note d'introduction à cet Institut sur le genre 2011, « Religion, culture et politique ont des actions si imbriquées et embrouillent tant leurs effets dans les vécus quotidiens des populations qu'il est extrêmement difficile de démêler les différentes sources d'influence ». On peut néanmoins relever une constante, les figures qui guident la relecture perpétuelle des traditions sont rarement féminines, elles renvoient aux différents acteurs dominants des sociétés africaines au cours du temps. Il est donc pertinent de chercher à éclairer la manière dont se donnent à voir les relations de genre par une analyse minutieuse de la nature et du rôle de l'imbrication de certains fondamentalismes sur la société.

Nous tenterons, à la faveur de cet article, de montrer comment certaines normes socioculturelles[1] peuvent devenir des fondamentalismes à partir du moment où elles réduisent à ce point le champ des possibles des acteurs qu'elles affaiblissent les relations de couple et l'équilibre des ménages. Pour ce faire, nous nous proposons d'analyser les stratégies de sécurisation mobilisées par les femmes, dans le contexte socioculturellement défini de la banlieue de la capitale sénégalaise, plus particulièrement à travers la figure de « la femme chef de ménage »[2]. En effet, la définition même du terme « chef de ménage » renvoie à certains présupposés culturels et religieux qu'il est nécessaire de transcender pour analyser la réalité telle qu'elle se donne à voir dans sa quotidienneté. Éclairer les logiques en jeu contribue à remettre en cause certains fondements socioculturels légitimés au nom du respect de la culture/tradition et de la religion. Il devient donc à la fois essentiel, mais également très délicat, de faire de la recherche au croisement des dimensions du social, du religieux et du culturel, surtout lorsque l'on s'intéresse aux questions liées aux femmes et à la compréhension des rôles sociaux de genre.

Malgré les apparences et les perceptions spontanées qui relègueraient facilement la version féminine du chef de ménage au registre anecdotique, le phénomène des chefs de ménage féminins est loin d'être anodin et isolé. Selon les statistiques de l'Agence nationale de la statistique et de la démographie (ANSD), les « ménages féminins » représentaient, en 2004, un cinquième des ménages sénégalais et un quart des ménages dakarois (DPS 2004). En 2006, l'étendue du phénomène est réévaluée à un tiers des ménages dakarois par l'Enquête de suivi de la pauvreté au Sénégal (ANSD 2007), proportion confirmée en 2010/2011 (EDS 2012). Si l'on se base uniquement sur les Enquêtes démographiques et de santé (EDS), l'augmentation relative du nombre de ménages dirigés par une femme est estimée à 39 pour cent de 1992 à 2011 en milieu urbain (EDS 2012). Ces chiffres montrent l'ampleur d'un phénomène qui par ailleurs ne bénéficie que de très peu de visibilité. Or une analyse comparée des enquêtes démographiques disponibles révèle une absence de définition claire du concept « chef de ménage », ce qui laisse imaginer une quantification tronquée du phénomène.

Notre problématique de recherche met en évidence la créativité des Dakaroises sur fond de crise multiforme dans la lignée du « paradigme de l'acteur » en sciences sociales. Les premiers résultats analytiques de la recherche mettent en évidence le rôle évolutif joué par le mariage, les réseaux sociaux et les activités informelles dans les stratégies de sécurisation mobilisées par les femmes chefs de ménage à Dakar. Nous verrons ici comment certaines perceptions sociales, notamment face au travail féminin, enferment ces femmes sous le joug de normes socioculturelles qui les obligent à développer des stratégies camouflées de contournement de la norme, tout en leur ôtant le droit de jouir de la fierté d'assumer envers et contre tout, même si, bon an mal an, les aléas du quotidien au grand bénéfice de leurs familles.

Dans le contexte actuel où les aléas économiques sont défavorables aux conditions de vie des ménages, le rôle économique des femmes est plus crucial que jamais. Or la conception du mariage à Dakar s'oppose à la valorisation de la mise en activité des femmes. C'est donc en termes de tension sociale que l'activité est vécue et perçue par les femmes autant que par leur mari, alors qu'elle représente une nécessité économique pour l'équilibre familial. Le mariage est donc difficilement compatible avec le travail féminin, mais, dans la conjoncture actuelle, l'exclusivité des deux événements, prescrite par la norme, ne résiste pas aux infortunes du quotidien. S'il est difficile pour une femme de concilier mariage et travail, la situation devient encore plus problématique lorsque la femme assume la majorité, voire la globalité, des charges du ménage.

Créativité populaire sur fond de crise multiforme

Les pays du Sud connaissent actuellement des transformations sociales dans un contexte de vulnérabilité croissante. On observe notamment l'émergence de nouveaux phénomènes comme les ménages polynucléaires, l'éclatement du ménage biologique, la pluri-résidence, la transformation des relations familiales, intergénérationnelle et de genre, etc. (Antoine et Adjamagbo 2002 ; Sarr 1998). Ces transformations profondes s'effectuent dans un contexte de vulnérabilité croissante à plusieurs niveaux : sanitaire, éducatif, résidentiel, économique et professionnel (Fall et Sy 2002). L'amélioration de la conjoncture macroéconomique marquée par des taux de croissance élevés n'a que peu d'effet favorable sur la répartition plus équitable des revenus au Sénégal.

Heureusement, les populations n'attendent pas les initiatives institutionnelles lorsqu'elles sont confrontées aux problèmes du quotidien (Locoh 1993a ; 1993b ; Mahieu 1993 ; Fall 1994 ; Latouche 1994). Au contraire, elles développent des pratiques, souvent qualifiées de « déviantes » par les détracteurs du modèle dominant, qui ont donné lieu à l'expérimentation de nouveaux « arrangements sociaux » (Fall 2007).

Ce sont ces initiatives, sous l'impulsion toujours renouvelée de stratégies à la fois individuelles et collectives, qui ont permis aux populations de se sécuriser dans un contexte économique et institutionnel peu enclin à favoriser la sécurisation dans le temps d'une majorité de la population. Les réseaux sociaux ont, par exemple, certainement contribué à amoindrir les effets des compressions d'emplois et de réduction des revenus en jouant le rôle d'amortisseurs (Antoine et Adjamagbo 2002). Mais dans un contexte socioéconomique dégradé, les modes de redistribution des richesses au sein des familles se trouvent parfois remis en cause[3], tout comme la prise en charge des plus démunis par les mieux nantis (Antoine, Bocquier, Fall, Guissé et Nanitelamio 1995).

Le paradigme de l'acteur

En exposant brièvement la problématique de recherche en ces termes, nous plantons d'emblée cet article dans une perspective théorique autour de ce que l'on pourrait appeler le « paradigme de l'acteur » en sciences sociales. Autant dans les pays du Nord que du Sud, de nombreuses études ont montré la capacité des acteurs locaux à réagir aux situations insécurisantes, en développant des initiatives pour maintenir ou rétablir un niveau de vie décent. Les acteurs populaires ne sont pas des spectateurs passifs d'une situation qu'ils subissent. Dans un monde en pleine mutation, caractérisé par la rencontre de référents axiologiques et idéologiques différents, voire contradictoires[4], les acteurs cherchent à stabiliser leur rapport au monde et aux autres afin de parvenir à un équilibre plus ou moins stable. Cette quête d'un équilibre, même instable, que nous appelons le « processus de sécurisation », se réalise par essai-erreur, à travers le rapport à l'entourage social médiatisé essentiellement par les activités domestiques et économiques. La notion de sécurisation, telle que nous l'entendons, fait référence à un mouvement multiforme et progressif d'amélioration des conditions de vie, aussi bien sur le plan économique (conditions effectives de vie), psychologique (perception des conditions de vie) que symbolique (conformité avec les normes sociales).

Utiliser la notion d'acteur plutôt que celles d'actant, d'agent, d'individu, de groupe, etc. renvoie au choix d'un système d'interprétation parmi d'autres. La manière de désigner quels sont les « sujets » légitimes de la recherche représente un choix théorique qui implique une théorie du social. En fonction des concepts qu'il mobilise, le chercheur va produire un discours différent sur la réalité sociale qu'il analyse. Il sera donc nécessaire d'expliciter ces choix et de clarifier les non-dits théoriques ou épistémologiques sous-jacents[5]. Mobiliser le cadre théorique complexe de l'acteur appelle un autre regard sur les dynamiques de développement vues comme un processus complexe et multidimensionnel qui nécessite une approche multidisciplinaire, pragmatique et ouverte à la réalité du vécu des acteurs locaux pour l'appréhender (Lapeyre 2007:132). L'approche par les acteurs peut aider à mieux apprécier le besoin d'une méthodologie plus systématique et « sensible » pour accéder aux voix des acteurs populaires, aux savoirs et aux stratégies des acteurs locaux, en incluant la transformation et l'interpénétration continuelle des modèles et expériences locales et extérieures (Long 1992:275).

Projecteur sur les femmes chefs de ménage de fait

Parmi cette multiplicité d'« acteurs du bas » (Braudel 1985), nous nous intéresserons plus particulièrement aux « femmes chefs de ménage » qui vivent dans l'agglomération de Dakar, qu'elles soient divorcées, veuves, femmes de migrants, épouses d'hommes polygames, mères célibataires, mais surtout mariées avec un conjoint sans emploi. Les femmes chefs de ménage font face aux mêmes contraintes que les autres femmes : elles assument les charges d'entretien du ménage[6], prennent soin des enfants, mènent des activités économiques et pâtissent des mêmes discriminations. Leur situation est cependant rendue plus pénible par leur isolement. Elles ne bénéficient pas du soutien d'un conjoint, et si celui-ci est présent, nous verrons que, dans le contexte dakarois, la cohabitation est plutôt vécue sur le mode de la tension puisqu'elle entraîne des frictions qui peuvent mener au divorce.

Alors que ces femmes chefs de ménage *de fait* renvoient visiblement à un phénomène d'ampleur à Dakar, celui-ci est mal appréhendé dans les enquêtes statistiques nationales. En 2001, les femmes étaient estimées à la tête de 205.720 ménages sénégalais, ce qui représente un quart du nombre total des ménages (DPS 2003). À Dakar, en 2007, il représentait parfois un quart des ménages dakarois (DPS 2004:37), parfois un tiers de ces ménages (ANSD 2007:38). Malgré la cohérence interne et la pertinence qui ressort de l'étude attentive des chiffres présentés dans l'enquête ESAM II, une comparaison rapide avec les autres enquêtes qui traitent, toujours de manière périphérique, du sujet (DPS 2002 ; ANDS 2007) jette un doute sur la pertinence des données présentées. On peut penser que le flou qui entoure la définition de la notion de « femme chef de ménage » conduit à une quantification tronquée du phénomène, puisque la notion peut renvoyer à plusieurs significations. Au-delà de cela, le manque de rigueur caractéristique des études statistiques actuelles sur ce point nous semble en grande partie lié à l'absence de définition du concept dans un contexte culturel où donner au terme « chef de ménage » une connotation féminine ne va pas de soi. Le concept aurait plutôt tendance à être défini « sur le terrain » de l'enquête en référence à la personne vers laquelle l'enquêteur est renvoyé. Lorsqu'il entre dans une habitation, l'enquêteur demande à parler avec le chef de ménage. La personne vers laquelle on l'oriente peut parfois être la personne la plus âgée, la figure d'autorité de la famille ou encore le seul homme présent dans la maison, même si son âge ne laisse pas entrevoir qu'il puisse contribuer à l'entretien de la famille. C'est pour palier à ce biais de définition que nous parlerons *a priori* des chefs de ménage « *de fait* ».

Globalement, suite à l'étude comparée des différentes enquêtes, nous pouvons tirer deux constats. Premièrement, le phénomène des « femmes chefs de ménage » est difficile à appréhender statistiquement, manque d'une définition précise et souffre de l'absence d'indicateurs clairement définis et observables statistiquement. Deuxièmement, la quantification hasardeuse du phénomène mène à des interprétations qui reflètent les représentations sociales spontanées du phénomène. Ces femmes constituent donc un groupe particulièrement intéressant pour la recherche qualitative puisque les études statistiques qui s'intéressent au sujet nous donnent à voir une quantification biaisée du phénomène.

Tentatives créatives de sécurisation économique

L'économie informelle sénégalaise ne traduit ni une innovation contemporaine, ni une dérive du modèle économique dominant, encore moins une de ses formes transitoires, mais « un processus indiquant une forme différentielle d'appropriation endogène et populaire de l'économie, dont l'expansion ou la redécouverte actuelle traduit à la fois l'atonie du secteur moderne et formel, la disjonction entre normativité officielle et pratiques populaires ainsi que l'épuisement du contrat social sénégalais post-colonial » (Favreau 2003:51). Le magma des initiatives informelles apparaît également comme un amortisseur de crise. D'une part, en assurant à une bonne partie de la population un emploi ou une activité économique secondaire, d'autre part, en répondant à une demande massive de consommation par une offre de produits adaptés. Elle représente une solution liée à la pauvreté, mais sans pour autant s'y réduire. Tous les pauvres ne travaillent pas dans l'informel et tous les acteurs de l'informel ne sont pas pauvres.

À Dakar, le travail *féminin* informel est devenu un phénomène massif. Si le secteur informel dakarois occupait 76,4 pour cent des travailleurs en 2002, la présence des femmes dans les entreprises privées informelles représentait 45,9 pour cent (DPS 2002:20). Les femmes y exercent néanmoins plus souvent des emplois structurellement mal payés puisqu'elles mènent des activités davantage caractérisées par une taille réduite et un faible chiffre d'affaires. Les emplois féminins sont, à plus d'un titre, davantage précaires que ceux occupés par les hommes, les Dakaroises sont proportionnellement beaucoup plus nombreuses à exercer sur la voie publique, à domicile, sans installation particulière ou sur les marchés. Ces éléments ont un impact direct sur le niveau des rémunérations des activités féminines.

Mais les initiatives informelles féminines ne se réduisent pas à ce constat, elles renvoient également à un processus proactif de redécouverte d'une forme endogène de création de richesses. En effet, les ressorts principaux des activités informelles sont avant tout la finalité socioéconomique (ou éco-sociale) de l'activité économique : le travail autonome, l'identité socioculturelle, les relations réciprocitaires, l'encastrement dans les réseaux sociaux et la satisfaction des besoins. Au vu des fonctions positives que l'informel incarne, certains ont parfois tendance à minimiser ses défauts, mais le tableau doit être nuancé. Alors même que l'informel a tendance à sacrifier l'accumulation économique au profit de la redistribution sociale, la reproduction sociale des inégalités représente également l'une de ses limites fondamentales. L'absence de protection sociale est par exemple la caractéristique commune des emplois proposés à la main-d'œuvre de l'économie informelle.

Nous envisageons l'investissement féminin dans les activités informelles comme une stratégie supplémentaire développée par les femmes pour pallier les manques de moyens du ménage. Cette stratégie tend souvent à devenir la première stratégie de sécurisation du ménage. En effet, l'analyse de nos entretiens biographiques exploratoires montre que le travail occupe une place primordiale dans l'esprit des femmes chefs de ménage interrogées. Leurs activités économiques leur permettent, selon les situations vécues et la manière de gérer le niveau de revenus atteint, de maintenir un cadre social d'existence personnelle, de pouvoir entrer dans le mécanisme de la réciprocité et ainsi participer à la sécurisation par les réseaux sociaux, ou, au mieux, d'avoir la possibilité de s'émanciper complètement de ces réseaux.

Le mariage comme mode de sécurisation des ménages

En étudiant l'importance grandissante du phénomène de femmes chefs de ménage à Dakar et en constatant la pertinence de la sécurisation par le travail informel féminin, nous en sommes venues naturellement à nous interroger sur l'ascendance actuelle de l'institution qui pouvait traditionnellement être considérée comme jouant un rôle de premier plan dans la sécurisation des femmes et des ménages : le mariage.

En général on peut dire que, même si au niveau symbolique il conserve sa fonction primordiale pour la plupart d'entre elles, le mariage perd son rôle de sécurisation financière pour les femmes chefs de ménage que nous avons interrogées. Trois tendances se dégagent néanmoins de l'étude préliminaire des premières données récoltées. Dans le cas de certaines femmes interrogées, le mariage ne représente plus la source principale de sécurisation, mais il est interprété comme une manière parmi d'autres de se sécuriser. Pour d'autres, la sécurisation par le travail offre la possibilité à la femme divorcée de ne pas se remarier si tel est son souhait. Enfin, les femmes mariées chefs de ménage n'accordent plus au mariage qu'une valeur symbolique de sécurisation sociale.

Les femmes sont lucides devant l'incapacité des hommes à assurer les besoins du ménage et ont largement tendance à ne plus accorder au mariage le rôle de source principale de sécurisation financière, alors même que le rôle de sécurisation symbolique de l'institution du mariage semble intact. Le mariage perd sa fonction symbolique dans les cas plus rares où le divorce n'est pas lié au manque de revenus du ménage et/ou que la femme divorcée semble avoir été profondément marquée par les difficultés affectives au sein de son couple.

Les données collectées ne nous permettent pas de croire en la thèse du divorce comme révélateur d'une étape franchie dans l'émancipation de la femme africaine. Dans le cas des femmes chefs de ménage que nous avons rencontrées, l'hypothèse selon laquelle les femmes chercheraient ou trouveraient l'émancipation dans le divorce ne nous semble pas pertinente. Les préoccupations de la majorité des femmes interrogées sont fonctionnelles ; elles cherchent avant tout un soutien financier qui leur permette de diminuer leurs charges quotidiennes de travail et d'améliorer le niveau de protection du ménage, surtout des enfants, contre les imprévus.

Travail versus réseaux sociaux

L'investissement dans les réseaux participe à une stratégie collective de sécurisation. Eclatés dans l'espace social, ils se superposent, selon des articulations propres, aux stratégies développées par les acteurs. Or certaines femmes chefs de ménage en sont exclues. En effet, la mobilisation des réseaux constitue un mode efficace de sécurisation seulement si les membres du réseau ont la possibilité à un moment ou à un autre d'entrer dans le jeu de la réciprocité. Pour ces femmes qui « survivent », le travail représente alors le dernier rempart social dans le sens où il procure une existence sociale à la personne exclue de la sécurisation par les réseaux. Il lui permet, par un jeu habile de dissimulation de la réalité de ses conditions de vie, de sortir de ses problèmes et de continuer à bénéficier d'une vie sociale « normale », malgré les difficultés souvent excluantes qu'elle rencontre. Le travail joue alors pleinement son rôle de sécurisation sur les plans psychologique et social. Ce jeu subtil où alternent parfois dissimulation et complicité féminine peut aussi mener à se faire aider – souvent en nature – à chaque fin du mois sans pour autant le demander. On voit, dans ce cas, à quel point continuer à diversifier les sources de sécurisation est crucial pour ces femmes.

Pour les femmes qui vivent une succession de périodes fastes et précaires, la sécurisation par le travail rend possible la sécurisation par les réseaux. La réciprocité de l'aide peut alors pleinement jouer son rôle. L'activité informelle est ainsi considérée comme un moyen sans lequel la sécurisation ne serait pas possible. Elle est à la base de la stabilité du ménage (subsistance) puisqu'au-delà de sa fonction de principale source de revenus, elle permet également, dans les périodes difficiles où elle ne parvient pas à jouer ce rôle, de maintenir un niveau de vie relativement satisfaisant assuré par la mobilisation des réseaux. Le travail au sens d'*activité génératrice de revenus* ne représente dès lors qu'une stratégie parmi d'autres pour améliorer leur situation et le travail en tant que lieu de vie représente un nouvel espace de sécurisation. Ces femmes sont de vrais « faiseurs de réseaux » qui leur offrent en retour des ressources réelles ou potentielles. Tout est donc question de stratégie et d'adaptation pour les cultiver et les entretenir avec persévérance en vue de pouvoir tirer profit, en cas de nécessité, du capital social ainsi créé.

Enfin, pour les femmes chefs de ménage qui peuvent épargner puis faire de petits investissements, la sécurisation du ménage est avant tout assurée par les revenus de l'activité informelle. Il semble que les fonctions traditionnellement attribuées aux réseaux tendent à être prises en charge par les revenus du travail. En effet, le niveau de revenus atteint par leur activité informelle leur permet d'assurer le quotidien de leur ménage et, souvent grâce à leur petite épargne, de ne pas devoir compter sur les réseaux pour se sécuriser en cas d'imprévu. Les réseaux sont alors exclusivement perçus par elles dans leur dimension astreignante, qui nécessite un engagement personnel contraignant (tant en temps qu'en énergie) en s'engageant dans le jeu de la réciprocité et le maintien continuel d'une volonté feinte d'épanouissement dans le travail. Les femmes chefs de ménage de cette catégorie semblent ainsi posséder la capacité de se contenter d'un train de vie inférieur à leurs revenus. Elles parviennent à se priver et à priver leur famille d'éléments qui pourraient par ailleurs sembler essentiels, pour viser un objectif de sécurisation à moyen terme. Elles n'hésitent pas à décliner les sollicitations de soutien puisqu'elles refusent la plupart du temps le jeu de la réciprocité, même si dans certains cas elles en « souffrent socialement ». On peut donc dire que leur investissement dans les réseaux est résiduel par rapport à leur investissement dans l'activité informelle. Les réseaux peuvent néanmoins dans certains cas assurer un rôle de valorisation sociale et de soutien par rapport à l'activité[7].

Différenciation sociale dans les stratégies de sécurisation

Comme nous venons de le voir, il existe une réelle différentiation dans les stratégies de sécurisation entre les femmes appartenant aux trois catégories mises en évidence, que l'on pourrait associer aux trois termes suivants : survie, subsistance et épargne. Malgré cela, nous pouvons relever une tendance commune à toutes les femmes chefs de ménage interrogées : l'activité informelle devient la pierre angulaire de la sécurisation des ménages où le chef de ménage est une femme, même si cela se passe selon des modalités sensiblement différentes.

Même si les réseaux constituent un mode de sécurisation important pour certaines femmes, il n'est rendu possible que par la mobilisation d'un minimum de capital économique qui permet d'entrer dans les relations de réciprocité. C'est seulement en se basant sur les revenus qu'elles tirent de leurs activités informelles que les femmes peuvent multiplier les formes de sécurisation. Lorsque la mobilisation des réseaux est rendue improbable par le manque permanent de revenus monétaires, les femmes développent de petites stratégies circonstanciées, mais qui ne permettent d'assurer la protection du ménage que de façon aléatoire. Parfois, au contraire, le revenu issu de l'activité informelle s'est substitué à la nécessité de participer au système des réseaux jusqu'à, dans certains cas, permettre également à la femme de se passer complètement de la sécurisation par le mariage.

Dans ces conditions, l'activité informelle féminine devient la principale source de sécurisation des ménages, mais, la plupart du temps, parmi d'autres. En effet, le fait que la source de sécurisation soit unique fragilise la protection du ménage. Alors qu'elles assurent plus ou moins complètement la sécurisation du ménage, la plupart des femmes rencontrées redoutent constamment la perte durable de l'activité et donc de la principale source de revenus qui assure la protection du ménage.

Quand une norme socioculturelle devient un fondamentalisme

Alors que nous venons de mettre en évidence la place centrale des activités économiques informelles dans la combinaison des stratégies de sécurisation développées par les femmes chefs de ménage à Dakar, nous allons à présent éclairer une autre dimension de ces activités féminines, à savoir la perception sociale du travail féminin et son impact détonnant sur la relation de couple et l'équilibre familial. Nous allons voir que la nouvelle configuration des rôles économiques masculins et féminins qui s'opère dans les ménages populaires de la capitale sénégalaise est à la base d'une tension forte vécue au sein des couples, aussi bien par les hommes que par les femmes. En effet, le modèle idéal de la vie maritale, décrit par les femmes, est celui qui garantit un confort matériel et financier à l'épouse qui l'exclurait de toute obligation de travail rémunéré. Le mariage est alors perçu comme l'occasion de laisser le mari assumer pleinement son rôle en subvenant, seul, aux besoins du ménage, l'épouse se consacrant totalement à la gestion de l'économie domestique. L'organisation sociale oriente donc davantage les femmes vers la gestion de l'économie domestique que vers la mobilisation des ressources de cette économie (Fall et Sy 2002). Dans ces conditions, l'activité des femmes devient révélatrice de l'incapacité de leur conjoint à subvenir aux besoins du ménage. Nous pouvons donc mieux comprendre l'accueil peu chaleureux réservé au travail féminin, qui *in fine* devient le réceptacle d'une tension forte entre le devoir d'assurer les conditions de vie du ménage et la honte sociale qui découle d'une activité pourtant salutaire.

Dévalorisation sociale du travail féminin : entre nécessité économique et honte sociale

Au Sénégal, l'entrepreneuriat féminin est une réalité ancienne qui a tendance à se transformer en phénomène massif et à se décliner selon des modalités nouvelles (Lecarme-Frassy 2000 ; Sarr 1998)[8]. Si les revenus issus de l'activité économique féminine étaient, jusqu'il y a peu, essentiellement réservés aux dépenses de prestige (cérémonies, bijoux, tissus, etc.), la nouveauté réside dans le fait qu'ils soient devenus nécessaires à la survie des ménages (Sarr 1998). La norme sociale sénégalaise n'exclut donc pas le travail féminin. Mais, dans l'entendement social, les revenus tirés de l'activité d'une femme mariée doivent d'abord avoir une utilité personnelle. Ils seront alors consacrés à s'habiller et à se parer ou encore à participer aux cérémonies familiales ou autres festivités sociales. Dans la société sénégalaise, il est du devoir de l'homme de prendre entièrement en charge sa (ou ses) femme(s)[9] et ses enfants, et il est humiliant pour lui de ne pas pouvoir assumer ce rôle. L'époux est donc moralement chargé d'assumer seul les obligations financières liées aux besoins essentiels de la famille[10]. La dépendance de l'épouse vis-à-vis de son mari est perçue comme une valeur conjugale intangible, une évidence sociale aucunement avilissante à laquelle les femmes adhèrent les premières[11]. Cette conception des rôles conjugaux montre à quel point les Dakaroises sont imprégnées par l'idéal de la femme au foyer (Nanitelamio 1995:284). La conception du mariage à Dakar s'oppose donc à la valorisation de la mise en activité des femmes (Adjamagbo et Antoine 2004 ; Adjamagbo, Antoine, Béguy et Dial 2004) lorsque celle-ci répond à une nécessité économique. Il est difficilement concevable qu'une femme doive travailler pour aider son mari à assumer les besoins du ménage et il n'est pas envisageable qu'elle doive se substituer à lui dans ce rôle.

L'exercice d'une activité féminine hors de la sphère domestique se heurte au modèle dominant de la forte séparation des rôles entre conjoints. Cet idéal de la dépendance comme condition souhaitée par les femmes est difficilement réalisable dans un contexte économique difficile où les revenus du mari, quand il en a, ne suffisent plus, dans bien des cas, à prendre en charge le ménage. L'idéal de la vie maritale est ainsi menacé par le déclin général des conditions de vie qui a rendu caducs les espoirs d'ascension sociale que les femmes avaient coutume de mettre dans le mariage. Face à l'insuffisance, voire à l'absence de revenus de leurs conjoints, les femmes occupent désormais un rôle central dans la stratégie de survie des ménages. Cette activité féminine est donc souvent vécue par le mari comme une situation honteuse : son épouse n'aurait pas dû s'astreindre à cette activité s'il avait été à la hauteur des espérances placées dans leur mariage. L'activité de son épouse devient rapidement la preuve de son incapacité à subvenir aux besoins de sa famille. Pour la femme également, son activité est perçue par l'entourage comme la preuve flagrante des problèmes que rencontre le couple, et est source d'un sentiment de déshonneur. Cette situation psychologiquement très difficile à supporter, tant pour les hommes que pour les femmes, conduit à un désengagement croissant de la part des hommes face à leurs responsabilités familiales et accentue le taux de divorces dans la capitale sénégalaise. Une perception plus positive du travail féminin permettrait à l'épouse de se consacrer à son activité de manière épanouissante et valorisante socialement. Au contraire, l'activité est perçue comme révélatrice de la situation financière précaire du couple, ce qui induit un sentiment de honte difficilement supporté par le mari, et dont l'épouse est aussi indirectement la victime. Leur effort sera vécu, non pas comme une initiative valorisante et épanouissante, mais comme révélateur de carences au sein du ménage, comme une obligation nécessaire à l'équilibre familial dont il faut camoufler l'ampleur de la dérive financière.

À Dakar, la norme culturelle oppose donc mariage et travail quand il s'agit des femmes. Dans un contexte marqué par de tels rapports de genre[12], le travail n'apparaît comme une nécessité pour les femmes que lorsque la contribution monétaire de leur conjoint destinée à la satisfaction des besoins des membres du ménage est défaillante. On peut donc supposer que, dans la grande majorité des cas où la femme assume une grande partie des charges du ménage, cette situation ne correspond pas à la volonté de son conjoint[13], s'il est encore présent, mais renvoie avant tout à une nécessité d'ordre économique. Le manque ou l'insuffisance de revenus du conjoint, favorisant la mise en activité de son épouse, sera alors source de relations conjugales conflictuelles qui pourront aboutir au divorce. Dans d'autres capitales africaines, la recherche conjointe de solutions aux problèmes du quotidien a contribué à renforcer les relations de couple en créant plus de complicité et de solidarité entre les conjoints (Locoh 1996)[14]. À Dakar, c'est en termes de tension sociale que l'activité économique féminine est perçue et vécue par les femmes autant que par leurs conjoints quand elle représente une nécessité économique pour l'équilibre familial (Macchia 2006).

Dissimulation des rôles comme stratégie de contournement de la norme

Cette tension entre les normes socialement admises et les contraintes économiques constitue une menace pour l'équilibre des foyers. Ce risque est cependant en partie atténué par la discrétion des femmes qui s'engagent souvent dans un jeu habile de dissimulation des rôles. Grâce à cette stratégie, la prééminence économique du mari dans le foyer est rarement démentie, même lorsqu'elle ne correspond plus à la réalité. Conscientes de leur rôle économique grandissant au sein du ménage, les femmes se gardent bien de revendiquer une quelconque reconnaissance. On peut supposer que leur fierté à elles se joue également dans la situation socioéconomique favorable du mari, même si elle n'est qu'apparente. La sauvegarde des apparences connaît néanmoins des limites ; cette tension n'est pas supportable pour toutes, ni sans limite. Le défaut d'entretien de la femme par son mari est d'ailleurs cité par les femmes divorcées comme la première cause de divorce à Dakar (Dial 2008)[15]. Le taux élevé de divorces[16] confirme ainsi qu'une femme restera difficilement au côté du conjoint si ce dernier ne peut lui assurer un niveau de vie décent. En revanche, si la fréquence des divorces est particulièrement importante, le remariage est tout aussi rapide. La logique semble simple : si le précédent mari n'a pu tenir ses engagements, le prochain – mieux choisi – fera probablement mieux.

L'équilibre économique plus ou moins rétabli, grâce à la participation de la femme à la satisfaction des besoins des membres du ménage par la création de revenus complémentaires, voire de substitution, ne représente pas une source de soulagement pour le couple. Au contraire, l'équilibre économique de la famille ainsi retrouvé crée un autre déséquilibre, au sein du couple cette fois. Il représente en effet la remise en cause du rôle de l'homme au sein du ménage. Celle-ci est perçue comme dangereuse autant par l'homme que par la femme qui la perçoit comme un effet collatéral involontaire dont il faut à tout prix chercher à réduire l'impact irrémédiablement négatif sur les relations de couple et donc sur l'équilibre de la famille. Pour remédier à ce sentiment de remise en cause du rôle masculin, la femme va s'empresser de rendre à son mari un semblant d'existence sociale digne qui soit suffisamment convaincante pour lui, même si elle n'est qu'apparente. Elle va ainsi dévaloriser et minimiser d'emblée toutes ses tentatives à elle de participation à l'effort économique pour assurer un revenu décent au ménage et survaloriser la moindre avancée, si minime soit-elle, réalisée grâce à la contribution, occasionnelle ou régulière, de son mari. Même si c'est elle qui en est à l'origine, elle rendra toujours son mari publiquement responsable des avancées positives du ménage, telles l'achat d'un produit de consommation ou d'habillement, l'inscription ou la réinsertion d'un enfant à l'école, la prise en charge du traitement médical d'un membre du ménage, etc.[17].

Dans ces conditions, le nombre élevé de femmes travaillant à Dakar peut être interprété comme un signe supplémentaire de la précarité des conditions de vie des Dakarois, plutôt que comme un signe d'autonomisation ou d'émancipation des femmes[18]. En effet, malgré toutes les considérations sur la perception négative du travail féminin « alimentaire », le nombre de femmes qui travaillent à Dakar est important. L'Enquête emploi de 2002 montre que 41,1 pour cent des femmes exercent un travail alors que ce taux est de 62,1 pour cent pour leurs homologues masculins (DPS 2002:13)[19]. Cependant, si les Sénégalaises ont en moyenne un niveau de revenu moindre que les Sénégalais, elles dépensent en moyenne plus pour chaque membre de leur ménage. Si les femmes sont considérées comme plus pauvres, étant donné leurs revenus inférieurs et souvent plus précaires (DPS 2003:12), les ménages dont le chef est une femme ont un niveau de dépenses annuelles moyennes par personne (et par ménage) supérieur à celui des ménages dirigés par des hommes (DPS 2004:150). Par exemple, l'étude des variations différentielles du taux brut de scolarisation, selon le sexe du chef de ménage, confirme l'hypothèse selon laquelle les femmes, en dépit de leur plus faible niveau de revenu et d'instruction, permettent davantage à leurs enfants de poursuivre leur scolarisation. Quel que soit le milieu de résidence considéré, les enfants qui appartiennent à des ménages dont le chef est une femme sont en moyenne scolarisés plus longtemps (DPS 2004:67).

Les rapports de genre sont donc défavorables à l'amélioration des conditions de vie des ménages dans le sens où la femme devra développer un fort pouvoir de persuasion, pour convaincre subtilement son mari que son travail ne représente en rien la remise en cause de son statut. Il lui faudra ensuite une bonne dose de persévérance pour s'accrocher, envers et contre tout, à son activité, si minime soit-elle, malgré les tensions fortes qui pèsent sur elle et sur son couple. Il lui faudra enfin beaucoup de courage pour s'investir, corps et âme, dans une activité peu rémunératrice dont l'existence même pourrait mettre en péril son couple et, par-là, l'équilibre familial. Cette activité peut aussi devenir socialement dévalorisante, si la femme échoue dans sa tentative de dissimulation du rôle crucial de son activité économique pour la survie des membres du ménage. Dans ce cas, elle sera rapidement victime des railleries des femmes de son entourage et de son lieu de travail. Côtoyer ces femmes, chaque jour et souvent dans la promiscuité, peut alors, dans certains cas, devenir un véritable supplice difficilement supportable. La méchanceté à laquelle elle sera confrontée et l'exclusion qu'elle subira seront la source d'une souffrance psychologique qui s'exprimera souvent par un sentiment de solitude d'autant plus profond que la situation sera ressentie comme injuste[20].

Nous comprenons à présent à quel point devenir « chef de ménage » pour ces femmes de la banlieue dakaroise ne renvoie pas à une démarche volontaire, mais plutôt à un processus d'adaptation progressive aux difficultés socioéconomiques rencontrées dans leurs ménages. Loin d'être valorisant pour la femme, ce travail, même salutaire, sera source de tensions telles qu'elles pourront mener à l'implosion du couple. La femme sera soumise à une forte tension créée par un idéal social de vie marital qui rend son activité honteuse pour son mari ainsi que pour elle, ce qui fera peser sur leurs épaules de fortes pressions psychologique et sociale. Elle devra, pour s'en sortir, développer une stratégie subtile de contournement de la norme rendue possible par cette pratique salutaire de « dissimulation des rôles », stratagème généralisé parmi les femmes mariées chefs de ménage. Cette pratique permettra de ne pas affronter directement ce fondamentalisme qui désapprouve le rééquilibrage des rôles au sein des couples, même dans la majorité des cas où le maintien de l'équilibre économique du couple en dépend.

Du conservatisme au changement social : quelle voie emprunter ?

Les changements nécessaires sont multiformes, malgré tout un élément fondateur ressort de l'analyse des premières données : ces changements doivent être opérés « du dedans » des sociétés. Or certaines des stratégies de sécurisation mises en évidence, qu'elles soient lucratives ou non, s'inscrivent déjà dans des logiques durables de développement. Elles pourraient ainsi inspirer des politiques, sans doute plus adaptées et donc plus efficaces, en matière de protection sociale. Identifier et comprendre les logiques en jeu permettraient à terme de pouvoir contribuer au renforcement de ces stratégies, à travers une orientation renouvelée des politiques publiques dans le champ de la protection sociale à l'égard des populations urbaines « défavorisées ». Cependant, est-il souhaitable que les pouvoirs publics s'inspirent de ces logiques populaires de protection en concevant des dispositifs sur le même modèle ? Ces dispositifs institutionnels ne souffriraient-ils pas *de facto* d'une légitimité socioculturelle moins marquée ?

La diversité des variables dépendantes que nous avons repérées, à travers l'observation et les récits de vie réalisés, conforte le sentiment de l'incapacité d'améliorer la situation des femmes de l'informel – et donc aussi de leurs ménages – sans imaginer des solutions adaptées aux situations variables et aux conditions diverses. En valorisant ce choix, nous nous engageons dans une optique que certains pourront qualifier de « localiste », mais qui, à nos yeux, est la seule qui semble pertinente, étant donné cette diversité et l'impact contreproductif que pourrait avoir sur les rapports de couple et les relations familiales toute politique axée sur les femmes.

Afin d'illustrer ce propos, prenons l'exemple du rapport 2005 du Fonds de développement des Nations Unies pour la femme (UNIFEM, devenu entretemps UN Women). Celui-ci démontre que si l'on veut réduire la pauvreté et encourager l'égalité entre les sexes, il faut améliorer la sécurité économique des femmes (UNIFEM 2005). Or, selon ce rapport, la condition sine qua non de cette sécurité économique est l'obtention d'un emploi. En effet, créer des emplois décents pour les femmes peut, en première analyse, sembler une solution intéressante au vu de la situation particulièrement précaire des emplois qu'elles occupent et du rôle précieux que les femmes tiennent *de facto* dans l'équilibre socioéconomique des ménages. En poussant plus loin l'analyse, on s'aperçoit néanmoins qu'à Dakar, la particularité du contexte social et la conception des rapports de genre au sein du couple ne mènent pas à vouloir appliquer de telles solutions.

La réponse apportée par les femmes chefs de ménage interrogées quand on leur demande quel est leur vœu le plus cher est très révélatrice à ce niveau. Première demi-surprise, elles souhaitent qu'*elles-mêmes* restent en bonne santé, condition *sine qua non* à l'activité économique qui assure la principale entrée financière pour le ménage (et qui permettra, en cas de besoin, d'apporter des soins aux autres membres du ménage). Mais *avant cela*, fait révélateur, elles prient pour que leurs maris trouvent du travail, comme si le fait que ce soit *lui* qui trouve une source durable de revenus règlera encore plus de problèmes. En effet, le même revenu, mais provenant de leurs maris, permettrait de rétablir les rôles socio-culturellement admis pour chacun, facilitant ainsi le retour vers un équilibre familial apaisé. Les femmes travaillent donc avant tout pour remédier à la faiblesse, voire à l'absence de revenus de leur conjoint. Dans la plupart des cas, nous avons vu que cette initiative ne renvoie pas à une démarche volontaire, elle s'accompagne d'ailleurs très rarement d'une dimension d'émancipation de la femme.

On peut donc penser que, dans un tel contexte, la création massive d'activités féminines génératrices de revenus, même si elle permettait de répondre à un certain nombre de problèmes, tendrait simultanément à renforcer et à généraliser la tension sociale ressentie et vécue au quotidien dans de nombreux couples dakarois[21]. Cette tension est source de souffrance, à la fois psychologique et sociale, qui peut déboucher sur un affaiblissement des liens du mariage dans un contexte déjà caractérisé par une vulnérabilité socioéconomique accrue des ménages et un nombre de divorces (et de remariages consécutifs) important[22]. Il semblerait au contraire plus opportun d'agir en priorité sur le *processus* de sécurisation. Il s'agirait ainsi de renforcer les stratégies existantes qui garantissent la sécurisation (dans ses dimensions économique, psychologique et symbolique) des ménages, pour prévenir et éviter l'enclenchement du processus inverse.

Selon nos premiers résultats d'enquête, si certaines des femmes interrogées semblent sur la voie d'initier de nouvelles manières de concevoir les rapports sociaux de sexes, il est en tout cas indéniable que la figure de la « femme chef de ménage » représente actuellement un révélateur de changements importants au sein des familles dakaroises, alors qu'il s'agit d'un phénomène masqué que l'on ne « nomme » même pas. En quittant sa position traditionnellement confinée à l'espace domestique, la femme tend à jouer le rôle tenu habituellement par l'homme à travers la recherche d'un revenu monétaire. Comment ce glissement dans les rôles de chacun s'effectue-t-il et selon quelles modalités se donne à voir cette évolution dans les rapports homme/femme au sein des couples ? Peut-on soupçonner que ces femmes chefs de ménage deviennent initiatrices d'un changement dans la perception du rôle de la femme au sein du couple et de la famille ? Si les rôles ont été redistribués *de facto*, le même glissement est-il à attendre du côté des statuts des uns et des autres ? De nombreuses questions se posent alors à l'observateur averti. Ce changement peut-il avoir un impact sur le « statut » d'épouse ? Est-il à souhaiter que, dans les familles où la femme assume le rôle de principale pourvoyeuse de revenus, le *statut* de première personne de référence qui symbolise la responsabilité, la représentativité et l'autorité, au sein des couples et des familles, ne soit également assumé par elle ?

Finalement, est-ce que les rapports de genre auxquels cette enquête exploratoire a donné une visibilité sont le signe d'une déstructuration plus profonde qu'il n'y paraît, des liens du mariage et des liens sociaux de solidarité ? Cette tendance, si elle était confortée par les résultats de recherche, est-elle destinée à se généraliser si les conditions de vie ne deviennent pas plus favorables aux ménages ? Les changements dans la division sexuelle du travail induit de nouvelles pressions sur l'allocation du temps chez les femmes qui ont des conséquences directes sur les ménages. L'élargissement du rôle des femmes induit souvent plus de charges et de responsabilités à supporter, et ce, sans que les retombées économiques et surtout sociales ne permettent de conclure à un réel progrès de la condition des femmes. Ceci nous permet de penser que si le rôle des femmes change, leur statut en revanche progresse lentement.

Si les cadres sociaux définissant la place de l'homme et de la femme au sein du couple se fragilisent sous la pression des aléas socioéconomiques, ils demeurent encore profondément ancrés. Comme nous l'avons vu, l'investissement par les femmes de rôles traditionnellement réservés aux hommes crée donc des tensions profondes au sein du couple et de la société. Cette tension déstabilise le fonctionnement traditionnel des rapports conjugaux et met à mal les normes qui les soutiennent, sans toutefois les remettre en question. Selon les premiers résultats de la recherche, une sortie de secours, qui permettrait de soulager un tant soit peu cette tension sociale, serait à trouver du côté d'une « simple » modification de la perception du travail féminin : que le travail féminin ne soit plus perçu comme une contrainte révélatrice de la dérive financière du ménage, mais comme une démarche proactive de participation à la sécurisation du foyer pourrait participer à modifier la représentation du rôle de la femme au sein de la société.

Les rapports homme/femme dans les milieux populaires dakarois sont rarement perçus en termes de partenariat et d'interdépendance, contrairement à d'autres capitales africaines où la recherche conjointe de solutions aux problèmes du quotidien a contribué à renforcer la complicité et la solidarité entre les conjoints (Locoh 1996). Or, dans ce contexte de crise, le « couple complémentaire » constitue plus que jamais une nécessité incontournable[23]. Il implique que le rôle de la femme soit pleinement reconnu dans sa fonction de sécurisation du ménage, hors de la sphère strictement domestique, au même titre que l'homme. Il implique également que ce rôle soit socialement valorisé, mais, surtout, que le mariage devienne l'occasion de créer une stratégie concertée entre les époux reposant sur une volonté délibérée de fonctionner sur un mode associatif.

Les résultats de la recherche exploratoire montrent avant tout qu'il serait préférable de réévaluer les relations *au sein du couple* pour créer un cadre de vie plus valorisant et épanouissant socialement autant pour l'homme que pour la femme, qui porte de plus en plus de charges et de responsabilités au sein de la famille. Cela nécessiterait un réajustement entre la *perception* du travail féminin, qui est actuellement largement négative, et la *réalité* des nouveaux rôles sociaux assumés par les femmes au sein de la société. Envisager les relations de couple en termes de partenariat, d'interdépendance, de coordination, et ainsi atteindre une certaine forme d'équité au sein des couples, permettrait aux femmes autant qu'aux hommes de développer une existence sociale plus apaisée qui passerait également par la reconnaissance et la valorisation équitable de leur participation (qu'elle soit pécuniaire ou pas) au bien-être de la famille.

Contrer ces présupposés culturels figés en appelle également à les vider de leur substance religieuse et/ou historique. Elles seront donc appelées à être éclairées et réinterprétées par les dignitaires religieux autant que par les historiens. Ces derniers peuvent largement contribuer à remettre en question ces fondamentalismes en procédant à une relecture à la fois lucide et équitable de l'Histoire qui rende aux femmes sénégalaises la place qu'elles ont effectivement tenue dans ce passé fondateur de valeurs et légitimateur des pratiques actuelles.

Les réalités vécues par ces couples au quotidien resteront-elles dans l'ombre, camouflées sous une brume socioculturelle aux fondements à la fois religieux et « historiques », au péril de laisser s'engouffrer la grande majorité des femmes et des hommes de la capitale sénégalaise dans une souffrance, tant psychologique que sociale, avilissante ? Des tentatives seront-elles entreprises, et par qui, pour desserrer cet étau socioculturel qui enferme les individus autant que les familles ? C'est ici qu'une analyse approfondie des réalités sociales puise le fondement de sa justification en tant que préalable à l'émergence de stratégies éclairées et créatrices de changement social. Rendre visibles ces fondamentalismes et comprendre à la fois leurs soubassements et leurs conséquences concrètes sur le quotidien des populations sont des leviers d'action dont nous portons, en tant que jeunes scientifiques au service des sciences sociales africaines, l'immense responsabilité.

Notes

1. Sans minimiser la place prégnante du religieux et son impact indéniable sur le culturel.
2. Cet article exploite les données recueillies autour de la collecte d'une dizaine de récits de vie à l'occasion de la phase exploratoire de notre recherche doctorale qui s'intéresse aux « stratégies de sécurisation » endogènes des femmes chefs

de ménage de fait qui tirent leurs revenus d'activités informelles individuelles dans l'agglomération dakaroise. Nos travaux de terrain s'intéressent aux femmes de la classe populaire qui mènent une activité économique qui leur permet d'assurer la plus grande partie des dépenses quotidiennes du ménage. Réduire la définition de la notion de « femme chef de ménage » à sa dimension économique de première pourvoyeuse de revenus du ménage nous permet de commencer la recherche sur la base d'une définition claire et identifiable d'un concept dont la clarification fait elle-même l'objet de la recherche. Ces entretiens ont été réalisés dans l'agglomération dakaroise sur une période de 4 mois en début 2006. Les femmes interrogées renvoient à des profils divers, aussi bien sur le plan de l'appartenance religieuse, du niveau d'études, de l'âge que de l'état civil. Nous avons également fait varier le type d'activité (petit commerce, import-export, services divers : fournisseur, aide-ménagère, lingère) et le lieu de travail, à Dakar (Grand-Yoff, Grand Dakar, Fann, Mermoz) ou en banlieue (Thiaroye, Pikine, Parcelles Assainies), alors que le lieu d'habitation se situe en général dans la proche ou lointaine banlieue dakaroise (Jamalaye, Parcelles Assainies, Pikine, Thiaroye).

3. Les relations familiales, et notamment les relations intergénérationnelles, s'en trouvent nécessairement affectées.
4. Cf. la notion de « modernité insécurisée » de Pierre-Joseph Laurent 2003.
5. La rigueur de la méthode permettra ensuite d'éviter que les résultats analytiques issus de ces choix théoriques de base n'aboutissent à des considérations d'opinion, voire idéologiques.
6. Malgré le phénomène massif de la mobilisation par les ménages, parfois même par les plus démunis, de « domestiques » (jeunes filles faiblement rémunérées) pour assumer les tâches ménagères.
7. C'est notamment le cas des femmes intégrées dans des réseaux mourides qui valorisent le travail féminin.
8. Si les femmes se lancent massivement dans des activités de services et de commerce, elles tentent également de plus en plus leur chance dans la migration internationale (Bisiliat 1996).
9. Une grande majorité de la population du Sénégal étant musulmane, la polygamie y est largement répandue.
10. Dans un tel contexte, le cas des femmes célibataires qui prennent en charge leur loyer et leurs besoins propres atteste d'une situation tout à fait hors norme quasi inexistante.
11. Rappelons quand même que l'assujettissement économique des femmes est l'un des instruments historiques les plus puissants de la domination masculine. À Dakar, il s'est transformé en valeur socioculturelle intangible partagée par les femmes dans le sens où il est valorisant pour elles d'avoir un mari qui les prenne totalement en charge (ainsi que tous les membres du ménage) et donc qu'elles soient totalement dépendantes financièrement de lui.

12. En utilisant le concept de « genre », il s'agit, avant tout pour nous, de mettre en évidence la dimension sociale et culturelle des différences entre sexes, le terme « sexe » ayant une signification strictement biologique.
13. Ceci exclut donc d'emblée l'éventualité de ménages où les pressions exercées par un conjoint autoritaire ou fainéant obligeraient l'épouse à travailler pour les besoins du ménage.
14. Cette hypothèse ne fait pas l'objet de la recherche, on pourrait néanmoins penser de prime abord que c'est également le cas dans les couples dakarois appartenant à la classe moyenne.
15. Viennent ensuite les problèmes avec la belle-famille et le manque d'amour entre les conjoints (Dial, 2008).
16. Le divorce concernerait plus d'un mariage sur trois à Dakar alors que son ampleur serait masquée par l'importance et la rapidité du remariage (Dial, 2008).
17. Rien de plus valorisant pour une femme que de rendre public, même mensongèrement, la contribution financière de son mari à ses dépenses de prestige : « Regardez ce que m'a offert mon mari ! ».
18. Le travail des femmes tend néanmoins à être interprété différemment dans (une partie de) la classe moyenne, lorsqu'il ne renvoie pas à un contexte de survie, mais plutôt à une volonté réelle d'épanouissement personnel par la participation à l'amélioration des conditions de vie du ménage.
19. En 2002, 45,9 % des personnes qui travaillaient dans l'informel étaient des femmes, alors que les entreprises privées informelles occupaient 76,4 % du total des travailleurs (DPS, 2002, p.13).
20. Ce qui pousse par exemple certaines femmes, les jours de « jeûne obligé », à simuler le bruit que font les ustensiles de cuisine à l'heure des repas, pour que personne ne s'aperçoive qu'elles n'ont pas cuisiné ce jour-là.
21. En 2013, le « pourcentage de personnes gagnant leur propre revenu, par sexe » est toujours un indicateur de mesure de la pauvreté, « *For women, poverty is largely determined by their ability and opportunities to earn a decent income* » (UN Women 2013:25). Malheureusement à Dakar, la relation entre création de revenus et diminution de la pauvreté n'est pas si claire.
22. Cet exemple renforce l'idée selon laquelle les politiques d'« aide » internationale, sont encore loin d'être adaptées aux situations particulières des populations envers lesquelles elles sont engagées.
23. La recherche du compromis et de la complémentarité entre homme et femme caractérise d'ailleurs fondamentalement le féminisme africain. En ce sens, celui-ci ne mène pas, comme le féminisme occidental, à une attaque frontale des traditions ancestrales relatives au comportement des hommes. Il est néanmoins à regretter que les revendications du féminisme africain soient parfois devenues instrumentales dans la mesure où les questions de genre sont désormais inscrites à l'agenda international.

Bibliographie

Adjamagbo, A. et Antoine, Ph., éds., mai 2004, *Être femme « autonome » dans les capitales africaines : les cas de Dakar et Lomé*, Document de travail DIAL, Unité de Recherche du Centre de recherche européen en économie du développement (CIPRE), Paris.

Adjamagbo, A., Antoine, P. et Dial, F-B., éds., 2004, « Le dilemme des Dakaroises : entre travailler et « bien travailler », in M. C. Diop, éd., *Gouverner le Sénégal. Entre ajustement structurel et développement durable*, Paris, Karthala, p. 247-272.

Adjamagbo, A., Antoine, Ph., Béguy, D. et Dial, F.B., éds., mars 2004, *Comment les femmes concilient-elles mariage et travail à Dakar et à Lomé ?* Document de travail DIAL, Unité de Recherche du Centre de recherche européen en économie du développement (CIPRE), Paris.

Agence nationale de la statistique et de la démographie (ANSD), 2004, *Données sociodémographiques*, Dakar, En ligne : http://www.ansd.org/index.htm

ANSD, 2007, Enquête de suivi de la pauvreté au Sénégal (ESPS 2005-2006), Dakar.

ANSD, 2008, Enquête sur la pauvreté et la structure familiale, Dakar.

Antoine, Ph. et Adjamagbo, A., éds., 2002, « Le Sénégal face au défi démographique », in M. C. Diop, éd., *La société sénégalaise entre le local et le global*, Paris, Karthala, p. 511-547.

Antoine, Ph. et Fall, A.S., éds., mars 2002, *Crise, passage à l'âge adulte et devenir de la famille dans les classes moyennes et pauvres à Dakar*, Rapport d'étape pour le CODESRIA, Dakar, IRD-IFAN.

Antoine, Ph., Bocquier, P., Fall, A.S., Guissé, Y. et Nanitelamio, J., éds., 1995, *Les familles dakaroises face à la crise*, Dakar, IFAN-ORSTOM et CEPED.

Dial, F.-B., 2008, *Mariage et divorce à Dakar, Itinéraires féminins*, Paris et Dakar, Karthala et Crepos.

Direction de la Prévision et de la Statistique (DPS), 2002, *Enquête Emploi, Résultats de la phase 1 de l'enquête 1-2-3*, Dakar.

DPS, 2003, *Le secteur informel dans l'agglomération de Dakar : performances, insertion et perspectives, Résultats de la phase 2 de l'enquête 1-2-3*, Dakar.

DPS, 2004, *Enquête sénégalaise auprès des ménages (ESAM II)*, Dakar.

Fall, A. S. et Sy, O. S., éds., 2003, « Les économies domestiques ouest-africaines dans un contexte de mondialisation », *Série Comparaisons internationales Nord-Sud et Sud-Sud*, n° 2, Québec, Chaire de recherche en développement des collectivités (CRDC)/Université du Québec en Outaouais.

Fall, A. S., 1994, « Et si l'insertion urbaine passait par l'investissement dans les réseaux sociaux ? Réseaux formels et informels de solidarité et de dépendance dans les quartiers de Dakar », in J.-P. Jacob et P. Lavigne-Delville, éds., *Les associations paysannes en Afrique : organisation et dynamiques*, Paris, APAD-Karthala-IUED, p. 293-303.

Fall, A. S., 2007, *Bricoler pour survivre, Perceptions de la pauvreté dans l'agglomération urbaine de Dakar*, Paris, Karthala.

Fall, A.S. et Sy, O. S., éds., 2002, *Les économies domestiques en Afrique de l'Ouest*, Dakar, CODESRIA et Oxfam.

Favreau, L., éd., mai 2003, « Création de richesses en contexte de précarité : l'expérience de l'Afrique de l'Ouest », *Série comparaisons internationales Nord-Sud et Sud-Sud*, n° 3, Québec, CRDC/Université du Québec en Outaouais.

Lapeyre, F., 2006, « Mondialisation, néo-modernisation et « devenirs » : un autre regard sur les pratiques populaires », in G. Froger, éd., *La mondialisation contre le développement durable ?* Bruxelles, Bern, Berlin, Frankfurt am Main, New York, Oxford, Wien, P.I.E. Peter Lang.

Latouche, S. et Singleton, M., éds., décembre 1994, « Les raisons de la ruse. Une perspective anthropologique et psychanalytique », *La Revue du Mauss*, Paris, La Découverte.

Lecarme-Frassy, M., 2000, *Marchandes dakaroises entre maison et marché. Approche anthropologique*, Paris et Montréal, L'Harmattan.

Locoh, T., 1993a, « Familles africaines face à la crise », *Afrique contemporaine*, n° 166, avril-juin, Paris, p. 3-14.

Locoh, T., 1993b, « La solidarité familiale est-elle un amortisseur de la crise ? », *Pop Sahel*, n° 19, août, p. 20-25.

Macchia, R. et Wos, W., 2005, « Pourquoi les élites ainsi que les populations adhèreraient-elles à un autre projet ou comment sortir de l'idéologie de la modernisation ? », Journée de clôture du DEA interuniversitaire en développement, environnement et société, Présentation non publiée, Louvain-la-Neuve, IED/UCL.

Macchia, R., 2006, « Les stratégies de sécurisation mobilisées par les femmes chefs de ménage à Dakar, Activités informelles, mariage et réseaux sociaux », mémoire de DEA non publié, Louvain-la-Neuve, IED/UCL.

Mahieu, F. R., 1993, « Droits et obligations communautaires en Afrique et stratégies individuelles », in J-C. Chasteland, J. Véron et M. Barbieri, éds., *Politiques de développement et croissance démographique rapide en Afrique*, Congrès et Colloques, n° 13, Paris, INED-PUF, p. 222-234.

Sarr, F., 1998, *L'entrepreneuriat féminin au Sénégal. La transformation des rapports de pouvoir*, Paris et Montréal, L'Harmattan.

UN Women, 2013, *A Transformative Stand-Alone Goal on Achieving Gender Equality, Women's Rights and Women's Empowerment: Imperatives and Key Components*, New York, United Nations.

UNIFEM, 2005, *Rapport annuel 2005*, New York, United Nations.

7

« Femmes soyez soumises » : perception et limite de l'application des mesures de lutte contre les violences faites aux femmes en milieu conjugal en République démocratique du Congo

Francine Shako Obonga

Introduction

La question de genre, et particulièrement celle des violences basées sur le sexe, est une problématique qui s'impose comme thématique importante dans les débats politiques actuels en République démocratique du Congo (RDC). Elle se pose de façon accrue en cette période où les violences faites aux femmes semblent persister et s'amplifier, en dépit des efforts consentis pour y mettre fin, tant au niveau national qu'international.

Si la question des violences sexuelles, dont l'ampleur est constatée depuis les années 1990 à cause des conflits armés, a été suffisamment soulevée et documentée, on constate cependant que les violences domestiques à l'égard des femmes semblent ne pas souvent figurer dans les débats politiques ou scientifiques. Or cette violence existe et semble être banalisée du fait des normes sociales et religieuses qui régissent l'espace conjugal. La religion apparaît, de ce fait, comme un vecteur d'accentuation des violences faites aux femmes et favorise leur banalisation, ce qui a des liens avec le fondamentalisme religieux.

La problématique du fondamentalisme religieux dans la gestion des violences conjugales n'a pas encore fait l'objet d'intérêt dans la recherche sociologique et politique en République démocratique du Congo (RDC). Les travaux sur cette question sont pourtant importants dans un contexte où les violences basées sur le sexe semblent être confrontées à des normes religieuses puissantes qui résistent au changement de comportement, notamment dans la gestion de ces violences. L'occultation de cette problématique dans le champ de la recherche ne favorise pas la construction des grilles de lecture opératoires et mobilisables qui permettent une analyse renouvelée des politiques de lutte contre les violences basées sur le sexe face aux dynamiques démultipliées de banalisation des violences.

Il est question, dans cette étude, d'appréhender les normes religieuses, non pas seulement comme des causes pré-identifiées de violences contre les femmes, mais comme des éléments intégrés dans des systèmes complexes de perceptions, de croyances et de significations. Certes, lesdits systèmes constituent des environnements ou des contextes qui peuvent favoriser l'apparition de phénomènes de violence conjugale. Mais ils produisent aussi des formes de réponses sociales aux violences faites aux femmes.

La méthodologie qualitative a été mise à contribution pour la collecte des données relatives à cette réflexion. Les chrétiens des deux sexes ont été interrogés, ainsi que les responsables d'églises chrétiennes, pour se rapprocher davantage des faits. Les entretiens libres ont été privilégiés pour déceler les différentes perceptions des violences conjugales faites aux femmes et les défis d'ordre religieux qui entravent la lutte contre ces violences. Les femmes ont été nos premières cibles d'enquête. Il s'agissait des femmes sensibles à la question de violences faites aux femmes et des femmes ordinaires vivant les violences au sein de l'espace domestique. Comme autres sources d'information, nous avons rencontré des acteurs individuels et institutionnels, impliqués dans la lutte contre les violences faites aux femmes. Enfin, et évidemment, la lecture critique des documents divers nous a permis de compléter les informations obtenues lors des entretiens de terrain. Une analyse de données statistiques existantes relatives à la violence faite aux femmes a également été faite.

Les violences à l'encontre des femmes au sein des ménages : un produit de la construction sociale des sexes

Les violences faites aux femmes ont des liens avec le genre qui est une construction sociale de la différence entre hommes et femmes. De ce fait, c'est « n'importe quel acte de force ou de coercition mettant en danger la vie, le corps, l'intégrité psychologique ou la liberté des femmes, et commis au nom de la perpétuation du pouvoir et du contrôle masculin » (Heise *et al.*1995:175). En rapport avec le genre, terme qui se rapporte aux différences socialement construites entre hommes et femmes et la manière dont elles interagissent et déterminent les fonctions de chacun (USAID 2008), on note que ces violences sont, comme le genre, un fait culturel en perpétuelle mutation par le fait des contextes. La compréhension de la problématique des violences faites aux femmes par le fait de genre passe par celle des dynamiques socioculturelles et des contextes qui construisent les rapports sociaux des sexes, et qui attribuent des identités différenciées aux hommes et aux femmes. Ces identités restent déterminantes sur le comportement des hommes et des femmes au sein des ménages.

La configuration actuelle des rapports sociaux des sexes en RDC a un fondement à la fois historique et culturel. Elle est résultante d'un processus auquel chaque génération, depuis la période d'avant la colonisation jusqu'à nos jours, dans l'espace privé ou public, a contribué à définir (Vansina 1994:218). Le genre est partout : dans la politique, dans le travail, à l'école, dans les médias, dans la sexualité, dans la famille. Il y a autant de socialisations de genre qu'il y a d'instances de socialisation ou de sous-espaces sociaux sexués qui du reste peuvent varier selon l'époque et le contexte.

De manière générale, dans tous les grands groupes culturels en Afrique, notamment le groupe bantou, nilotique et soudanais, l'homme est socialement considéré comme supérieur à la femme. Cette hiérarchisation sociale des sexes se matérialise dans les comportements des hommes et des femmes dans pratiquement tous les espaces de la vie sociale, notamment dans l'espace conjugal dont il est question dans cette étude. Le genre est producteur des violences qui sont basées sur l'appartenance de sexes. Ce sont des violences concernant les hommes et les femmes, où la femme est généralement la victime. Elle découle de relations inégales de pouvoir entre hommes et femmes, et des constructions sociales des normes de genre. La violence est dirigée contre une femme du fait qu'elle est une femme ou elle touche les femmes de manière disproportionnée. Elle comprend, sans s'y restreindre, des agressions physiques, sexuelles et psychologiques, … Il s'agit également d'une violence perpétrée ou pardonnée par l'État (USAID 2008).

De manière générale, le « contrat conjugal » entre l'homme et la femme veut que la femme qui souscrit au mariage et à la bienveillance mâle accepte les éléments routiniers de la vie conjugale tels que définis par les normes sociales. Ainsi par exemple, dans les cultures congolaises, la femme mariée a le devoir de s'occuper du soin des membres du ménage et particulièrement de son époux, de sa belle-famille, de rester fidèle à son époux, quand bien même ce dernier n'est pas absolument tenu à respecter cette fidélité. On note, par exemple, pour ce dernier cas, que chez les Baluba du Kasaï oriental, seul l'adultère d'une femme, appelée *tshibinji,* est sanctionné par un rite traditionnel connu sous le nom de *tshibawu.* La femme est déshabillée et doit circuler à travers les rues du village pour expier sa faute. C'est dans ces conditions qu'elle peut obtenir la grâce de son époux.

Quand une femme a décidé de quitter le toit conjugal, suite à une scène de ménage, quelle que soit la gravité de la faute commise par son époux, elle doit payer une amende symbolique comme une chèvre ou des poules pour regagner son foyer, comme en ont témoigné des femmes interrogées lors de cette enquête. Pour éviter toutes ces formes de sanctions sociales, la femme s'engage dans l'acceptation d'être soumise. Ce sont des normes auxquelles la femme ne saurait déroger sans en subir les conséquences : le divorce.

Ces normes ont des liens avec les rapports entre l'homme et la femme au sein du ménage : soumission de la femme, rôle de protection du ménage de l'homme, tutelle de l'homme sur toutes les activités de la femme. La femme assure le rôle de reproduction, de production, surtout pour l'économie du ménage, le rôle communautaire, surtout en milieu rural. L'homme a pour l'essentiel le rôle de production qui détermine le statut social du ménage et assure les fonctions qui généralement ont une forte valeur sociale par rapport aux activités de la femme qui pour la plupart répondent aux besoins primaires du ménage.

Toutefois, compte tenu de la diversité culturelle de la RDC, on note des différences dans l'édiction des normes qui régissent l'espace conjugal. Quand on se réfère à l'histoire du Congo, il y a lieu d'identifier les dynamiques socioculturelles qui structurent la société à travers trois grands moments : avant la colonisation, pendant la période coloniale et après l'indépendance. Si, avant l'indépendance, les rapports sociaux des sexes ont été largement influencés par les cultures congolaises, on note l'influence de la religion chrétienne pendant la période coloniale et celle d'après l'indépendance.

Les rapports sociaux des sexes pendant la période pré-coloniale

Avant la colonisation, les rapports sociaux des sexes étaient largement déterminés par les cultures locales. La condition des femmes était alors essentiellement tributaire des coutumes des différents royaumes, empires, groupes ethniques et clans d'appartenance respective des femmes. Il s'agissait d'une normalisation culturelle du féminin et du masculin, en dehors de la structure étatique.

Cette construction culturelle de genre peut être identifiable selon les différentes ethnies que compte la RDC. Il y a environ 250 ethnies que l'on peut classer en quatre grands groupes ethniques. Le groupe bantou est le groupe dominant et occupe la plus grande partie du territoire national, avec environ 80 pour cent de la population congolaise. Le groupe soudanais occupe le nord de l'Uélé et s'étend vers l'ouest de la RDC. Le groupe nilotique est peu nombreux, en comparaison des autres groupes ethniques. Et, enfin, le dernier est le groupe pygmée considéré comme celui des premiers habitants du Congo (Saint-Moulin 2003) Ces groupes sont pour chacun constitués d'un ensemble de personnes qui se reconnaissent issues d'un même ancêtre ou ont en commun un patrimoine comportant un mode de vie, une langue et un territoire (parfois symbolique), comme le souligne Jewsiewicki (1984:103). Il existe à cet effet plusieurs formes et manifestations des masculinités et féminités, qui découlent de la multiculturalité congolaise.

Quand on se focalise sur le groupe bantou qui est le groupe dominant, majoritairement régi par le patriarcat, la sphère partagée où s'organisait la vie des membres de la communauté pendant la période pré-coloniale, était essentiellement privée ; c'est la famille, structure sociale de base, dans laquelle les hommes et les femmes avaient des rôles spécifiques à jouer dans divers domaines de la vie sociale, mais où les hommes avaient de manière générale la tutelle de la famille. Même dans les communautés matriarcales, souvent c'est l'oncle maternel qui assurait la tutelle de ce qui revenait à sa nièce (Odimba 2006).

En ce qui concerne la socialisation de la jeune génération, les rites d'initiation étaient assurés par les femmes pour l'initiation des jeunes filles et par les hommes pour celle des garçons. Toutefois, en raison de leur rôle de reproduction sociale, les femmes s'occupaient, au sein du ménage, des soins de tous les enfants. Sur le plan économique, l'économie de ménage était au centre des activités de subsistance. La grille d'activités de survie tournait autour de l'agriculture familiale, de l'élevage, de la pêche et de la cueillette. Les femmes y jouaient un rôle important, mais la différenciation sexuelle mettait toutefois la femme sous la tutelle de l'homme.

Les femmes avaient une charge plus importante que les hommes en ce qui concerne l'économie du ménage ; on leur attribuait le « pouvoir du grenier », car c'est elles qui devaient veiller à ce que le ménage ne manque pas de quoi se nourrir par leurs activités de production pour la consommation domestique. On constate que, dans tout le cycle de production agricole, par exemple, elles assuraient, en dehors de l'abattage des arbres, le reste des travaux champêtres, du défrichage à la récolte, voire au transport des produits agricoles.

Dans la gestion de la communauté, comme par exemple dans la royauté, les femmes n'étaient pas écartées de manière absolue du pouvoir politique. La royauté était un espace essentiellement masculin, mais les femmes y participaient dans une large mesure. Elles étaient représentantes du spirituel et communiquaient avec les esprits des ancêtres, assuraient le rôle de conseillère et parfois de gardiennes d'objets sacrés de ce pouvoir essentiellement magico-religieux, mais souvent sous la tutelle des hommes.

Quelques exemples isolés démontrent la place réservée jadis à la femme congolaise dans certaines communautés comme fondatrice et défenderesse de la société. À ce propos, Anne-Marie Akwety écrit :

> « Au douzième siècle, Woot Makup, roi des Kuba, récompensa sa fille en ne considérant que ses enfants comme héritiers, déshéritant de ce fait ses enfants mâles. Ce faisant, il fit de la femme le pilier du royaume naissant. La succession, jusqu'alors patrilinéaire, devint matrilinéaire » (Akwety 2004:6).

Elle poursuit :

> « Plus au sud du Congo, au treizième siècle, dans l'entre Lubilashi-Luemba, les différentes versions de la tradition orale luba attribuent la genèse du royaume du même nom, c'est-à-dire des premières expériences politiques d'envergure, à une dynastie de femmes, la première étant Cimbale Banda Elle donne un autre exemple chez les Lunda, où au quatorzième siècle le pouvoir échut à une femme, Ruej, au détriment de ses frères. « Le rôle qu'elle joua dans la consolidation de l'empire fut si important qu'elle est devenue la référence identitaire des Cokwe et des Mpimin, tous Lunda. Dans le royaume Kongo, Ndona Béatrice Kimpa Vita s'est donnée corps et âme pour réaliser l'unité de son peuple en résistance à la colonisation portugaise. Elle fût brûlée vive le 02 juillet 1706 » (Akwety 2004:6).

En dépit de ces exemples de participation des femmes aux espaces de pouvoir, on note que les hommes occupaient, dans leur ensemble, les espaces de pouvoir à forte valeur sociale. La hiérarchie sociale était fonctionnelle, et les hommes bénéficiaient d'une reconnaissance permanente de tutelle dans l'espace privé ; au sein du ménage ou dans la communauté (Odimba 2006).

Les rapports de genre durant la période coloniale

La colonisation a introduit un modèle occidental d'organisation sociale, ce qui a contribué à la structuration des ménages et des relations de genre dans l'espace conjugal dans sa configuration actuelle. En effet, comme dans la plupart des cultures congolaises, c'est l'homme qui incarne l'autorité au sein du ménage ; il fixe les règles et le code de conduite et assure le contrôle et la gestion des biens familiaux. Ceci a été renforcé par la religion chrétienne qui est prédominante en RDC, à travers les différents canaux de socialisation : l'école, l'Église (catéchisme, différents groupes de rencontre des chrétiens, etc.)

Des changements fondamentaux sont intervenus à l'époque coloniale, dont le plus important fut l'incorporation des peuples dans un État commun. Les sociétés perdirent la plupart de leurs fonctions de défense et de justice, ainsi qu'une bonne partie de leurs fonctions éducatives. Celles-ci furent essentiellement assurées par l'Église qui était considérée comme agent de socialisation du modèle culturel du colonisateur.

Un fait majeur à noter est que les hommes et les femmes n'ont pas été assujettis de la même façon par le colonisateur qui a fait peser des contraintes de nature et d'intensité différentes sur les uns et les autres. Les femmes étaient quasiment en marge de la gestion publique pendant toute la période coloniale. Elles étaient plutôt éduquées pour être de bonnes épouses et ménagères, mais aussi des reproductrices sociales de la « civilisation ». Cela a contribué dans une certaine mesure à la marginalisation des femmes par l'assignation aux hommes des rôles, subalternes certes, mais à forte valeur sociale (instruction, emplois salariés) et aux femmes ceux jugés de faible valeur, notamment, les travaux domestiques. Ce qui, dès le départ, créait une différence de rentabilité entre les hommes et les femmes dans les différents espaces de la vie sociale.

Les femmes congolaises étaient considérées, par les autorités coloniales, comme les meilleurs agents potentiels de pénétration des idées occidentales et chrétiennes dans les familles congolaises (Jacques et Piette 2004:98). L'instruction des petites Congolaises n'était pas réclamée dans une perspective émancipatrice, mais bien dans le but inavoué de bien les intégrer au sein de l'organisation coloniale. Dans cette œuvre dite civilisatrice, l'Église catholique, ainsi que certaines associations telles que l'Union des femmes coloniales, jouèrent un grand rôle. Van Overschelde, que cite Marcel d'Hertefelt, écrivait : « Une église, n'est-ce pas le jalon de la civilisation ? Un pilier inébranlable de l'entreprise colonisatrice ?...

La croix qui fortifie le drapeau qui l'abrite dans ses plis ? » (1971:56). Cela voulait dire, dans la stratégie coloniale, qu'il fallait d'abord civiliser la femme qui assurait essentiellement la socialisation de la jeune génération à travers son rôle de reproduction sociale. Il en a découlé cependant que le niveau d'appropriation des normes religieuses a façonné le comportement social des hommes et des femmes dans la sphère domestique. L'époux est le chef de ménage à qui la femme doit soumission. Il fallait transformer la femme africaine en bonne mère, dans le cadre d'une famille nécessairement monogame, comme le prêchait le christianisme, notamment l'église catholique, à laquelle la majorité des Congolais avait adhéré de fait. Le travail social visait donc à occidentaliser la Congolaise et à la rendre réceptive aux enseignements donnés pour faire d'elle une bonne ménagère et une bonne épouse.

L'après-indépendance et l'héritage colonial

À l'indépendance, le statut de la femme est resté presque identique à celui d'avant 1960. Ce fut la pérennisation d'une société patriarcale dans laquelle la gestion de la chose publique et des structures sociales était, dans la plupart des cas, assurée par l'homme. Les inégalités entre les sexes restent persistantes dans presque tous les domaines de la vie sociale. Jusqu'en 1964, les femmes n'avaient pas le droit de vote. C'est en 1967 qu'elles exercèrent, pour la première fois, ce droit consacré en 1964 dans la Constitution de Luluabourg.

Les politiques en direction des femmes, initiées à partir de 1967 sous le règne du président Mobutu, se sont inscrites dans un processus de déconstruction de l'ordre ancien des rapports sociaux des sexes tissés sur le système des valeurs traditionnelles et l'héritage colonial pour en établir un autre plus juste et plus équitable inspiré des besoins de développement. Des politiques ont été élaborées comme, par exemple, le programme national de la promotion de la femme (1999), la stratégie nationale de la prise en compte du genre dans les politiques et programmes de développement (2003), la politique nationale genre (2010), etc. Mais elles sont elles-mêmes sources des inégalités de genre, car leur mise en pratique n'est pas effective. Quand bien même ces politiques sont considérées comme promouvant l'égalité des sexes, on note que des dispositions discriminatoires subsistent encore dans les textes légaux et juridiques. C'est le cas avec le code de la famille, la loi électorale, la mise en œuvre du principe de parité consacré dans la constitution, etc. Ces textes ou mesures sont, soit non conformes à la volonté de promotion de genre affichée par les décideurs, soit non accompagnés de mesures expresses pour leur effectivité. En outre, l'accommodement au changement que le contexte juridique, politique, économique et culturel congolais impose aux femmes entre en contradiction avec leur enracinement aux valeurs qu'elles ont adoptées, soit de leur culture d'origine, soit de la religion. Tout leur comportement politique, économique ou social en dépend.

La religion chrétienne pratiquée en RDC a un héritage colonial de structuration de l'espace domestique. Malgré la diversité de leurs croyances et pratiques, les chrétiens partagent, dans leur majorité, la même perception différenciée des rôles masculins et féminins et des relations familiales entre hommes et femmes construites sur une inégalité fondamentale entre l'homme et la femme : le père et époux, chef de famille, et la femme, mère et épouse, gestionnaire du foyer. Ces perceptions consacrent, dans leur ensemble, le patriarcat comme modèle de fonctionnement des ménages et place les femmes sous l'autorité maritale.

Déterminisme religieux et déterminisme culturel dans les rapports de genre, au sein des ménages, ne s'excluent pas, mais ils interagissent et souvent se renforcent. La religion chrétienne, héritée de la colonisation, nourrit dans une large mesure les normes étatiques de gestion des ménages. L'Église, par son influence sur la majorité de la population congolaise, est restée une force sociale légitime au-dessus de la politique et du pouvoir. Ceci a inévitablement des répercussions dans la gestion des violences faites aux femmes dans l'espace conjugal pour les couples qui se disent « chrétiens » ou qui adoptent le discours chrétien dans leur ménage.

Le christianisme a construit des discours normatifs qui déterminent les statuts des hommes et des femmes dans les pratiques et positionnement sociaux. Il s'empare de la dichotomie première entre sexe féminin et sexe masculin et l'étend à tous les niveaux de la vie sociale, comme l'indique Françoise Héritier :

> « Il existe à cet effet des manifestations des masculinités – féminités, qui découlent des valeurs religieuses partagées. Des traits de personnalité, des attitudes, des comportements, des valeurs, du pouvoir et des influences sociales se déclinent dans les relations entre les hommes et les femmes, les garçons et les filles » (cité par É. Badinter 1986:25).

Nature des violences conjugales

Les violences conjugales puisent leurs origines aussi bien dans les rapports sociaux entre hommes et femmes que dans les institutions. Quand on les analyse, on se rend compte que les plus répandues sont celles qui ont leur origine dans la vie en communauté, suite à la nature des rapports sociaux de sexe. Les préjugés liés au sexe sont très nombreux et permanents dans les familles conjugales.

Ainsi pouvons-nous citer, notamment : les violences physiques (gifles, coups de poing); les actes de violences sexuelles (viol, mariage forcé, grossesse forcée issue des rapports sexuels forcés ou imposées par le partenaire contre la volonté de la femme, rapports sexuels forcés) ; les violences verbales (injures, diffamation) ; les violences psychologiques (minimiser, déconsidérer et dévaloriser sa femme, user des menaces envers elle) ; les violences économiques (empêcher son épouse d'avoir des revenus propres, de travailler, de dépenser les revenus du ménage sans le consentement de la femme).

Les résultats de l'*Enquête démographique et de santé* réalisée en République démocratique du Congo en 2007 montrent globalement que 71 pour cent des femmes sont confrontées à des actes de violence émotionnelle, physique ou sexuelle de la part de leur mari ou partenaire. On notera que le questionnaire était du type choix multiple. Quand on examine ces résultats en fonction de chaque type de violence, on constate que c'est la violence physique qui est la plus fréquemment déclarée par les femmes (57%). En outre, plus d'un tiers (35%) d'entre elles subissent des actes de violence sexuelle. Globalement, près des deux tiers (64%) des femmes subissent des actes de violence physique ou sexuelle. À cela s'ajoutent des actes de violence émotionnelle qui affectent 43 pour cent des femmes.

La prévalence de ces différentes formes de violence varie de manière importante selon les provinces. En effet, à l'Équateur, plus de huit femmes sur dix (86%) ont déclaré avoir été victimes d'actes de violence, que ceux-ci se soient manifestés sous forme de violence émotionnelle, physique ou sexuelle. Dans les provinces de Bandundu, du Maniema, et dans les deux Kasaï, cette proportion concerne plus de sept femmes sur dix. Le Bas-Congo enregistre le moins de cas déclarés ; mais même dans cette province, près de six femmes sur dix sont confrontées à des actes de violences (58%). Par ailleurs, les résultats ne font pas apparaître d'écarts importants entre les différentes catégories de femmes. Tout au plus peut-on souligner que la proportion de femmes ayant subi des actes de violence physique, sexuelle ou émotionnelle est un peu plus élevée parmi les femmes du groupe d'âges 25-29 ans (75%), parmi celles qui ont travaillé et sont rémunérées en argent (73%), parmi celles qui ont entre 1 et 4 enfants (entre 73% et 74%) et enfin parmi celles vivant dans un ménage de plus de cinq enfants et le plus pauvre (75%). À la question concernant le type d'actes de violence conjugale subis par les femmes, on constate que dans près de la moitié de cas (45%), les femmes ont déclaré avoir eu le bras tordu ou avoir été giflées par leurs maris. Les rapports sexuels sous contrainte ont été déclarés par 31 pour cent des femmes, tandis que la menace ou l'attaque avec une arme ne s'est produite que dans 3 pour cent des cas. Ces violences en milieu conjugal sont à l'origine d'un ensemble de problèmes de santé d'ordre physique, psychologique ou sexuel.

Les discriminations et les rapports de domination qui peuvent s'instituer entre les femmes et les hommes sont la source de telles violences. En RD Congo, cela est une illustration des abus commis par les hommes sur les femmes en raison de la position dominante que leur confère la société et du statut inférieur de la femme.

On constate cependant, par rapport à toutes ces violences, que les femmes ne se plaignent presque pas et ont une connaissance limitée des textes juridiques qui règlementent les violences en RD Congo. Une loi sur la violence sexuelle depuis 2006, qui épingle aussi les violences en milieu conjugal. Seulement, la plupart de femmes congolaises qui vivent en couple ne s'en servent presque pas.

Perception des violences conjugales dans les couples chrétiens

La notion de violences faites aux femmes a une signification plus ou moins convenue qui, parfois, n'est pas celle des femmes concernées elles-mêmes. Ceci peut poser problème dans la gestion des violences faites aux femmes. On note, par exemple, que la plupart de femmes mariées ne font pas allusion aux violences sexuelles, dans leur perception des violences faites à la femme. Dans les entretiens que nous avons réalisés auprès de couples chrétiens à Kinshasa, les femmes ont, pour la plupart d'entre elles, fait référence à un enseignement chrétien qui fait de leur corps un « bien de leur époux » et que, dans ces conditions, elles ne peuvent pas lui refuser de rapport sexuel, sauf quand le couple décide de commun accord de faire la prière. Hormis ce cas, elles excluent le fait qu'elles peuvent être violées sous le toit conjugal. Cette compréhension, bien que partagée par la plupart de femmes, semble être remise en cause par les femmes d'un certain niveau d'instruction. Celles-ci, surtout intellectuelles, ont admis qu'il pouvait y avoir des violences sexuelles dans un couple, mais elles n'ont pas reconnu en être elles-mêmes victimes.

Les entretiens avec les ménages ont relevé certaines grandes tendances dans la perception des violences dans la vie du couple. De manière générale, on a constaté une prévalence des violences domestiques, liées à la maltraitance et à la sous-valorisation des contributions féminines dans le ménage et la famille : coups et humiliations, corvées ménagères, dépendance et soumission exigée des femmes …).

La question posée aux femmes dans ce cadre en lingala a été celle de savoir : « *Nini oyo esalaka yo pasi, yo lokola mwasi ya libala* ? (Qu'est-ce qui, comme femme, vous fait souvent mal au sein de la vie de couple ?) ». Cette question a un sens en lingala, car pour traduire une souffrance psychologique ou physique, on utilise le terme « *pasi* », qui signifie « mal ». Parmi les réponses les plus fréquentes à cette question, on peut retenir : le mari a pris une autre femme ; il ne donne pas la ration suffisante ; la belle-famille intervient dans la gestion du couple ; le mari est violent (coups, insultes, dénigrement …) ; le mari prend toutes les décisions relatives au ménage sans la consulter ; le mari prend tout son argent et le gère à sa guise ...

Les femmes reconnaissent à leur époux le droit de les « corriger », surtout si elles sont fautives, même s'il use de la force. La plupart d'entre elles écarte tout recours à la justice. Ce point de vue est aussi partagé par les hommes qui soutiennent que les femmes doivent être soumises, tout en soutenant le fait que la Bible leur dit tout de même qu'ils doivent aimer leurs femmes comme le Christ a aimé l'Église. Pour cela, ils reconnaissent qu'ils doivent les protéger et ne pas les violenter. Mais, en dépit de tout, ils ne trouvent pas indiqué, pour les femmes, de saisir la justice. La seule nuance pour les hommes est que les femmes ne peuvent saisir la justice ou mieux dénoncer des cas de violences conjugales que lorsque leur vie est en danger.

Gestion des violences à l'encontre des femmes dans l'espace conjugal

Parler de la gestion des violences conjugales dans le contexte congolais, notamment dans les familles chrétiennes, suppose un regard sur les acteurs impliqués et les instances sollicitées pour les gérer, ce qui suppose aussi la référence aux normes de gestion de ces violences. Le constat de terrain révèle que la gestion des violences faites aux femmes dans les couples chrétiens fait intervenir les familles proche et étendue de chacun des conjoints : parents, proches (amis et couples expérimentés), voisins, frères et sœurs de l'Église, responsables de ces Églises, voire les enfants. Le rôle des familles reste donc largement prépondérant, suivi de celui de l'Église. La famille est aussi un espace de socialisation des normes religieuses. Les préceptes religieux sont utilisés comme références dans plusieurs circonstances de la vie familiale. De ce fait, ces normes religieuses sont souvent renforcées par celles inhérentes à la culture. Le mari peut, selon la gravité des faits, être obligé de payer une amende ou être menacé de se voir rendre la dot (qui conditionne le mariage tant que les beaux-parents ne l'ont pas remboursée). Si corriger sa femme est toléré, il est cependant interdit de porter atteinte à sa vie.

Le recours à la justice n'est presque pas évoqué par les femmes dans les violences conjugales. La force sociale de l'Église l'emporte sur le droit. Aussi la justice congolaise semble-t-elle ignorer la force de persuasion de l'Église pour développer des mécanismes d'appropriation des mesures de lutte contre les violences faites aux femmes dans l'espace religieux. Elle n'intervient souvent que lorsque la violence est flagrante, mais elle se heurte au refus des femmes d'engager des procédures judiciaires nécessaires. La plupart des femmes interrogées sur leur recours à la justice en cas de violence conjugale ne veulent pas porter les affaires du couple sur la place publique et préfèrent recourir à la famille, sinon au pasteur, prêtre ou tout autre encadreur spirituel dans l'Église La question des violences est considérée comme relevant de l'intimité du couple, aussi ne peut-elle être portée à la connaissance d'un autre homme, même juge.

Depuis la période post-conflit, notamment à partir de 2006, on note aussi que plusieurs organisations s'intéressent à la question des violences faites aux femmes, dont les violences conjugales. Il existe, à cet effet, des instruments internationaux et nationaux de lutte contre les violences faites aux femmes qui soutiennent la justice congolaise.

Instances de gestion des violences conjugales

Les violences que subissent les femmes dans leur ménage, notamment de la part de leurs époux, trouvent des réponses sociales et juridiques dans leur gestion. Quand bien même le niveau juridique les prend en charge, il existe des limites effectives à l'accès des femmes mariées à cette justice du fait des dispositions juridiques discriminatoires. Aussi, dans la plupart de cas, ces violences conjugales, surtout pour les couples croyants, se règlent-elles devant les instances religieuses. Malgré tout, le gouvernement a consenti des efforts notoires pour lutter contre les violences à l'encontre des femmes.

Gestion administrative des violences conjugales

Des mécanismes de gestion des violences faites aux femmes ont été mis en place, dans les institutions administratives que dans les structures politiques et sociales, notamment les organisations féminines et partenaires œuvrant dans le domaine de la promotion et de la protection des droits des femmes.

Le document de *Stratégie nationale de la lutte contre les violences sexuelles basées sur le genre*, du ministère du Genre, de la Famille et de l'Enfant de RDC (2009) met en exergue deux types de violences faites aux femmes et consacrées comme violences basées sur le genre :

- « Les violences sexuelles telles que définies dans la Loi 06/018 du 20 Juillet 2006 modifiant et complétant le décret du 30 janvier 1940 portant Code pénal congolais et de la Loi 06/019 du 20 juillet 2006 modifiant et complétant le décret du 06 Août 1959 portant Code de procédure pénale : le viol, les rapports sexuels avec un mineur ou non consensuel entre mineurs de moins de18 ans, les mariages forcés et précoces, le harcèlement et les mutilations sexuelles, le proxénétisme, l'incitation des mineurs à la débauche, l'esclavage sexuel, l'exploitation et le trafic d'enfants à des fins sexuelles, la prostitution et la grossesse forcée, le mariage forcé, la zoophilie et le trafic d'enfants, la stérilisation, la pornographie mettant en scène des enfants, la prostitution d'enfants, la transmission délibérée des maladies sexuellement transmissible et incurables ».
- « Les autres violences sexuelles basées sur le genre et affectant particulièrement les filles et les femmes qui sont constituées de plusieurs formes d'abus non sexuels, allant des violences domestiques, physiques ou émotionnelles, aux violences socioculturelles, professionnelles, institutionnelles, liées à la coutume et autres ».

La violence conjugale ou domestique est la forme la plus courante de violence subie par les femmes au niveau mondial. La violence conjugale englobe de multiples actes de coercition sexuelle, psychologique et physique commis contre des femmes adultes et adolescentes, sans leur consentement, par un partenaire ou un ancien partenaire. Plusieurs moyens d'une importance déterminante dans la perpétuation de la domination des hommes et de la subordination des femmes sont communs à de nombreux contextes. Ces moyens sont notamment : l'exploitation de l'activité productive et reproductive des femmes ; le contrôle exercé sur la sexualité et la capacité reproductive des femmes ; les normes et pratiques culturelles qui consacrent le statut inégal des femmes ; les structures et mécanismes publics qui légitiment et institutionnalisent les inégalités entre les sexes ; et la violence à l'égard des femmes. Une des manifestations de ces violences est par exemple le contrôle du corps des femmes par les hommes : les hommes récusent à leurs épouses le droit à la conception ou les empêchent de se protéger contre les IST. Parfois, ils vont jusqu'à contraindre les femmes à avorter ou à enfanter (ONU 2006).

La création du ministère du Genre, de la Famille et de l'Enfant s'affiche comme une reconnaissance gouvernementale d'un champ d'action correspondant aux politiques publiques menées en direction des femmes. Ce ministère mettait en place, en 2009, la Cellule stratégique de la promotion de la femme, de la famille et de l'enfant (CEPFE), l'Agence nationale de lutte contre les violences faites aux femmes (AVIFEM), le Fonds national de promotion de la femme et de protection de l'enfant (FONAFEN), mais aussi a réhabilité et renforcé les Conseils nationaux et locaux des femmes, de l'enfant et de la famille de 2008 à 2009. En 2007, le ministère du Genre actualisait le Programme national de la promotion de la femme congolaise (PNPFC) et élaborait, en 2008, la Stratégie nationale de l'intégration de la dimension genre dans les politiques, programmes et projets de développement de la RDC. En 2009, c'était l'élaboration de la politique nationale genre de la République démocratique du Congo (PNG) et de son plan d'action. Les efforts conjugués du ministère du Genre, de la Famille et de l'Enfant, des acteurs sociaux et politiques au niveau national et international ont fait mettre en exergue la volonté de l'État congolais de promouvoir et « garantir les libertés et les droits fondamentaux du citoyen congolais, et de défendre ceux de la femme et de l'enfant » (2011).

Dans la Constitution de la Troisième République, promulguée le 18 février 2006, l'État formalisait son engagement pour la promotion et la protection des droits humains. Cette constitution consacre 57 articles sur les droits humains, les libertés fondamentales et les droits et devoirs du citoyen et de l'État. L'article 14 stipule que

> « les pouvoirs publics veillent à l'élimination de toute forme de discrimination à l'égard de la femme et assurent la protection et la promotion de ses droits. Ils prennent dans tous les domaines, notamment dans les domaines civil, politique, économique, social et culturel, toutes les mesures appropriées pour assurer le total épanouissement et la pleine participation de la femme au développement de la nation, Ils prennent des mesures pour lutter contre toute forme de violences faites à la femme dans la vie publique et dans la vie privée ».

Dans le code pénal congolais, l'article 46 réprime les coups et blessures, mais volontairement adressés à une personne par une sanction de 8 jours à 6 mois de servitude pénale (c.à.d. l'emprisonnement) et ou d'une amende. L'article 47 de ce même code dispose que « lorsque les coups et blessures ont provoqué une infirmité ou une maladie, la sanction est de 2 à 5 ans de servitude pénale et amende ». L'article 48 poursuit enfin que lorsque les coups et blessures ont provoqué la mort de la victime, sans intention de la donner, mais l'ayant cependant provoqué, la sanction est de 5 à 20 ans de servitude pénale et amende.

En ce qui concerne les tortures corporelles, l'article 16 alinéa 1 de la Constitution du 18 février 2006 dispose : « Nul ne peut être soumis à un traitement cruel, inhumain ou dégradant ». L'article 544 du code de la famille poursuit :

> « Sera puni d'une servitude pénale ne dépassant pas un mois et d'une amende de 100 à 500 zaïres ou de l'une de ces peines seulement quiconque aura imposé au veuf, à la veuve ou à leurs parents un traitement ou l'accomplissement des rites incompatibles avec la dignité humaine ou avec le respect dû à leur liberté individuelle ou à leur vie ».

Ces dispositions sont restées tout de même générales et ne spécifient pas la question des violences conjugales.

Pour y pallier, on note qu'en matière de viol et de violences sexuelles, deux lois nationales ont été votées par le parlement et promulguées par le président de la République pour renforcer la répression. Il s'agit de la Loi 06/018 du 20 juillet 2006 modifiant et complétant le décret du 30 janvier 1940 portant Code pénal congolais et de la Loi 06/019 du 20 juillet 2006 modifiant et complétant le décret du 06 Août 1959 portant Code de procédure pénale.

Hormis les mécanismes nationaux, la RDC a pris plusieurs engagements en ce qui concerne la lutte contre les violences faites aux femmes au niveau international. Le 9 février 2009, elle devenait le 26ème État africain à ratifier le Protocole à la Charte africaine des droits de l'homme et des peuples relatif aux droits des femmes. Le Protocole est une convention régionale, adoptée sous l'égide de l'Union africaine à Maputo (Mozambique) en 2003 et entrée en vigueur en 2005. Ce texte engage les États à garantir aux femmes leurs droits fondamentaux.

Quand bien même on observe des efforts pour mettre fin aux violences contre les femmes, l'appropriation chez les femmes semble toujours très faible. Au regard de l'attachement des femmes aux valeurs traditionnelles de gestion des violences conjugales et de leur croyance religieuse, la question fondamentale est celle de savoir les implications qu'ont ces valeurs culturelles et ses croyances, sur les femmes dans leur comportement par rapport à l'appropriation des dispositions administratives et juridiques de lutte contre les violences conjugales.

En outre, dans certaines dispositions des législations congolaises, persistent encore, malgré tout, quelques cas de discrimination des femmes que l'on relève dans la Code de la famille : l'autorisation maritale pour tout acte juridique, l'incapacité juridique de la femme mariée, la supériorité du mari dans le ménage, le non accès aux avantages sociaux lorsque le conjoint travaille, la gestion du patrimoine commun et propre, quel que soit le régime matrimonial choisi par le couple, l'adjonction d'un membre de famille de l'homme lorsque cette dernière assure l'autorité parentale en l'absence du mari, l'attribution du nom dépend de l'homme, etc.

Les principes juridiques protégeant l'intimité familiale et du foyer ont été largement invoqués pour justifier l'incapacité de l'État et de la société d'intervenir face à la violence familiale à l'égard des femmes et de mettre au point des mesures correctives. La soumission au principe du respect de l'intimité du foyer, en droit comme en fait, favorise l'impunité des actes de violence à l'égard des femmes dans la sphère familiale. Le développement du droit international de ces 15 dernières années a étendu les obligations des États en matière de droits de l'homme au cercle familial et les États ont promulgué des législations et des politiques pour y satisfaire. Toutefois, le respect du droit international constitue un problème omniprésent dans la mesure où les normes sociales et la culture juridique garantissent souvent le respect de la vie privée et la domination des hommes au sein des familles aux dépens de la sécurité des femmes et des filles (ONU).

Gestion des violences sexuelles dans l'espace domestique

Il a été constaté que la gestion des violences sexuelles dans l'espace domestique emprunte difficilement les canaux juridiques en RDC. Il y a des facteurs favorisant ou limitant l'accès des femmes à la justice. Il s'agit, entre autres, des facteurs culturels, des facteurs juridiques, mais aussi et surtout des facteurs religieux.

Les violences qui tirent leurs origines de la religion sont classées parmi les violences institutionnelles ou coutumières. Il s'agit de pratiques ancrées dans les mentalités et les mœurs de certaines sociétés, et qui brident toute liberté des femmes. Ces violences ont force de coutumes dans ces cultures et se manifestent de diverses manières. Ici, on fait aussi allusion à des textes, des normes et des pratiques religieuses qui portent atteinte à la liberté de la femme (par exemple en conformité avec les textes bibliques).

Le code de la famille de 1987 en vigueur en RDC prédispose les hommes à se conforter dans leur position de supériorité et contribue à une sorte d'enfermement des femmes dans leur situation de dominée. L'article 330 du Code de la famille relatif au contrat de mariage pose le principe de l'égalité entre époux ; leurs droits et obligations sont réciproques : obligations mutuelles de vie commune, obligations quant aux soins et assistance mutuels, obligation à la fidélité, respect et affection mutuels, entre autres. Seulement, en dépit du fait que l'article 16.1.c de la Convention sur l'élimination de toutes les formes de discriminations à l'endroit des femmes (CEDEF) affirme que les deux époux ont les mêmes droits et responsabilités pendant le mariage, le Code renferme encore des inégalités visibles en matière de genre, ce qui peut être favorable aux violences à l'endroit des femmes, surtout dans l'espace conjugal.

En effet, l'incapacité de la femme mariée consacrée à l'article 448 soumet cette dernière à l'autorisation maritale pour tous les actes juridiques dans lesquels elle s'engage. Cette discrimination est transversale dans tous les livres de cette loi. De même, sur les questions se rapportant à la condition des personnes, plusieurs dispositions du Code sont contraires à l'égalité des droits des époux dans le mariage. En matière d'attribution du nom à l'enfant, la primauté est accordée au père au détriment de la mère qui n'intervient que comme surnuméraire lorsque le père est absent, encore que celui-ci puisse revenir sur la décision de la mère en la matière (art. 59). Le mari est, *ipso jure*, le chef du ménage (art. 444 et 445). C'est à lui qu'est confié le livret de ménage (art. 148 al.1 et 150). La femme mariée a son domicile chez son époux et a l'obligation de le suivre partout où il désire à propos du choix du lieu de résidence (art. 454 et 455), ce qui est contraire au principe d'après lequel les époux fixent de commun accord leur résidence et contraire à la liberté de la femme de choisir sa résidence. Pour ester en justice en matière civile (sauf contre son mari), acquérir, aliéner ou s'obliger à quelque chose, la femme doit obtenir préalablement l'autorisation maritale (art. 450).

Par ailleurs, dans l'exercice de l'autorité parentale sur les enfants, les discriminations à l'égard de la femme sont entretenues par le Code. En effet, les articles 198 et 200 règlent la question de l'exercice de l'autorité parentale en l'absence du père, mais restent muets sur l'absence de la mère. Cette disposition repose sur les schémas et le modèle socioculturel selon lesquels l'homme exerce de droit l'autorité parentale et que le rôle de la mère est secondaire. L'article 322 adjoint à la femme, dont le mari est absent, un membre de la famille du mari dans l'exercice de l'autorité parentale sur les enfants, tout comme l'article 317 al 2 accorde la primauté au père, en cas de dissentiment entre le père et la mère pour ce qui concerne leur autorité conjointe sur les enfants. Tous ces articles sont contraires à l'égalité entre les sexes.

Le Code de la famille fixe à 14 ans l'âge pubère pour la fille (art. 420-422) et autorise, sous les conditions qu'il énumère, le mariage d'une fille mineure qui devient émancipée par le mariage (art. 288, 289 et 292).

Les règles relatives aux effets patrimoniaux du mariage posent également de sérieux problèmes de discrimination à l'égard des femmes congolaises. En effet, le Code de la famille dispose que, quel que soit le régime matrimonial, la gestion des patrimoines propre et commun des époux revient au mari (art. 490 al.2). Le Code confie au mari même la gestion et l'administration des biens acquis par la femme dans l'exercice d'une profession.

Tous ces articles font ainsi passer la femme mariée de la tutelle parentale à la tutelle maritale et participent ainsi à favoriser les violences à l'endroit des femmes dans les matières où elles sont limitées.

Déterminant religieux sur l'accès des femmes à la justice

Le non recours des femmes à la justice doit être perçu comme la résultante d'une combinaison de facteurs de divers ordres, notamment socioculturels, religieux, politiques, économiques et de genre. Mais en ce qui concerne les femmes croyantes, le déterminant religieux reste le plus influent.

La force de socialisation des églises se justifie, comme mentionné plus haut, par le fait qu'environ 95 pour cent de la population congolaise s'aligne derrière un discours religieux. La population congolaise est majoritairement chrétienne : catholiques 45 pour cent, protestants 30 pour cent, kimbanguistes 10 pour cent. Les musulmans et les animistes sont estimés à 15 pour cent de la population, comme l'indique le dossier de Ritimo sur « La République démocratique du Congo, d'une transition à l'autre » (2011). Le nombre important d'adeptes est une mesure de l'impact de la socialisation religieuse sur le comportement social des hommes et des femmes. L'Église est une des grandes instances sociétales d'éducation en RDC, au vu du nombre d'adeptes qui la fréquentent ; les femmes en sont membres à part entière comme les hommes. Certains enseignements doctrinaux et dogmatiques véhiculés au sein des églises renforcent les modèles familiaux qui ne favorisent pas l'égalité entre les hommes et les femmes. En s'appuyant sur le christianisme, on assiste par exemple à diverses interprétations du récit de la création : est-ce que la femme qui a été tirée de la cote de l'homme a également été créée comme ce dernier ? Le fait que la femme ait été tentée par Satan n'atteste donc pas que la femme est porteuse de malheur, de zizanie, et de mort ? Sans qu'il ne soit besoin de dire s'ils sont vrais ou faux, ces propos renforcent les jugements que la société a sur les femmes, déjà à partir de la famille.

Faisons remarquer aussi que de manière pratique, l'on observe au sein des églises que les hommes et les femmes ne sont pas assis ensemble ; ils sont, les uns et les autres, isolés pendant qu'ils suivent les mêmes enseignements. Les rôles joués par les femmes et les hommes dans l'église témoignent l'inégalité dans la répartition des fonctions. Il n'y a pas de femme prêtre. Dans certaines communautés chrétiennes, comme chez les adeptes du prophète Branham, la femme n'a pas droit à la parole, etc.

Il faut aussi noter, à ce stade, que la Bible, en tant qu'instrument approprié de gestion du comportement des chrétiens, contient des versets qui rabaissent le statut de la femme en la rendant inférieure à l'homme. En fonction de ces versets, les hommes et les femmes ne jouent pas les mêmes rôles à l'église. Nous pouvons illustrer ce point de vue par les passages ci-après : 1 Corinthiens, chap. 11, 1-16 : « la femme est la gloire de l'homme, car ce n'est pas l'homme qui a été tiré de la femme, mais la femme de l'homme. Et l'homme n'a pas été créé pour la femme mais la femme pour l'homme ».

Dès sa première entrée à l'église, tout enfant est soumis à une observation de la manière dont les choses se passent à l'église ; il sait voir par exemple que plusieurs rôles sont joués par les hommes et que la propreté de l'église est du ressort des femmes. En conséquence, il intériorisera cela comme modèle de conduite selon qu'il est fille ou garçon.

Les mêmes enseignements au sein des églises renforcent chez les fillettes l'idée d'infériorité des femmes quand on leur apprend qu'il est agréable et bienséant que les femmes se taisent dans les assemblées. C'est l'idée de soumission aux décisions que prendront les hommes au cours de ces assemblées. D'autres enseignements doctrinaux interdisent formellement aux femmes de prêcher, même si elles ont un niveau d'études suffisant. On semble justifier cette attitude par des rôles qui sont censés être bien joués par les femmes en les distinguant de ceux bien joués par les hommes. C'est pourquoi Imam *et al.* démontrent bien cette subordination, naturelle, des femmes, en le liant à leur rôle incontestable de reproduction dans le foyer et dans la communauté (2004).

Comme conséquence de tout ce qui précède, la gestion des violences conjugales dans le cadre religieux l'emporte sur la loi dans les pratiques sociales en RDC. La tendance, pour la plupart des femmes mariées chrétiennes, à accepter la violence se justifie par leur niveau d'appropriation des dogmes religieux. Cette tendance fondamentaliste a comme soubassement leur sentiment que le christianisme a une supériorité sur les autres croyances. Cela les enferme dans leurs interprétations de la vie conjugale ; elles ne se posent pas de questions. Cette attitude découle, dans une large mesure, de la perception faite du passage biblique « femmes soyez soumises » (*Ephésiens* chapitre 5, versets 24 à 25. I). Aussi la socialisation de « femmes soyez soumises » se greffe-t-elle confortablement dans la majorité des cultures congolaises qui tolèrent certaines formes de violence en milieu conjugal. Cela milite en faveur de l'indifférence des femmes face au droit.

Toutefois, les femmes qui fréquentent les églises chrétiennes et qui adoptent les enseignements de celles-ci dans leur vie sociale peuvent faillir à saisir la justice pour un certain nombre d'autres raisons. Les normes religieuses couplées au manque d'information expliquent également la persistance des violences conjugales et freinent une réelle prise de conscience et la capacité des femmes à prévenir et à prendre toute action nécessaire pour s'ériger contre les violences subies au quotidien et à les banaliser.

La tendance à cette banalisation se fonde à la fois sur des réalités religieuses, politiques et culturelles. En dépit de la multitude d'églises, on note bien une convergence idéologique en ce qui concerne les positions sociales des hommes et des femmes dans la vie sociale, notamment dans l'espace conjugale où la femme a une posture inférieure par rapport à l'homme : « la femme doit être soumise », tel qu'il est stipulé dans la Bible, dans *Ephésiens* chapitre 5, versets 24 à 25. Il en résulte, à cet effet, des conséquences liées à la foi chrétienne, qui peuvent se traduire par le faible accès des femmes à la justice ; thème dont il est question dans le cadre de cette étude, et des blocages dans l'amélioration de leur statut, au sein des ménages.

On note cependant une certaine flexibilité dans l'interprétation du rôle social des femmes ; c'est le cas dans la doctrine sociale de l'Église catholique et dans les pratiques kimbanguistes de participation des fidèles aux activités de développement initiées par l'Église. Mais, en dépit de cette avancée de distribution presque égalitaire des rôles sociaux de développement, le statut de la femme dans l'espace conjugal reste dicté par la norme religieuse qui donne à la femme un statut inférieur à celui de l'homme dans l'espace conjugal.

Il est à noter aussi que par rapport à leur environnement social, les femmes mariées qui se présentent à la justice font face à une faible protection. Elles sont généralement victimes d'une stigmatisation et subissent une pression sociale liée à la perception populaire négative du recours à la justice pour une femme mariée ; cela a un effet dissuasif.

La pratique de gestion des violences en dehors du système de la justice ne constitue pas une force de dissuasion pour les hommes auteurs des violences conjugales. Les juges, surtout dans les tribunaux de paix, facilitent parfois des arrangements en famille.

Conclusion

Il est important que la justice congolaise s'attaque à la gestion culturelle et religieuse des violences conjugales dans la mise en œuvre des stratégies de lutte contre les violences à l'endroit des femmes.

En République démocratique du Congo, les fondamentalismes religieux ont sérieusement pris leurs marques et créent les bases d'une régression en matière de droits des femmes. Ces systèmes désignent l'attachement strict à une doctrine précise, travaillant sous l'apparence de religion et de culture. Leurs bases sont des textes interprétés qui laissent croire à une vérité absolue. Les liens qui existent entre les différents types de fondamentalismes et leur mode de fonctionnement par-delà les régions et les religions sont les fanatismes, la croyance dans la culture est leur façon d'interpréter la religion. Force est de constater que la plupart des mouvements des femmes sont infiltrés par les fondamentalistes religieux. Le contexte des violences familiales ou sexuelles, institutionnelles, politiques, économiques et sociales constituent le terreau privilégié des fondamentalismes religieux.

Bibliographie

Afflelou, S., *et al.*, 2007, *Le point sur les concepts et la terminologie employés dans le cadre des violences sexuelles.* Document de travail à l'intention des groupes de réflexion dans le cadre du dispositif de lutte contre les violences sexuelles dans le sport, ministère de la Santé et des Sports, France.

Akwety, A. M., 2004, « La femme et la politique dans la société congolaise : de l'ascension à la perte de son pouvoir », in *La femme congolaise victime de la violence partisane de la paix*, MONUC-Magazine, n° 12, p. 6-7.

Assié-Lumumba, N., 2004, « Éducation des filles et des femmes en Afrique. Analyse comptable et historique de l'inégalité entre les sexes », in A. Imam, A. Mama A. et F. Sow, éds., *Sexe, genre et société. Engendrer les sciences sociales africaines*, Dakar-Paris, CODESRIA-Karthala.

Association de coopération et de recherche pour le développement, 2010, « Pour l'effectivité de la loi » *Rapport de juin 2010, République démocratique du Congo : un audit sur les pratiques judiciaires en matière de violence sexue*lle, Nairobi, ACK Garden House.

Bachelot, R., et Fraisse, G., 1999, *Deux femmes au royaume des hom*mes, Paris, Hachette Littératures.

Badinter, É., 1986, *L'un est l'autre, des relations entre hommes et femmes*, Paris, Éditions Odile Jacob, Paris.

Baudoux, C., et Zaidman, C., 1992, *Égalité entre les sexes*, Paris, L'Harmattan, Coll. « Logiques sociales ».

Bensadon, N., 1980, *Les droits de la femme des origines à nos jours*, Paris, Presses universitaires de France, Coll. Que sais-je.

Bisiliat J. et Verschuur C. éds., 2000, *Le genre : un outil nécessaire. Introduction à une problématique,* Paris, L'Harmattan,

Bisiliat J., 1998, « Luttes féministes et développement : une perspective historique », in P. Bourdieu, *La domination masculin*e, Paris, Seuil.

Bruchon-Schweitzer, M.-L., 2002. *Psychologie de la santé.* Paris, Dunod.

D'Hertefelt, Marcel, 1971, *Les clans du Rwanda ancie*n, Tervuren, Musée royal de l'Afrique centrale, Séries IN-8, n° 70.

Damiani, C., 1997, *Les victimes. Violences publiques et crimes pr*ivés, Paris, Éditions Bayard.

Freedman, J., 1997, *Femmes politiques : mythes et sym*boles, Paris, L'Harmattan.

Gaspard, F., Servan-Schreiber, C., et Le Gall, A., 1992, *Au pouvoir citoyennes : liberté, égalité, parité*, Paris, Seuil.

Gender Working Group (GWG), 2008, *Lutte contre la violence basée sur le genre dans les programmes de santé de l'USAID : Un guide pour les responsables de programmes du secteur de la santé*, 2ème édition. Washington D. C., USAID.

« Genre, rôle de genre et identité de genre », En ligne: http://www.stresshumain.ca/chaire-sur-la-sante-mentale-des-femmes-et-des-hommes/chercheurs-cliniciens-et-medecins/genre-role-de-genre-et-identite-de-genre.html, le 30 novembre 2011.

Heise, L., Eby, K. K., Campbell J. C., Sullivan C. M. *et al.*, 1995, *Health effects of experiences of sexual violence for women with abusive partners*, Health Care Women International, vol. 16, Issue 6.

Hirata, H. *et al.*, 2000, *Dictionnaire critique du féminis*me, Paris, PUF.

Hosken, F., 1984, *Les mutations sexuelles féminines*, Paris, Denoël/Gonthier.

Imam A., Mama A. et Sow F., éds., 2004, *Sexe, genre et société. Engendrer les sciences sociales africaines*, Dakar-Paris, CODESRIA-Karthala.

Jacques, C. et Piette V., 2004, « L'Union des femmes coloniales (1923-1940), Une association au service de la colonisation », in A. Hugon, éd., *Histoire des femmes en situation coloniale : Afrique et Asie, XXe siècle*, Paris, Karthala, p. 95-117.

Jewsiewicki, B., 1984, « Les pratiques et l'idéologie de l'ethnicité au Zaïre. Quelques réflexions historiques », in B. Jewsiewicki, éd., *État indépendant du Congo, Congo-Belge, République Démocratique du Congo, République du Zaïre ?* Ste-Foy, Québec, Editions SAFI Presse.

Lagrange, H., 2000, « Échanges de coups, prises de risques, rapports sexuels forcés », in P., Guilbert, F. Baudier et A. Gautier, éds., Baromètre Santé 2000 Résultats, vol. 2, Saint-Denis, CFES, Coll. Baromètres.

« La République démocratique du Congo. D›une transition à l›autre », En ligne : http://www.ritimo.org/dossiers_pays/Afrique/RDC/rdc_carte.html, 06 décembre 2011.

Ministère des Affaires sociales, 1999, *La situation des lois coutumières et des droits des femmes en RDC*, Kinshasa.

Ministère des Affaires sociales, 1999, *Violences faites la femme et à la jeune fille en RDC*, Kinshasa.

Ministère du Genre, de la Famille et de l'Enfant, 2011, *Rapport national genre de la RDC*, Kinshasa.

Ministère du Genre, de la Famille et de l'Enfant, 2009, *Stratégie nationale de la lutte contre les violences basées sur le genre*, Kinshasa.

Ministère du Plan en collaboration avec le ministère de la Santé, 2007, *Enquête démographique et de santé en République démocratique du Congo*, Kinshasa.

Ministère du Plan, 2004, *Document de stratégies pour la réduction de la pauvreté* (Version intérimaire), Kinshasa.

Ministère du Plan, UNICEF, PNUD, et OMS, 2001, *Enquête nationale sur la situation des enfants et des femmes en RDC, MICS2*, Kinshasa.

Odimba, C., 2006, « L'évoluée pygmée, entre contrainte d'intégration et réclusion culturelle, mémoire de DES », Kinshasa, Université de Kinshasa.

ONU, 2006, *Étude approfondie de toutes les formes de violences à l'égard des femmes*, New- York, Nations-Unies.

Saint-Moulin, L., 2003, « Conscience nationale et identités ethniques : Contribution à une culture de la paix », Facultés catholiques, Centre d'études pour l'action sociale, Kinshasa, En ligne : http://www.grandslacs.net/doc/3238.pdf

Vansina, J., 1994, *Living with Africa*, *Madison*, The University of Wisconsin Press.

8

Des figures féminines « scandaleuses » au Sénégal : une tension entre subjectivation transgressive et conformisme aux valeurs culturelles fondamentales

Awa Diop

Introduction

Les cadres d'analyse des rapports sociaux de sexe, des féminités et des masculinités appellent à des redéfinitions dont l'enjeu qui nous semble le plus original tourne autour de nouvelles catégories d'acteurs se manifestant par le bas. Pour éclairer cette approche qui met à jour des moments de tension et de négociation dans les rapports socialement construits entre les hommes et les femmes, nous prenons le Sénégal comme cas de figure. Ce pays d'Afrique subsaharienne, dont la majorité de la population est musulmane, constitue un terrain original à deux points de vue : émergence ou du moins visibilité de figures féminines transgressives des normes de genre ; et réalité sociale débordée par des dynamiques venant d'en bas. Ces figures que nous appelons transgressives inaugurent des pratiques en déphasage avec le modèle référentiel sénégalais : promotion de féminités sexualisées, danses hyper-érotisées, défilés de mode non-conformes aux qualités esthétiques en termes de décence vestimentaire et corporelle, etc. Une telle désignation s'applique aussi aux femmes qui marquent une désaffiliation avec les assignations de genre (obligation de se marier, fonction de procréation, etc.).

La notion de figure transgressive nous sert ici à désigner des femmes qui ne sont pas en conformité avec les conduites normées attendues de la femme telles que la décence vestimentaire et corporelle, la réserve dans le comportement, etc. Les actrices étudiées formulent des pratiques transgressives différentes, produisent des démarches singulières. Toutefois, ces figures féminines s'incarnent à peu près, de la même façon dans les représentations sociales du fait qu'elles constituent une catégorie socialement stigmatisée. Ainsi, la catégorie de figure « scandaleuse » ne se présente pas comme un ensemble uniforme, elle est plutôt un cursus regroupant des femmes aux trajectoires, aux carrières différentes.

La réflexion que nous proposons ici s'articule autour des évolutions contemporaines de la société sénégalaise sous le prisme des enjeux en termes d'identité, de gestion des mœurs, de bouleversement des schémas de valeur, de décloisonnement des féminités et de pratiques sociales antagonistes. Une telle entrée implique sans doute la prise en considération de spécificités telles que la religion musulmane et les traditions locales. Nous mettons l'accent particulièrement sur la configuration des dénonciations publiques et des débats sociaux face au foisonnement des féminités et de visibilités « scandaleuses » du corps féminin. Ce dernier est, en effet, un support de réflexion sur les normes, les valeurs et les identités qui définissent une nation. Parlant ainsi de l'Inde, Jackie Assayag définit la féminité comme

> « un réservoir de symboles puissants pour encoder les valeurs et les normes, évaluer les comportements et leur dévoiement, s'assurer du licite ou de l'illicite, définir le « juste » et l'« injuste » et décider du « bien » et du « mal », du « vrai » ou du « faux ». De là l'importance du contrôle des femmes, avec comme objectif de discipliner leurs émotions et leurs conduites, de surveiller ou d'interdire leurs déplacements, de réduire leur visibilité, d'inculquer les devoirs propres aux filles, épouses et mères […] » (2005:85-86).

Les idéologies sur le corps féminin et les féminités ont des implications sur la manière dont les sociétés construisent et légitiment les rapports sociaux de sexe qui sont, par définition, des rapports de pouvoir, comme le note Fatou Sow (2011).

Les formes d'idéologies dont nous parlons ici se rapportent à une construction sociale de normes et de croyances, *agency*, associées purement à la femme telles que la sexualité sous contrôle, la décence vestimentaire, la retenue dans la parole et les actes. Les rapports sociaux de sexe sont, en effet, avalisés différemment selon les contextes socioculturels, les formes d'organisation sociale, les valeurs dominantes au travers des politiques, les religions et les cultures. Toutefois, une constance semble se retrouver dans diverses sociétés contemporaines : les fondamentalismes d'ordre religieux et culturel exacerbent la formulation d'idéologies en termes de conduites et d'images coutumières associées au féminin. Accepter une telle incidence, c'est aussi dire que la culture et/ou la religion sont productrices de valeurs dans lesquelles se situent les questionnements posés par les femmes en termes de liberté d'action, de contrôle social poussé à l'extrême et d'empêchement de leur *agency*. Cette question de l'*agency*, fait référence à la puissance d'agir des femmes, à leur autonomisation pouvant produire une émancipation.

Parmi les valeurs défendues par la culture et/ou la religion, nous pouvons citer toute l'idéologie tournant autour du « travail de la mère » (Lecarme 1999:255-269), de la maternité, du mariage, de la vertu féminine que l'on fait souvent reposer sur des textes religieux, l'islam en l'occurrence. Soulignons que l'idéologie dite du « travail de la mère » postule que la réussite d'un individu reste une suite logique du degré d'abnégation, de soumission et de docilité de sa mère envers son père. Ces états de fait partagent le terrain des rapports de genre avec des résistances féminines au travers d'expériences de subjectivation. Soulignons que la notion de subjectivation est utilisée dans ce texte pour désigner des formes individualisées d'émancipation, d'autonomisation féminine et de (re) construction identitaire singulière. De telles résistances intègrent aussi des identités problématiques au regard du référentiel de socialisation qui tire sa source dans la morale religieuse et les « idées reçues ». Yannick Ripa souligne à ce titre que « travailler sur les idées reçues à propos des femmes, c'est passer de l'angoisse de la page blanche à l'embarras du choix, tant on croule sous leur nombre, même une fois délivré des multiples proverbes qui s'y apparentent » (2002:9).

Nous préférons parler de résistances féminines et non féministes, car les pratiques sociales que nous étudions ici ne peuvent être vues comme un mouvement cohérent, modélisé vers un objectif défini, comme peut bien l'être une lutte féministe. Ces pratiques sont, en effet, à appréhender dans le sillage d'un processus de déplacement des normes par le bas, de reconfiguration des sensibilités morales par rapport à la défiance, voire la transgression féminine. Nous analysons ces femmes scandaleuses sénégalaises en tant qu'actrices d'une certaine riposte face au fondamentalisme culturel, en l'occurrence, en termes de déconstruction des qualités esthétiques, de décence vestimentaire et corporelle, du modèle féminin national empreint d'une certaine idéalisation, voire de sacralisation.

L'émergence des figures féminines qui incarnent cette mouvance de déconstruction est concomitante avec un contexte de globalisation culturelle, de mondialisation et de « diasporisation », et surtout de démultiplication des instruments médiatiques (Internet, réseaux sociaux, blogs, presse *people* en ligne, etc.). Leur émergence produit une forme de mise sous tension, voire de négociation entre divers acteurs de la sphère publique sénégalaise. Ces figures représentent, d'une part, un certain enjeu en termes de modèle identificatoire dans une configuration de déconstruction généralisée au Sénégal (transformation des canons classiques de la réussite sociale et des acteurs qui l'incarnent) et, d'autre part, des anti-modèles d'un modèle féminin sacralisé. Il nous faut évaluer en définitive toutes les mises en scène qu'elles suscitent dans un contexte de tensions économiques où les normes sociales sont aussi malmenées par des stratégies individuelles et collectives d'intégration dans le tissu économique pour une frange de la population féminine très tôt déscolarisée.

Dans quel sens pouvons-nous entrevoir les effets de ces pratiques scandaleuses sur la configuration des rapports de genre ? En d'autres termes, quelles sont les conséquences sociétales de ces pratiques ? Que font-elles à la société sénégalaise ? Pour élucider notre problématique, nous nous baserons sur un corpus de scandales au féminin avec, comme repère temporel, la fin des années 90 jusqu'à nos jours et à chaque fait nous mettrons à jour des logiques médiatiques, politiques, de diabolisation des femmes impliquées.

De quels fondamentalismes parlons-nous ?

Parler de fondamentalisme suppose une réflexion sur des dimensions culturelles et religieuses poussées à l'extrême. Saisi ainsi, le fondamentalisme est susceptible de constituer un outil nécessaire pour comprendre les rapports sociaux de sexe, dans des contextes donnés. Fatou Sow définit le fondamentalisme, tel que nous l'avons utilisé pendant l'Institut 2011, comme « manipulation politique de la culture et de la religion en donnant un sens large au concept politique »[1].

Les pratiques fondamentalistes peuvent s'appréhender à divers points de vue, mais nous privilégions ici les dimensions socioculturelles et religieuses. Ce choix se justifie par l'imbrication souvent récurrente entre l'islam et les instances décisionnelles résultant d'une représentation de l'islam comme code de conduite légiférant toutes les sphères de la vie quotidienne. Il existe une forme de gouvernance de la réalité sociale par l'islam, autrement dit une institutionnalisation de l'islam comme un code de conduite. L'attachement à une confrérie ou à un guide religieux constitue d'ailleurs un signe particulier de reconnaissance sociale et de validation des actes sur les scènes publiques. La religion se définit donc ici comme une pratique socioculturelle ; aussi la dissociation entre les dimensions culturelle et religieuse reste-t-elle un exercice difficile. Après cette distinction conceptuelle, nous pouvons nous demander comment se manifeste ce type de fondamentalisme sur la formulation des rapports sociaux de sexe.

Il faut dire que l'image passéiste de la femme subordonnée à l'homme ou du moins sous la tutelle du père, de l'oncle ou encore du frère subsiste dans diverses sociétés musulmanes. Cette idéologie, qui laisse sans doute surgir une dimension patriarcale des rapports entre hommes et femmes, régit tout un imaginaire collectif faisant émerger une socialisation sexiste devenue naturelle et acceptée par tous. Dans cet univers où les décisions formelles sont l'apanage de l'homme, la femme constitue le maillon à protéger et surtout à contrôler. Elle est vue, en effet, comme la catégorie susceptible de déranger un certain dispositif normatif et d'affaiblir le mythe d'une société ayant un contrôle sur ses femmes. La naturalisation de ce système de contrôle passe par une idéalisation du féminin, une attribution de pouvoirs symboliques à la femme déjà présentée comme un pilier central de tout un édifice socioculturel. Fatou Sow montrait déjà cette construction de l'identité féminine dans l'institution sociale, dans son article « Femmes, socialité et valeurs africaines » (1973).

Une vision simpliste nous aurait menée vers une analyse de ces fonctions centrales assignées au sexe féminin et dépeint ainsi la femme comme le levier qui manœuvre tous les espaces sociaux, y compris la sphère publique. Mais l'idéalisation se révèle être un chemin vers la consolidation des représentations sexistes permettant une corrélation entre « degré de domination masculine et idéalisation féminine » (Assayag 2005:87). Une telle idéalisation permet, en effet, de légitimer et de justifier une intensification du contrôle social et moral concernant les femmes. Les pratiques de celles-ci, quand elles sont perçues comme déviantes, engendrent souvent des réactions paniquées. Ainsi nous pouvons voir, derrière le schéma d'idéalisation, de subtiles stratégies d'enfermement du sexe féminin eu égard aux « cycles de paniques morales » (Mac Robbie 2009:14-34) qu'engendrent certaines pratiques féminines. Nous définissons ici la notion de panique morale comme le fait de considérer des pratiques singulières comme déviantes et dangereuses pour la société et d'appeler à des réactions souvent disproportionnées. Un tel état de fait provient souvent, comme l'a souligné Charmaine Pereira lors de l'Institut, d'une « indissociation entre corps des femmes et moralité publique »[2]. Devant une telle configuration, les pratiques féminines se déroulent sous une vindicte populaire en veille, prompte à se mettre en marche en cas de transgression, à savoir de conduites non-conformes au principe d'idéalisation de la femme.

La valeur de la femme est évaluée suivant des baromètres où la prise en compte du masculin comme facteur pouvant légitimer son existence constitue un impératif. L'exemple du mariage nous semble assez illustratif. En effet, le mariage est défini comme une clé, une porte d'entrée vers la vertu féminine ou encore une institution qui façonne, crée l'identité féminine, la valeur sociale, d'où la représentation d'une sexualité féminine « policée » et, par ricochet, l'impérative démonstration de sa légitimation à travers l'homme. En d'autres termes, l'identité féminine ou encore la valeur de la femme ne se construit que dans le mariage, donc à côté de l'homme. Rappelons aussi que la valeur sociale de ce dernier se construit aussi dans le mariage malgré sa position dominante. Les conduites de la femme à l'intérieur des liens conjugaux sont aussi tributaires d'un ensemble de représentations sociales qui ont fini par s'imposer en règle absolue. À valeur d'exemple, nous pouvons reprendre l'idéologie dite du « travail de la mère » qui fait de la femme une garante du destin de sa progéniture.

Saisir les mécanismes de contournement des pratiques fondamentalistes par les femmes « scandaleuses »

Déconstruction des codes fondamentaux associés au féminin

Depuis le début des années 2000, il s'est construit une forme de surenchère autour d'une figure de femme transgressive dont la publicité des pratiques semble être concomitante avec l'usage démultiplié des instruments médiatiques. L'émergence de cette figure féminine coïncide également avec une nouvelle culture de la célébrité au Sénégal. Cette dernière visibilise des personnages féminins qui sont présentés sous l'angle d'images stéréotypées et d'attributs classiques associés aux femmes (séduction, charme, usage du corps érotisé et sexualisé).

Ces femmes médiatisées inaugurent une célébrité de type « scandaleux », sulfureux et sont représentatives de ce qu'il convient d'appeler le temps des nouvelles féminités. Prenons par exemple les cas de quelques figures :

les mannequins Adja Diallo, Adja Ndoye, Maty Mbodj, Sokhna Aïdara, les danseuses Mbathio Ndiaye, Dada *Pathial*, Aïda Dada, Ndèye Guèye, Oumou Sow, les *tassukat*[3] Ndiollé Tall et Ngoné Ndiaye Géwél ; la liste est loin d'être exhaustive. Ces figures font l'objet d'une médiatisation recyclée : au travers de frasques, de faits divers, de rumeurs, de scandales sexuels, elles occupent la sphère médiatique. De même, plusieurs faits désignés comme scandaleux au regard du référentiel religieux et culturel attestent de la réalité d'une déconstruction des codes fondamentaux associés au féminin : affaire des cent mannequins, *guddi town yengël down*[4], *sabar bu garaw*[5], affaire des filles de la SICAP[6], le *Dakar Fashion Week* de 2009, affaire de bigamie de Fatou Géwél, etc. Rappelons que *guddi town yengël down* fut une séance de tam-tam qui avait réuni plusieurs danseuses parmi lesquelles une populaire (Ndèye Guèye). Il convient également de souligner que les séances de tam-tam se font sur un fond de transgression, car mettant en scène des femmes dans des danses « sexualisées », érotiques. Seulement, ces dernières sont comme couvertes par une zone de non-droit, bénéficiant d'une tolérance à condition de rester dans l'ordre du « camouflé ».

Si la sphère publique sénégalaise a connu des figures à la visibilité ordinaire (accès à la sphère publique sans célébrité scandaleuse), la nouvelle introduit une problématique de rupture en désacralisant la féminité, en posant des pratiques qui contribuent à ce que l'on pourrait qualifier de processus de déplacement des normes par le bas. Leurs actes, rappelons-le, varient ; le point commun reste les répulsions sociales qu'ils provoquent et ce en dépit d'une possible absence d'entrée en jeu de la justice et des « entrepreneurs de morale » (Becker 1985). Ceci pour dire que des danses jugées obscènes et médiatisées via Internet (*sabar bu garaw* par exemple) ont suscité une forte indignation sociale, sans que la justice ne se mette en marche, comme ce fut le cas avec l'affaire *guddi town yengël down*. Rappelons que la notion d'entrepreneur de morale fut utilisée par Howard Becker dans son ouvrage *Outsiders* pour désigner les acteurs qui œuvrent pour qu'un acte donné soit vu et catégorisé socialement comme déviant. Dans ce texte, nous reprenons ce terme pour parler des imans[7] et des associations telles que « SOS Consommateurs »[8] qui se mobilisent pour montrer le caractère transgressif de certaines pratiques[9] et cherchent à faire valoir un ordre moral en s'appuyant sur une dénonciation de la perte des valeurs et de la dégradation des mœurs. Ce fut le cas, par exemple, avec le scandale *guddi-town yengël down* ou de l'élection Miss *Jongoma*[10].

Après les indépendances, la sphère publique sénégalaise a connu des figures féminines opérant dans une logique de construction subjective, saisissable, par exemple, par l'émergence d'une écriture féminine et féministe[11], l'engagement en politique, la création d'associations féministes telles que *Yeewu Yewwi* (prendre conscience pour se libérer). Certaines de ces figures féminines telles que les romancières Aminata Sow Fall et Mariama Ba sont parvenues à modeler leurs pratiques sur la balance des attentes sociales en termes de conduites féminines : elles ont réussi une visibilité publique, tout en se conformant aux injonctions sociales. En d'autres termes, elles ont pu trouver une situation de compromis avec les valeurs sociales fondées sur des logiques d'actions « culturalisées », contrôlées. En revanche, l'anthropologue, Awa Thiam, dénonçait, dès 1978, les mutilations génitales féminines et la polygamie, à une période où de telles pratiques étaient considérées comme normales, car relevant de la culture. Dans la même perspective, *Yeewu Yewwi* dénonçait aussi des violences contre les femmes, au début des années 1980, alors qu'un tel débat ne se posait pas encore. Certaines de ces figures féminines refusèrent l'étiquette de féministe, car, dans l'imaginaire collectif sénégalais, le féminisme était assimilé à un projet visant à modifier les identités. Cela a créé des ambiguïtés dans certains discours visant pourtant l'égalité des sexes. Fatou Sow soutient en ce sens que

> « La question des inégalités entre hommes et femmes fut longue à venir, les Africaines n'étant pas prêtes à en tenir le discours « public », face à l'exploitation coloniale et postcoloniale. Le discours contre « l'homme » était un discours de l'Occident contre l'Afrique, contre les valeurs culturelles africaines » (cité par Locoh et Puech 2008:12).

Les femmes « scandaleuses » ne s'identifient pas aux même références. Si les premières figures se réfèrent implicitement au modèle féminin tiré du récit nationaliste, les « scandaleuses », quant à elles, sont sous l'emprise d'une vague de valeurs nouvelles que transportent la mondialisation et la globalisation culturelle. Ces dernières figures évoluent dans un monde urbanisé où l'allègement des pesanteurs sociales et des tabous offre à la femme divers possibilités d'innovation et d'enrichissement professionnel, des opportunités artistiques, culturelles et médiatiques.

Derrière l'émergence de pratiques inaugurées par ces figures et perçues comme déviantes, se jouent des stratégies d'une visibilité imposante, d'une hyper-présence dans les médias. Et, dans cette logique, nous pouvons dire que ces figures sont dans une culture de célébrité, cautionnée par les médias. Nous appréhendons, en effet, les médias comme un instrument par lequel les supposées déviances tombent dans un débat national (scandale transformé en problème social, juridique dans des catégories différentes). Nous pouvons citer, ici, l'exemple de Lubna al-Hussein, journaliste soudanaise condamnée, en 2009, à la flagellation, en raison de son port vestimentaire : elle était apparue publiquement en pantalon à Khartoum. L'argument de l'accusation tournait autour d'une atteinte à la pudeur publique, à la moralité et d'un comportement indécent. Lubna représente une figure de la déconstruction des qualités esthétiques, en termes de décence vestimentaire. L'interdit vestimentaire (canon de contrôle du corps féminin) constitue ici un médiateur utilisé pour produire des effets (mobilisations et contre-mobilisations au niveau national et international). Comme ressource de défense, elle a joué sur une hyper médiatisation de son cas pour sensibiliser l'opinion publique soudanaise et internationale. L'affaire a produit des moments de tension et de conflit avec divers acteurs de la sphère politique soudanaise ; une telle condamnation qui, au départ, devait requérir l'unanimité au sein des acteurs de la sphère publique, a fini par diviser ceux-ci et créer des divergences à propos de la compréhension des normes religieuses et surtout le chevauchement entre lois et préceptes islamiques. Nous analysons ces revirements comme des scènes de négociation dans les rapports de genre. En effet, dans un contexte de mutation sociale et de décloisonnement des identités, contrôler les corps féminins devient un exercice difficile.

À travers de telles pratiques, une autre image de la femme sénégalaise est mise à jour, ainsi qu'une publicisation du Sénégal souterrain. Ces figures infusent l'espace social par la production d'une subculture ou encore d'une culture souterraine, en dépit de l'absence d'homogénéité des pratiques. La constitution d'une subculture est illustrée, dans le cas étudié, par une invention de nouveaux codes langagiers, vestimentaires, de styles de danse repris par les jeunesses féminines et soumis à une certaine demande masculine tout en créant des interactions sociales.

Si les premières figures féminines avaient réussi à asseoir une image positive de la femme sénégalaise, elles semblent devenir aujourd'hui les grandes absentes de la nouvelle sphère publique sénégalaise, nourrie par des dynamismes venant d'en bas. L'enjeu qu'elles représentaient en termes de modèle identificatoire pour les autres femmes semble s'estomper, Au-delà d'une première explication, sans doute simpliste en termes d'effets générationnels, nous pouvons questionner un tel état à travers la nouvelle réalité d'un Sénégal où les canevas de réussite sont bouleversés. La figure de l'intellectuel est remplacée par celle de l'émigré ou du lutteur. Dans ce Sénégal, l'évolution des mœurs a engendré un remodelage de la société, tant dans la perception de la réussite sociale que dans la légitimation des acteurs qui l'incarnent, dans le développement d'un phénomène de « starité » tous azimuts.

Dans un tel contexte, il nous semble légitime de qualifier la visibilité publique de ces figures de visibilité neutralisée, masquée par de nouvelles formes de célébrité. La figure féminine « positive » est donc caractérisée par une soumission à diverses injonctions normatives en matière de féminité sacralisée par exemple. Dans les imaginaires sociaux, une féminité contrôlée, voire sacralisée, fait partie des critères qui permettent de définir la Sénégalaise idéale.

Réappropriation des imageries sociales par les « scandaleuses » : une forme de retour au fondamentalisme culturel

Les pratiques des scandaleuses peuvent être comprises comme un recyclage des versants historiques du couple masculin/féminin et une stratégie d'autonomisation individualiste (Lipovetsky 1997). En effet, selon Gilles Lipovetsky, malgré l'émancipation et l'autonomisation apparente des femmes, les divisions de genre persistent : les femmes sont toujours associées à des rôles familiaux. Il ajoute que les femmes se trouvent ainsi écartelées entre ces deux logiques. Nous pouvons appliquer une telle conception à la définition des logiques d'actions des figures scandaleuses. Celles-ci sont, en effet, au centre de pratiques assimilables à des stratégies d'émancipation, de subjectivation, mais elles finissent toujours par s'auto-définir par rapport aux assignations de genre : se penser comme épouses qui s'occupent bien de leur mari et de leur foyer ; concevoir le mariage comme l'ultime phase de leur accomplissement individuel, etc. Ainsi ces figures sont tiraillées entre leur identité transgressive et leur besoin d'identification aux imageries sociales.

Cette identification nous semble pertinente, car elle nous permet de voir le processus par lequel les figures scandaleuses s'exonèrent de leurs transgressions. Dans leur visibilité ou célébrité scandaleuse, les figures étudiées ne cessent en effet de rappeler une identification aux imageries sociales. Ces phases sont analysées ici comme des opérations de justification ; les ressources utilisées tournent principalement autour d'une identité nationale au travers d'une mobilisation « de grammaire de légitimation d'ordre religieux, maîtrise du Coran et proximités maraboutiques » (Havard 2009) et d'une référence à une prétendue noblesse ethnique.

L'utilisation de la ressource religieuse est mise en avant, car l'islam, au Sénégal, sert de base aux codes de conduite. Pendant le procès de *guddi town yengël down*, l'actrice principale, Ndèye Guèye, est apparue en tenue blanche, la tête recouverte d'un voile que l'opinion publique et certains médias ont vite décrit comme le voile de rachat de la vertu. Les figures transgressives redeviennent ainsi des défenseures des valeurs culturelles, en se réinsérant dans les schémas traditionnels de la société, en usant souvent d'un argumentaire religieux ou encore d'une identification à une confrérie. C'est le cas de la danseuse Ndèye Guèye qui réclamait son appartenance à la confrérie mouride. Toutes participent ainsi à reproduire le conformisme ambiant. À la suite d'un tel déboîtement, elles peuvent incarner la réussite sociale, l'accomplissement individuel, des « figures individualisées de la réussite » (Havard 2001:63-77).

Une tendance nationaliste de la dénonciation des pratiques scandaleuses : la femme en tant qu'objet de sensibilité nationaliste

Le corps féminin représente le lieu de cristallisation d'un ensemble de symboles et de représentations socioculturelles visant à le sacraliser. Cela traduit l'obsession de l'image féminine répondant à un principe d'idéalisation de la femme, à une fonction de gardienne des traditions. Dans un tel contexte, il n'est, dès lors, pas surprenant que les dénonciations soient informées par le genre et que les pratiques offrant des ressources et des archétypes culturels innovants soient vues comme des contre-modèles du plan de socialisation, et donc de l'idéalisation féminine.

Deux faits survenus entre 2001 et 2007 nous semblent intéressants dans une séquence d'élucidation de ce mécanisme de contrôle du corps féminin. Nous verrons aussi, à travers de tels faits, le caractère souvent nationaliste des dénonciations. Il convient de rappeler que le discours nationaliste fournit divers référents de (re)présentation de la femme sénégalaise. Evoquer le rapport entre les femmes et la construction de la nation sénégalaise, c'est en partie parler de la dimension « genrée » du récit nationaliste ; en d'autres termes, la femme figure parmi les symboles et les représentations qui participent de ce que l'on pourrait nommer les canaux d'identification à une mémoire nationaliste. Cette dernière génère, en particulier, des pratiques, des représentations, un ensemble de symboles rattachés à la femme et, par ricochet, des assignations qui définissent la manière de concevoir sa place dans le tissu social.

Cette présence féminine dans le discours nationaliste est symbolisée par de grandes figures historiques populaires, dont les souvenirs des actions restent vivaces dans les représentations collectives ; celles-ci sont même montrées comme modèles de conduite pour les femmes. À valeur d'exemple, citons les femmes de Nder[12] qui, au XVe siècle, préférèrent s'immoler par le feu plutôt que d'être réduites à l'esclavage ; elles symbolisent, dans la représentation collective, le courage, la dignité. Dans le Sénégal précolonial, la *Lingeer* Yacine Boubou aurait accepté d'être égorgée par son mari, le prince Maajor, en guise de sacrifice, pour lui permettre d'accéder à la royauté et d'assurer, à son fils le statut de prince ; cette femme est le symbole de la soumission, de la docilité féminine, de l'honneur posthume. Aline Sitoe Diatta, elle, constitue un exemple de résistance féminine face à la colonisation.

Pour montrer ce versant nationaliste des indignations suscitées par certains scandales au féminin, prenons ces deux exemples. Ces faits ont tous les deux fonctionné sur une mise en jeu du corps féminin et la présence d'hommes d'origine étrangère. Loin de limiter de tels faits au sensationnel, au fait divers, il s'agit d'analyser ce qu'ils pouvaient bien dire sur le Sénégal en termes de contrôle des corps féminins via un argument religieux et socio-traditionnel ambiant.

En 2001, une affaire dite des « cent mannequins » créait des remous nationaux, provoquant ensuite la détérioration des relations diplomatiques entre la Libye et le Sénégal. Le 28 août 2001, des mannequins de nationalité sénégalaise s'apprêtaient à s'envoler vers la Lybie, sous la direction de la styliste Oumou Sy, en vue d'une participation à un spectacle célébrant le 32e anniversaire de la révolution libyenne. À leur départ de l'aéroport de Dakar, leur avion était bloqué avec, pour motif, l'ambiguïté autour des justifications de séjour de ces filles en Libye. L'assimilation était vite faite entre ces filles et un réseau de prostitution ; dès lors des questions de moralité, de décence corporelle, d'apparence physique et de (re) stigmatisation d'une catégorie professionnelle (le mannequinat) déjà étiquetée péjorativement avaient servi de fondement aux arguments de la disqualification. Les médias nationaux relayèrent rapidement l'affaire par ce titre : « Les Bédouins ont voulu souiller nos gazelles ». Les Bédouins désignaient l'étranger et les gazelles les femmes de la nation sénégalaise sur fond d'idéalisation du féminin national. « Souiller » faisait référence à une pureté originelle ; or la logique de moralisation et de « sacralisation » de la sexualité des femmes constitue une réalité locale marquante. L'enjeu était alors de donner l'image d'une nation capable de protéger et de contrôler ses « femmes », car le corps féminin cristallise des enjeux en termes de moralité publique. Le corps féminin est, en effet, soumis à une obligation de décence, de réserve, il est par ailleurs perçu comme l'indicateur d'une sexualité non débridée car, comme le souligne Isabelle Clair, « l'apparence physique et son inscription dans l'espace social restent la seule preuve tangible, le reflet mécanique de l'activité interne et intime du corps des filles » (Clair 2009:2). À chaque fois qu'émergent des pratiques décalées mettant en jeu le corps féminin, l'occasion est saisie pour poser un débat plus général et moins « singularisé » sur la moralisation de la société globale.

Cette affaire mettait aussi en jeu une dimension relative à un contrôle des expériences féminines dans les espaces publics, dans un contexte où la bonne réputation des femmes constitue un des gages de leur définition et légitimité sociale. Le discours médiatique produit pendant cette affaire ou encore le champ sémantique mobilisé par les médias locaux présentait les filles mises en cause comme vulnérables. Une telle présentation rejoint d'ailleurs une des ramifications d'une représentation sociale qui alimente une nécessaire subordination des femmes à des figures masculines (père, époux, frère, oncle, etc.). Ce même discours s'est aussi appuyé sur une prétendue implication d'hommes d'origine étrangère, en l'occurrence, des Libyens, devant lesquels les filles devaient défiler. Cette supposée présence d'hommes a intensifié les arguments de la dénonciation et rendu plus virulent le discours sur les dispositifs de contrôle des femmes.

En 2007, la sphère publique sénégalaise était, tout autant, secouée par l'affaire, dite *guddi town yengël down,* qui suscita l'intervention judiciaire, après sa vaste médiatisation par l'internet et la presse locale. La dénonciation publique exigeait des actions punitives à l'endroit des actrices d'une telle pratique. L'accusation reposait sur l'argument pénal d'outrage public à la pudeur et d'attentat aux bonnes mœurs, alors que, pour les entrepreneurs moraux nationalistes, le seul justificatif d'accusation était le caractère sacré du corps de la femme qui ne devait, en aucune manière, être exposé au regard d'une assemblée masculine et, de surcroît, étrangère (en référence aux deux Espagnols présents lors de la scène). Les femmes mises en cause devaient s'exprimer devant la justice, non pas sur le fait d'avoir exhibé leur « corps sacré » devant des personnes étrangères, mais sur l'accusation d'outrage aux bonnes mœurs. L'imaginaire collectif avait vite fait de désigner les étrangers, présents à cette séance de danse, comme des éléments perturbateurs dans le schéma d'idéalisation du féminin. Dans cette affaire, il y eut une scission dans de la classe politique (comme ce fut le cas avec Lubna, la Soudanaise) : l'État représenté par le ministère public (entrée en jeu de la justice) et l'opposition par Amath Dansokho, secrétaire général du Parti de l'indépendance et du travail. Ce dernier avait estimé qu'un « ordre moral n'était bon ni pour les femmes, ni pour les hommes » (*Le populaire* du 22 septembre 2007).

La dimension nationaliste de ces deux affaires montre bien, par ailleurs, l'assimilation de la femme à une propriété de la nation ; celle-ci constitue une porte d'entrée pour accéder à la nation et donc aux hommes. Une telle dimension est aussi le signe d'une certaine idéologie d'évitement de tout processus de travestissement, de perversion de l'identité féminine. Notre argument s'avère parallèle à celui de Jackie Assayag, lorsqu'il décrypte les tensions nationales à propos du concours de Miss Monde organisé en Inde, en 1996. L'événement a été vu et ressenti par une partie de la population indienne comme une souillure, une perversion de l'indianité. Une telle controverse s'inscrit dans l'ordre d'un corps féminin vu comme support de réflexion sur les normes, les valeurs et les identités qui définissent l'Inde. Sous un angle similaire, Reem Saad analyse les réactions nationalistes suscitées par la diffusion du documentaire de la BBC, « Mariage à l'égyptienne » (1991), auquel elle avait contribué. Pour les pourfendeurs nationalistes, soutient-elle, la controverse provenait d'une représentation illégitime de la femme égyptienne dans un tel film (la femme présentée dans le film, de par sa moralité et son statut social, ne pouvait pas représenter la femme égyptienne) et de l'antagonisme entre l'Égypte et un public extérieur (étranger). Cette problématique de la représentation légitime semble prendre assise sur une formulation d'idéalisation de la femme, car, comme le note Reem Saad, « là où il est question des femmes, certaines qualités morales associées sont idéalisées. Parmi elles : [...] la femme égyptienne authentique, la mère exemplaire, la paysanne égyptienne authentique [...] » (Saad 1997:211-230).

Les transgressions sur fond de fondamentalisme culturel et religieux donnent à voir « des morales différentes et des contrôles différentiels » (Cardi 2007:3-23). Ainsi, les femmes qui sont amenées à se justifier de par leurs pratiques subversives sont obligées de fournir une justification double, l'une à la justice et l'autre à l'imaginaire collectif pour la norme d'idéalisation féminine sapée. Il faut noter que le regard des dénonciateurs reste informé par le genre. Pourtant ceux-ci se désingularisent (Boltanski, Darré et Schiltz 1984:3-40) en évoquant des raisons de préservation des valeurs de la vertu nationale.

Par exemple, dans un communiqué transmis par l'Agence de presse sénégalaise, un collectif d'imans déclarait :

> « Nous, du comité de suivi du forum du 7 mai 2006, mettons en garde contre une personnalisation du débat. Le phénomène dépasse les quelques jeunes filles qui ont la négligence de s'exposer à la réprobation populaire. Le phénomène concerne tout un peuple qui a vu progressivement s'avachir ses valeurs de droiture, de dignité, de pudeur, cela jusque dans des milieux les plus insoupçonnés » (2006).

De tels faits mettant en cause des corps féminins adossés à des dimensions de morale publique sont encore d'actualité dans la sphère publique sénégalaise. Les cas de la danseuse Mbathio Ndiaye, de la Miss Jongoma ou, plus récemment, de la chanteuse Déesse Major, de son vrai nom Ramatoulaye Diallo, montrent que de telles pratiques infusent l'espace social. Ces derniers faits cités ont connu principalement le même dénonciateur (Comité de défense des valeurs morales au Sénégal) qui fonde principalement son argumentaire sur un chevauchement inévitable entre valeurs morales sénégalaises et visibilité publique des corps féminins. Pour rappel, la récente publication de photos de la danseuse Mbathio Ndiaye prises lors d'une soirée de gala en novembre 2012 avait suscité un mouvement d'indignation d'acteurs moraux regroupés autour du Comité de défense des valeurs morales qui finit par porter plainte pour attentat à la pudeur. Après son audition à la Brigade des mœurs et face à l'ampleur de la médiatisation, elle finit par demander pardon. En 2013 également, Miss Jongoma 2012, Oumy Gaye, avait provoqué de vives réactions publiques, à la suite d'une série de photos publiée dans la presse. De telles photos avaient été prises pendant la soirée de l'élection Miss Sénégal. Cette visibilité assimilée à un scandale légitimait plus que jamais, selon les acteurs religieux, l'interdiction définitive du concours. Face aux nombreuses critiques et aux indignations formalisées par la plainte des imams, Oumy Gaye présentera finalement ses excuses. De même, en juin 2016, la chanteuse Déesse Major était placée en garde à vue à la suite d'une plainte du même Comité pour la défense des valeurs morales au Sénégal. La dénonciation s'appuyait sur une vidéo d'elle jugée hyper-érotique et publiée sur Snapchat. Après 48h de garde à vue, elle était relâchée et le dossier classé sans suite. De tels faits créent souvent des moments de controverse dans la sphère médiatique sénégalaise et débouche finalement sur l'adoption d'une culture de l'ambivalence. En effet, ces réactions de panique liées aux corps féminins sont de plus en plus débordées par des problématiques globalisées, débats « modernes » touchant, par exemple, aux libertés individuelles, aux droits des minorités sexuelles, aux droits des femmes, à la laïcité, etc. Les sociétés contemporaines sont constamment obligées de juger et de justifier les fondements ou la légitimité du jugement ; or dans un monde de plus en plus globalisé, la diversité des échelles de valeurs, de références et d'identités rend parfois problématique, voire controversée, un tel exercice.

Cette forme d'intensification du contrôle démontre que le corps féminin ou encore la féminité constitue une scène où se cristallisent des symboles permettant « d'encoder des valeurs et des normes » (Assayag 2005:85). Pourtant dans un contexte de mutation sociale, cette vocation de contrôle traverse une situation de crise. Ce qui donne lieu à des scènes où des raisons s'affrontent, des opinions clivent : d'une part, les défenseurs des conceptions traditionnalistes, d'autre part, des partisans de la laïcité, des libertés individuelles, de la justice de genre ou encore des approches séculières (séparer le religieux du politique).

Conclusion

En définitive, nous retenons que des faits de transgression ont toujours existé dans la société sénégalaise, mais il convient de noter aujourd'hui leur transformation, à travers une reconfiguration des réactions sociales grâce à la multiplication des moyens de diffusion massive de l'image et de l'information. Nous évoquons une forme de prolifération d'informations et d'actualités portant sur des sujets autrefois censurés (publication de photos de femmes dénudées, témoignages de lesbiennes, photos d'homosexuels, reportages sur les pratiques sexuelles des Sénégalaises, extraits d'images pornographiques publiés sur les sites internet sénégalais). Cette nouvelle forme d'information est aussi valable pour les chaînes de télévision privées, qui, sous le dictat de la concurrence, sont à la recherche permanente de sujets plus sensationnels, rocambolesques. Ces recompositions médiatiques finissent par créer une forme d'accommodation de la société sénégalaise avec des imageries contraires à son référentiel, ce qui génère un jeu négociation dans la culture où « pressions et contre-pressions finissent par s'équilibrer » (Seck 2010:13).

Nous montrons aussi une phase de banalisation des identités transgressives, ultime moment d'une dimension genrée de la sphère publique sénégalaise. En d'autres termes, nous avons défini trois moments de cette dimension :

1. moment d'une sacralisation nationaliste autour du modèle féminin national ;
2. le temps du scandale désacralisant et globalisé ;
3. le moment de la banalisation.

Nous expliquons ce dernier moment par une transformation des valeurs qui a comme corollaire un affaiblissement du discours religieux et l'effritement du discours normatif surplombant qui avait l'apanage des actions normalisatrices ou dénonciatrices des actes subversifs. Ces pratiques perçues comme transgressives par l'imaginaire collectif se construisent, se meuvent et s'épuisent dans l'espace social. En d'autres termes, les réactions suscitées par de telles pratiques empruntent à chaque fois le même cheminement : il existe tout d'abord les indignations générales, ensuite les mobilisations formalisées par quelques groupes souvent religieux ou d'acteurs de défense de la morale, une entrée en jeu souvent sommaire de la justice, une phase de repenti public de l'accusée et, enfin, le moment de l'oubli du fait.

Notes

1. Définition donnée par Fatou Sow lors de la présentation du thème de l'Institut sur le genre « Genre, Cultures, Politiques et Fondamentalisme en Afrique », Dakar, juin 2011.
2. Concept utilisé par Charmaine Pereira lors de l'Institut sur le genre en juin 2011 à Dakar.
3. Terme utilisé pour désigner la personne qui pratique le *taasu* (qui est un style musical sénégalais).
4. Terme « anglo-wolof » dont la traduction française pourrait être danse ou jeu des fesses en nuit citadine.
5. Terme wolof que l'on pourrait traduire par danse grave ou encore danse obscène.
6. En février 2010, le journal Walf Grand Place révélait des faits d'exhibition de deux filles sénégalaises posant nues devant un homme de race blanche. La division des investigations criminelles s'était saisie de l'affaire mais sans suite.
7. Nous pouvons citer un collectif d'imans dénommé comité de suivi du forum du 7 mai 2006. Ce collectif a été médiatisé pendant l'affaire guddi town yengël down.
8. SOS Consommateurs est une association sénégalaise de défense des consommateurs dont le président est l'avocat Maître Massokhna Kane.
9. Au-delà des pratiques féminines étudiées dans ce texte, nous pouvons aussi prendre l'exemple de l'affaire du mariage gay, afin de mieux montrer le caractère surplombant du discours des entrepreneurs moraux. En février 2008, des photos d'hommes perçus comme homosexuels étaient publiées dans la

presse sénégalaise. Il s'en était suivi une vaste campagne contre la communauté gay sénégalaise. Des acteurs religieux à travers le collectif des associations islamiques sénégalaises, l'iman Mbaye Niang du Mouvement de la réforme pour le développement social, le Marabout Serigne Bara Mbacké, des acteurs étatiques tels que le Premier ministre Souleymane Ndéné Ndiaye appelèrent à une réaction populaire au nom d'une préservation des principes islamiques.

10. Terme wolof pour désigner une femme bien en chair caractérisée par une démarche indolente.
11. Nous pouvons citer les exemples d'auteures telles que Awa Thiam (*La parole aux Négresses*), Mariama Bâ (*Une si longue lettre*) et Aminata Sow Fall, (*La grève des bàttu*).
12. Un mardi (talaata) de novembre 1819, des femmes du village de Nder, capitale du Royaume du Waalo au XIXe siècle, se suicidèrent collectivement pour échapper, lors d'un assaut du village, aux envahisseurs maures.

Bibliographie

Assayag, J., 2005, *La mondialisation vue d'ailleurs, l'Inde désorientée*, Paris, Seuil.

Bâ, M., 1979, *Une si longue lettre*, Dakar, Nouvelles éditions africaines.

Becker, H., 1985, *Outsiders. Étude de sociologie de la déviance*, 2ème édition, traduction française, Paris, Métailié.

Boltanski, L., 2000, « La cause de la critique », *Raisons politiques*, n° 3, p. 159-184

Boltanski, L., Darré, Y. et Schiltz, M.A., 1984, « La dénonciation », *Actes de la recherche en sciences sociales*, n° 51, p. 3-40.

Boltanski, L., 2002, « Nécessité et justification », *Revue économique*, vol. 53, p. 275-289

Callon, M., Lascoumes, P. et Barthe, Y., 2001, *Agir dans un monde incertain. Essai sur la démocratie* technique, Paris, Le Seuil.

Cardi, C., 2007, « Le contrôle social réservé aux femmes : entre prison, justice et travail social », *Déviance et société*, vol. 31, p. 3-23.

Clair, I., 2009, « Jeunes des cités au féminin : réputation, rapports amoureux et sexualité », texte communiqué à partir du débat d'actualité du 19 novembre 2009.

Claverie, E. et Lamaison P., 1982, *L'impossible mariage. Violence et parenté en Gévaudan (XVII°), XVIII° et XIX°*), Paris, Hachette.

Goffmann, E., 1975, *Stigmates. Les usages sociaux des handicaps*, traduction française par Alain Khim, Paris, Minuit.

Havard J.-F., 2009, « Un chef doublé d'un cheikh ! L'hybridation problématique des légitimités et des imaginaires religieux et politiques au Sénégal », Journée d'étude sur l'hybridation des imaginaires politiques et religieux, sous la direction de Jean-François Bayart et Ariane Zambiras, Toulouse.

Havard, J.-F., 2001 « Ethos bul faalé et nouvelles figures de la réussite au Sénégal », *Politique africaine*, n° 82, p. 63-77.

Heinich, N., 2005 « L'art du scandale », *Revue Politix*, n° 71, p.121-136.

Imam, A., Mama, A. et Sow, F., 2004, *Sexe, genre et société. Engendrer les sciences sociales africaines*, Dakar, Karthala & CODESRIA.

Lecarme, M., 1999, « La « fatigue » des femmes, le « travail » de la mère en milieu populaire dakarois », in D. Jonckers, R. Carré, R. et M.-C. Dupré, *Femmes Plurielles : les représentations des femmes, discours, normes et conduites*, Paris, Maison des Sciences de l'Homme, p. 255-269.

Lipovetsky, G., 1997, *La troisième femme : Permanence et révolution du féminin*, Paris, Gallimard.

Locoh, T., et Puech, I., 2008, « Fatou Sow, les défis d'une féministe en Afrique », *Travail, genre et société*, n° 20, p. 5-22.

Mac Robbie, A., 2009, « L›ère des top girls : les jeunes femmes et le nouveau contrat sexuel », *Nouvelles questions féministes*, vol. 28, n° 1, p. 14-34.

Macé, E., 2002, « Sociologie de la culture de masse : avatars du social et vertigo de la méthode », *Cahiers internationaux de sociologie*, 2002, n° 112, p. 45-62.

Ripa, Y., 2002, *Les femmes*, Paris, Le Cavalier Bleu.

Rojek, C., 2003, *Cette soif de célébrité !* Paris, Autrement.

Saad, R., 1997, « Ceci n'est pas la femme égyptienne ! », Égypte/Monde arabe, série 1, nos 30-31, p. 211-230.

Seck, A., 2010, *La question musulmane au Sénégal. Essai d'anthropologie d'une nouvelle modernité*, Paris, Karthala.

Sow Fall, A., 1979, *La grève des bàttu*, Dakar, Nouvelles éditions africaines.

Sow, F., 1975, « Femmes, socialité et valeurs africaines », *Notes africaines*, n° 168, IFAN, Université Cheikh Anta Diop, Dakar, p. 105-112.

Sow, F., 2011, « Genre, Cultures, Politiques et Fondamentalisme en Afrique », Institut sur le genre du CODESRIA, Dakar.

Thiam, A., 1978, *La parole aux Négresses*, Paris, Denoël.

9

Sexualité et procréation des femmes atteintes du VIH/SIDA à Yaoundé : entre fondamentalisme et discours médical

Moustapha Moncher Nsangou Mbouemboue

Introduction

Le VIH/Sida représente un sérieux défi de santé publique et de développement socioéconomique dans la plupart des pays en développement. Selon les données de l'ONUSIDA (2006), sur près de 40 000 000 de personnes vivant avec le VIH/SIDA (PVVIH), environ 60 pour cent d'entre elles sont des femmes et résident en Afrique subsaharienne. Elles sont les plus vulnérables en raison des croyances, des pratiques culturelles et religieuses qui ont cours dans cette partie du globe.

Le Cameroun a affiché une politique volontariste en matière d'élargissement de l'accès aux antirétroviraux (ARV) dans la perspective de *3 by 5*. Cette politique mise en place en 2003 par l'ONUSIDA devait permettre de placer au moins 3 personnes infectées sur 5 sous antirétroviraux, grâce à un fonds international ; le programme 3/5 fut en fait un projet qui permettait de fournir les antirétroviraux à trois millions de personnes infectées au VIH à l'horizon 2005. Le Cameroun est donc l'un des premiers pays africains à tester, à large échelle, une montée en puissance de l'accès des ARV par leur diffusion à un niveau relativement décentralisé du système de soins.

Cependant, le constat qui se dégage est que, malgré la gratuité des ARV décidée par les autorités du pays depuis le 1er mai 2007, les femmes ont généralement plus de difficultés à respecter les normes thérapeutiques. On constate également que la plupart d'entre elles sont de religions chrétienne ou musulmane. Or ces religions véhiculent un certain nombre de croyances qui amènent les patientes à ne pas adhérer aux normes thérapeutiques définies. La mise sous traitement ARV est, comme le Sida, porteuse d'enjeux multiples pour les patientes et leur entourage. Les femmes sont tiraillées entre deux registres normatifs présentant chacun des contraintes considérables pour elles : d'une part, les normes culturelles et religieuses en matière de sexualité et de procréation qui suscitent un modèle de comportement socio-démographique de type nataliste (anti-contraceptif ; et, de l'autre, les dispositions thérapeutiques prescrites par les professionnels de santé qui incitent à « faire l'économie de l'utérus » (Mimche *et al.* 2007:2) ou « à faire la grève du ventre » (Ela 1994:64) et à recourir aux nouvelles technologies. Les enjeux soulevés par les modèles de comportements témoignent de la complexité des liens entre le genre, la religion, la culture et les politiques de lutte contre l'épidémie du Sida. Ces femmes séropositives doivent faire face à un contexte où, pour se faire soigner, elles doivent prendre des décisions allant à l'encontre de certaines pratiques qui ont cours dans leur société. Or ces décisions ne sont pas toujours faciles à prendre face aux risques de stigmatisation ou d'exclusion sociale.

Ce papier est fondé sur les données issues d'une recherche qualitative sur *Les comportements sexuels et reproductifs des femmes sous traitement*, menée à Yaoundé (Cameroun) dans le cadre d'une recherche académique effectuée en 2010, en vue de l'obtention du diplôme de master en sociologie et actualisée en 2011. Au cours de cette étude, des entretiens semi-directifs ont été conduits avec des professionnels de soins de santé, des leaders religieux et quelques hommes ; puis des entretiens approfondis et des récits de vie ont été effectués avec des femmes sous traitement ARV dans deux hôpitaux publics (l'Hôpital central et l'Hôpital militaire de Yaoundé) et dans une association des femmes infectées par le VIH/ Sida (AFASO). Au total, 26 femmes infectées (dont les caractéristiques socio-démographiques et professionnelles, les cultures et les religions sont différentes), 11 hommes, 4 leaders religieux et 7 professionnels de soins et 3 conseillères psychosociales ont été interrogés. Il s'agit de montrer, ici, la corrélation qui existe entre genre, culture et religion dans les questions de prise en charge des femmes séropositives à Yaoundé.

Discours biomédical lié au traitement du VIH/SIDA au Cameroun

Usage systématique et correct du préservatif lors des rapports sexuels

Pour toute personne qui se découvre séropositive, l'usage du préservatif devrait désormais être un moyen régissant tout rapport sexuel. Cela permet d'éviter de protéger le/la partenaire s'il/elle n'est pas encore infecté(e), ensuite de protéger la personne déjà infectée contre une quelconque réinfection. Il existe deux types de VIH (1 et 2) et plusieurs souches de virus qui s'adaptent en fonction des organismes. L'absence du préservatif lors des rapports sexuels entre des partenaires séroconcordants (cas où les deux partenaires sont infectés par le VIH/Sida) ou sérodiscordants (dans ce cas, un seul des partenaires est infecté) entraînent respectivement la contamination ou la réinfection. Dans ce dernier cas, il se développe une résistance aux médicaments qui pourrait être la source de la fragilisation, voire de mortalité de l'individu porteur du virus.

Une procréation conditionnée

Chez les personnes infectées par le VIH, la procréation devrait se faire sous condition médicale. Il leur faut d'abord passer les examens médicaux pour vérifier leur taux de lymphocytes CD4[1], la charge virale, puis se soumettre aux tests des infections et maladies sexuellement transmissibles (IST/MST). Si leur taux de CD4 est inférieur ou égal à 200, la conception leur est proscrite. Ces personnes courent le risque de décès lors de l'accouchement, car elles se situent à un stade d'immunodépression aggravé. De plus, les naissances doivent être limitées et espacées chez les femmes infectées par le VIH. Cette recommandation leur est faire, en raison de leur état de santé vulnérable, car plusieurs grossesses ou naissances pourraient les fragiliser et les conduire vers un état de plus en plus précaire. Le gynécologue prescrit des tests de dépistage d'infections sexuellement transmissibles (IST), parce que ces infections peuvent déclencher l'expulsion du fœtus ou favoriser l'infection du bébé à la naissance. Pour la sécurité de la mère et de l'enfant, il est demandé à la mère d'attendre la remontée de son taux de CD4 ou l'amélioration de son statut.

La procréation n'est autorisée chez la femme séropositive que si elle présente un taux de lymphocytes CD4 supérieur ou égal à 500 mm3, avec un état de santé satisfaisant, c'est-à-dire sans infection opportuniste.[2] Selon le gynécologue interviewé dans cette enquête, toute femme enceinte, généralement, partage son taux de lymphocytes CD4 avec le bébé. En cas de séropositivité de la femme, il se développe une insécurité à la fois pour elle (qui peut mourir pendant l'accouchement) et pour son enfant (qui risque la contamination cours de l'accouchement).

Une autre possibilité est offerte. C'est le recours à la procréation médicalement assistée. Mais l'Église la récuse pour des questions éthiques, alors que l'islam n'en parle même pas. En outre, de façon pratique, c'est une mesure qui n'est pas à la portée de toutes les bourses, en raison de son coût élevé.

Modes d'allaitement en temps de VIH au Cameroun

Selon les recommandations de l'UNICEF et de l'OMS, tous les nourrissons devraient être exclusivement nourris au sein jusqu'à l'âge de six mois. Le lait maternel est à lui seul suffisant pour satisfaire à leurs besoins nutritionnels et immunitaires requis. En plus d'être plus digeste pour le bébé, il est meilleur pour sa croissance. Dans les pays occidentaux, après l'établissement du statut de séropositivité d'une femme, le personnel médical lui recommande, en cas de grossesse, de ne pas allaiter l'enfant au sein. L'ONUSIDA préconise de recourir à une alimentation de substitution, lorsque toutes les conditions économiques, hygiéniques et sociales sont réunies. Cependant, le risque de contamination de l'enfant n'est pas totalement évacué, car il est de 5 à 20 pour cent (Bomia 2009).

Au Cameroun, comme dans la plupart des pays de l'Afrique subsaharienne, cette mesure est difficile à appliquer à cause de la précarité des conditions socioéconomiques et culturelles. L'allaitement artificiel est financièrement contraignant, surtout dans un contexte où, affirme une conseillère psychosociale, « beaucoup d'hommes n'aident pas leurs femmes dans l'achat du lait artificiel ». La pénurie d'eau potable et les mauvaises conditions d'hygiène ne sont pas favorables à ce type d'allaitement. De plus, culturellement, l'allaitement maternel est le type le plus approuvé dans de nombreuses sociétés. Il inscrit l'enfant dans la parenté (Soupel 1995 ; Pontault 2002) ; il atteste de la bonne la santé de la mère (Pourette 2006) et lui permet de prouver qu'elle n'est pas sorcière, car, malgré le fait que les populations vivent en ville, elles sont toujours attachées à certaines valeurs traditionnelles ou culturelles.

Quelques repères de fondamentalismes au Cameroun

Au Cameroun, les religions orientent largement la vie et l'action des individus. Cependant, elles sont caractérisées par des pratiques que l'on peut considérer comme fondamentalistes, car elles sont conservatrices, considérées comme inchangeables, même si elles ne cadrent plus avec le contexte socioculturel et religieux contemporain. Le comportement d'un individu ne dépend pas toujours de lui, mais parfois de sa religion ou de sa culture considérée comme le garant des normes. Cette situation serait l'une des causes qui empêchent certaines femmes atteintes par le VIH/Sida de respecter les normes médicales.

De façon générale, le christianisme a une position hostile envers le préservatif. Il est systématiquement contre le port du préservatif et prône les méthodes naturelles de contraception. Pour lui, le préservatif est un contraceptif qui favorise la fornication et la débauche sexuelle ; celles-ci sont des contre-valeurs de la foi. Ainsi, le moyen recommandé dans la lutte contre la propagation de la maladie est l'abstinence et la fidélité. Cette justification se retrouve dans les propos du Pape Benoît XVI, lors de sa première tournée en Afrique le 17 mars 2009. Il affirmait, face à un journaliste de KTOTV (une télévision catholique), la position de l'Église catholique sur le préservatif comme moyen de lutte contre le VIH/Sida :

> « Il me semble que l'entité la plus efficace, la plus présente sur le front de la lutte contre le SIDA est vraiment l'Église catholique, avec ses mouvements et ses diverses structures. (…) On ne peut pas dépasser le fléau avec la distribution de préservatifs. Au contraire, ils augmentent le problème »[3].

Les sociétés musulmanes adoptent la même perspective pour la question du préservatif. Considéré comme l'un des grands courants religieux au Cameroun, l'islam, tout comme le catholicisme, a une idéologie qu'il développe dans sa stratégie de lutte contre le VIH/Sida. Il s'agit de l'abstinence et de la fidélité. L'abstinence pour les fidèles qui ne sont pas encore mariés et la fidélité pour ceux qui vivent en union reconnue.

En ce qui concerne l'utilisation du préservatif, cette religion maintient une position ferme d'interdiction. À l'époque du prophète Mahomet, cet accessoire n'existait pas. Son interdiction n'apparaît donc pas explicitement dans le Coran. Mais, sur la base de l'ensemble des prescriptions, les prêcheurs contemporains de la religion interdisent son utilisation (Amer 2009). Pour eux, le préservatif est un contraceptif qui empêche les individus d'entretenir des rapports sexuels naturels, tels que prévus par le Coran. Pour les fidèles musulmans, l'accepter, c'est autoriser la débauche sexuelle, la fornication qui sont des contre-valeurs de cette religion. Il est donc clair que ce sont les hommes qui se servent de la religion, parfois mal interprétée (dans leur sens), pour orienter leurs comportements sexuels et reproductifs et ceux de leurs partenaires. À ce niveau, il se pose un problème d'interprétation.

Les hommes utilisent la religion pour atteindre leur but (préserver leur plaisir et assurer leur reproduction) au détriment de la santé sexuelle et reproductive de leurs épouses.

Fondamentalismes culturels : les femmes, sujets des discours au Cameroun

Par fondamentalisme, il faut entendre un ensemble de principes qui vise à préserver les attitudes traditionnelles et considérer les nouvelles comme déviantes. (Foreaux 2010) Pour ce qui est de la culture, il s'agit de tous les éléments culturels qui existaient dans la tradition et qui sont toujours conservés, même avec la modernité. La rencontre entre ces valeurs anciennes et les nouvelles crée un choc culturel entre les leaders traditionnels ou les conservateurs et les partisans des nouvelles valeurs (Cameron et Strein 2003).

Selon J. M. Ela (1995), l'imaginaire social est un ensemble de représentations ou de pensées qui structure une société. Aussi, comprendre les fondamentalismes culturels qui ont cours au Cameroun, c'est interroger cet imaginaire social qui, toujours selon Ela, met en exergue l'idéologie de la maternité, l'injonction du préservatif et la perception de l'allaitement maternel.

L'idéologie de la maternité

En Afrique noire, l'enfant est une valeur. La conséquence de cette valorisation de la maternité s'accompagne généralement, dans de nombreuses sociétés, par des comportements pro-natalistes ou anti-contraceptifs.

Pour comprendre l'idéologie de la maternité qui structure les pensées des fondamentalistes camerounais (leaders traditionnels et conservateurs) ou des femmes qui en sont des victimes, parce que c'est sur elles que reposent les conséquences de cette vision, il faut d'abord analyser le poids des représentations sociales de l'enfant dans ce pays. Au Cameroun et dans la plupart des pays en Afrique noire, la femme a le devoir de maternité (Mbambi 2005). Certes, les hommes ont cette exigence sociale de faire des enfants pour ne pas être considérés comme des cadets sociaux ou des personnes infertiles. Cependant, le ventre des femmes est l'espace où les hommes prouvent leur masculinité ou leur virilité. Ce qui revient à dire que lorsqu'une femme ne conçoit pas, c'est elle qui devient le problème et non le conjoint. Or aucun examen médical n'est souvent pas fait à l'homme pour prouver son infécondité.

L'enfant occupe une place de choix dans la vie de ses parents et même de la société tout entière (Mbambi 2005). Malgré les transformations sociales qui ont cours dans le pays (l'urbanisation, la modernisation, la scolarisation et la professionnalisation des femmes), le désir de l'enfant réside toujours dans la pensée des hommes et surtout des femmes (Ela 1995). Il (l'enfant) incarne plusieurs symboles dans la société camerounaise.

L'enfant est preuve de santé génésique et reproductive de la mère, surtout que la construction sociale de la reproduction voudrait que la preuve de la fécondité de l'homme se lise dans le ventre de la femme. Dans de nombreuses sociétés, l'infertilité n'est appréhendée que du côté de la femme. Pour l'homme, sa santé sexuelle se lit très souvent sur son aptitude à garder la femme. Elle suppose ainsi qu'une femme ne peut rester longtemps avec un homme qui est impuissant sans se plaindre ou divorcer. Si l'homme a la possibilité de se mettre en érection, alors on suppose qu'il est bien portant et peut, par conséquent, faire des enfants.

Également, la fécondité dans de nombreux pays de l'Afrique noire s'inscrit dans une sorte de « code d'honneur » (qui suscite la respectabilité et la notoriété de la femme). Il est une richesse dans plusieurs sociétés, comme chez les Bamiléké de l'Ouest Cameroun. Le deuil de celui qui n'a pas de descendance, quel que soit son âge, se fait avec beaucoup de légèreté (la durée et l'ampleur de l'événement sont moins étendues), surtout pour une femme. La durée des cérémonies est très réduite et tout se passe comme si la société n'exprimait aucun regret à l'endroit du/de la défunt (e). Un patriarche a d'ailleurs affirmé que « Chez les Béti, une femme qui a fait des enfants est considérée comme une femme accomplie » (M. Onana, chef d'un quartier à Yaoundé, 55 ans, 8 juin 2011). D'après J. M. Tchegho, l'enfant permet « d'assurer l'immortalité des ascendants et de perpétuer la lignée, de constituer une main-d'œuvre et d'assurer une assurance vieillesse, de témoigner sa reconnaissance et sa gratitude, d'assurer un prestige social et la puissance de la famille » (2001 :70-71).

Les entretiens de l'enquête de terrain confirment que l'enfant au Cameroun est considéré par nombreuses femmes comme source de survie, de maintien des relations et d'amélioration du statut social de la mère. Son absence crée parfois des instabilités, voire des ruptures de relations. « Il permet aussi l'intégration de la mère dans la belle-famille » (entretien avec un leader traditionnel). Car, en Afrique, le mariage n'est pas seulement une affaire d'individus, mais aussi une affaire de groupe (Labouret 1940 ; Alexandre et Binet 2005). Pour certaines de nos répondantes, une fécondité élevée est une stratégie qui, à long terme, pourra leur permettre de s'affranchir d'une écrasante domination économique et sociale. L'enfant est un gage d'avenir ou un investissement à long terme. Il apportera des soutiens multiformes (financiers, matériels, moraux, etc…) à ses parents lorsqu'ils ne seront plus en mesure de produire. Parmi leurs interventions, ces termes sont évocateurs :

> « L'enfant c'est le meilleur investissement dans la vie d'un individu. C'est lui qui assurera la relève de la famille lorsque les parents seront fatigués » (Une répondante, 34 ans, 4 juin 2011).

> « Plus tu as des enfants, plus tu as la possibilité de ne pas souffrir dans ta vieillesse, car devenus grands, ils t'apporteront des soutiens, de l'argent, des médicaments et feront ta joie » (Une femme, 29 ans, 6 juin 2011).

Dans certaines sociétés camerounaises bamiléké, beti, boulou, etc., il existe un système de « don de nom » à la progéniture pour ressusciter les morts ou marquer la présence des ancêtres à partir des noms attribués à leurs enfants. Ces pratiques des noms donnés aux enfants leur imposent de remonter aussi loin que possible l'arbre généalogique et leur permet aussi d'instaurer un attachement entre les enfants et leur lignage.

En outre, le sexe de l'enfant est une question importante. En effet, dans des sociétés (Bamiléké, Bamoun, et Hausa), et des familles de religion musulmane, le choix du sexe de l'enfant est beaucoup plus porté sur le masculin. Il lui est conféré un pouvoir de domination et certains privilèges politiques, économiques, sociaux et culturels. Car il est « […] celui qui reste et la fille, celle qui s'en va » (Nicolas 1975:185 ; Beninguisse *et al.* 2004). Il perpétue la lignée et devient plus tard le chef de famille.

Ainsi, demander à une femme de ne pas procréer, de retarder ou de limiter les naissances, même pour des raisons thérapeutiques, lui posera des problèmes et des contraintes sociales, qu'il ne lui sera pas facile d'évacuer dans un contexte où l'enfant est une valeur. Dans de nombreuses sociétés, les maris utilisent des modèles de vie pro-natalistes comme moyen de conservation de leurs épouses. Ainsi, le meilleur moyen pour eux de garder leurs femmes est souvent de les mettre enceintes le plus tôt et le plus fréquemment possible (Collard 1979). Cette situation met en exergue l'ambivalence dans laquelle évolue la femme infectée, à savoir : d'un côté, elle a affaire à un mari qui évolue dans une logique pro-nataliste ; et, de l'autre côté, ses exigences thérapeutiques qui lui confèrent un type de comportement antinataliste qui risque d'être une source de déstabilisation de sa famille.

La perception du préservatif

Un autre problème que rencontrent les politiques de lutte contre le VIH au Cameroun est lié à la perception du préservatif. Son usage reste problématique, car, « bien que la plupart des populations subsahariennes connaissent le préservatif, son emploi dépend du contexte social et religieux » (Hart *et al.* 1999:687).

Le préservatif est, pourtant, la méthode contraceptive la mieux indiquée en temps de VIH parce qu'elle permet de protéger le/la partenaire sain (e) de la contamination et de la personne infectée d'une probable réinfection. On en distingue deux types : masculin et féminin. On insistera ici sur le préservatif féminin, de création plus récente et moins connue.

Le préservatif féminin est un type de contraceptif conçu pour être introduit dans le sexe féminin. Il est un peu différent du préservatif masculin.

Le préservatif féminin est de grande taille ; il contient un grand anneau qui est souvent introduit dans le sexe féminin, lors des rapports sexuels. Sa conception est liée au fait que seuls les hommes avaient le pouvoir de décision sur le port de ce type de contraceptif. Le préservatif féminin était donc une façon d'encourager les femmes à prendre des décisions de protection lors des rapports sexuels. Il n'est cependant pas toujours utilisé de manière systématique, ni par les femmes dans l'ensemble, ni par les séropositives, en raison parfois de son inaccessibilité (géographique, économique et culturelle), de sa forme (grossière) ou de son usage qui ne dépend pas très souvent de la femme. En effet, le préservatif féminin n'est pas très disponible financièrement, car il coûte un peu plus cher (500 francs CFA/paquet le moins coûteux) que le préservatif masculin dont la marque la moins coûteuse s'élève à 100 francs CFA). Il est également difficile de s'en procurer, car il n'est pas vendu partout, comme le préservatif masculin.

L'autre problème de l'usage du préservatif est en général lié à sa faible acceptabilité. Son usage est en général perçu comme une affaire masculine. M. Maia (2004) souligne qu'en raison du statut social de la femme qui lui confère un second rang dans la prise des décisions en matière de sexualité et de fécondité, il ne lui appartient pas de décider du moment ou de la façon dont l'acte sexuel doit être entretenu, surtout si elle dépend financièrement de l'homme. Lors de nos enquêtes de terrain, une assistante sociale, chargée de la prise en charge psychosociale à l'hôpital du jour de Yaoundé, l'a d'ailleurs confirmé, en déclarant que plusieurs hommes se comportent toujours comme si la femme est un objet de plaisir et n'a aucune décision à prendre dans le choix de leur mode de sexualité » (6 août 2011).

Le préservatif est perçu différemment dans plusieurs couples au Cameroun. Par son usage, il met en exergue l'infidélité, l'absence de confiance entre partenaires ou peut révéler le statut sérologique d'un partenaire. Il est très souvent utilisé lors de rencontres occasionnelles, de rapports sexuels avec les professionnelles du sexe ou lors des premiers mois d'une relation entre deux partenaires. Certains couples le considèrent comme motif de suspicion, voire une preuve d'infidélité et décident, par conséquent, de le mettre de côté, pour introduire la confiance (Mimche 2007). Il est également considéré par certaines femmes séropositives comme révélateur de leur statut sérologique ; aussi l'imposer à son partenaire signifie-t-il, pour elles, livrer leur secret. D'autres ne se sentent à l'aise que lorsqu'elles taisent leur maladie (Hejoaka 2011).

Au plan pratique, plusieurs hommes avancent l'argument selon lequel l'utilisation du préservatif entraîne la baisse du plaisir sexuel et l'inconfort de l'acte sexuel, d'où l'utilisation anecdotique. (Hancart-Petitet 2011). Ils préfèrent privilégier leur plaisir sexuel au détriment de la santé de leurs conjointes ou partenaires. Pour les femmes, certaines d'entre elles épousent les arguments des hommes cités plus haut. D'autres, en revanche, évitent l'utilisation du préservatif féminin parce qu'elles trouvent qu'il est grossier, coûteux et fait des bruits à l'utilisation. Néanmoins pour d'autres, le préservatif féminin apparaît comme une occasion pour les femmes de prendre leur décision en main.

Pour les conservateurs de la tradition béti, le port de tout préservatif est assimilé à un gaspillage du sperme, comme l'atteste un leader traditionnel de ce groupe ethnique du centre-sud du Cameroun en ces termes : « l'acte sexuel chez les Beti est un acte noble et doit se pratiquer de façon naturelle. Le port du préservatif ne le rend plus naturel, car l'on gaspille l'eau de vie qui est sacrée » (4 juin 2011).

La perception de l'allaitement maternel

Une autre difficulté qui entrave les politiques de soins des femmes infectées par le VIH, au Cameroun, découle de la perception de l'allaitement maternel. Les sociétés africaines sont caractérisées pour la plupart par une forme de solidarité mécanique, un lien mécanique caractérisé par une forte conscience collective, une solidarité par similitude, un droit répressif, des valeurs de communauté (Durkheim 1996). Elles vivent dans un stade d'interconnaissance, d'assistance et d'entraide. Dans plusieurs villes d'Afrique, bien qu'issus d'horizons divers, les individus tissent des liens au point qu'ils se connaissent entre eux en fonction de leurs origines, de leurs lieux de résidence, de leurs professions et de leurs activités et, par la même occasion, partagent beaucoup de choses.

D'après certaines répondantes, une femme, après l'accouchement, reçoit des visites non seulement des membres de sa famille propre, mais aussi de la belle-famille et de l'entourage. Ces visites ont deux fonctions : la première est celle de l'assistance, de l'affection et du soutien qu'on apporte à l'accouchée. La seconde fonction s'assimile beaucoup plus à celle de la vérification et de l'espionnage, comme l'ont révélé nos enquêtes de terrain. Cette fonction de vérification est dénoncée par nos enquêtées en ces termes :

> « Lorsqu'une femme accouche un enfant, elle reçoit beaucoup de visites des proches, de la famille et de l'entourage. Ces visites ne sont pas gratuites parce que certaines personnes viennent pour vérifier si l'enfant est en bonne santé, s'il est beau ou s'il ressemble à ses parents, notamment son père » (Une enquêtée, 25 ans, 6 juillet 2011).

> « D'autres visiteurs viennent observer les dispositifs d'accueil du bébé comme la layette, l'environnement, ... » (Une enquêtée, 31 ans, 3 mai 2011).

> « Lorsque j'ai accouché de ma première fille, les membres de ma belle-famille sont venus vérifier que je donnais du lait de mes seins à l'enfant parce qu'il y avait une rumeur qui courait avant ma grossesse que j'étais malade » (Une enquêtée, 33 ans, 6 juillet 2011).

De ces propos des répondantes, il apparait que l'accouchement dans de nombreuses sociétés ressemble très souvent à une situation d'espionnage ou de vérification. En Afrique noire, l'allaitement maternel a une valeur sociale et recouvre une multitude de symboles. Il est d'abord une preuve de la santé de la mère et de la parenté. Lorsqu'une femme ne donne pas de son sein à l'enfant, il lui faut des motifs solides pour justifier cette abstention, car le mode d'allaitement dépend du partenaire, de la belle-famille ou de l'entourage. Dans le cas contraire, elle sera suspectée d'être malade. Or les femmes séropositives font des efforts pour ne pas éveiller de soupçons. De plus, l'allaitement maternel inscrit l'enfant dans la parenté en créant un lien social. C'est à travers le sein que la société atteste la parenté (de lait), même comme, dans une certaine mesure, cela peut s'avérer faux. Des enfants ont souvent été confiés à une nourrice pour cause de décès ou de maladie de leur mère. Mais, dans la plupart des cas, c'est le sein qui marque l'union de l'enfant à sa mère. C'est toujours à travers le sein que les enfants se reconnaissent comme frère et sœur (Querre 1964).

Certaines femmes avancent des motifs esthétiques pour ne pas allaiter, car l'allaitement peut entraîner une déformation morphologique du corps ou du sein. D'autres sont occupées à mener des études ou travaillent, ce qui ne leur laisse pas le temps d'allaiter leur nourrisson.

Femmes séropositives : entre existence sociale et préservation de la santé

À partir des stratégies auxquelles recourent les femmes infectées par le VIH pour justifier leur mode d'allaitement, énumérées plus haut, il ressort que leur existence sociale prime sur leur droit à la santé. Elles font face à d'autres contraintes qui les empêchent de préserver leur santé. Cela est une entrave à leur droit à la santé. Pour parler du droit de la santé pour les femmes séropositives, il faut d'abord interroger leurs caractéristiques socio-démographiques et professionnelles. Les femmes séropositives mariées et celles qui sont célibataires ne vivent pas les mêmes réalités ; tout comme celles qui sont financièrement autonomes et celles qui dépendent de leurs partenaires ou sont sans ressources.

Les femmes séropositives mariées ou celles qui dépendent financièrement de leur conjoint n'ont pratiquement aucune décision dans la gestion de leur sexualité et de leur reproduction. Selon une enquêtée, « les femmes ne sont pas consultées sur le moment ou la manière d'entretenir les relations sexuelles. Leurs conjoints utilisent l'arme économique comme un motif de chantage sexuel ». Mais lorsque les partenaires sont au courant de la sérologie de leurs conjointes, ils peuvent accepter de les accompagner dans les recommandations de la prise en charge. La vie sexuelle et reproductive des séropositives dépend de leur partenaire / conjoint, surtout si celles-ci ont affaire à des hommes qui ignorent leur statut sérologique ou qui ne sont pas compréhensifs. Or les femmes célibataires ou financièrement autonomes devraient mieux participer à la prise de décision relevant de leur vie et santé sexuelles et reproductives. Elles peuvent être épargnées des menaces et des chantages de leurs partenaires et devraient pouvoir mieux contrôler leur corps et leur sexualité. Les statuts socioprofessionnel et matrimonial de ces femmes seraient des éléments qui interviennent dans la mise en œuvre du droit de ces dernières.

La religion et la culture sont des institutions dont les discours peuvent entraver sur le droit de la santé des femmes séropositives au Cameroun. Certains discours que développent les fondamentalistes (qui prônent la conservation des valeurs culturelles ou religieuses rétrogrades) deviennent un problème et empêchent leur épanouissement. Ils sont des éléments de privation des libertés des femmes. Etant donné que l'imaginaire social est axé sur l'idéologie de la nuptialité et de la maternité, elles perdent le contrôle de leur sexualité et de leur reproduction. Or toute femme devrait jouir de son droit à la santé, à savoir celui de la préservation de sa santé en ayant une décision dans sa sexualité et sa reproduction. Certes, la fonction de reproduction relève de la femme, mais la décision de la taille de la famille, du choix du moment (pour la plupart des cas), des méthodes relatives à la sexualité appartient à l'homme.

Le corps de la femme n'est pas pris en considération. De nombreuses femmes séropositives ont, au cours de l'enquête, évoqué le cas des rapports sexuels sans leur consentement comme un obstacle à leurs soins. Car, de façon générale, les femmes, même celles qui ne sont pas infectées, rencontrent le plus souvent des difficultés dans leur foyer lorsque celles-ci refusent de faire l'amour avec leurs maris ou leurs partenaires, ils déclenchent la répression, la violence physique (coups et blessures) et psychiques envers celles-ci (Godelier 1982). Cette situation s'accentue lorsque la femme est infectée par le VIH. Elle devient plus vulnérable. Ainsi,

> « [...] la soumission (l'assujettissement) à la volonté sexuelle du mari est obtenue dans d'innombrables populations non seulement par des moyens de pression psychique, de chantage économique et affectif, mais aussi, cela est considéré comme parfaitement légitime – c'est un droit du mari – par les coups » (Tabet 1998:101-102).

Dans la plupart des situations, les femmes séropositives, mariées ou ayant un partenaire sexuel préfèrent préserver leur existence sociale (c'est-à-dire leur visibilité sociale en tant que femme épouse et femme mère) plutôt que de respecter les normes sanitaires. Cela se vérifie au niveau de leur sexualité et de leur procréation.

Pour dissimuler leur statut sérologique, afin de ne pas être victime de stigmatisation et de répudiation, de très nombreuses femmes continuent de ne pas suivre les prescriptions du discours biomédical. Pour celles qui avaient déjà commencé à entretenir des rapports sexuels non protégés avant la notification de leur statut sérologique, demander à leurs partenaires d'utiliser le préservatif serait comme leur révéler leur statut sérologique et, par conséquent, risquer d'être répudiées (Desgrées du Loû 2011). Or, dans un contexte d'augmentation du taux de divortialité, de faible nuptialité, les femmes ne se sentent à l'aise que dans le cadre d'un mariage ou sous la protection masculine.

En Afrique subsaharienne, la femme est contrainte de lier sa féminité à la maternité. Et son statut est mieux perçu lorsqu'elle est mariée. Ce qui veut dire qu'au Cameroun, sa fonction sociale est construite autour de la maternité et de la nuptialité. La femme, pour exister socialement, est mue par le désir de remplir sa fonction sociale.

L'absence d'enfant chez certains couples entraîne souvent la rupture d'union. La stérilité est perçue comme relevant de la femme et non de l'homme. Dans la plupart des cas, les femmes optent pour la dissimulation de leur maladie en cachant leurs traitements (Hejoaka 2011), tout en poursuivant leur projet de procréation, si leur quota d'enfant n'est pas encore atteint ou si elles n'ont pas encore eu un enfant de sexe masculin. Car la culture veut que

> « la naissance d'un garçon constitue, pour la famille, l'assurance d'une perpétuation de la lignée et, pour le père, la garantie d'être vénéré comme ancêtre après sa mort (les filles étant destinées à quitter le lignage en raison de la règle de l'exogamie qui régit les mariages dans de nombreuses ethnies » (Beninguisse *et al.* 2004:7).

Conclusion

En définitive, dans nombreux pays en Afrique subsaharienne, la pandémie du VIH/Sida, malgré les avancées de la médecine mises en œuvre, constitue toujours un sérieux problème de santé publique et de société. Au Cameroun, les femmes continuent d'être des personnes très vulnérables. Les discours et les pratiques fondamentalistes qui ont cours dans différentes régions du pays les empêchent de respecter les prescriptions médicales. Or les hommes ne sont pas tellement affectés par ces pratiques parce qu'elles sont développées en leur faveur.

Les religions et les cultures, avec leurs idéologies et leurs discours, contribuent à rendre les femmes vulnérables à l'infection au VIH. Elles évoluent dans un contexte où, pour vivre leur féminité, elles sont obligées de sacrifier leur santé. Le corps de la femme est déterminé socialement. Elle n'est que ce que la société aura voulu d'elle et non ce qu'elle aurait voulu d'elle-même. Les droits des femmes séropositives ne sont pas respectés. Leur santé sexuelle et reproductive ne dépend ni d'elle, ni du corps médical, mais beaucoup plus de leurs partenaires qui parfois n'ont que des ambitions égoïstes, d'autant qu'elles vivent dans un contexte où « le comportement de la femme est conditionné par sa culture et sa tradition » (Paquot 1982 :111).

Notes

1. Cellule immunitaire responsable de la médiation cellulaire.
2. Une maladie due à des germes habituellement peu agressifs, mais qui sont susceptibles de provoquer de graves complications en affectant des personnes ayant un système immunitaire très affaibli.
3. Traduit de l'italien, [http//www.dailymotion.com, 2011].

Bibliographie

Alexandre, P. et Binet, J., 2005, *Le groupe dit Pahouin (Fang-Boulou-Beti)*, Paris, L'Harmattan.

Amer, M., 2009, *Conception islamique de la femme*, tome 2, Caire, New Vision.

Beninguisse, G. *et al.*, 2004, « L'accessibilité culturelle : une exigence de la qualité des services et soins obstétricaux en Afrique », *Étude de la population africaine*, supplément B, vol. 19, p. 243-266.

Cameron, D. R. et Strein, J. G., éds., 2003, *Contestation et mondialisation : Repenser la culture et la communication*, Montréal, Presses universitaires de Montréal.

Collard, C., 1979, « Mariage « à petits pas » et mariage « par vol ». Pouvoir des hommes, des femmes et des chefs chez les Guidars », *Anthropologie et sociétés*, 3 (1), p. 41-73.

Desclaux, A. et Raynault, C., éds., 1997, *Le dépistage du VIH et le conseil en Afrique au Sud Sahara. Aspects médicaux et sociaux*, Paris, Karthala.

Desclaux, A. et Taverne, B., éds., 1964, *Allaitement et VIH en Afrique de l'Ouest : de l'anthropologie à la santé publique*, Paris, Karthala.

Desgrées du Loû, A., 2011, « Conséquences conjugales du dépistage prénatal du VIH à Abidjan », in A. Desclaux, P. Msellati et K. Sow, K., éds., 2011, *Les femmes à l'épreuve du VIH dans les pays du Sud. Genre et accès universel à la prise en charge*, Paris, Agence nationale de la recherche sur le SIDA, Collection Sciences sociales et SIDA, p. 73-88.

Durkheim, E., 1996, De la division du travail social, Paris, Presses universitaires de France, 3° éd.

Ela, J-M., 1994, *L'irruption des pauvres. Société contre ingérence, pouvoir et argent*, Paris, L'Harmattan.

Ela, J-M., 1995, « Fécondité, structures sociales et fonctions dynamiques de l'imaginaire en Afrique noire », in H. Gérard, H. et Piché, V., éds., *La sociologie des populations*, Montréal, Presses de l'Université de Montréal.

Erny, P., 1968, *L'enfant dans la pensée traditionnelle de l'Afrique noire*, Paris, Éditions de l'École.

Foreaux, F., éd., 2010, *Dictionnaire de culture générale*, Paris, Pearson-Cap. Prépa.

Godelier, M., 1982, *La production des Grands Hommes*, Paris, Fayard.

Hancart-Petitet, P., 2011, « Choix contraceptifs des femmes vivant avec le VIH au Cambodge », in A. Desclaux, P. Msellati et K. Sow, éds., *Les femmes à l'épreuve du VIH dans les pays du Sud. Genre et accès universel à la prise en charge*, Paris, Agence nationale de la recherche sur le SIDA, Collection Sciences sociales et SIDA, p. 179-192.

Hart *et al.*, 1999, « Women Attitudes to Condoms and Female Controlled Means of Protection against HIV and STDs in South Western Uganda », *AIDS Care*, 11.

Hejoaka, F., 2011, « La solitude des femmes dans le traitement et l'accompagnement des enfants vivant avec le VIH au Burkina Faso », in A. Desclaux, P. Msellati et K Sow, éds., *Les femmes à l'épreuve du VIH dans les pays du Sud. Genre et accès universel à la prise en charge*, Paris, Agence nationale de la recherche sur le SIDA, Collection Sciences sociales et SIDA, p. 193-205.

KTOTV : *Préservatif : ce qu'a vraiment dit le* pape, En ligne : http//www.dailymotion.com, consulté le 6 octobre 2011, 15h.

Labouret, H., 1940, « Situation matérielle, morale et coutumière de la femme dans l'Ouest africain », *Africa : The Journal of International Institute of African Languages and Cultures*, vol. XIII, n° 2.

Maia, M., 2004, *Sexualités adolescentes*, Paris, Éditions Pepper.

Mbambi, J., 2005, *Expériences féminines à Brazzaville. Fécondité, identité sexuelle et modernité en Afrique subsaharienne*, Paris, L'Harmattan.

Mimche, H. *et al.*, 2007, « Les enjeux sexuels et reproductifs de la mise sous ARV des PVVS au Cameroun », *5e Conférence sur la Population africaine*, Arusha.

Nicolas, G., 1975, *Dynamique sociale et appréhension du monde au sein d'une société Haussa*, Paris, Éditions du Centre national de recherche scientifique.

ONUSIDA, 2006, *Aids Epidemic Update*.

Paquot, E., éd., 1982, *Terre des femmes*, Paris, La Découverte-Maspero.

Pontault, M., 2002, *Frères de sang, sœurs de lait. Anthropologie d'une marginalisation familiale et sociale*, Paris, L'Harmattan.

Pourette, D., 2006, *Des Guadeloupéens en Ile-de-France. Identité, sexualité, santé*, Paris, Karthala.

Querre, M., 1964, « La voie du lait. Le sens des pratiques autour de l'allaitement chez les Peul du Séno » in A. Desclaux et B. Taverne, éds., *Allaitement et VIH en Afrique de l'Ouest : de l'anthropologie à la santé publique*, Paris, Karthala, p. 189-216.

Soupel, S., 1995, *L'âge de la vie en Grande-Bretagne au XVIII° siècle*, Paris, Presses Sorbonne Nouvelle.

Tabet, P., 1998, *La construction sociale de l'inégalité des sexes. Des outils et des corps ?* Paris, L'Harmattan.

Tchegho, J.-M., 2001, *L'enracinement culturel en Afrique : une nécessité pour un développement durable*, Yaoundé, Éditions Demos.

10

L'impasse sur les droits sexuels dans la lutte des féministes sénégalaises pour la pénalisation des mutilations féminines au Sénégal : autocensure ou césure stratégique ?

Maïmouna Ndoye

En janvier 1999, près de trente années après les premières initiatives de lutte contre les mutilations génitales féminines (MGF) au Sénégal, la loi 99-05 portant réforme de certaines dispositions du Code pénal érigeait cette pratique en infraction. L'alinéa premier de cette disposition prévoit, entre autres, une peine d'emprisonnement comprise entre six mois et cinq ans pour toute personne qui se rendrait coupable d'atteinte à l'intégrité des organes génitaux féminins.

Ce geste du législateur sénégalais marquait la rupture d'une longue attitude de réserve de l'État sur une question qui, il faut le souligner, avait suscité beaucoup de résistances et de tensions. Le fait est que la pratique des MGF se trouve à l'intersection de sensibilités diverses et que celles-ci, qu'elles soient d'ordre ethnique, religieux ou idéologique, ont, comme point de rencontre certain, le tabou autour du corps des femmes et de leur sexualité. Sa pénalisation porte dès lors une charge politique forte dans la mesure où, au-delà de la prohibition d'un acte mutilant, il est question de la levée officielle du tabou sur un mécanisme de contrôle social sur les femmes. S'il est important de reconnaître cette portée de la pénalisation des MGF au Sénégal, il n'est pas superflu de se demander si le processus qui y a conduit a procédé d'une réelle remise en cause de l'emprise sociale que cette pratique institue sur les corps des filles et des femmes.

La question mérite une attention particulière si l'on sait que, malgré la décision de légiférer sur les MGF, l'État sénégalais a continué à privilégier un argumentaire de santé publique, au détriment de la dimension de droits humains. En effet, dans l'exposé des motifs de la loi 99-05 pénalisant les mutilations génitales féminines, l'atteinte à l'intégrité physique et morale est évoquée en même temps que la santé, mais le droit n'a pas vraiment été l'argument phare des autorités dans la communication développée autour de l'abandon de la pratique. Le processus de pénalisation a mis en interaction des acteurs appartenant à diverses sphères (étatique, ONG, mouvements féminins et féministes, milieux religieux et coutumiers, etc.) dans un environnement de tiraillement entre un conservatisme en faveur des MGF et un mouvement hétéroclite de lutte contre la pratique.

Dans cet article, nous nous proposons de poser un regard sur l'action d'une frange maîtresse du mouvement de lutte contre les MGF au Sénégal. Il s'agit des féministes sénégalaises ou, devrais-je plutôt dire, celles que je nomme ainsi, en considération de leurs efforts pour abolir des pratiques qui, à l'image des MGF, portent atteinte aux droits des femmes et des filles. L'appellation peut paraître provocatrice, si l'on sait que, chez une majorité de femmes sénégalaises, notamment celles qui investissent l'espace public, déclarer sa non appartenance au féminisme est une des « précautions » les plus partagées. Pourtant, si le féminisme est bien ce mouvement qui vise un statut plus juste pour les femmes, l'on peinerait bien à situer en dehors de son champ un combat de longue haleine mené par des femmes (quelle que soit leur obédience) pour abolir des pratiques comme les MGF. D'où la décision de parler de féministes sénégalaises dans l'intitulé de notre article et tout au long de nos développements.

Une fois cette précision faite, notre choix d'étudier l'action des féministes sénégalaises dans le cadre de la lutte contre les MGF repose sur deux raisons qui méritent d'être explicitées.

La première est liée à la singularité de leur engagement qui associe une posture d'affirmation identitaire (qui, dans certains contextes et à une époque donnée, a pu laisser penser qu'elles étaient favorables au maintien des MGF), à une démarche résolue de lutte contre cette pratique, aboutissant à sa pénalisation en 1999. La seconde est liée à l'intérêt qu'il y a à questionner l'essence de leur perspective de lutte. Il est en effet pertinent de se poser la question de savoir pourquoi les féministes sénégalaises n'ont pas mis en avant les droits sexuels qui, nous y reviendrons, sont une porte d'entrée privilégiée dans tout argumentaire féministe de lutte contre les MGF.

Explicitons la première raison évoquée. Il s'avère qu'historiquement et aussi bien au niveau local qu'international, les féministes sénégalaises ont joué un rôle clé, marqué d'une empreinte identitaire qui n'a pas manqué d'aiguiller leur militantisme en faveur de l'abolition des MGF. L'une des informations les plus partagées sur la lutte contre cette pratique au Sénégal, c'est qu'elle a été initiée, dans les années 1970, par des féministes sénégalaises, en association avec des féministes occidentales. Il s'agit là d'une donne historique à double tranchant qui renseigne sur le fait que des féministes sénégalaises, d'une part, ont été présentes, dès la première heure, dans la lutte contre les MGF au niveau international, mais que, d'autre part, elles ont considéré les MGF comme « un boulet » ou « une casserole », pour reprendre leur langage familier. Ce sont là des métaphores représentatives de la critique bruyante des détracteurs des féministes sénégalaises et africaines, qui les ont accusées d'acculturation et de suivisme par rapport au féminisme occidental Nous verrons dans quelle mesure ces critiques passéistes ont eu une portée politique qui a corsé la marche vers la pénalisation des MGF et, au-delà, tout l'agenda de protection des droits reproductifs et sexuels des Sénégalaises.

Pour la seconde raison de notre choix d'étudier spécifiquement l'action des féministes sénégalaises, nous noterons que la nature de leur engagement et le contexte socioculturel et politique de leurs luttes rendent nécessaire un regard sur la perspective qui a guidé leurs actions. La question de l'impact de cette perspective sur le déroulement et l'aboutissement du processus de pénalisation des MGF au Sénégal prend dès lors toute sa pertinence. La mise à nu des enjeux de contrôle du corps et de la sexualité des femmes, à travers les MGF, procède d'une analyse de genre et, partant, féministe. Or, même s'il faut constater que les féministes sénégalaises ont obtenu de haute lutte l'adoption de la loi réprimant les MGF, la perspective des droits sexuels n'a pas vraiment été leur cheval de bataille. D'où la question : où est passée la perspective féministe ?

Le présent article essaiera de reconstituer et de poser un regard critique sur la lutte des féministes sénégalaises contre les MGF. Dans notre démarche, un préalable nécessaire sera la présentation du contexte socioculturel et politique dans lequel la lutte a pris corps et qui est marqué par une incidence majeure des discours en faveur des MGF. Nous aborderons, en second lieu, « la » perspective féministe en matière de lutte contre les MGF qui place les enjeux liés aux droits sexuels au cœur de ce combat. Cette perspective sera présentée aussi bien dans son assise institutionnelle que dans sa cohérence théorique et stratégique, en tant qu'outil de transformation politique. Cette partie sera suivie d'une réflexion sur le sens à donner à la perspective de lutte effective des féministes sénégalaises. Il s'agira de savoir si elles ont fait l'impasse sur les droits sexuels devant une tension identitaire et un conservatisme trop imposants ou si leur silence procède plutôt d'une stratégie graduelle.

Un contexte de lutte tapissé d'enjeux identitaires : les féministes sénégalaises entre le marteau et l'enclume

Comprendre le combat des féministes sénégalaises contre la pratique des MGF, c'est aussi poser un regard sur le contexte socioculturel et politique dans lequel il s'est déployé. Cette lutte porte l'empreinte de deux questions essentielles liées à l'identité qui se renvoient l'une à l'autre. Il s'agit d'abord de cette revendication d'une identité propre et du besoin d'une lutte propre dont le débat sur les MGF a été un des terrains clé dans les années 1980. C'est ensuite la critique fondamentaliste multiforme qui dénie une identité culturelle africaine aux féministes du continent, surtout lorsqu'elles s'attaquent à des questions aussi délicates que les MGF. Dans cette section, nous nous attèlerons à décrire tour à tour ces deux situations qui ont placé les féministes sénégalaises dans une posture complexe que décrit bien l'expression « entre le marteau et l'enclume ».

Une lutte sous le signe de l'affirmation de l'identité culturelle

Lors de la conférence mondiale des femmes de Copenhague (1980), la question des MGF avait fait l'objet d'un véritable dialogue de sourds entre féministes occidentales et africaines. Une confrontation verbale prévisible s'y était produite lorsque des féministes françaises avaient dévoilé, en public, une photo représentant les organes génitaux d'une femme noire excisée. Cette dénonciation aussi crue et publique des MGF avait réveillé une fibre identitaire chez les Africaines et avait alors occasionné une rupture totale du dialogue. La colère suscitée fut telle que le livre de la Sénégalaise Awa Thiam, *La parole aux négresses* (1978), avait valu à son auteure d'être stigmatisée par nombre de ses consœurs africaines. Il faut dire que ce livre, dénonçant des maux importants (notamment les MGF) dont étaient victimes les femmes en Afrique, avait en réalité souffert d'être paru à un moment où des Occidentales pointaient un doigt accusateur sur la pratique des MGF et les contextes culturels où elle était de mise. Puis, passé le temps de la colère, il est resté une référence et un symbole forts de la lutte des Sénégalaises contre la pratique des MGF.

Le discours féministe occidental était fort virulent et dénonçait une barbarie organisée sur de pauvres fillettes africaines qu'il fallait sauver, contre vents et marées, des griffes de matrones sans scrupules. Les Africaines, présentes à la conférence de Copenhague, avaient ressenti ce discours comme l'attitude indiscrète de celle ou de celui qui regarde sous le pagne de sa vis-à-vis. Elles avaient vivement protesté et enjoint les féministes occidentales à ne plus parler des MGF.

Cette confrontation d'idées s'est poursuivie au-delà de Copenhague. En effet, sous la plume d'auteurs comme Renée Saurel, dont le livre *L'enterrée vive* (1981) avait été préfacé par Simone de Beauvoir, les MGF venaient juste allonger la liste des pratiques d'oppression universelle des femmes qui fondent le patriarcat. L'auteure, ancienne directrice de thèse d'Awa Thiam, a répondu aux réactions de certaines féministes africaines à Copenhague, donnant ainsi un aperçu de la « querelle » qui les avait opposées aux féministes occidentales. Résumant les propos de la Sénégalaise Dior Fall Sow, ancienne juge au Tribunal pénal international pour le Rwanda et, à l'époque, jeune magistrate, elle lui prêtait les propos suivants :

> « Je ne suis pas favorable à l'excision, mais estime que le problème doit être replacé dans un contexte englobant la santé, l'économie, etc. L'excision a, de surcroît, une valeur culturelle : la protection de la virginité. C'est une valeur ! Laissez donc les femmes africaines résoudre ce problème. Il est dangereux que vous imposiez quelque chose. Les dangers de l'excision, nous les connaissons et essayons de les combattre… » (1981:259)

L'injonction faite aux féministes occidentales à Copenhague se résume bien dans cet extrait de la déclaration de l'Association des femmes africaines pour la recherche et le développement (AFARD/AAWORD). Cette organisation panafricaine créée, en 1977, par un groupe de chercheures, pour qui les femmes africaines étaient trop souvent traitées en objet et non en sujet dans la recherche féministe, s'étaient fixé le but de la décoloniser. Dans leur déclaration, *AAWORD, A Statement on Genital Mutilation*, diffusée en 1983, les membres défendaient l'idée que la question de l'excision ne concernait que les Africaines. Leur opinion sur le discours des féministes occidentales était, dans cette dynamique, assez hostile :

> « Cette nouvelle croisade de l'Occident est menée sur la base de préjugés moraux et culturels de la société occidentale judéo-chrétienne : l'agressivité, l'ignorance, voire le mépris, le paternalisme et l'activisme manifestés ont

> blessé et choqué de nombreuses personnes de bonne volonté. En essayant de susciter l'intérêt de leur propre public, les nouvelles croisées sont tombées dans le sensationnalisme et sont devenus insensibles à la dignité des femmes qu'elles disent vouloir sauver » (Davis 1983:217).

Le discours féministe occidental était ainsi jugé agressif, paternaliste et totalement irrespectueux des femmes qu'il prétendait sauver des MGF. Ces diverses réactions donnent une idée assez claire de la position des féministes africaines et sénégalaises sur ce qu'elles considéraient comme une ingérence déplacée des féministes occidentales. Elles peuvent se résumer en trois grandes idées :

Premièrement, le fait de dénoncer les MGF en public et d'une manière assez crue réveillait une fibre identitaire. Fatou Sow, qui analyse ces réactions en sociologue, l'explique bien, quand elle écrit :

> « La réflexion devient plus difficile devant des auditoires mixtes. D'abord les femmes elles-mêmes ! Nombreuses sont celles qui sont gênées par l'approche, voire détestent que l'on dévoile leurs oppressions et que l'on veuille en démonter le mécanisme en public. C'est comme se mettre à nu » (2004:46).

Deuxièmement, les féministes africaines estimaient qu'il leur appartenait, à elles et à personne d'autre, de définir leur propre oppression. Selon Chandra Mohanty, la tendance du féminisme occidental à considérer que les femmes forment un seul et unique groupe opprimé procède d'une approche colonialiste, au terme de laquelle

> « seules les féministes occidentales deviennent les vrais 'sujets' de cette contre-histoire. Les femmes du tiers monde, elles ne s'élèvent jamais au-dessus de la généralité débilitante de leur statut d'« objet » (Mohanty 2010:17).

Un troisième point, très proche de la position défendue par Dior Fall Sow à Copenhague, se résume bien dans les propos de l'altermondialiste malienne, Aminata Traoré qui, dans son livre *L'Afrique humiliée*, souligne que

> « Le « martyre » des Africaines ne saurait être réduit aux discriminations et aux inégalités. L'excision économique que pratiquent les nations riches à travers l'ajustement structurel et le commerce déloyal est tout aussi mutilante et touche bien plus de femmes que celles que l'Occident prétend défendre et sauver, sans toutefois permettre qu'elles participent à l'analyse de leur propre situation en vue d'élaborer, de l'intérieur, les stratégies de défense de leurs droits et de leurs intérêts » (2008:282).

En résumé, sur la question des MGF, comme d'ailleurs sur beaucoup de questions liées aux pratiques culturelles s'appliquant aux femmes, des féministes d'Afrique, du Sénégal, et du Sud de manière générale, ont une position constante : elles n'entendent, ni se faire manquer de respect, ni se faire « victimiser », encore moins laisser les Occidentales définir leurs propres priorités à leur place. Cet élan encore bien actuel de l'affirmation de leur identité et de leur autonomie n'a pas manqué de donner, à leur lutte, un certain style qui se caractérise, d'une part, par une volonté de la mener de front et, d'autre part, par une attitude défensive vis-à-vis des regards extérieurs. Nous reviendrons plus tard sur la manière dont ce style a forgé leur lutte contre les MGF. Pour l'heure, voyons de plus près ce que nous appelons l'autre versant du contexte de lutte des féministes sénégalaises contre les MGF.

Sous les feux de la critique fondamentaliste

Une donnée constante du contexte socioculturel, dans lequel a baigné la lutte des féministes sénégalaises contre les MGF, demeure que leur action a été jalonnée de critiques basées sur un amalgame entre des référentiels, les uns religieux et les autres coutumiers. Les discours développés inscrivaient la pratique aussi bien dans les coutumes que dans la pratique religieuse islamique de certaines ethnies. Leur effet néfaste était contesté ; leur remise en question considérée comme un affront à la religion musulmane, mais également comme une injonction occidentale visant à combattre des coutumes ancestrales.

Au Sénégal, même si seule une minorité d'ethnies pratique les MGF, les arguments hostiles à leur pénalisation avaient une incroyable force de mobilisation dans la mesure où ils ramenaient le débat sur deux terrains sensibles et à large potentiel de mobilisation : la coutume et la religion. Dans un pays anciennement colonisé, on peut facilement comprendre qu'associer la lutte contre les MGF à une continuation de l'emprise de l'Occident ne laisse pas insensible. De la même manière, associer cette lutte à une démarche anti-islamique suscite forcément l'attention dans un pays à plus de 90 pour cent musulman. C'est là toute la subtilité de ces discours qui ont fait et font encore le cheval de bataille des défenseurs des MGF et qui, à plusieurs égards, rencontrent les caractéristiques du fondamentalisme.

En effet, les idéologies fondamentalistes sont réputées manifester une nostalgie pour une période mythique et lointaine de conformité à des normes religieuses et/ou coutumières. Ces normes ont souvent la caractéristique d'avoir un contenu figé, de n'être maîtrisées que par un cercle restreint d'initiés, qui se sentent la mission de ramener les choses à la situation « normale ». L'idée est que « cet ordre antérieur peut être acquis de nouveau en adhérant à la représentation que les tenants des doctrines fondamentalistes se font des traditions de cette période » (Green 2003:1, notre traduction).

> « Cela va conduire à des attitudes de stricte observance des usages anciens et des formes primitives de la religion et de la culture, pour surmonter un présent problématique et tenter de construire un avenir meilleur. Les fondamentalistes ont la conviction que leurs opinions sont inébranlables, car venant soit de Dieu, soit des ancêtres. D'où une dynamique de la soumission et de la répression en défendant une vérité unique qui prime sur toute autre forme de pensée [...] [Les fondamentalismes] s'autoproclament comme les seuls vrais gardiens de la culture locale. Adopter leurs principes permettrait de résister à la domination de « l'étranger », de « l'autre » et de « l'Occident » (Diop 2010 :1).

Notons que les discours fondamentalistes ne se limitent pas aux sphères religieuse et coutumière ; ils émanent également des secteurs insoupçonnés comme celui de l'académie. Dans ce milieu, comme le souligne bien Fatou Sow, « On a l'impression que le débat scientifique cesse dès que s'amorce la réflexion sur la question des femmes et les rapports de genre dans les sciences sociales » (2004:47).

Pour illustrer cette tendance, nous ferons référence à un auteur contemporain, Emboussi Nyano (2005). En effet, en toile de fond d'un livre qu'il présente comme une « apologie de Hawa Gréou », du nom de la première exciseuse jugée en France, se lit, de manière récurrente, une accusation d'acculturation et d'occidentalisation des luttes des féministes africaines pour l'abolition des MGF. Une autre caractéristique « scandaleuse » de ce livre, c'est qu'il se veut un déni de la douleur ainsi que de l'atteinte à l'intégrité physique et morale infligée aux filles et femmes durant l'opération. En effet, en porte-à-faux avec toute rigueur scientifique, cet auteur se fait le porte-parole d'une culture africaine qu'il présume homogène et dont il parle, notamment sur la question des MGF, avec l'assurance de celui qui détient une vérité absolue. Or c'est bien une caractéristique des fondamentalismes que d'imposer un monopole sur l'interprétation des références culturelles. À titre d'exemple, écrit Nyano

> « Le fait même que l'excision se termine par des réjouissances indique que la douleur n'est pas vécue comme ayant dépassé le seuil du tolérable, d'une part, parce que les adultes (femmes) qui l'ont vécue le prennent bien, et,

> d'autre part, parce que celles qui viennent de la vivre sont encore en état d'assumer des réjouissances. Dans l'un et l'autre cas, la chose serait difficile autrement, sauf à supposer des talents particuliers de comédiennes aux excisées vieilles et jeunes » (2005: 20).

Son déni de la douleur des excisées côtoie une vision relativisant les troubles sexuels prêtés aux effets de l'excision. Pour Nyano,

> « supprimer le clitoris ne peut constituer une manière de handicaper la femme, bien au contraire. D'une part, s'il n'est pas d'organe obligatoire, s'il n'est de sexe que phantasmé, on ne voit pas pourquoi la privation d'un organe non obligatoire serait un drame. On pourrait la mettre (sur le plan du plaisir) au même rang que la suppression d'un sein (ou des deux) » (2005: 24).

À côté de cette position presque macabre, mais surtout très simpliste et désinvolte de l'homme qui minimise les conséquences d'actes irréversibles sur le corps féminin (excision du clitoris ou ablation d'autres organes), le discours de Nyano révèle une vision unisexe du corps ; il ne conçoit pas de différence dans la manière dont les hommes et les femmes font l'objet d'un contrôle social. On le perçoit nettement lorsqu'il souligne que

> « Le corps africain, tel qu'abordé par la tradition, fait certes l'objet d'un contrôle, mais celui-ci n'a rien d'obscur. Il participe du contrôle social inévitable qu'exerce le groupe sur ses membres ; il ne s'appuie en rien sur une volonté de réduire la femme pour le bénéfice de l'homme » (2005:120).

C'est à travers de tels arguments que la critique féministe des MGF, lorsqu'elle émane des femmes africaines, est considérée comme sans objet et donc comme étant forcément la manifestation d'une émulation de l'Occident. Uma Narayan formule de manière remarquable cette insidieuse prise en otage de l'identité dont sont très souvent victimes les féministes du Sud. Selon cet auteur,

> « dans le tiers-monde, les critiques des féministes sur leur propre culture sont souvent réduites et présentées comme de simples preuves d'un « manque de respect des féministes pour leur culture», qui résulterait de l'« occidentalisation » qu'elles auraient contractée comme une maladie » (2010 : 473, notre traduction).

Les différentes manifestations évoquées de ce qu'on peut appeler le fondamentalisme en faveur des MGF ont en commun, en plus d'avoir pour la plupart une influence notable au niveau politique, de s'accaparer de la définition de l'identité ainsi que du pouvoir de la reconnaître ou de la dénier à quelqu'un. Et, note Awa Diop Fall, activiste sénégalaise,

> « les fondamentalismes trouvent un terrain d'entente dans l'interprétation restrictive des droits des femmes. Ils influencent fortement l'environnement dans lequel la femme africaine est élevée et structurent des rapports de pouvoir qui donnent la suprématie aux hommes » (2010:1).

Cela nourrit souvent, chez les féministes africaines et sénégalaises, une crainte constante d'être jugées, marginalisées, punies, etc. L'influence de tels discours fait bien souvent planer une menace, non seulement sur les causes défendues, mais également sur l'existence sociale des femmes qui refusent de se soumettre aux règles imposées ; et c'est là une des armes fatales des fondamentalismes.

Il est intéressant de voir à quel point la femme occupe une place centrale dans ce rôle de gardienne de la culture locale (Sow 1968). Le contrôle de la femme par le groupe comporte de gros enjeux. En effet, « les rôles et le symbolisme associés à la féminité, ainsi que l'autorité patriarcale et les privilèges masculins étant souvent considérés comme des signifiants culturels, les droits individuels des femmes contredisent souvent les défenseurs des coutumes « traditionnelles », « authentiques » ou « nationales » pour leurs peuples (Molyneux et Razavi 2003:277).

Dans les discours fondamentalistes sur les MGF, aussi bien la religion que la coutume sont convoquées pour légitimer la pratique comme pilier d'une féminité normative et élément de lisibilité du statut des femmes tel que conçu dans les sociétés en question.

> « Cet idéal féminin basé sur des valeurs de pureté est à la fois condition de l'accès à la lignée et condition de sa perpétuation. Coutume et religion sont utilisées pour exiger, au moment de l'entrée dans la lignée (par le biais du mariage), l'absence du clitoris, organe porteur d'un désir coupable et incompatible avec l'accomplissement des actes de foi tels que la prière » (Ndoye 2011 : 94).

L'idée de pureté se trouve, de part en part, dans le discours sur les MGF. Fatou Sow l'exprime bien en soulignant que

> « l'argument, auquel se sont accrochées les communautés musulmanes comme les Hal Pulaar, Soninké, Mandeng était que les femmes non excisées étaient impures et ne pouvaient prier, d'où un fort ostracisme à leur endroit » (2005:301).

Ce qui est rarement dit, de manière explicite et pourtant transparaît bien dans ces deux renvois à la notion de pureté, c'est que ce mot se rapporte à la pureté de la jeune fille vierge et future épouse fidèle. Surveiller le désir des femmes constitue, pour la communauté, une garantie de ne pas avoir de naissances hors mariage et d'avoir ainsi une mainmise sur la reproduction de la lignée. En considération de ce lien étroit entre les enjeux ainsi déclinés du groupe et l'obsession sur le contrôle du corps et de la sexualité des femmes, quelle doit être la perspective féministe en matière de lutte contre les MGF ?

Définir « la » perspective féministe en matière de lutte contre les MGF

La lutte contre la pratique des MGF trouve l'une de ses plus grandes richesses dans le fait qu'elle interpelle et implique plusieurs domaines d'expertise et d'action. Les éclairages des sciences médicales, des sciences sociales, comme du droit, ont fourni plusieurs approches possibles de la question et des stratégies corollaires. Il faut pourtant constater que, malgré tout, dans bien des pays, cette lutte est malade de sa perspective. En effet, les compétences qu'elle engage, aussi riches soient-elles dans leur diversité, ne s'inscrivent pas pour autant dans une démarche de transformation des bases profondes de la pratique.

L'idée de perspective mérite d'être explicitée, particulièrement dans son lien aux disciplines et aux domaines de compétence engagés. À notre sens, la perspective renvoie à l'optique dans laquelle s'inscrivent les interventions, quel que soit le champ disciplinaire où elles se déploient. Dans le cadre de la lutte contre les MGF, cette perspective est censée être tournée vers la transformation des bases socioculturelles qui légitiment la pratique, dans sa dimension de mécanisme de contrôle du corps et de la sexualité des femmes et des filles. Cela nous fait dire que, dans une perspective féministe, les droits sexuels conceptualisent, mieux que toute autre notion, l'atteinte spécifique qu'incarne la pratique des MGF.

Selon la définition qu'en donnent Simone Appelman et Fenneke Reysoo, les droits sexuels se définissent comme ceux « qu'a une personne d'avoir le contrôle et de décider, librement et de façon responsable, de questions relatives à sa sexualité libre de toute contrainte, dans la préservation de son intégrité physique, morale et mentale » (1994:11, notre traduction). Comme nous l'avons démontré dans notre thèse de doctorat sur le processus de pénalisation de l'excision au Sénégal, soutenue en 2011, les droits sexuels comportent deux composantes essentielles que sont, d'une part, le droit à la sécurité de sa personne et, d'autre part, le droit à l'autodétermination individuelle sur son corps et sa sexualité.

> « L'atteinte à l'autodétermination individuelle se fonde sur le fait qu'en excisant une personne, on lui enlève une partie d'elle-même. Cette partie soustraite ne se restreint pas à la chair ôtée de son corps ; elle symbolise, également, la possibilité qu'elle perd, à travers ce geste, d'être le sujet de son corps et non la victime objectivée d'une pratique injuste. Aussi, en excisant une petite fille, on lui enlève la possibilité de choisir si elle veut d'un clitoris ou non et si cette partie de son corps est ou non importante dans la manière dont elle conçoit l'intégrité de celui-ci ainsi que sa sexualité future » (Ndoye 2011 : 241).

Il faut noter que la prise en considération de l'autodétermination individuelle sur le corps et la sexualité manque cruellement à la perspective dominante de lutte contre les MGF, qui se focalise essentiellement sur la santé familiale. Ce constat est d'autant plus incompréhensible que les dynamiques qui ont impulsé la pénalisation des MGF dans plusieurs pays africains, notamment le Sénégal, dans la seconde moitié des années 1990, ont fortement à voir avec un changement de paradigme qui met aux devant de la scène la question des droits reproductifs et sexuels. En effet, les dynamiques évoquées prennent principalement racine dans les recommandations de la conférence sur la population du Caire et celle des Nations Unies pour la femme de Beijing, qui ont vu la construction progressive du cadre conceptuel des droits en matière de reproduction et de sexualité. Or comme le souligne à juste titre Sonia Corrêa, au-delà de la naissance de ce cadre, ces deux conférences marquent la légitimation de toute une perspective de transformation. Celle-ci vise concrètement à traverser et à transformer « d'abord les sphères dans lesquelles les droits reproductifs et sexuels sont définis, ensuite, les domaines dans lesquels les relations de pouvoir basées sur le genre se jouent, et enfin les visions subjectives sur le corps des femmes et la reproduction » (1997:110).

Cette perspective qu'il faut assumer transformative et féministe prend son importance dans toute réflexion sur les stratégies de lutte contre des pratiques qui, comme les MGF, sont entourées d'un conservatisme fort. Il faut malheureusement constater qu'au Sénégal, cet élan de déconstruction né des conférences du Caire et de Beijing, même s'il a été le contexte institutionnel et conjoncturel de la pénalisation de l'excision, n'a pas été mis à profit dans le processus qui y a conduit.

L'impasse sur les droits sexuels : victoire du fondamentalisme pro-excision ou étape d'une stratégie graduelle des féministes sénégalaises ?

L'engagement militant pour l'abolition des MGF au Sénégal s'est manifesté de manière visible, dans les années 1980. La lutte contre cette pratique a bénéficié, dès la première heure, d'un plaidoyer fort de femmes sénégalaises intellectuelles ou non, qui ont voulu attirer l'attention, non seulement sur le caractère néfaste de la pratique des MGF, mais aussi sur la violation des droits humains qu'elle constitue.

Il ne serait pas juste de parler de l'élan militant des Sénégalaises contre les MGF, sans saluer le courage d'Awa Thiam dont le livre *La parole aux négresses* (1978) est un plaidoyer contre des pratiques oppressives dont souffrent des femmes sénégalaises, notamment les MGF. Il faut reconnaître que ce livre, très critiqué par les féministes africaines de l'époque, a eu le mérite de briser le tabou en donnant pour la première fois la parole à des femmes africaines victimes de MGF et de violences diverses. Celles-ci ont pu témoigner et dénoncer les méfaits de la pratique et les pesanteurs qui, dans bien des contextes, les placent au centre des rapports de pouvoir entre hommes et femmes. C'est dire que si Awa Thiam a été critiquée de manière virulente par ses sœurs africaines et presque empêchée de s'exprimer à la conférence de Copenhague, ce n'est pas faute d'avoir défendu la même cause qu'elles. L'explication se trouve plus dans le fait que son livre est paru dans un contexte où, à l'intérieur du débat de fond sur les MGF, était tapi celui tout aussi inévitable d'un agenda autonome du féminisme africain. Il en est résulté qu'au lieu d'être vue comme l'heureux auteur d'un livre pionnier, elle est apparue comme celle qui a prêté le flanc à la critique féministe occidentale. Toutefois, il faut dire que si l'ambition la plus noble du métier d'écriture est d'être au service de la postérité, *La parole aux négresses* ne peut que figurer en lettres d'or dans l'histoire du féminisme africain.

Ceci dit, l'élan militant que matérialise ce livre est contemporain à celui d'autres voix de chercheures féministes sénégalaises qui, dans un discours souvent identitaire, luttaient contre les MGF. Ces femmes, juristes, sociologues, personnel médical, leaders associatifs notamment, ont été de toutes les rencontres au niveau international, où se sont discutés les droits humains des femmes. En outre, leurs actions se sont manifestées aussi bien au niveau individuel dans l'exercice de leurs fonctions multiformes (politique, ONG, etc.) qu'au niveau associatif.

Au niveau panafricain, l'Association des femmes africaines pour la recherche et le développement (AFARD/AAWORD) déjà évoquée plus haut et qui a une histoire particulière avec les MGF, pour avoir signé en 1983 la Déclaration sur les MGF, comptait beaucoup de membres (fondatrices notamment) sénégalaises. Parmi elles, Marie-Angélique Savané qui, en 1984, créait *Yeewu Yewwi,* l'une des premières associations sénégalaises se proclamant ouvertement féministe. Il y avait également le Comité sénégalais sur les pratiques traditionnelles ayant un effet néfaste sur la santé de la mère et de l'enfant, (COSEPRAT), issu du *Comité inter-africain sur les pratiques traditionnelles ayant effet sur la santé des femmes et des enfants (*CIAF) créé, en 1987, par un groupe de femmes, dont une bonne partie était du corps médical, confrontées, dans l'exercice de leur fonction, aux conséquences des MGF. Par ailleurs, le Groupe de recherche sur les femmes et les lois au Sénégal (GREFELS, créé en 1994 par Fatou Sow et Codou Bop, a mené diverses recherches concernant les violences faites aux femmes et prenant en compte les MGF. Il est aussi important de faire mention du travail effectué par l'Association des juristes sénégalaises (AJS) qui assure un bon suivi des acquis de la loi de 1999 sur les violences, y compris les MGF.

Les différents cadres d'action évoqués témoignent de l'empreinte forte du féminisme sénégalais dans l'obtention de la pénalisation des MGF. Toutefois, ce constat ne clôt pas le débat sur la perspective qui a accompagné leur action. Une grande question demeure, celle de savoir dans quelle mesure, au-delà de la finalité qui était de faire adopter la loi, les féministes sénégalaises ont su insuffler, dans le processus d'adoption de la loi, un élan de transformation garant de l'effectivité de la loi. C'est là toute la question de la perspective féministe que nous avons explicitée plus haut et dont elles sont les garantes.

Si l'on peut aisément inscrire la pénalisation des MGF au Sénégal au nombre des droits acquis de haute lutte par les féministes sénégalaises, on ne peut pas dire que leur action ait impulsé un des paradigmes déconstruisant la pertinence même du contrôle de la sexualité des femmes et des filles par le biais des MGF. Les droits sexuels n'ont pas été, en tout cas de manière visible, leur cheval de bataille. Dans le concret, la santé familiale a été l'argument le plus utilisé dans le cadre des campagnes de sensibilisation contre les MGF au Sénégal, même qu'elle a un peu inhibé la dimension de droits humains. Or, dans « la » perspective féministe, la santé ne peut être dissociée de sa dimension de droit.

Il faut dire que la santé a tendance à être avancée, toutes les fois que la matière traitée est relative à des thèmes réputés politiquement « incorrects », à l'image de l'autodétermination individuelle sur le corps et la sexualité. Dans un article remarquable signé en 1997, Fatou Sow mettait le doigt sur cette fausse note délicate de l'utilisation de la santé comme argument dans la lutte contre l'excision. La loi sur les MGF n'était pas encore votée, lorsqu'elle prévenait que

> « L'on ne peut plus, aujourd'hui, se contenter d'évoquer les mutilations génitales féminines en termes de santé publique. En cette fin de XXe siècle, les revendications des femmes s'expriment en termes de droits : droits d'accéder à l'égalité, à la liberté, à la santé, à l'éducation, au travail, aux ressources, au pouvoir politique » (1997 : 4).

Cette perspective, féministe par essence et axée sur les droits humains, n'a pas jusque-là été valorisée au Sénégal. En effet, comme nous l'avons fait remarquer en introduction, les MGF ont été abordées dans le processus d'adoption de la loi, sous l'angle de la santé et, de manière accessoire, voire superficielle, comme atteinte à l'intégrité physique et morale.

Or la pertinence de cette position est plus que jamais d'actualité, maintenant que la loi contre les MGF a été votée et que demeurent sauves les conceptions socioculturelles qui placent l'excision dans une norme de féminité. Il s'y ajoute qu'un effet pervers du focus sur l'argumentaire médical est que de plus en plus de parents ont recours à des membres du corps médical pour exciser leurs filles, pensant ainsi protéger leur santé. La prévalence de cette pratique de médicalisation était de 18 pour cent, au niveau mondial, et de 0,6 pour cent au Sénégal (DHS 2005). Ce chiffre, même s'il est minime, est alarmant, dans la mesure où la médicalisation dans son principe neutralise toute considération des droits humains. Elle équivaut à trouver concevable qu'une partie saine du corps humain soit « excisée », pour autant que ce soit dans des conditions d'anesthésie et d'hygiène optimales.

Comment expliquer alors que les féministes sénégalaises aient fait l'impasse sur les droits sexuels ? Est-ce par peur de la critique fondamentaliste ou est-ce plutôt une stratégie d'adaptation de la lutte au contexte difficile du Sénégal ?

> « Dans l'entreprise de faire accepter les MGF comme atteinte aux droits sexuels, deux grands écueils apparaissent. L'un est lié à une certaine « culturalisation » qui se manifeste par un surdimensionnement des aspects culturels et religieux autour des MGF elles-mêmes et des droits sexuels » (Ndoye 2011 : 239).

En effet, il n'est pas facile de remettre en cause une pratique culturelle comme les MGF, dans des contextes où les femmes sont perçues comme n'ayant aucune prise sur leur propre corps et leur sexualité. Cette difficulté est exacerbée lorsque ce changement est projeté à la lumière d'un concept pour le moins émancipateur et que l'on a plus tendance à trouver adapté à la situation des femmes du Nord, perçues comme actrices pleines et entières des décisions touchant leur corps et leur sexualité. Il faut toutefois reconnaître, à ce propos, que cette situation n'est pas uniquement liée aux réticences qui marquent la lutte féministe contre les MGF, dans la mesure où même, à un niveau international, le concept de droits sexuels est encore mal accepté.

Il peut faire sens de penser que les féministes sénégalaises, devant la force du conservatisme pro-excision, aient décidé, non pas d'abandonner la perspective des droits sexuels, mais de l'écarter stratégiquement pour un temps. Il y a en effet des raisons de penser que la mise en exergue de cette perspective aurait pu remettre en cause, sinon retarder de manière conséquente, l'adoption de la loi 99-05.

Conclusion

Jusqu'à l'adoption de la loi 99-05, le législateur sénégalais, par des détours tacites, a évité au maximum de se prononcer sur les pratiques de contrôle de la sexualité des femmes, laissant ainsi des vides juridiques permissifs. Or il faut reconnaître que la loi pénalisant les MGF, est le premier texte juridique sénégalais s'aventurant dans le domaine tabou du corps féminin, pour le protéger, au moins officiellement. Le rôle des féministes sénégalaises dans cette victoire n'est pas à démontrer, même si l'absence de la perspective des droits sexuels dans le processus de pénalisation des MGF reste encore une lacune à combler.

Le présent article a essayé d'analyser le contexte dans lequel s'est déployé leur lutte contre les MGF en soulignant également les contraintes qui ont pu se poser à elles.

En 1999, un chef religieux hal pulaar, très célèbre et adulé par ses adeptes, lançait une *fatwa* déclarant anti-islamique le projet de loi portant pénalisation des MGF. Il manifestait ainsi une attitude de résistance devant ce qui était vu comme la perturbation d'un ordre symbolique, bâti sur des valeurs à la fois coutumières et religieuses. Il est important de voir qu'au-delà de la crainte de voir pénaliser les MGF, il s'agissait de tirer la sonnette d'alarme devant la levée du tabou autour de la femme musulmane, avant tout épouse et mère. Cette résistance à l'abolition de la pratique des MGF est toujours de mise avec les tentatives multiformes de faire abroger la loi qui la pénalise.

Un regard scientifique sur les critiques fondamentalistes évoquées tout au long de l'article met forcément en évidence le constat que les luttes féministes y sont appréhendées comme une démarche homogène et typiquement occidentale. Il en ressort un déni de la place centrale qu'a occupée la question de l'identité dans les dissensions qu'il y a eu entre féministes du Nord et féministes du Sud, notamment sur la question des MGF. Historiquement, les féministes sénégalaises et africaines n'ont pas joué ce rôle de « victimes assistées » qu'on leur prête, mais se sont posées en véritables sujets de leur histoire. Cette posture, la configuration de l'action des féministes sénégalaises contre les MGF en porte l'empreinte. En effet, leur style d'action et la teneur de leur discours sont évocatrices des tensions qu'il y a eu entre féministes du Nord et féministes du Sud, notamment à la conférence de Copenhague (1980) sur la question spécifique des MGF.

Par ailleurs, l'action des féministes sénégalaises porte également l'empreinte de ces « casseroles » que nous avons évoquées dans l'introduction, et pour lesquelles, en tant que jeune féministe héritière de leurs luttes, nous nourrissons presque une certaine affection, celle que l'on peut ressentir pour une couverture massacrée et rabougrie qui cache un livre d'histoire fabuleux.

Dans cet élan, nous considérons, aux accusations de suivisme à l'encontre des féministes sénégalaises, que la lecture objective de l'histoire n'est pas une qualité attendue des fondamentalismes. Les fondamentalismes, puisque c'est de cela qu'il s'agit, se caractérisent au contraire par « la conviction que leurs opinions sont inébranlables, car venant soit de Dieu, soit des ancêtres. D'où une dynamique de la soumission et de la répression en défendant une vérité unique qui prime sur toute autre forme de pensée (Diop 2010:1). Dans un tel contexte, la pénalisation des MGF au Sénégal est, il faut le reconnaître, un acquis de taille dans la lutte des femmes sénégalaises pour l'intégrité de leur corps et le respect de leurs droits en matière de sexualité et de reproduction. Et à cet égard, il n'est que justice de saluer le rôle clé des féministes qui ont fait ce qu'elles ont pu pour en arriver là.

Tout cela rend certes quelque peu sévère le questionnement dans le titre de notre article. Mais nous estimons que s'il faut admettre qu'une démarche de transformation peut se vouloir graduelle, il y a des tournants à ne pas rater.

À l'heure où, au niveau international et africain, les droits humains des femmes sont menacés dans leur effectivité, n'est-il pas nécessaire de s'interroger sur l'élan du féminisme et son empreinte dans les acquis officiels ? L'impact qu'a eu récemment la poussée fondamentaliste sur la situation de nos sœurs maliennes est une raison suffisante pour que l'on redouble de vigilance et que l'on éprouve la force de notre militantisme et de notre capacité de susciter le changement, même à long terme. Il est temps que les féministes sénégalaises et africaines sachent prendre les critiques fondamentalistes pour ce qu'elles sont vraiment, c'est-à-dire des critiques subjectives et désinvoltes, basées sur un chantage émotionnel et une prise en otage de l'identité par des hommes et des femmes simplement épris d'une certaine culture arabe et de sa caractéristique patriarcale. La religion et la coutume sont instrumentalisées par le fondamentalisme, et les MGF sont, à côté de beaucoup de pratiques culturelles néfastes, un terrain privilégié de cet élan fondamentaliste.

Pour finir, il faut dire que même si la reconnaissance de la perspective des droits sexuels dans le contexte du Sénégal représente encore un véritable défi, il y a des raisons de croire qu'elle se réalisera dans la foulée des acquis que lentement, mais sûrement, les féministes sénégalaises engrangent.

Bibliographie

AAWORD, 1983, « A Statement on Genital Mutilation », in M. Davies, ed., *Third World Second Sex, Women Struggles and National Liberation*, London, Zed Press, p. 217-220.

Camara, F.-K., 2004, *Pouvoir et justice dans la tradition des peuples noirs, philosophie et pratique*, Paris, L'Harmattan.

Cuche, D., 1996, *La notion de culture dans les sciences sociales*, Paris, La Découverte, Collection Repères.

Cuche, D., 1997, « Nouveaux regards sur la culture : L'évolution d'une notion en anthropologie », *Revue Sciences Humaines*, n° 77, p. 20-27.

Diaw, A., 2004, « Les femmes à l'épreuve du politique : permanences et changements », in M. C. Diop, éd., *Gouverner le Sénégal. Entre ajustement structurel et développement durable*, Paris, Karthala, p. 229-271.

Diop Fall, A., 2013, *Fondamentalisme religieux et culturel*, En ligne : http://www.africanfeministforum.com/wp-content/uploads/2010/10/Fondamentalisme-religieux-et-culturel-par-Awa-Fall-Diop.pdf.

Dorlin, E., 2006, *La matrice de la race. Généalogie sexuelle et coloniale de la Nation française*, Paris, La Découverte.

Dorlin, E., 2007, *Black Feminism : anthologie du féminisme africain-américain 1975-2000*, Paris, L'Harmattan.

Green, J., 2006, « Cultural and Ethnic Fundamentalism : The Mixed Potential for Identity, Liberation, and Oppression », *Public Lecture at the Saskatchewan Institute of Public Policy*, November 18, 2003.

Mohanty, Ch., 2003, « Sous les yeux de l'Occident : recherches féministes et discours coloniaux », in C. Verschuur, éd., 2010, *Genre, postcolonialisme et diversité des mouvements de femmes*, Cahiers genre et développement, Paris, L'Harmattan, p. 171-202, (traduction française).

Molyneux, M., et Razavi, S., 2003, « Droits des femmes, culture et justice », in C. Verschuur et F. Reysoo, éds., *Genre, pouvoirs et justice sociale*, Cahiers genre et développement, Paris, L'Harmattan, p. 275-283.

Narayan, U., 1997, « Les cultures mises en question : « occidentalisation », respect des cultures et féministes du tiers-monde » in C. Verschuur, éd., 2010, *Genre, postcolonialisme et diversité des mouvements de femmes*, Cahiers genre et développement, Paris, L'Harmattan, p 469-500 (traduction française).

Ndoye, Maïmouna, 2011, *Le processus de pénalisation de l'excision au Sénégal : Enjeux et perspectives pour les droits sexuels des femmes*, thèse de doctorat en études du développement, Genève, IHEID.

Nyamu-Musembi, C., 2005, « For or Against Gender Equality? Evaluating the Post-Cold War « Rule of Law » Reforms in Sub-Saharan Africa », *Occasional paper n° 7*, UNRISD.

Nyano, E., 2005, *Revisiter l'excision. Une apologie d'Hawa Gréou*, Paris, Éditions Dianoïa.

Razavi, S., et Jenichen, A., 2010, « The Unhappy Marriage of Religion and Politics: Problems and Pitfalls for Gender Equality », *Third World Quarterly*, vol. 31, n° 6, p. 833-850.

Roy, Olivier, 2008, *La sainte ignorance. Le temps de la religion sans culture*, Paris, Seuil.

Saurel, R., 1981, *L'enterrée vive : essai sur les mutilations sexuelles féminines* (suivi de la Conférence de la mi-décennie de la femme à Copenhague), Slatkine, Genève, Paris.

Sow, F., 1998a, « Revisiter le genre/Gender revisited », *Africa Development / Afrique et Développement*/, 3ème numéro spécial sur le genre, vol. XXIII, n° 3, Recueil d'articles des participants à l'Institut sur le Genre 1996, Dakar, CODESRIA.

Sow, F., 1998b, « Mutilations sexuelles féminines et droits humains en Afrique », in F. Sow, éd., « Revisiter le genre/Gender revisited », *Africa Development / Afrique et Développement*, vol. XXIII, n° 3, 1998, p.9-29, En ligne : http://clio.revues.org/384 ; DOI: 10.4000/clio.384. 01 janvier 2005.

Sow, F., 2005, « Les femmes, l'État et le sacré' », 2005, in M. Gomez-Perez, éd., *L'islam politique au sud du Sahara. Identités, discours et enjeux*, Karthala, Paris, p. 283-307.

Thiam, A., 1978, *La parole aux négresses*, Paris, Éditions Denoël.

Traoré, A., 2008, *L'Afrique humiliée*, Paris, Éditions Fayard.

WHO, 2005, *Demographic and Health Survey (DHS).*

11

Homosexuality and Religious Fundamentalism in the Ghanaian Mediascape: Clashes between an "Un-Godly" Concept and Lived Practices

Karine Geoffrion

> "Let us begin with 2 basic facts. African men sometimes have sex with other men or boys, today as in the past. They do so in a variety of ways, including anally, between the thighs, and by mouth and hand. They do it for money, for love, or when drunk. They do it by rape, out of curiosity, out of shyness or fear of women and for many other reasons [...] Second, African women also sometimes have sex with other women or girls, today as in the past. They did not and still for the most part do not identify this as a lesbian behaviour or even as sex" (Epprecht 2008: 6-7).

> "So many guys are gay at the hostel just that they won't openly say it. If people think you are gay, they will shun away from you. They think you will convert them. They are afraid people will associate them with being gay...I had to move out of the hostel because guys were proposing to me too much. They would come into the bath house when I am taking a shower and tell me they love my body" (Kofi, Int. 2, 27/05/2011).

Introduction

The 26 May 2011, the *Daily Graphic*, the Ghanaian state-owned newspaper published on its front page a story bannered "Lesbian Lecturer Dismissed: An assistant lecturer of the Takoradi Polytechnic who allegedly lured some female students of the institution into lesbianism has been fired .... As a result, many of the students had been converted to lesbianism and become addicted to it" (Dotsey Aklorbortu, *Daily Graphic*, 26/05/2011).

Besides the fact that the dismissal clearly reflects the double sexual standards that prevail in our African schools and universities (sexual harassment and even defilement and rape of female students by male teachers and lecturers very seldom result in any disciplinary measure (see Dunne 2008; Britwum 2006; Leach 2003), it is the homosexual assumption that set the media ablaze. Since the publication of that contested news, "homosexuality"[1] has been making the front page of national papers and is being discussed on television programmes and radio shows on a daily basis[2]. Religious and political leaders quickly grasped the occasion to win more adepts by denouncing homosexual practices as "un-African" or "un-Ghanaian" to appeal to the national identity of the Ghanaian population (AWID 2008b), creating a wave of homophobia where a relative tolerance of private sexualities had been the norm (see Ajen 1998; Dankwa 2009; Essien and Aderinto 2009).

Since the 1990s, a large body of literature on African same sex relations has emerged. Some remarkable work was done by historians and social scientists to document homosexual practices from pre-colonial Africa to the present times (see especially the work of Murray and Roscoe 1998; Epprecht 2006, 1998, 2004, 2008; Hoad 2007) There is also a growing body of contemporary ethnographic and sociological studies covering the multiplicity of conceptions, expressions and lived dimensions of gender and (homo)sexualities in Africa (Dankwa 2009; Arnfred 2004; Amadiume 1987; Amory 1998; Gaudio 1998; Lorway 2006; Allman et al. 2007). Moreover, African scholars have started framing and theorizing African homosexualities and homophobia in Africa (Reddy 2001; Ratele 2011; Tamale 2011, 2003; Essien and Aderinto 2009; Machera 2004). This extensive body of literature should be enough to convince anyone of the existence and persistence of homosexual desires, attractions, practices, curiosities, fantasies, preferences and even communities or networks, albeit not identities, on the African continent.

Nonetheless, religious and political leaders still use the argument of "un-Africanness" to dispute homosexuality and put alleged homosexuals on the shame and fear lane. Homophobic discourses in Africa have reached an unprecedented peak in many countries such as Nigeria, South Africa, Uganda and Zimbabwe, where anti-gay laws are being proposed and where hate crimes against gay men and women are being committed (some examples are the murder of the gay activist David Kato in Uganda and the series of "corrective rapes" in South Africa). The anti-gay rhetoric used in the media as propaganda has a devastating effect on the masses, who quickly adopt the leaders' position and hence create a favourable climate for the development of fundamentalisms.[3] Furthermore, increased stigma against men who have sex with men (MSM) in particular has direct health related consequences for the population as it becomes difficult for them to access HIV/AIDS counselling and treatments (see Reddy et al. 2009; Epprecht 2008; Smith et al. 2009).

The fact that the debate around homosexuality in Ghana rose to such amplitude only confirms its very (complex, multifaceted and somewhat uncomfortable) existence. If homosexuality is "un-Ghanaian", how can we account for girls having sex with girls and boys having sex with boys in single-sex secondary schools, a phenomenon that is so widespread it has become part of the boarding school "culture" (Prah 2011, personal communication; also see Serena Dankwa's work on "supism", 2009)? How can we account for the growing number of pan-African "gay" NGOs and networks providing support and fighting for the rights of LGBTI communities? Nonetheless, very little has been written on same-sex sexualities within the contemporary, multicultural context of Ghana.[4]

This chapter seeks to explore the interrelation of the concepts of homophobia, homosexuality, gender and cross-dressing in contemporary Ghana. It also raises the contradictory question of the resonance of the loaded Western concept of homosexuality (Hoad 2007) and of the applicability of sexual identities in the West-African context.

Firstly, I analyse the homophobic content displayed in the Ghanaian press (electronic and print) as well as in the comment threads on Ghanaian news websites in the period ranging from 26 May 2011 to 11 August 2011. I look at the rise in fundamentalist discourses from religious and political leaders as well as from the general public. I stipulate that by creating a climate of fear and hatred, this over-mediatization of the issue of homosexuality, and therefore its problematization, contributes to the stigmatization of homosexuals as a group and as a different and inimical "specie" (Foucault 1978; Weeks 1977) and therefore to the crystallization of the concept of homosexuality into a "gay" identity within the specific context of Ghana.

Secondly, I seek to understand the dynamics underlying gender fluidity, (homo)sexuality and (homo)sexual identities. I base my reflection on the narratives of 15 young people who cross-dress, one focus group discussion involving three females and four males,[5] as well as on my discussion and correspondence with the director of a human rights NGO based in Accra, who is a key informant on the "gay community" in Ghana. I postulate that although, as most researchers on homosexualities in Africa have documented, a homosexual identity, as understood in Western societies, does not represent a majority of people having same-sex relations in Africa (Epprecht 2006; Sandford and Dodge 2009; Hoad 2007; Gaudio 1998; Amory 1998; Machera 2004), we are seeing the emergence of a trans-African gay network as well as a transnational African gay identity that should not be disregarded in an increasingly modern and globalized Africa.

Homophobia in the Ghanaian Media: The Language of Fundamentalisms

> We have been seeing the situation where people take the law into their hands to lynch armed robbers. They call it mob action. And so since this has been happening and the law cannot take hold of this people, then I believe that the same thing could be directed to them [homosexuals]. ... So I am sending a sign to these people that they will not have it easy in this country. They can leave here and go to other places to practice that. But in this country, I believe that they are treading on dangerous grounds and they could face lynching in future. ... Being a God-fearing nation and a God-fearing people, let us not joke with this issue and let us not talk about any issue of human rights. This is uncultured, anti-Ghanaian and if care is not taken, these people will face a very tough time in futures (NDC MP of Osu quoted in an interview with citifmonline, 17/06/2011).

As the excerpt cited above demonstrates, political leaders have made unambiguous public calls for the killing of homosexuals in Ghana. The stigmatization of "homosexuals" as an essentialized homogenous group is in itself an aberration that fails to recognize the variety of homosexual practices and identifications (queer theorists contest the "assumption of a homosexual subject or identity" (Seidman 1994:173)), *when* people having same sex relations do identify as gay. The homophobic discourse, just like racist or sexist discourses, tries to make an utterly "Other" out of a hypothetic difference. For example, the Member of Parliament quoted above plays with the fear of difference by referring to "homosexuals" as "them" and "this people". This process of differentiation, what Gayle Rubin calls "erotic speciation" (1984), fuelled by a rhetoric of hate, justifies the oppression, subjugation and even extermination of people *presumed* to be having same sex relations. Because naming facilitates the conceptualization of a unified, threatening "other", religious and political leaders, through the media, have made homosexuals and lesbians impersonate that evil alien. This is reinforced by the recurrent use of the prefix "un" as in "un-African", "un-Ghanaian" (read "*anti*-Ghanaian" above), "un-Christian", "un-cultured", which accentuates the gap between "us" and "them". As a female university student explains: "If you think it is not right for you, you have to distance yourself from *them* because *they* will catch you" (Cape Coast, FGD, 18/12/2010). Homophobic discourses appeal to the sentiment of an "authentic" national identity uniting all "good" or "True" Ghanaians, in opposition to the homosexual Other, which is particularly tempting during a time of election campaigning. As an AWID report on religious fundamentalisms puts it: "who has the power to define what is "authentic" and for what purpose?" (AWID 2008b:34)

The table below schematises how the use of adjectives in the Ghanaian media, which fall in simplistic binaries of religiously defined concepts of good and evil ("The Word of God is clear and unambiguous – what is right is right, what is wrong is wrong" (President Ata Mills quoted in *Daily Graphic,* 12/07/2011)), strengthens the process of "erotic speciation".

Ghanaians	**Homosexuals**
• Good • Normal/Natural • Straight • Human • "God-fearing" • Sane • Live in grace: saved • Fulfilling • Moral, "decent" • Authentic (African) • Blessing: reproduction of "proper" Ghanaian culture and traditions	• Bad • Abnormal/Pathological • Deviant • "Sub-Human", "Less than an animal" • Devilish • Sick (infested with HIV/AIDS) • Live in sin: doomed • Disgusting • Immoral, indecent • Perverted (by the West) • Curse: destroys, depopulates, kills, brings the "wrath of God" on Ghana

On top of creating a dichotomy between "homosexuals" and "Ghanaians", religious and political leaders utilize a specific, pejoratively connoted lexicon when discussing the issue of homosexuality in the media. We can note the recurrence of a vocabulary of "sickness" and "contagion". In the media, homosexuality is compared to a disease, both physical and psychological, which is "spreading" in Ghana. To further create fear and repulsion, it is very often equated with the HIV/AIDS epidemic (read on the front page of the *Daily Graphic*: "8000 homosexuals in 2 regions; majority infected with HIV/AIDS" (sic) (*Daily Graphic*, 31/05/2011)). Rubin warns us against the use of such rhetoric that justifies, on the basis of the "protection" of the population against the epidemic, the transformation of what is considered a social vice into a crime punishable by the law: "The history of panic that has accompanied new epidemics, and of the casualties incurred by their scapegoats, should make everyone pause and consider with extreme scepticism any attempts to justify anti-gay policy initiatives on the basis of AIDS" (Rubin 1984:165). In fact, religious leaders as well as politicians have used the sickness rhetoric to encourage violence against homosexuals:

> I encourage all Ghanaians as well as friends of Ghana to put preventive measures to eradicate *this deadly disease called homosexuality* but not to allow it to spread throughout the country (Osei-Bonsu 2011; my emphasis).

One can also observe the recurrence of an "end of the world" terminology with its constant references to parts of the Bible, particularly the story of the destruction of the cities of Sodom and Gomorrah. "More disasters are on the way coming if we didn't come out to stop this act" (sic),[6] posts a commentator. Using religious ideologies of the "wrath of God" serves two purposes: creating fear of well-deserved upcoming calamities in a population already stricken by poverty; and blaming the current social problems on a specific group of "un-godly" people. Again, demonizing homosexuality through religious apocalyptic arguments legitimizes radical actions such as "stoning to death", "lynching" and "killing", transmuting hate and violence against "homosexuals" into a holy war.

In her essay on the politics of sexuality written in 1984, Rubin explains that, "[d]isputes over sexual behaviour often become the vehicles for displacing social anxieties" (1984:143). In this case homosexuality is being used as a ploy by leaders to divert the attention of the electorate from "real" issues such as corruption, poverty, education, sexual harassment, etc. Rubin further describes, in a somewhat prophetic way, the stages of a moral panic, such as the one that has currently taken the Ghanaian society:

> Sexual activities often function as signifiers for personal and social apprehensions to which they have no intrinsic connection. During a moral panic such fears attach to some unfortunate sexual activity or population. The media become ablaze with indignation, the public behaves like a rabid mob, the police are activated, and the state enacts new laws and

> regulations. When the furor has passed, some innocent erotic group has been decimated, and the state has extended its power into new areas of erotic behavior (Rubin 1984: 162).
>
> In such cases, the AWID report on fundamentalisms warns us that the secularity of the state and the protection of minorities whether ethnic, religious or sexual is threatened (AWID 2008b:23). The Regional Minister of the Western Region of Ghana, Paul Evans Aidoo, has already called for the immediate arrest of all "homosexuals", with the help of landlords who suspect their tenants engage in homosexuality. He has also requested the services of the Bureau for National Investigation (BNI) to spy on alleged homosexuals (*Daily Guide Ghana*, 21/07/2011).

In 2011, homosexuality just happened to be the timely scapegoat in Ghana, but we have seen instances where fundamentalists have created a moral panic to operate a backlash in women's rights. In fact, some religious leaders are taking advantage of the mayhem to also blame the "depravation" of society and the disintegration of the morality of Ghanaian society, pointing fingers at the way women dress. For example, during a thanksgiving service for the victory of President Ata Mills, a journalist reported:

> Reverend Joseph Bosoma of the Ebenezer Presbyterian Church condemned improper dressing, especially the wearing of short skirts and open-chest (sic) blouses by females to expose their breasts, saying that practice (sic) was the result of the wrong adoption of a foreign culture. He observed that the liberalisation of the airwaves had paved the way for some radio stations to advertise some negative entertainment and business commercials" (front page of *Daily Graphic*, 12 July 2011 "Gay and Lesbian Trend in the Country; Govt to Tackle it – Prez Assures").

"Homosexuality", an Empty Concept?

We cannot deny the fact that homosexuality is under attack in Ghana, but what is meant by "homosexuality"? Homosexuality, as depicted in the media, is a concept that is not quite understood, and which does not always fit into the existing social categories in Ghana. In that sense, can we talk about "sexual minorities" in Ghana, a term that is often used by human rights activists, when most people enjoying same sex relations do not consider themselves gay or do not see themselves as being different from a "straight" majority (Ajen 2001)? The reality of sexual practices and sexual and gender identities in Ghana is manifold and is further complicated by globalization and the active roles played by Ghanaians in this fast-paced modernity. In Ghana, a self-claimed gay identity was, until recently, and still is, in general, in contradiction with the lived reality of most Ghanaians who may happen to have same sex relations sometimes, often or even on a regular basis without rejecting the institution of marriage with the "opposite" sex (for similar observations, see Epprecht 2006; Murray and Roscoe 1998). Weeks observes that, even in Western societies,

> [S]exual identification is a strange thing. There are some people who identify as gay and participate in gay community. And there are homosexually active people who do not identify as gay. The development of a homosexual identity is dependent on the meanings that the actor attaches to the concepts of homosexual and homosexuality (1987:42, cited in Machera, 2004:164).

I agree with most researchers on African homosexualities that it is homophobia and not homosexuality that is a Western import (Epprecht, 2005; Armory, 1997). Nonetheless, I also have to admit that there is some veracity in the claim that "homosexuality" is Western in the sense that the self-conscious identification as gay or lesbian, in other words, sexual identities, have effectively emerged in the West at a specific period in time for a specific (political) purpose. As Sylvia Tamale notes in her publication on African sexualities, these concepts or identity politics are difficult to apply to the realities of African contexts (Tamale 2003).

In fact, many non-Western societies do not claim or even recognize homosexual identities. Rubin cites the example of societies of New Guinea where "homosexual activities are obligatory for all males ... [a]lthough these men engage in extensive homosexual and pedophile behaviour, *they are neither homosexuals nor pederasts*" (Rubin 1984:155, my emphasis). In her analysis of Afro-Surinamese women, Wekker also proves the futility of using Western concepts to fit non-Western intimate relations: "Conceiving of same-gender sexual behaviour embodied in the Mati work in terms of identity" inscribes and reproduces Western thought categories with their legacy of dichotomy, hierarchy and permanency, thus distorting a phenomenon that is *emically* experienced in quite different terms" (1999:133). Similarly, Ghanaians can also not be socially defined by a sexual practice or preference. According to Serena Dankwa (2009) who worked on female same sex intimacies in Ghana, the lesbian identity, which is condemned by the media, does not reflect the reality of concealed homo-erotic desires and practices among females. This is further exemplified by the testimony of a female student of UCC during a FGD (Cape Coast, FGD, 18/12/2010):

> I went to Accra Girls and the majority, we are not lesbians, but the girls get heartbreaks. ... The first-year students are normally the guys. They will walk with their wives. Sometimes, you will see 3 of them in one bed. When they sleep, they will cover themselves with their cloth and you don't know what they will be doing.

Because Ghanaians having same-sex intimacies are not (self) labeled "homosexuals", they are able to live their homoerotic desires in a relative climate of tolerance, although caught in a dialectic of silences. As such, I agree with Siedman that we should "contest the assumption of a homosexual identity" as "the category of homosexuality operates as marking a distinct psychological and physical human type or identity only in modern Western societies" (1994:171).

As Kofi puts it, "people don't talk about their sexuality. Actually, most probably don't know what it means. They will tell you I am a man. But they may be gay or bisexual and they wouldn't know" (Int. 2, 27/05/2011).

The extensive body of literature on African homosexualities clearly shows that most people on the continent do not see the need to claim a sexual identity (especially not a stigmatized one) simply because homosexuality is considered a *practice* that is distinct from a person's social roles or personality.

In fact, most discourses of religious and political leaders, as well as the comment threads of online news articles, actually refer to homosexuality as an "act". This extremely narrow definition of homosexuality generally stems from a commonly held understanding of sex as penetrative sex only (whether heterosexual or homosexual)[7], which ontologically excludes lesbians, unless dildos and other types of penis-like objects are being used. This limiting conception of homosexuality also derives from the Ghanaian code of law, where homosexuality falls under the highly ambiguous "unnatural carnal knowledge" act (act 29, section 104), itself a legal legacy of the British "sodomy law", which confines homosexuality to the act of anal penetration. That also explains why most mediatized attacks target MSM and often ignore female same sex relations. According to that definition, two men or two women performing non-penetrative sexual activities are not perceived as "homosexuals" but rather experience a "close relationship" or "close friendship" with someone of the same sex.[8]

To further complicate the issue, studies show that men penetrating other men do not lose their virility and therefore do not qualify to be homosexuals while the males being penetrated are perceived to be playing the subordinated role of a woman and as such are emasculated (Sweet 1996; also see Armory 2004, for an exploration of the complexity of homosexual relations and identities in South Africa; Epprecht 2006; Gaudio 1998). Nonetheless, in the current homophobic crisis in Ghana, such distinction is not being made and all males involved in penetrative sex with other men are deemed guilty of homosexuality.

Correspondingly, despite the recent denunciations and condemnation of "lesbianism", female same sex relations are more tolerated in Ghanaian society, or perhaps, simply misunderstood or discarded as irrelevant. One respondent even questioned the *feasibility* of two women having sex. As such, female same-sex activities are not as socially disruptive as male same-sex activities:

> Males who like penises rather than vaginas are made into outlaws…Men who love other men end up as objects of homophobic rage because such love disturbs a cornerstone of patriarchal heterosexual power in that it shows that men are not of one mind and feeling when it comes to sexuality (Ratele 2011: 408).

But as long as women produce babies, they have achieved the social requirement of their gender and as such, they do not pose a problem to the established patriarchal system. A professional woman who makes the choice not to marry and not to have children is far more threatening to the social system than a woman having same-sex relationships with another female:

> I have to give birth! We need to be together. If you are a lesbian and you get married, you will never like your husband so it's better you never start! In Ghana, if you get married with the same-sex, everybody will insult you (Cape Coast, FGD, 18/12/2010).

As Murray and Roscoe put it, "this social code does not require that an individual suppresses same-sex desires or behaviour, but that she or he never allows such desires to overshadow or supplant procreation" (1998:98, 273). And as long, as expressed above by the respondent in the focus group discussion, as the institution of (heterosexual) marriage is not questioned, (women's) same-sex intimacies are tolerated.

Transvestism and Homosexuality in Ghana

As we have seen, "homosexuality" in Ghana may seem to harbour many contradictions, the first one being that homosexual practices exist, but people do not necessarily adopt a gay lifestyle or identity. But since the despised concept is now on everybody's lips in Ghana, it may well be imposed on some categories of people (Connell 1992:743) such as women in sport's teams, cross-dressers or even feminine men, who are, as we shall see, sometimes already assumed to be gay.[9] In fact, such labelling is already present in the discourses although all respondents draw a strong disconnection between homosexuality and transvestism. Once again, the incongruity seems to stem from a gap between discourses on homosexuality and lived social realities.

While according to Garber (1992:130-131), in Western societies, it has become difficult to disentangle homosexuality from transvestism, the same is not true of Africa (Gaudio 1998; Kapasula 2006). The tradition of cross-dressing in Ghana, which still persists in festivals, has been adopted by the youth. For example, students of secondary and tertiary educational institutions hold yearly cross-dressing events. Young men also enjoy cross-dressing to celebrate after sportive events and during their peers" funerals. In no instance is their heterosexuality disputed (Geoffrion 2012). Some boys are also socialized as girls for a variety of reasons (Geoffrion 2013). Many of those young men grow up to think they were born in the wrong body and as such, enjoy "dressing like ladies". Furthermore, if a man has always had "feminine features" or a feminine "disposition", cross-dressing is seen as "normal", almost biological. It is interesting to note that the assumed "naturallness" or in-born quality of gender orientation in Ghana is the basis for tolerance of persons who do not fit in the binary male-men and female-woman associations. In the same vein, Anne Fausto-Sterling (1993) in her "five sexes revisited" stipulates that understanding sex and gender as a continuum, instead of as disctinct and opposite categories, where the "pure" male type and the "pure" female type are only part of a model but do not really exist, would foster tolerance since every human being possesses both male and female components.

In his ground-breaking research on sexuality, Kinsey (1948) put sexuality and desires/attractions on a similar continuum. In Ghana, sexuality being a taboo subject, gender variation is considered "normal" but is somewhat disconnected from sexuality although the acceptance of cross-dressing favours the social tolerance of homosexuality (see Sandford and Dodge 2009, in the case of South Africa). The case of *Kodjo Besia*, which literally means "man-woman", a category of men who behave like women on an all-time basis is very well representative of that ideology, although recently, the confusion between homosexuality and cross-dressing seems to have been accentuated, as the following extract from an interview with a sociology lecturer:

> In Accra Central, you can see these "*Kodjo Besia*". They are men who dress like women all the time. These people are gay although some claim they are not gay. They are accepted in society. Some people explained to me that is how they were born. It is more natural to them [to behave like women]. Cross-dressers are accepted and people do not relate them to homosexuality (Old Major, Int.1, 18/12/2010).

James, another respondent who likes cross-dressing for events on campus, is also a good example of the gap that exists between the concept of homosexuality and the variety of lived practices:

> One thing I have noticed is that our society is against you being gay but they do not frown on you being cross. ... But they [*Kodjo Besia*] are too feminine and I see it you being so feminine as being gay because you will want attention from males. Since you dress like a female so that makes you gay. Being gay to me is not just having a sexual intercourse with a person of the same sex. It is how you carry yourself that makes you gay or not (Int. 1, 19/05/2011).

To summarize, discourses on gays and lesbians, whether positive or negative, are becoming increasingly visible in Ghana but the Western concepts of "homosexuality" and "lesbianism" (as well as transsexuality and intersexuality, but to a lesser extent) haven't been fully integrated and made sense of in local contexts. That is why we are facing so many apparent clashes. For example, according to a key informant, some people identify as "gay" but do not engage in gay sex. To remediate this conceptual imbroglio, many scholars plead for the Africanization of Western concepts or the use of local terminologies to better fit into/describe/represent local realities (Sandford and Dodge 2009) but some concepts or discourses are being transposed onto African localities/realities and are quickly adopted by some groups of people whom they favour in one way or the other. Actually the terminologies used by international LGBTI support groups have been integrated by some self-labelled homosexuals in Ghana who refer to themselves interchangeably as MSM, gay or by the local term for gay.[10]

An Emergent Gay Identity in West Africa?

Scholars have proven the pre-colonial existence of homosexual practices in Africa, which are often connected to traditional rites of passage or to spirituality (Murray and Roscoe 1998; Epprecht 2006; Horswell 2005; Sweet 1996) but to confine African homosexualities into functionalist interpretations of culture is denying Africa its place in this contemporary, globalized world, which cannot be exempt from Western influences. As Ratele puts it:

> Modern Africa is of course part of the world and all its loves and hatreds, laws and restrictions. And so to argue that Africans who engage in same-sex copy foreign, un-African activities is to claim a different, marginal and otherworldly identity for Africa in the world – an identity of Africans who do not experience the same kinds of feelings and thoughts as people on other continents (2011: 412).

In fact, people claiming a gay identity are appearing in major urban centres such as Accra, Kumasi and Takoradi. Even if they do not represent a majority of people having same sex relations, they have a lot of visibility because they adopt international human rights discourses and they are supported by a network of international organizations. According to a key informant, those who adopt a gay identity are more likely to also get involved in community outreach programmes as peer educators, for instance. As such, we cannot say that self-labelled homosexuals do not exist in Ghana. They do, but in a very specific and localized context of global networks (even if this seems contradictory). In this case, reclaiming a (stigmatized) sexual identity goes together with being cosmopolitan, open to the world and, for a majority, young.[11]

It is interesting to note that individuals involved in MSM support groups, as well as advocating for LGBTI rights in Africa, are more likely to self-appropriate a sexual identity despite the stigma attached. A Nigerian LGBTI activist based in London is a good example:

> I don't choose the days I am gay, I am gay every day, just like I am black every day. I am gay when I am awake and gay when I am asleep. But my gayness doesn't define who I am but an essential part of who I am. So I will rather be hated for who I am, than to be loved for who I am not (posted 26/07/2011, on his Facebook profile).

In Africa, Jessica Horn refers to the Coalition of African Lesbians, founded in 2004 and representing 14 countries, to demonstrate the very existence of a homosexual identity in Africa (Horn 2006:11). Other gay networks and NGOs have been recently formed in West Africa as well as elsewhere on the continent such as Men Attitude Network, Gay and Lesbians Association of Ghana, CEPEHRG, Queer African Youth Network, Gay Kenya, Behind the Mask, Alternative, AMSHeR, and many others. They bring support where the rights of LGBTI are being abused. In Ghana, the hypothesis of an emerging gay identity or lifestyle is supported by the statement of the director of a NGO offering peer-to-peer counselling for MSM: "There is a big gay community here in Accra" (personal communication, 14/07/2011).

We have seen that homosexuality has been turned by the Ghanaian media into a "roaring monster" (Essien and Aderinto 2009). But, entrenching possible "homosexuals" into a labeled, stigmatized and demonized group and constantly bringing forth the "issue" of homosexuality in the media can have the effect of consolidating a (sexual) "minority" who was otherwise not concerned about their own sexual preferences. As explained by Seidman, "integral to the transformation of homoerotic desire into a lesbian and gay identity was the insertion of homosexuality into the public discourses" (1994:169).

The stigmatization of people having same sex relations may well hasten the growth of a "gay" identity or "lifestyle" as some group of individuals are being labelled and their lives threatened. In fact, the "gay community" in Ghana has appropriated the "Othering" discourse ("as a community and as a people") propagated by the media as a strategy of resistance to strengthen the links between its members.

At the same time, the appropriation of a gay identity by an African cosmopolitan elite in Africa and their use of a human rights discourse is already being strategically discredited by conservative politicians as well as religious fundamentalists as another proof of the Western origin of homosexuality and the Western attempt to recolonize Africa. In his book *African intimacies*, Hoad observes that "the emergence of an international public sphere dedicated to finding and making "homosexuals" in parts of the world that have not seen public articulations of such persons may further allow "homosexuality" to be seen as an ongoing imperial project" (2009:XIV).

Are we trapped in a dead-end?

Conclusion

This chapter has attempted to expose how the mediatization of the concept of homosexuality and the subsequent wave of homophobia in Ghana have blurred the "natural" inclusion and acceptance of a wide set of gender and sexual practices and identifications. I believe that the opening of a debate around sexualities is necessary to comprehend the shifting configurations of contemporary (homo)sexualities in Africa.

In the same vein, in an essay on sexualities and modernity in Africa, Amadiume writes that the discourse in terms of sexuality always revolves around prescribed sexual practices, in other words, sexual practices that comply with hegemonic heterosexual norms; and rarely about subversive alternative sexualities, "*pour encourager et ouvrir des possibilités de résistance et de changement*" (2006: 30).

Since the various discourses reproduced in the Ghanaian mediascape already facilitated the creation of "homosexuals" as Other, portrayed as the opposite of "Ghanaians", the passage into a "fixed" sexual identity may be a necessary step for people having same sex relations, despite the wide range of desires, practices and identifications, to organize themselves into a group ("sexual minority") strong enough in numbers to put pressure on the government to change discriminatory laws and policies to make provision for equal rights irrespective of sexual orientation. This process of community formation has started in Ghana.

Notes

1. Following Armory (1997) and Hoad (2007), I put the term homosexuality into brackets when it refers to a Western concept that does not necessarily correspond to the lived realities of Ghanaians having same sex relations.
2. This is not the first time homosexuality becomes the ground of a moral panic in Ghana. The same happened in 2006 when the international gay and lesbian organization proposed to hold their annual meeting in Ghana (see Essien and Aderinto, 2009). The matter died away after a few months but homophobic discourses are likely to be used as political strategy.
3. I follow Ayesha Imam and Nira Yuval-Davis' definition of fundamentalisms (2004:x): "Fundamentalist movements are political movements with religious, ethnic, and/or nationalist imperatives. They construct a single version of a collective identity as the only true, authentic and valid one, and use it to impose their power and authority over 'their' constituency".
4. Ghana hosts over 50 different ethnic groups with their diversified traditions and beliefs, some patrilineal and others matrilineal. In this chapter, we focus on the Southern part of Ghana, especially the region of Cape Coast where a majority of matrilineal Fanti people reside. Interestingly, Murray and Roscoe (1998) have highlighted that in matrilineal societies, women tend to be more liberal when it comes to gender and sexuality.
5. These interviews are part of a wider, on-going study of gender fluidity in Ghana.
6. myjoyonline.com/health/201105/66608.asp
7. In an ongoing research project on young women, sexuality and education in Ghana (Prah et al.), respondents also mainly conceptualized sex as penetration.

8. In the FGD, most respondents agreed that a same-sex "close" friendship is preferable to a heterosexual relationship because it is easier to know the needs and desires of a person of the same sex.
9. An online opinion article labelled the president of Ghana a 'homosexual' on the basis that he had a high pitched voice, could not control his government and was not a womanizer (Tanko 2011).
10. The local term self-identifying gay Ghanaian men call themselves is being withheld to protect the anonymity of the gay community in Ghana.
11. In a meeting for peer educators held in Cape Coast in August 2011, the 12 peer educators present were all young men aged between 18 and 24 years old. They mentioned the importance of the internet as a dating facilitator with both local men and "white men".

References

Ajen, N., 2001, "West African homoerotism: West African Men who Have Sex with Men", in S. Murray, and W. Roscoe, eds, *Boy Wives and Female Husbands*, New York, St-Martin's Press, pp. 129-138.

Allman, D., Adebajo, S., Myers, T., Odumuye, O., and Ogunsola, S., eds, 2007, "Challenges for the Sexual Health and Social Acceptance of Men who Have Sex with Men in Nigeria", *Culture, Health and Sexuality*, vol. 9, n° 2, pp. 153-168.

Amadiume, I., 1987, *Male Daughters, Female Husbands: Gender and Sex in African Society*, London, Zed Books.

Amadiume, I., 2006, "Gros plan sur la sexualité, les traditions religio-culturelles et la modernité en Afrique", Dakar, *CODESRIA Bulletin*, n° 1-2, pp. 31-32.

Amory, D. P., 1998, "Mashoga, Mabasha and Magai: Homosexuality on the East African coast", in S. O. Murray, and W. Roscoe, eds, *Boy Wives and Female Husbands*, New York, St-Martin's Press, pp. 67-87.

Amory, D., 1997, "Homosexuality" in Africa: Issues and Debates", *Issue: A Journal of Opinion*, vol. 25, n° 1, pp. 5-10.

Arnfred, S., 2004, *Re-thinking Sexualities in Africa*, Uppsala, Nordiska Afrikainstitutet.

AWID, 2008a, *Religious Fundamentalisms on the Rise. A Case for Action*, available at http://www.awid.org/eng/content/view/full/44602, July 21, 2011.

AWID, 2008b, *Ten Myths about Religious Fundamentalisms*, available at http://www.awid.org/about-awid/awid-news/ten-myths-about-religious-fundamentalisms). July 21, 2011.

Balchin, C., 2011, *Towards a Future without Fundamentalisms. Analysing Religious Fundamentalists Strategies and Feminists Responses,* Toronto, Mexico City and Cape Town, AWID.

Britwum, A. O., 2006, *Confronting Sexual Harassment in Ghanaian Univer*sities, Accra, Ghana Universities Press.

Citifmonline, 2011, Homosexuals Could Soon Be Lynched in Ghana, MP warns, available at http://www.ghanaweb.com/ghanahomepage/newsarchive/artikel.php?ID=211415&comment=6852251#com, June 17, 2011.

Connell, R., 1992, "A Very Straight Gay: Masculinity, Homosexual Experience, and the Dynamics of Gender", *American Sociological Review*, vol. 57, n° 6, pp. 735-751.

Daily Graphic, 2011, "8,000 Homosexuals in 2 Regions; Majority Infected with HIV/AIDs", available at http://news.myjoyonline.com/health/201105/66608.asp, May 31, 2011.

Daily Guide Ghana, 2011, "P. E. Aidoo: Arrest all homosexuals", available at http://www.ghanatoghana.com/ghanahomepage/paul-evans-aidoo-arrest-homosexuals, August 16, 2011.

Dankwa, S., 2009, "It's a Silent Trade: Female Same-Sex Intimacies in Post-Colonial Ghana", *Nordic Journal of Feminist and Gender Research – NORA*, vol. 17, n° 3, pp. 192-205.

Dotsey Aklorbortu, M., 2011, "Lesbian lecturer dismissed", *Daily Graphic*, 26 May, p. 1.

Dunne, M., 2008, "Gender, Sexuality and Schooling: Everyday Life in Junior Secondary Schools in Botswana and Ghana", in M. Dunne, ed., *Gender, Sexuality and Develop*ment, Rotterdam, Sense Publishers, pp. 55-69.

Epprecht, M., 1998, "The "Unsaying" of Indigenous Homosexualities in Zimbabwe: Mapping a Blind Spot in an African Masculinity", *Journal of Southern African Studies*, vol. 24, n° 4, pp. 631-651.

Epprecht, M., 2004, *Hungochani: The History of a Dissident Sexuality in Southern Africa*, Montreal, McGill-Queen's University Press.

Epprecht, M., 2006, "Bisexuality and the Politics of Normal in African Ethnography", *Anthropologica*, vol. 48, n° 2, pp. 187-201.

Epprecht, M., 2008, *Heterosexual Africa? The History of an Idea from the Age of Exploration to the Age of AIDS*, Pietermaritizburg and Athens, OH, University of KwaZulu-Natal Press and Ohio University Press.

Essien, K., and Aderinto, S., eds, 2009, "Cutting the Head of the Roaring Monster: Homosexuality and Repression in Africa", *African Study Monographs*, vol. 3, n° 30, pp. 121-135.

Fausto-Sterling, A., 1993, "The Five Sexes: Why Male and Female Are Not Enough", *The Sciences*, vol. 33, pp. 20-24.

Foucault, M., 1978, *The History of Sexuality*, vol. 1, New York, Pantheon.

Garber, M., 1992, *Vested Interests: Cross Dressing and Cultural Anxiety*, New York and London, Routledge.

Gaudio, R. P., 1998, "Male Lesbians and Other Queer Notions in Hausa", in S. O. Murray, and W. Roscoe, eds, *Boy Wives and Female Husbands*, New York, St-Martin's Press, pp. 115-165.

Geoffrion, K., 2013, "I Wish Our Gender Could Be Dual : Male Feminities in Ghanaian University Students", *Cahiers d'études africaines*, vol. LIII, n° 1-2, pp. 417-443.

Geoffrion, K., 2012, "Ghanaian Youth and Festive Transvestism", *Culture, Health and Sexuality*, Ahead-of-print, pp. 1-14.

GNA, 2011, July 12, "Gay and Lesbian Trend in the Country; Govt to Tackle It. Prez Assures", *Daily Graphic*, p. 1.

Hoad, N., 2007, *African Intimacies: Race, Homosexuality, and Globalization*, Minneapolis, University of Minnesota Press.

Horn, J., 2006, "Re-Righting The Sexual Body", *Feminist Africa*, n° 6, pp. 7-19.

Horn, J., 2011, *Christian Fundamentalisms and Women's Rights in the African Context: Mapping the Terrain*, AWID, available at http://issuu.com/awid/docs/christian_fundamentalisms_and_women_s_rights_in_the_african_context_mapping_the_terrain, 20 July, 2011.

Horswell, M. J., 2005, *Decolonizing the Sodomite: Queer Tropes of Sexuality in Colonial Andean Culture*, Austin, University of Texas Press.

Imam, A., Morgan, J., and Yuval-Davis, N., eds, 2004, *Warning Signs of Fundamentalisms*, London, Women Living under Muslim Laws.

Kapasula, J., 2006, "Challenging Stereotypes: Is Cross Dressing Un-African", *Feminist Africa*, n° 6, pp. 68-72.

Kinsey, A., Wardell, B., and Clyde, E., eds, 1948, *Sexual Behavior in the Human Male*, Philadelphia, Saunders.

Leach, F. F., 2003, *An Investigative Study of the Abuse of Girls in African Schools*, London, DFID.

Lorway, R., 2006, "Dispelling Heterosexual African AIDS, in Namibia: Same Sex Sexuality in the Township of Katutura", *Culture, Health and Sexuality*, vol. 8, n° 5, pp. 435-449.

Machera, M., 2004, "Opening a Can of Worms: A Debate of Female Sexuality in the Lecture Theater", in S. Arnfred, ed, *Re-thinking Sexualities in Africa*, Uppsala, Almqvist and Wiksell Tryckeri AB., pp. 157-170.

Murray, S., 1998, "A Feeling within Me: Kamau, a Twenty-Five-Year-Old Kikuyu", in B. Roscoe, and S. Murray, eds, *Boy Wives and Female Husbands*, New York, St-Martin's Press, pp. 41-62.

Murray, S. O. and Roscoe, W., eds, 1998, *Boy Wives and Female Husbands: Studies in African homosexualities*, New York, St-Martin's Press.

Osei-Bonsu, K., 2011, "Homosexuality is Sickness" – Pastor, available at http://www.ghanaweb.com/GhanaHomePage/religion/artikel.php?ID=214513&comment=6951134#com, July 22, 2011.

Ratele, K., 2011, "Male sexualities and masculinities", in Tamale, S., ed., *African Sexualities: A Reader* Cape Town, Pambazuka Press, pp. 399-419.

Reddy, V., 2001, "Homophobia, Human Rights, and Gay and Lesbian Equality in Africa", *Agenda*, n° 50, pp. 83-87.

Reddy, V., Sandford, T., and Rispel, L., eds, 2009, *From Social Silence to Social Science. Same Sex Sexuality, HIV et AIDS and Gender in South Africa*, Cape Town, HSRC Press.

Rubin, G., 1984, "Thinking Sex: Notes for a Radical Theory of the Politics of Sexuality", in C. E. Vance, ed., *Pleasure and Danger*, New York, Routledge, pp. 143-178.

Sandford, T., and Dodge, B., eds, 2009, "Homosexual and Bisexual Labels: The Need for Clear Conceptualisations, Operationalisations and Appropriate Methodological Designs", in V. Reddy, T. Dansford, and L. Rispel, L., eds, *From Social Silence to Social Science*, Cape Town, HSRC Press, pp. 51-57;

Seidman, S., 1994, "Symposium: Queer Theory/Sociology: a Dialogue", *Sociological Theory*, vol. 12, n° 2, pp. 166-177.

Smith, A., Tapsoba, P., Peshu, N., Sanders, E., and Jaffe, H., eds, 2009, "Men who Have Sex with Men and HIV/AIDS in Sub-Saharan Africa", *The Lancet*, vol. 374, n° 9687, pp. 416-422.

Sweet, J. H., 1996, "Male Homosexuality and Spiritism in the African Diaspora: The Legacies of a Link", vol. 7, n° 2, pp. 184-202.

Tamale, S., 2003, "Out of the Closet: Unveiling Sexuality Discourses in Uganda", *Feminist Africa*, n° 2, available at http://www.feministafrica.org/index.php/out-of-the-closet, December 6, 2010.

Tamale, S., 2011, "Researching and Theorizing Sexualities", in S. Tamale, ed., *African Sexualities*, Cape Town, Dakar, Nairobi and Oxford, Pambazuka Press, pp. 11-36.

Tanko, I., 2011, "Atta Mills' Presidency and Homosexuality's Prominence in Ghana", available at http://ghanaweb.net/GhanaHomePage/features/artikel.php?ID=215812), August 9, 2011.

Weeks, J., 1977, *Coming Out*, London, Quartet.

Weeks, J., 1987, "Questions of identity", in P. Caplan, ed., *The Cultural Construction of Sexuality*, London, Tavistock Publications, pp. 31-51.

Wekker, G., 1999, "What's Identity Got to Do with It? Rethinking Identity in the Light of the Mati Work in Suriname", in E. Blackwood, and S. Wieringa, eds, *Female Desires. Transgender Practices across Cultures*, New York, Columbia University Press, pp. 119-138.

12

Les femmes au sein de l'Église kimbanguiste

Camille Welepele Elatre

Introduction

La République démocratique du Congo compte quatre religions officielles : le catholicisme, le protestantisme, l'islam et le kimbanguisme. À partir de ces quatre religions, il s'est formé un conglomérat d'églises indépendantes du renouveau charismatique. Dans l'Église kimbanguiste, comme dans toutes les autres, les femmes représentent une proportion importante des fidèles. Les pratiques et enseignements de cette Église recommandent et/ou interdissent aux fidèles un certain nombre de choses qui concernent leur conduite morale et leur spiritualité. Ces préceptes et pratiques religieux ont souvent des allures fondamentalistes et frappent de façon différenciée les hommes et les femmes qui fréquentent cette Église.

Dans cette étude, notre visée est d'abord de relire, retraduire et réévaluer ces enseignements, règles et pratiques fondamentalistes ainsi que d'analyser leur incidence sur l'autonomie des femmes kimbanguistes. Il s'agit en réalité d'examiner comment les femmes kimbanguistes incorporent et s'approprient les enseignements de leur Église, comment elles réagissent en réinterprétant ces enseignements à caractère fondamentaliste, en affichant des comportements sexués spécifiques qui leur confèrent l'identité des femmes kimbanguistes. Ensuite, il sera question d'examiner comment les femmes kimbanguistes utilisent leur influence, pouvoir pour changer ces enseignements et règles fondamentalistes.

En effet, le sens que nous donnons à l'autonomie n'est pas différent de celui de Schijvers, évoqué par Willemse : « Le pouvoir de gérer sa propre vie et son corps par rapport à d'autres personnes (en l'occurrence des hommes) et par rapport aux structures sociales » (1991 :109). Cinq éléments ressortent de la notion de l'autonomie selon cet auteur, à savoir :

- le contrôle de la sexualité et de la fécondité ; l'expression sociale de la maternité ;
- la division du travail entre les sexes ;
- l'accès au travail, à la propriété, aux connaissances et aux positions de pouvoir ;
- les rapports des femmes entre elles : coopération et organisation ;
- l'idéologie de la masculinité et de la féminité (*gender ideology*) ; l'image que les femmes ont d'elles-mêmes.

Pour le besoin d'analyse, nous avons utilisé l'approche genre croisée avec la théorie du champ (religieux) et de la domination symbolique de Pierre Bourdieu. Selon la théorie de Pierre Bourdieu, le champ religieux est considéré comme un champ dans lequel les agents occupant des positions différenciées sont en lutte symbolique, c'est-à-dire une lutte qui vise l'imposition, par un pouvoir symbolique, d'une vision du monde : « Le principe de division en classes logiques qui organise la perception du monde social est lui-même le produit de l'incorporation de la division en classes sociales » (1979:191). Ces classes sociales ne sont rien d'autre que des classes composées des hommes et des femmes partageant des représentations sociales différentes. Les représentations sexuées des hommes et des femmes sont ici considérées comme le produit de l'*habitus*, concept central à théorie de l'action pratique de Pierre Bourdieu, entendu comme un système de dispositions durables et transposables qui, intégrant toutes les expériences passées, fonctionne à chaque moment comme « une matrice de perceptions, d'appréciations et d'actions, etc. » (1970 :46-70 ; 1972 :178 ; 1979 :189-195 ; 1980 :87-109). Et le pouvoir symbolique s'exprime par le mécanisme de consentement des dominés à leur propre domination (Bourdieu 1998 :53-64). L'approche genre, en revanche, vise l'analyse des rapports de domination entre les catégories de sexes.

Cette étude portera sur trois principaux points. Le premier point décrira le contexte colonial de la naissance de l'Église kimbanguiste ainsi que le rôle joué par les femmes. Dans le deuxième point, seront analysés les préceptes et pratiques de l'Église, ainsi que leur incidence sur l'autonomisation des femmes kimbanguistes. Le troisième point, enfin, examinera la mobilisation et l'implication des femmes dans le changement des normes religieuses fondamentalistes.

Le contexte colonial de la naissance de l'Église kimbanguiste : rôles des mères fondatrices

L'Église kimbanguiste a été créée le 6 avril 1921 comme association sans but lucratif à confession religieuse sous l'appellation de « Église de Jésus-Christ sur la Terre par son envoyé spécial Simon Kimbangu », en sigle, EJCSK. De 1921 à 1959, l'Église était considérée comme secte par l'autorité coloniale belge. Elle fut obligée d'évoluer dans la clandestinité, surtout après l'arrestation et la condamnation en prison du prophète fondateur, le 3 octobre 1921. Mais l'origine de l'Église est surtout liée à la vie spirituelle privée et à l'appel divin de son fondateur, Simon Kimbangu. Celui-ci est né le 12 septembre 1887 dans le village de N'Kamba situé sur le territoire de Mbanza-Ngungu, dans la province du Bas-Congo, en République démocratique du Congo. Le prophète était baptisé, en 1915, dans la foi protestante de la congrégation *British Missionary Society* (BMS), dont il était devenu catéchiste, avant la réception de l'inspiration et de la mission de l'évangélisation.

Le prophétisme de Simon Kimbangu a été inspiré et précédé par celui de Kimpa Vita. Le 19ème siècle fut marqué, au Royaume Kongo,[1] par un mouvement prophétique dont la figure de proue fut Kimpa Vita, appelée aussi Ndona Béatrice de son nom de baptême. Beaucoup de récits racontent que Kimpa Vita, née entre 1684 et 1686, fut ressuscitée en vision et en songes (Martin 1981 :32-33). Son message d'évangélisation prêchait une théologie de la libération des Noirs. En effet, par sa révolution des mentalités, Kimpa Vita cherchait à africaniser l'Église, c'est-à-dire à organiser une religion qui pouvait répondre favorablement aux aspirations de l'homme africain ; une religion qui tiendrait compte des valeurs proprement africaines, une religion où l'Africain, loin d'être un simple objet susceptible d'être adjugé aux transactions du commerce des esclaves, se sentirait libre chez lui (Kilombo 2007 :55). Son *credo* était la libération des Noirs du joug colonial par la contestation du message révélé par l'Église catholique. Elle enseignait que le Christ était un Africain né à San Salvador (capitale du royaume Kongo) et que ses apôtres aussi étaient des Noirs. Comme on peut le remarquer, son message était une réaction aux représentations de l'Église catholique qui dépeignait Jésus-Christ, ses apôtres et les saints comme des Blancs. Elle ne comprenait pas que les figures des femmes soient absentes de l'Église. L'essentiel de son enseignement se résumait en trois points :

- la réaction contre la croix ;
- l'idée d'un Christ noir ;
- une sorte de paradis terrestre et le rétablissement de l'ancien royaume Kongo.

Kilombo écrit qu'avant sa mort en 1706, Kimpa Vita avait prédit, à haute voix, qu'elle allait bien sûr mourir, mais que Kimbangu viendrait pour libérer le peuple de l'esclavagisme et de l'humiliation (Kilombo 2007 :55-59). La place et le rôle de la femme dans les mouvements messianiques de la période coloniale se justifiait par le statut accordé à la femme dans les sociétés matrilinéaires de la Province du Bas-Congo. Simon Kimbangu, contrairement à certains prophètes, avait recruté les femmes parmi ses disciples, fidèles et serviteurs. On cite, par exemple, Thérèse Mbonga et Mikala Mandombe (Mukonda 2007 :343).

De l'arrestation du prophète à son emprisonnement, puis sa mort en 1951, l'Église en formation évolua en clandestinité, sous la houlette de son épouse, Maman Mwilu. L'Église lui reconnaît, aujourd'hui, la qualité de la première chef spirituel, car, à la mort du prophète Simon Kimbangu, c'est elle qui prit l'administration et la direction de l'Église. C'est donc elle qui continua l'œuvre du prosélytisme commencé par son époux. C'est aussi elle qui administra les premiers sacrements de baptême, de la sainte cène, de la consécration des catéchistes[2]. Selon les fidèles de l'Église, Maman Mwilu représente et incarne, à ce jour, la pierre fondatrice de l'Église, la féminité, la maternité idéalisée de l'Église. À sa mort, le 27 avril 1959, son troisième et dernier fils, Joseph Diangienda Nkutima, prit les rênes du pouvoir. C'est le lieu de signaler que les règles de succession, dans cette Église, n'ont rien avoir avec celles des organisations modernes, soumises aux élections statutaires ou à la nomination. Le chef spirituel et représentant légal est désigné, par révélation divine, dans la descendance consanguine et légitime de Simon Kimbangu. Son mandat est à vie (règlement d'ordre intérieur 2007 : article 23).

Les femmes constituent les gros des effectifs de l'Église kimbanguiste. La filiation protestante du prophète, Père spirituel de l'Église, a beaucoup joué dans le ministère des femmes dans le culte. Dans l'Église kimbanguiste, la femme est pasteur, diaconesse, catéchiste. Mais les postes clés des décisions sont occupés par les hommes. L'organisation de l'Église est de type oligarchique et masculin. Le conseil de l'Église au niveau tant national que provincial est largement dominé par les hommes. Qu'est-ce qui explique le fait que les femmes, fidèles et fondatrices de l'Église, se retrouvent aujourd'hui au bas de l'échelle de l'Église ?

Une première explication réside d'abord dans le fonctionnement de la parenté matrilinéaire, source de l'Église ; bien que le pouvoir soit donné et reconnu à la lignée de la mère, c'est, en fait, l'oncle maternel – qui est aussi un homme – qui exerce la réalité du pouvoir. Donc dans ce système de parenté, les femmes ont certes le pouvoir symbolique de transmettre l'héritage, mais le pouvoir de décision appartient aux hommes. Ensuite, la modernisation et l'urbanisation des Églises ou des cultes ont entraîné l'abandon des pratiques coutumières, au profit des règles religieuses et du droit moderne. Dans cette mutation, les femmes ont perdu le pouvoir de médium, d'oracle qu'elles détenaient dans les cultes traditionnels de possession ou extatiques.

En plus de soixante ans d'existence, l'Église kimbanguiste a réussi à mettre sur pied un ensemble d'enseignements, des règles et de pratiques qui font l'âme du kimbanguisme. Celui-ci se définit comme le christianisme résultant de l'ensemble des actions et des enseignements de Simon Kimbangu (Diangienda 1984 :11). Ces règles constituent le code moral des kimbanguistes et régulent leur spiritualité et leurs conduites sociales. Dans le point qui suit, nous essaierons de relire ces principes et règles pour évaluer leurs poids sur la condition des femmes kimbanguistes.

Croyances religieuses et droit des femmes à disposer de leur corps

Le kimbanguisme en tant que religion est fondé sur un certain nombre de croyances, interdits et pratiques qui unissent tous ceux qui y adhèrent, en une même communauté morale, appelée Église. Ces croyances, interdits et pratiques sont assimilés à travers un long processus de socialisation réalisé par les appareils de l'Église.

Le fonctionnement de l'EJCSK a permis à celle-ci de forger, sur plusieurs années, un code moral et spirituel à même de raffermir la foi des chrétiens , d'obtenir d'eux des attitudes, pratiques et conduites religieuses exemplaires et dignes dans les relations avec Dieu et leurs semblables. Quelques-uns des principes de ce code moral visent à régler autant les comportements des hommes et des femmes au sein de l'Église que le contrôle de leur sexualité, leur fécondité et leur travail.

Parure et ornements de femmes kimbanguistes

Le code moral de l'Église kimbanguiste (Diangienda 1984 :288-289 ; Département de l'évangélisation et mission de l'Église 2012 :24) interdit, par exemple, aux femmes de porter les habits tels que les jupes fendues, mini-jupes, jupes serrées, collants, pantalons, training, chemises homme, habits transparents ; de mettre ou d'appliquer les vernis et rouges à lèvre, de poser des faux-cils, des mèches ou postiches.

Nous nous référons à la Sainte Bible (Segond 1997), afin de trouver des arguments qui militent en faveur ou en défaveur de ces normes de l'Église.

Arguments bibliques en faveur des normes

Ancien Testament : Deutéronome 22 : 5 : « Une femme ne portera point un habillement d'homme, et un homme ne mettra point des vêtements de femme ; car quiconque fait ces choses est en abomination à l'Éternel, son Dieu ».

Exode 33 : 3-6 : « Monte vers ce pays où coule le lait et le miel (...). Lorsque le peuple eut entendu ces sinistres paroles, il fut dans la désolation, et personne ne mit les ornements. Et l'Éternel dit à Moïse : dis aux enfants d'Israël : vous êtes un peuple au cou raide ; si je montais un seul instant au milieu de toi, je te consumerais. Ôte maintenant tes ornements de dessus toi, et je verrai ce que je te ferai. Les enfants d'Israël se dépouillèrent de leurs ornements, en s'éloignant du mont Horeb ».

Autres textes : Josué 6 :19-24 ; Ésaïe 3 : 16-24.

Nouveau Testament : 1 Timothée 2 : 9-10 : « Je veux aussi que les femmes vêtues d'une manière décente, avec pudeur et modestie, ne se parent ni de tresses, ni d'or, ni de perles, ni d'habits somptueux. Mais qu'elles se parent de bonnes œuvres, comme il convient à des femmes qui font profession de servir Dieu ».

Autres textes : Jacques 2 : 2 ; 1Pierre 3 : 3-4 ; 1 Corinthiens 12 : 22-24.

Arguments bibliques en défaveur des normes

Certains points de vue inspirés de l'Écriture sainte soutiennent la parure, les ornements des femmes.

Ancien Testament : Genèse 24 : 53 : « Et le serviteur sortit des objets d'argents, des objets d'or, et des vêtements, qu'il donna à Rebecca ; il fit aussi des riches présents à son frère et à sa mère ».

Nouveau Testament : 1Pierre 3, 2-4 : « En voyant votre manière de vivre chaste et réservée. Ayez, non cette parure extérieure qui consiste dans les cheveux tressés, les ornements d'or, ou les habits qu'on revêt mais la parure intérieure qui est cachée dans le cœur, la pureté incorruptible d'un esprit doux et paisible, qui est d'un grand prix devant Dieu ».

Autres textes : Mathieu 6 : 17 ; Luc 15 : 22.

Réactions des jeunes filles

L'observance de ces normes de conduites pose de sérieux problèmes pour les femmes et surtout pour les jeunes filles en pré et post-puberté. Tiraillées et prises en tenaille entre la mode quotidienne, la bienséance et la retenue que recommande la vie chrétienne, elles ont l'habitude de rétorquer : « Qu'est-ce qu'il y a de mauvais à porter un pantalon, de tresser des mèches, de vernir les ongles ? ». « Entre une personne qui a tué, avorté et celle qui a porté un pantalon, tressé des mèches et verni les ongles, qui des deux a réellement péché ? ».

Pour échapper au contrôle de surveillants de l'Église sur leurs vêtements et parures, les jeunes filles ont développé des stratégies de contournement, de dissimulation, d'affrontement, d'évitement ou de repli. Ces stratégies sont multiples :

- *stratégie de contournement* : quand les filles déjouent le contrôle, utilisent d'autres voies d'entrée dans l'Église : exemple sauter le mur de clôture de la paroisse ;
- *stratégie de dissimulation* : quand la jeune fille qui a porté le pantalon le dissimule en arborant dessus le pagne ; quand la jeune fille qui a des postiches couvre ceux-ci avec un mouchoir de tête, un voile ; quand la jeune fille vernit ses ongles avec le colorant base ;
- *stratégie d'affrontement* : peut prendre la forme de querelle, d'échange des paroles avec les surveillants de l'Eglise ;
- *stratégie d'évitement ou de repli* : consiste, une fois interpellé par les surveillants, à rebrousser le chemin, à rentrer à la maison pour changer la tenue indécente, interdite.

Les formes d'habillement, des modes vestimentaires sont des signes d'appartenance à une communauté ethnique, religieuse, politique des individus (Essomba 2006:06 ; Freedman 1997:106). Chacun de ces espaces se reconnaît dans et à travers sa tenue. En RDC, trois institutions interviennent habituellement dans l'imposition de la conduite sociale en matière des vêtements, à savoir la famille, l'école, l'État et l'église.

Institutions et politiques vestimentaires

L'examen de ces quatre institutions qu'abordent les lignes suivantes montre que leur politique vestimentaire est tantôt fondée sur la différenciation sexuelle, tantôt sur l'indifférenciation.

La famille

L'organisation socioéconomique et politique actuelle de la société congolaise repose sur la famille, au sens restreint et large du terme. Les parents et les proches parents jouent des rôles sociaux importants dans la socialisation différentielle des habits entre garçons et filles. Par exemple, à la fille, on fait porter la jupe, la robe et le pantalon, la culotte aux garçons. Cette socialisation concerne aussi tous les gadgets et assortiments utilisés dans les soins corporels et vestimentaires. Selon Daflon (2013 :12), c'est vers l'âge de deux ans environ (stade 1 de l'identité de genre) que les enfants sont capables d'indiquer, de manière consistante, le sexe des individus qu'ils rencontrent, en se basant sur des caractéristiques socioculturelles comme coiffure, vêtements. C'est donc généralement, à la prime enfance, que garçons et filles apprennent à distinguer et à apprécier les habits et leurs couleurs, en s'identifiant à l'un des parents de leur sexe. C'est l'étape où apparaissent déjà des signes de modestie ou de libertinage en matière vestimentaire qu'un âge plus avancé maintiendra ou aggravera. L'option et le comportement vestimentaires adoptés par de nombreuses familles congolaises sont, à cet effet, flexibles et dépendent de la politique étatique ou de leur appartenance religieuse.

L'école

L'école est également l'instance de socialisation qui, à travers l'hygiène, la morale et le civisme, inculque aux élèves quelques règles de savoir-vivre et être. Dans les écoles kimbanguistes, les élèves filles, quelle que soit leur confession religieuse, sont obligées de se couvrir la tête avec un foulard, une fois arrivées dans la cour de l'école. Cette pratique est difficilement acceptée, surtout par les élèves non kimbanguistes. Selon ces dernières, le port du foulard, tout en visant leur identification, les stigmatise et les étiquette par rapport aux élèves d'autres écoles du réseau conventionné catholique ou protestant. Si les uniformes scolaires (des couleurs bleu et blanc) ont été institués dans les écoles congolaises, c'était pour éviter que la tenue ne devienne un facteur de discrimination et de différenciation sociale entre les élèves. Mais le foulard des élèves kimbanguistes devient ici un motif d'inégalité entre les élèves et les sexes. L'étude d'Ibrahim montre comment les uniformes des lycéennes peuvent être l'objet de clivage et de tensions, frisant parfois les émeutes, entre les élèves (1988 :101-104).

L'État

À ces deux agents de socialisation s'ajoute l'État. L'État, en tant qu'organisation politique macro-sociétale, vise le monopole de la violence légitime en édictant non seulement les normes relatives à l'ordre social, mais aussi les règles concernant la manière de se comporter et de se vêtir en public. Mais, l'État étant de nature patriarcale, ces normes touchent différemment les hommes et les femmes, dans le temps et dans l'espace. L'histoire sociale et politique du Congo-Kinshasa nous enseigne que, dans le cadre de la politique du recours à l'authenticité, le bureau politique du Mouvement populaire de la révolution (MPR) avait procédé, en 1972, au changement des noms du fleuve, de l'hymne national. Des rues et bâtiments publics furent aussi rebaptisés à cette occasion. De la même manière, certaines tenues vestimentaires furent interdites aux hommes, tout comme aux femmes. On pourrait citer, en exemple, la cravate et la veste pour les hommes, le pantalon et la culotte pour les femmes. La préférence fut accordée à l'*abacost* (à bas le costume), en lieu et place de la veste, au nom d'une certaine authenticité. Sur ce point, la position de l'État rencontrait celle de l'Église kimbanguiste : « à chaque sexe son habit ». La milice du MPR appelée CADER (Corps des Activistes pour la défense de la révolution) fut instruite, à cette époque, pour veiller au respect de cette norme. Contrevenir à cette norme était considérée comme un manquement grave aux idéaux du parti.

Au moment de la démocratisation du pays, en 1990, toutes ces chaînes vestimentaires tombèrent. La libéralisation politique fut suivie de la libéralisation vestimentaire. Avec la liberté politique et civique recouvrée, l'interdit vestimentaire sauta, tel un verrou sécuritaire. Le dimorphisme vestimentaire du vieux temps prit fin ; il était désormais toléré de voir les femmes porter des habits d'hommes. Les Congolais et Congolaises purent reprendre les anciennes formes d'habillement (cravate, pour les hommes et pantalon, pour les femmes) abandonnées à l'époque du MPR. Ces vêtements et ornements réapparurent dans la mode congolaise, en signe de liberté. Pour certains auteurs, à l'exemple de Freedman (1997 :98), le port de vêtements masculins par les femmes exprime un type de révolte, de rejet des codes et des normes de pouvoir politique. Dans son discours d'annonce de la démocratie, en 1990, le président Mobutu déclarait :

> « Dans le même contexte décrit précédemment, nous nous sommes imposé une tenue nationale comme il en existe dans beaucoup d'autres pays. Chez nous elle s'appelle l'*abacost*. Cependant, tout en le maintenant comme

> tenue nationale, j'estime que dans ce domaine également, chaque Zaïrois (Congolais) aura à faire usage de sa liberté. Usant de la mienne, je me dois de préciser que vous ne me verrez pas en cravate. Mon choix ayant été fait en février 1972, je me sens très bien dans ma peau de nationaliste zaïrois ».

Mais l'euphorie fut de courte durée. À la prise du pouvoir par Laurent-Désiré Kabila et son parti, l'Alliance des forces démocratiques pour la libération du Congo(AFDL), en 1997, le tabou vestimentaire ressurgit. Le port du pantalon et de la culotte fut à nouveau interdit aux femmes. Les *Kadogos*, enfants-soldats de l'Armée nationale congolaise, furent mis à contribution pour faire respecter cette interdiction. On peut penser que cette interdiction fut à la base de l'insécurité qui régnait à l'époque, car elle n'était pas entourée de mesures d'accompagnement nécessaires. Sous prétexte de faire respecter la norme, les *Kadogos* commirent de nombreux actes de violences et voies de faits sur des femmes et des jeunes filles.

L'Église

L'Église constitue le troisième agent de socialisation. En effet, l'Apôtre Paul, souvent considéré comme l'évangéliste qui avait le plus écrit sur les conduites des femmes dans la chrétienté, ne s'opposait pas à ce que les femmes fussent parées des beaux vêtements, de bijoux ou de cheveux tressés. Son avertissement portait sur des vêtements dispendieux, extravagants et les coiffures excentriques (décorées probablement d'or et de perles) jugés indécentes et inappropriées. Son exhortation visait la fierté, l'excès, ou l'étalage des richesses, sinon le fait de porter des vêtements aguichants, qu'il pensait inappropriés pour une femme de Dieu (Strauch 2006 :108-109). La position de l'Apôtre à ce sujet était une réaction contre la conduite des femmes dans l'Église de son temps. C'est pourquoi il leur conseillait la modestie et de faire de « bonnes œuvres », pour être en étroite relation avec Dieu.

En imposant un code vestimentaire et corporel, l'Église kimbanguiste ne réduit-elle pas la liberté de la femme ? En effet, les corps des femmes et des hommes ainsi que leurs parures sont de modalités de présentation de soi. Bourdieu considère « l'être féminin » comme « un être perçu » déterminé socialement par son apparence et son regard (1998 :99-100). C'est dans et par son corps que la femme prend conscience d'elle-même. Ses vêtements et ornements lui permettent de s'affirmer au regard des autres femmes et de soi-même. Ils constituent les pièces de valorisation et de concurrence à l'intérieur et entre deux sexes : le corps mince et svelte est, par exemple, préféré au corps graisseux et obèse. Ils deviennent source de dépendance lorsque les femmes s'en parent pour aiguiser les regards des hommes dans un système d'échange de galanterie. Car « la galanterie masculine est une mise en réification des personnes de genre féminin. […] En tant que prise en charge de la femme par l'homme, la galanterie masculine est une stratégie d'érosion de la prise de conscience par la femme de son conditionnement à sa chosification par l'homme » (Chouala 2002 :5).

Les études des féministes, telles que Guillaumin (1978) et Delphy (1982), par exemple, mettent en lumière l'appropriation dont les femmes et leurs corps sont l'objet:

- l'appropriation du temps ;
- l'appropriation des produits du corps ;
- l'obligation sexuelle ;
- la prise en charge physique – soins corporels, maintien à domicile, nourriture, entretien ménager, etc. – des membres invalides du groupe (bébé, enfants, personnes âgées ou malades) et des membres valides du groupe des hommes » Guillaumin 1978 :5-30).

En réalité, les femmes sont dominées et exploitées par ce qu'elles n'ont pas la maîtrise et le contrôle de leur propre corps. Ce qui s'observe dans la vie de couple entre l'homme et la femme s'observe aussi dans la relation que l'Église entretient avec les fidèles.

L'Église kimbanguiste a fixé les règles de conduites du corps de la femme, ainsi que des habits que celle-ci peut ou doit porter : l'usage de perruque, de postiche, de même que le port des habits à caractère masculin (pantalon, culotte) est proscrit. L'Église kimbanguiste donne à ce précepte un fondement moral, car Marie Mwilu, la première chef spirituel et épouse du prophète, s'habillait simplement et modestement. Elle représente, à cet effet, le modèle « parfait » de l'exemple que doivent suivre toutes les femmes kimbanguistes. Pour de nombreuses jeunes filles kimbanguistes vivant à l'ère de la modernité et de la mode, « imiter ce que Marie Mwilu portait, c'est reculer plusieurs années en arrière »[3]. Elles estiment que rechercher la conduite vestimentaire et corporelle exemplaire dans le passé remet en cause le fait que les vêtements et les normes y afférant sont des inventions sociales changeantes. Par conséquent, les principes moraux qui les soutiennent sont aussi relatifs. Ce relativisme culturel veut que les actions et les comportements de tout individu soient « évalués et mesurés à ceux de la communauté à laquelle appartient l'individu » (Chokr 2007 :31). Mais, très souvent, les différences culturelles sont invoquées pour justifier l'imposition des pratiques traditionnelles oppressives et injustes. Pour assurer l'égalité dans ce contexte, on veillera à ce que ces différences culturelles soient tempérées avec le respect des certains principes universels des droits humains.

Cela montre combien une norme vestimentaire ne peut pas être immuable. Ce qui fait dire à Reveyrand-Coulon que

> « l'usage que font les femmes du religieux ne correspond pas forcément à ce que les hommes et la religion attendent d'elles. Par des astuces et par leur opiniâtreté, les femmes négocient désormais leur position. Fortes de leurs savoirs, elles parviennent à faire face à des situations qu'elles subissaient jusque-là, ôtant aux hommes une interprétation unilatérale des textes sacrés » (1993 :99).

L'imposition corporelle et vestimentaire n'aurait-elle pas un fondement social, religieux ou moral ? Nous avons à cela plusieurs arguments.

D'abord, nous considérons cette norme comme la résultante d'une organisation sociale patriarcale. En effet, depuis les origines, la société apparaît comme une organisation sociale, politique, religieuse où l'autorité est exercée par les hommes. Dans les sociétés où la base de l'organisation sociale était une entité religieuse, le pouvoir était souvent détenu par l'homme. Et le transfert de ce pouvoir se faisait de père en fils. Ainsi, les hommes ont eu l'avantage d'instituer un ordre religieux en leur faveur. Ce n'est qu'un peu plus tard que l'institution religieuse a commencé à se préoccuper de question de femmes : sacerdoce, sacrement, etc. Ensuite, ceux qui interdisent l'usage d'une catégorie d'habillement et ornements aux femmes se servent sans doute des écrits anciens de la Bible. Or la plupart de ces écrits s'adressent aux enfants d'Israël, en s'inspirant de leurs coutumes et traditions viriles. En plus, ces normes relèvent plus de la morale et leur transgression ne constitue donc pas des pêchés. Car n'est considéré comme pêché que toute transgression du commandement de Dieu.

Dès sa création, l'Église propageait, à la fois, la foi et la morale dans le but de sauver autant les âmes que de moraliser la vie de chrétiens. De cette manière, l'institution de la foi et de la morale dans l'Église fut à la base de la confusion qui règne actuellement entre ce qui est péché et ce qui ne l'est pas, entre christianisme et judaïsme, entre foi et culture. Empruntant les catégories conceptuelles employées par Sadiqi lorsqu'elle parle, entre autres, de l'islam pour comprendre les changements dans la dynamique des genres en Afrique, Il convient à ce sujet de distinguer le kimbanguisme en tant que foi et le kimbanguisme en tant que culture (2002 :38). Le kimbanguisme en tant que foi est personnel et se réfère à la relation qu'un individu entretient avec Dieu. Cependant, le kimbanguisme en tant que culture renvoie aux mœurs, traditions et valeurs de l'environnement socio-ethnique (Kongo) dans lequel l'Église kimbanguiste a vu le jour. Et c'est lui qui détermine toutes les conceptions sur les rapports de genre au sein de l'Église.

Souvent, les femmes ont été absentes des instances décisionnelles de l'Église. La domination patriarcale des hommes sur des femmes, matérialisée par l'appropriation de leurs corps, aurait en partie pour raison l'égocentrisme masculin. En réalité, beaucoup d'hommes considèrent les femmes comme leur propriété privée. La femme a été créée pour l'homme ; et toute femme doit avoir un seul mari, même si le fait pour un homme d'avoir plusieurs épouses ne constitue pas une violation de la norme sociale. Pour cela, il faut soustraire les femmes des regards et convoitises du public. Une femme avec une apparence ou une parure extravagante est trop visible, remarquable. Elle attire fréquemment les regards des hommes ; son apparence peut être une occasion de chuter pour elle. De la même façon, les femmes n'acceptent pas les regards que portent leurs maris sur d'autres femmes ou ceux d'autres femmes sur leurs maris. Ainsi, comme le souligne Bourdieu, les regards constituent un pouvoir symbolique dépendant de la position de celui qui perçoit et de celui qui est perçu (1998:93).

Pour de nombreux auteurs (Lesourd 2007:62-80 ; Zaki 2007:42-61), la beauté de la femme (les qualités physiques et esthétiques de son corps) est considérée comme un capital. Dans l'Église kimbanguiste, le corps de la femme, dans toute son apparence, est l'objet d'un assujettissement religieux et moral. Par conséquent, la marge de manœuvre dont disposent les femmes kimbanguistes dans la mise en scène et la valeur de leur corps est limitée dans l'Église ou l'espace sacré. En revanche, elles jouissent plus de liberté dans l'espace public ou profane. Là où la beauté de la femme constitue un vecteur, un argument de séduction politique capable d'entraîner l'adhésion des électeurs, afin d'obtenir de trophées politiques, celle de la femme kimbanguiste devient un handicap. On ne trouve guère d'exemples de femmes kimbanguistes élues en politique, grâce à leur beauté physique. Même si l'exercice de la politique, par les femmes n'est pas interdit, des préjugés de toute nature pèsent sur les femmes politiques : « elles sont considérées comme des prostituées qui travaillent à la production et reproduction de leurs corps », disait Aminyi[4]. Une autre femme, que nous avons interviewée, affirmait que, « la beauté de la femme est réservée pour son mari. Lorsqu'une femme devient politicienne, elle a désormais deux chefs – son mari à la maison et son supérieur hiérarchique au travail –, qui doivent lui donner des ordres et admirer sa beauté »[5].

Une autre possibilité qui s'offre aux femmes kimbanguistes est de transformer leur « capital beauté » en capital relationnel et financier. En effet, la beauté est un élément d'identification de classe et de mobilité sociale :

> « Le corps féminin et ses parures mettent en scène les biens accumulés et une position sur l'échelle statutaire. Dans cette dictature de l'image de soi pour les siens, au nom du prestige et de l'honneur, l'enjeu consiste pour le groupe à inspirer le respect, la déférence et à tenir son rang » (Lesourd 2007 :62).

La beauté peut conduire à un beau mariage avec un homme riche ou de bonne famille. Mais, pour les chrétiens, la beauté du corps est indissociable de celle du cœur. Toutes les deux sont des éléments indispensables pour le mariage. Sur ce point, Monsieur Siyaka, pasteur de l'Église kimbanguiste, atteste que beaucoup de jeunes filles de l'Église kimbanguiste, réputées de bonne conduite, finissent toujours par trouver de bons maris[6].

Les femmes kimbanguistes acceptent-elles passivement toutes ces règles édictées par l'Église pour contrôler leurs corps et leurs parures ? Le point qui suit tente de répondre à cette préoccupation en montrant, à travers un exemple, l'engagement de ces femmes à la libération de leurs corps.

La libération de la moitié silencieuse de l'Église kimbanguiste

Comme dans plusieurs sociétés africaines, l'Église kimbanguiste a fait sienne la tradition chrétienne qui veut que la femme menstruée soit mise à l'écart du culte et des objets sacrés. La source de cette norme religieuse est en effet les textes lévitiques de la Torah qui posaient certains interdits aux Juifs – aujourd'hui les chrétiens – pour les empêcher de se rendre impur(e) s et prescrivaient ce qu'ils devaient faire au cas où ils se trouveraient dans un état d'impureté. Voici ce que dit Lévitique 15 : 19 :

> « La femme qui aura un flux, un flux de sang en sa chair, restera sept jours dans son impureté. Quiconque la touchera sera impur jusqu'au soir. Tout lit sur lequel elle couchera pendant son impureté sera impur, et tout objet sur lequel elle s'assiéra sera impur. Quiconque touchera son lit lavera ses vêtements, se lavera dans l'eau et sera impur jusqu'au soir. Quiconque touchera un objet sur lequel elle s'est assise lavera ses vêtements, se lavera dans l'eau, et sera impur jusqu' au soir. S'il y a quelque chose sur le lit ou sur l'objet où elle s'est assise, celui qui la touchera sera impur jusqu'au soir. Si un

> homme couche avec elle et que l'impureté de cette femme vienne sur lui, il sera impur pendant sept jours, et tout lit sur lequel il couchera sera impur ».

Cet interdit touchait et touche encore ces jours différemment les hommes et les femmes dans l'Église. En se référant à Lévitique 12 : 1-5, on se rend compte que l'impureté de la femme dure deux fois longtemps, plus lorsqu'elle a accouché d'une fille plutôt que d'un garçon. Si par le passé les impuretés touchaient aussi bien les hommes que les femmes, à quelques différences près, la vigueur de cette norme religieuse n'a pas résisté à l'épreuve du temps. De nos jours, les pollutions ou les sécrétions masculines ne sont plus considérées comme causes d'impureté, contrairement à celles des femmes.

L'Église kimbanguiste a évolué pendant longtemps, selon les règles du « fratriarcat » (Pionchon et Derville 2004 :97), signifiant là qu'une longue tradition de domination masculine a favorisé chez les hommes l'émergence des réflexes de frères prompts à défendre leurs places et leurs privilèges. Il s'agit d'une stratégie de conservation qui consiste à maintenir sa position dans le champ (Bourdieu 1979 :176). Cette défense s'est réalisée par l'édiction des normes religieuses qui contrôlent les corps et la spiritualité des femmes, alors que les femmes, dominées, adoptent la stratégie de subversion qui vise à réorienter l'ordre social en leur faveur.

L'interdiction qui frappait les femmes kimbanguistes, pendant la période de menstrues, concernait la prédication, la prière et les autres services exercés par les femmes dans l'Église : par exemple, baptiser, attribuer la sainte cène, ainsi que la fréquentation des lieux saints (visiter le mausolée où reposent les dépouilles du prophète Simon Kimbangu, son épouse Marie Mwilu, ainsi que leurs enfants, anciens chefs spirituels). Cependant, l'interdiction concernant l'entrée de ces femmes dans le mausolée et le bain dans l'eau sainte (*Nsima*) de Nkamba demeure en vigueur jusqu'à présent. Nous partirons de cette règle qui concerne les femmes menstruées pour montrer comment les femmes kimbanguistes se sont servies de leurs conditions biologiques ou physiologiques pour se libérer.

Les règles qui insistent sur l'impureté des femmes pendant la période d'écoulement sanguin stigmatisent les femmes et les excluent des objets cultuels et rituels. Claudine Ndondo qui s'est confiée à nous dit :

> « Imaginez qu'il soit demandé à une femme devant les fidèles de prêcher, de prier, de faire un office religieux et qu'en revanche elle s'abstienne à cause de l'indisponibilité de son corps. Certainement, tout le monde comprendra dans quelle condition elle se trouve (menstrues). Or dans notre culture, ces choses-là doivent être tenues secrètes et intimes ; les dire en public attire les

> regards de quiconque sur la personne concernée. Et celle-ci se sentirait sans doute honteuse et humiliée. Ce qui arrive rarement aux hommes ».[7]

Ainsi, au cours de la décennie 1970-80 de l'Église kimbanguiste, les femmes se sont demandé pourquoi Dieu ne pouvait pas accepter leur culte dans leur condition de femme (avec menstrues). Dans l'optique marxiste, la prise de conscience féminine est le préalable à toute action révolutionnaire. Cette prise de conscience fut à la base de la mobilisation des femmes kimbanguistes dans une sorte de sororité à la défense de la cause commune. Voilà pourquoi les femmes kimbanguistes, réunies au sein de l'Association des femmes kimbanguistes (AFKI), décidèrent, en 1978, de rencontrer le chef spirituel, Diangienda Nkuntima, afin d'obtenir de lui l'assouplissement, voire la suppression, de cet interdit. Car l'Église avait du mal à fonctionner aussi longtemps que les femmes étaient de temps à temps exclues des offices religieux pour des raisons physiologiques. La réponse du Chef spirituel ne se fit pas attendre. Le voile fut levé et le tabou banni.

La réaction des femmes kimbanguistes à l'égard de l'Église des hommes trouve son fondement dans la théorie de l'aliénation que définit Frantz Fanon, dans les *Damnés de la Terre* : « la négation culturelle, le mépris des manifestations nationales motrices ou émotionnelles, la mise hors la loi de toute spécificité d'organisation contribuent à engendrer des conduites agressives chez le colonisé » (1978:168). Pour le dire autrement, le fait que les hommes profitent de leur position dans l'Église pour imposer leur norme, leur vision du monde pousse les femmes à la révolution, à la résistance. Mais à la différence de Frantz Fanon, il s'agit d'une révolution, d'une résistance s'apparentant à celle prônée par Mahamat Gandhi. Car l'Église kimbanguiste prêche la non-violence et la soumission aveugle. Le succès obtenu par les femmes kimbanguistes prouve leur ingéniosité à subvertir les interdits et tabous religieux, en utilisant les qualités jugées de naturelles de femme (douceur, empathie, etc.). Les femmes ayant intériorisé les normes et principes de l'Église les ont réutilisés pour défendre leur cause.

Conclusion

Cet article a cherché, d'une part, à réévaluer les normes et pratiques fondamentalistes ainsi que leur incidence sur l'autonomie des femmes kimbanguistes et, d'autre part, à analyser l'influence, le pouvoir des femmes kimbanguistes à changer ces normes.

L'Église kimbanguiste comme forme d'organisation sociale et de vie religieuse est fondée sur un certain nombre de préceptes, normes et pratiques religieux fondamentalistes qui régulent la vie morale des chrétiens et chrétiennes, ainsi que leur rapport à Dieu. Certaines de ces normes et pratiques touchent différemment les hommes et les femmes. Exemple, les normes interdisant aux femmes de porter certains vêtements et ornements, de faire certains offices cultuels durant la période de menstrues. Ces interdits constituent des barrières religieuses qui empêchent l'autonomisation des femmes kimbanguistes dans l'Église.

En effet, la famille, l'école, l'État et l'Église ont contribué à la socialisation vestimentaire des sexes. Leur politique en cette matière a varié entre la différenciation et l'indifférenciation vestimentaire. Les différentes relectures et réinterprétations des Écritures saintes que nous avons faites montrent que certains interdits de l'Église concernant les vêtements des femmes kimbanguistes et leurs parures relèvent surtout de la morale, de la culture ; leurs transgressions ne constituent donc pas des péchés. L'étude a également montré que les femmes kimbanguistes ont, d'une part, utilisé leurs influences et pouvoirs afin de jouir de la liberté et de mettre en valeur leurs corps dans l'espace profane, et, d'autre part, ont adopté différentes stratégies (contournement, dissimulation, affrontement et évitement) afin de déjouer le contrôle auquel elles ont été soumises dans l'Église.

Les discours, les normes et les enseignements de l'Église sur les conduites des femmes portent sur leurs conditions physiologiques provoquant ainsi leur prise de conscience. La prise de conscience des femmes kimbanguistes de leur condition de femmes dominées dans l'Église, conditions résultant de leur exclusion des offices et objets cultuels, les ont amenées à se mobiliser, à former un front commun autour de l'Association des femmes kimbanguistes, pour lutter contre les normes religieuses patriarcales. Mais leur révolution, leur résistance ont été douces, car elles ont fait recours à leurs qualités naturelles pour fléchir les contraintes et barrières religieuses qui pesaient sur leur vie. Faut-il toujours compter sur la révolution, la résistance douce des femmes pour changer l'ordre actuel dans l'Église ? Seul l'avenir nous édifiera.

Notes

1. L'ancien royaume Kongo était compris entre les territoires qui font partie aujourd'hui de trois pays (RDC, Angola, Congo-Brazzaville). Ces trois pays constituent à ce jour le bastion de l'Église kimbanguiste dont la terre sainte est Nkamba, une bourgade située dans la Province du Bas-Congo, en RDC.
2. Il sied de noter qu'il y a quatre sacrements dans l'Église kimbanguiste : le baptême, la communion, l'ordination et le mariage.
3. Propos de jeunes filles kimbanguistes rapporté par Hélène Boliki, le 11/7/2013.

4. Entretien réalisé le 5/2/2012.
5. Propos recueillis auprès de MM. Sifa, le 10/2/2012.
6. Entretien du 13/3/2013.
7. Entretien du 15/8/2013.

Bibliographie

Bourdieu, P., 1972, *Esquisse d'une théorie de la pratique. Précédé de trois études d'ethnologie kabyle*, Genève, Paris, Droz.

Bourdieu, P., 1979, *La distinction. Critique sociale du jugement*, Paris, Minuit.

Bourdieu, P., 1980, *Le sens pratique*, Minuit, Paris.

Bourdieu, P., 1998, *La domination masculine*, Paris, Seuil.

Chokr, N.N., 2007, « Qui n'a pas peur du relativisme culturel », *Tracés*, n° 12, p. 25-59.

Chouala, Y.A., 2002, « Galanterie masculine et aliénation objective de la femme : la légitimation féminine d'un habitus androcentrique », *Polis*, vol. 9, n° spécial, p. 1-26.

Coulanges de Fustel, N. D., 1900, *La cité antique*, Librairie Paris, Hachette.

Daflon, N. A., « Identité sexuée : construction et processus », En ligne : http://www.unige.ch/fapse/sse/teaching/eat1/ressources/cdaflon.pdf, p. 9-26, 23/1/2013.

Delphy, C., 1982, « Un féminisme matérialiste est possible ? », *Nouvelles questions féministes*, n° 4, p. 50-86.

Diangienda, K, 1984, *L'histoire du kimbanguisme*, Éditions kimbanguistes, Kinshasa.

EJCSK, 2007, *Règlement d'ordre intérieur*, Nkamba/Nouvelle Jérusalem, juillet.

EJCSK, Département de l'évangélisation et mission de l'Église, *L'évangélisation dans l'Église kimbanguiste : fondements, règles et pratiques*, Nkamba, s. d.

Essomba, A. L., 2006, « Civilité publique et identités sexuelles dans les rues de Yaoundé », *Polis*, vol. 13, n° 1-2, p. 103-117.

Fanon, F., 1978, *Les damnés de la terre*, Paris, François Maspero.

Freedman, J., 1997, *Femmes politiques : mythes et symboles*, Paris, L'Harmattan.

Guillaumin, C., 1978, « Pratique du pouvoir et idée de la nature. L'appropriation des femmes », *Nouvelles questions féministes*, « Les corps appropriés », vol. 5, n° 2, p. 5-30.

Ibrahim, J., 1988, « Les uniformes des lycéennes nigérianes », *Politique africaine*, n° 29, p. 101-104.

Kilombo, J., 2007, « La prophétesse Kimpa Vita Ndona Béatrice et l'avènement de Papa Simon Kimbangu », *Actes de la Conférence internationale sur Simon Kimbangu*, Kinshasa, 12-15 février 2006, Paris, Éditions kimbanguistes.

Lesourd, C., 2007, « Capital beauté de quelques riches femmes maures », *Politique africaine*, « Politique du corps », n° 107, p. 62-80.

Martin, M-L., 1981, *Simon Kimbangu. Un prophète et son Église*, Lausanne, Éditions du Soc.

Mobutu, S. S., 1990, « Le discours présidentiel d'avènement de la troisième République », *Zaïre-Afrique*, n° 244-245, avril-mai, p. 197-203.

Mukonda D., 2007, « Les témoignages des anciens et contemporains de Papa Simon Kimbangu », in *Actes de la Conférence internationale sur Simon Kimbangu*, 12-15 février 2006 à Kinshasa, Paris, Éditions kimbanguistes.

Pionchon, S., et Derville, G, 2004, *Les femmes et la politique*, Grenoble, Presses universitaires de Grenoble.

Reveyrand-Coulon, O., 1993, « Les énoncés féminins de l'islam », in J.-F, Bayart, éd., *Religion et modernité politique en Afrique noire. Dieu pour tous et chacun pour soi*, Paris, Karthala.

Sadiqi, F., 2002, « Le changement dans la dynamique des genres en Afrique », *Bulletin du CODESRIA*, nos 3 et 4, p. 37-43.

Segond, L., 1997, *La Sainte Bible*, Alliance biblique universelle.

Strauch, A., 2006, *Égaux mais différents*, Québec, Publications chrétiennes.

Willemse, K., 1991, « De l'autonomie de femmes dans le Jebel Marra (Darfour, Soudan) », *Politique africaine*, n° 42, p. 109-115.

Zaki, L., 2007, « Séduction électorale au bidonville : jouer de l'opulence, de la jeunesse ou du handicap à Casablanca », *Politique africaine*, « Politique du corps », n° 107, p. 42-61.

13

Émergence des femmes dans les Églises dites de « réveil » à Yaoundé (Cameroun)

Érick Zacharie Endémé Tsamenyé

Introduction

Étant donné la prolifération des mouvements religieux et l'émergence fulgurante des femmes dans des Églises de « réveil » à Yaoundé, ville aux sept collines, il apparaît essentiel aujourd'hui d'interroger ce phénomène à partir des grilles théoriques retenues. Il ne s'agira pas de porter un jugement de valeur sur cette hyper-religiosité, mais plutôt d'éloigner de nos réflexions des éléments subjectifs et « d'opérer une rupture épistémologique » (Durkheim 1999), afin d'examiner en profondeur les contours de ce phénomène, ce qui nous permettra de mieux saisir, analyser et expliquer les raisons qui sous-tendent sa pratique et son essor.

Le développement des Églises dites de réveil, depuis la fin du XXe siècle, n'a pas épargné le Cameroun, en général, et les grandes villes comme Douala et Yaoundé, en particulier. En effet, Yaoundé abrite une mosaïque de regroupements religieux, appelés également « Églises de réveil ». Celles-ci ont une visibilité sociale importante, grâce à leur occupation régulière remarquable de grands espaces et à une percée médiatique à la faveur des campagnes d'évangélisation et de grandes manifestations publiques.

L'émergence et l'engagement des femmes dans ces nouvelles Églises semblent être des réponses à la quête épineuse d'une reconnaissance spirituelle et aux conditions de vie devenues de plus en plus difficiles. En effet, ces Églises leur offrent une vitrine leur permettant de s'émanciper et de prendre part à la formation spirituelle. Dans une étude menée à Yaoundé, Mballa Elanga montre que

> « Le mouvement pentecôtiste donne parfois aux femmes la possibilité d'être des dirigeantes des Églises. Certaines ont leur propre centre de délivrance, par exemple la prophétesse Mary Joso Kebila du ministère de la Plénitude ou encore la prophétesse Esther du ministère Armée des conquérants, Centre miracle de transformation des vies. Ces deux prophétesses, comme d'autres, s'attachent à faire connaître leurs actions par le biais de l'affichage, pour gagner en visibilité et se faire connaître du grand public. En outre, au sein du mouvement pentecôtiste, la parole est régulièrement donnée aux femmes. À Christ Embassy, les femmes sont au centre de l'organisation des cultes. Ce sont elles qui assurent le protocole et constituent la majorité des membres de la chorale. Elles sont aussi les interprètes du pasteur. Les jeunes femmes prêchent aux côtés du pasteur Paul. Celui-ci initie aussi bien les hommes que les femmes à la prise de parole devant les assemblées. » (2015:19).

Elles leur apportent en outre des solutions à des problèmes d'ordre spirituel et social. Les données empiriques recueillies sur le terrain d'étude ont permis de constater qu'au-delà de ce rôle d'accompagnateur spirituel, les promoteurs de ces Églises de réveil sont parfois épinglés dans des scandales liés, non pas à leur mission première comme évoqué plus haut, mais plutôt à la recherche de notoriété, de pouvoir et de gain facile. Ces églises sont aussi assimilées à des instruments d'arnaque et d'abus, dans la mesure où elles se servent le plus souvent de leurs adeptes pour atteindre leurs objectifs, comme, par exemple, se faire de l'argent, atteindre la notoriété et le pouvoir. Ainsi, plusieurs raisons ont nourri le choix de la présente recherche sociologique sur le fondamentalisme et l'émergence des femmes dans les Églises dites de réveil à Yaoundé.

Après des années de « semi-dictature » caractérisées par des privations des libertés et des mesures de répressions instituées par une dictature héritée de la période coloniale, le Cameroun connaît un élan démocratique, à partir des années 1990. Les réformes introduites vont contribuer à l'essor des nouvelles pratiques, tant sur le plan politico-administratif qu'au niveau associatif dont dépend le religieux. C'est dans cet environnement que les efforts d'émancipation des femmes dans la société en général et, en particulier, dans les milieux misogynes (religieux, politique) qui jusqu'ici leur étaient difficilement accessibles, vont prendre de l'ampleur. On constate, à partir de cette période, une présence féminine de plus en plus significative dans ces cercles.

À première vue, la présence accrue des femmes dans ces milieux s'est justifiée par leur désir de se définir et de s'affirmer par rapport aux hommes ; par la suite, elles ont avancé leurs besoins de lutter contre de nombreux soucis : cas de maladies cliniquement incurables, stérilité, célibat, envoûtement, possession, blocage de tout ordre dont elles sont généralement victimes. Autrement dit, les femmes s'engagent dans ces mouvements religieux parce qu'elles recherchent la guérison, la protection contre les sorciers, la stabilité sociale, le positionnement dans les réseaux sociaux qui se tissent entre fidèles ; on leur promet également monts et merveilles, sans oublier la vie éternelle, etc. Vues sous cet angle, les Églises dites de réveil sont devenues des lieux d'attraction massive de femmes.

Cette dynamique impulsée par les acteurs individuels et collectifs de ces Églises est un phénomène susceptible d'intéresser les spécialistes des sciences sociales et en particulier les sociologues, afin de décrypter le côté caché de ces mouvements religieux et de comprendre leurs mécanismes de fonctionnement, ainsi que les logiques qui structurent ou sous-tendent l'engagement des femmes de la capitale camerounaise à adhérer massivement dans ces communautés religieuses.

Définition des concepts clés, cadre méthodologique et approche théorique

L'Église de « réveil »

Citant Émilie Raquin, dans son étude sur *Représentations et recompositions locales à Kinshasa : les Églises de réveil et les fan-clubs comme réponses sociales à la crise*, Bazonzi définit les églises de réveil comme

> « Des structures religieuses dites « indépendantes » parce qu'elles ne sont pas contrôlées, ne dépendent pas de la hiérarchie des grandes religions existantes et peuvent être fondées librement par des pasteurs, sans que cela nécessite une autorisation particulière autre que celle des autorités administratives. [...] Elles sont d'inspiration pentecôtiste et qu'elles prolongent l'action de celles qui ont émergé aux Etats-Unis et en Grande-Bretagne dans les années 1960 » (2006 : 5).

L'Église de réveil, une implantation pénible

Longtemps combattues, à leur début, parce qu'elles fonctionnaient dans l'illégalité, les Églises dites « réveillées » se sont, au fil des temps, fait accepter dans la société, camerounaise en général et yaoundéenne en particulier, après la promulgation de l'article 23 de la loi N° 90/53 du 19 décembre 1990 relative à la liberté des associations, disposant que « toute association religieuse doit être autorisée. Il en est de même de tout établissement congréganiste ». Ayant ainsi reçu les pleins pouvoirs d'exercer en public, l'Église de réveil attire, aujourd'hui, de plus en plus de fidèles. C'est par exemple le cas de la Cathédrale de la Foi. En moins de deux ans, cette Église, dotée d'écrans géants et d'un orchestre pour les séances d'évangélisation, compte plus de 4 000 fidèles. En plus de ce matériel, les promesses faites par les pasteurs attirent des fidèles appauvris, des malades et des désespérés, face à la situation de crise économique qui touche les populations de la capitale. Il est difficile, aujourd'hui, de parcourir un kilomètre dans la ville de Yaoundé sans voir une Église de réveil. Celles-ci gagnent d'autant plus de terrain dans la métropole que les prédicateurs usent de slogans enchanteurs pour s'attirer la sympathie du plus grand nombre d'adeptes et leur promettent de les faire accéder à la puissance divine pour résoudre miraculeusement tous leurs problèmes. C'est pourquoi elles sont presque partout, autant sur les artères principales de la ville que dans les rues et pistes des quartiers populaires.

Les prétendus miracles dans les Églises réveillées

Les pasteurs rencontrés au cours de cette enquête sont, pour la plupart, unanimes sur le fait que le réveil s'apparente aux miracles faits par Jésus. C'est pour cela qu'ayant été choisis par Dieu, ils ont pour mission de sauver, de délivrer les âmes en déperdition. Dans la capitale, il ne se passe pas une semaine sans que l'on entende parler d'une campagne d'évangélisation, accompagnée des séances de délivrance « miracle », programmée quelque part. L'enquête de terrain nous a permis d'approcher des fidèles qui témoignent de leur guérison : une femme soutient avoir été délivrée, au cours d'une séance, du cancer du sein initialement découvert à l'hôpital ; d'autres personnes atteintes du SIDA déclarent avoir trouvé la guérison dans leur église grâce à leur pasteur ; un groupe de personnes, anciens adeptes des mouvements pentecôtistes, déclare rester dans l'ignorance totale des fausses pratiques pendant leur séjour dans ces Églises de réveil. Généralement dans ces églises, le culte s'accompagne de récits de vie, de témoignages des fidèles dont les problèmes ont été résolus par Dieu. Face à cette réalité, pour certains adeptes interrogés, des « miracles » s'accomplissent. Alors que pour d'autres, souvent les plus nombreux, la longue attente se transforme en un véritable calvaire.

L'Église de réveil source d'appauvrissement

On constate effectivement, sur le terrain, que les églises réveillées captivent, fascinent facilement leurs adeptes. Les personnes aux revenus modestes, les malades, les désespérés, les sans-emploi, ceux qui aspirent à se marier, ceux qui sont à la recherche d'enfants, ceux qui veulent sortir du pays et sont à la recherche du visa… sont les plus nombreux à remplir ces églises. Et ils n'hésitent pas à donner le peu d'argent ou de biens matériels qu'ils possèdent, tant ils sont convaincus que le miracle s'accomplira un jour. Dans ce cas d'espèce, les femmes sont les plus nombreuses à croire et à agir. Habituellement, les femmes qui se démènent, chaque jour, en faisant les petites activités de rue (call-box, vendeuses d'arachides, revendeuses…) donnent le plus souvent de leur argent aux pasteurs dans l'espoir de voir leurs petites affaires prospérer. Malheureusement, dans la quasi-totalité des cas, le miracle ne se produit pas, aucun changement n'est observé.

Fondamentalisme

Étymologiquement, le fondamentalisme est tiré du latin « *fondamentalis*, ce qui constitue la base de quelque chose », il désigne tout mouvement religieux appelant à un respect plus rigoureux des dogmes désignés comme fondamentaux. (Akoun et Ansart 1999 : 229). En outre, c'est l'exhortation à une plus grande fidélité à l'égard des dogmes ou à une piété plus intense qui marque l'histoire de toutes les religions. Ainsi, dans un sens très général, le jansénisme ou le calvinisme (qui sont des pratiques religieuses anciennes) pourraient, par exemple, être qualifiés de fondamentalisme. Autrement dit, le fondamentalisme désigne l'attachement strict aux fondements originels d'une doctrine, d'une pensée ou d'une idéologie le plus souvent religieuse. C'est également une tendance, pour les adeptes d'une religion ou d'une doctrine, à revenir à ce qu'ils considèrent comme fondamental, initial, voire originel. Le fondamentalisme exige une adhésion sans faiblesse aux comportements dogmatiques. Ce courant de pensée ne permet pas à ses membres de pouvoir faire des lectures critiques de certains textes bibliques de peur d'aller à contre-courant des idéaux originels de la divinité. Au regard de ce qui précède, une lecture « en palier », pour emprunter une expression de Bourdieu, permet de comprendre que le fondamentalisme est un système de doctrine qui emprisonne la pensée, car il s'oppose à toute interprétation historique et scientifique et s'en tient au fixisme. Le terme *fondamentalisme* désigne donc l'attachement strict à une doctrine précise, religieuse ou autre, car il n'est pas le fait exclusif de la religion, ni d'une religion particulière.

Au-delà du seul domaine religieux, le fondamentalisme est observé comme une préservation au sens strict du terme des pratiques et croyances orthodoxes, c'est-à-dire traditionnelles. La visite de terrain a permis de réaliser que ces groupements admettent que leur manière de faire, de penser, ou d'enseigner la doctrine est la meilleure et la seule vraie, puisque fondée sur la loi divine. Pris dans ce contexte, le fondamentalisme offre de multiples solutions à ses adeptes : stabilité, réconfort, certitude, refuge, éducation, formation, emplois etc.

> « Tous les fondamentalismes, qu'ils soient politiques, religieux ou scientifiques, ont une matrice similaire, ils considèrent leurs interlocuteurs non comme d'indispensables et légitimes contradicteurs mais comme des incarnations du Mal, des ennemis à abattre. Il existe des fondamentalismes religieux, de gauches, de droites et même écologistes ou de décroissances. Au finish, quelle que soit leur tendance, les fondamentalismes se caractérisent par le fait que tous donnent une explication « totale » du monde et de la condition humaine. Ils réfutent toute idée d'inconnu intangible à cette condition. Ils rejettent dans l'hérésie ceux qui fondent leur fonctionnement sur le doute » (Cheynet 2008 : 180).

De ce point de vue, le fondamentalisme est perçu comme une réaction contre la modernité. Les entretiens menés sur le terrain et l'observation nous ont permis de comprendre que les fondamentalistes cherchent à revenir en arrière. C'est dire qu'ils sont contre le progrès économique et social de la femme, parce que cette dernière menace leur propre pouvoir et leur influence. En outre, le fondamentalisme aujourd'hui est perçu par la femme comme courant de pensée de soumission à outrance de la femme à l'homme ; il est le lieu, par excellence, de domination, de torture et d'exploitation de tout genre. Ce faisant, celui-ci se sert de la femme pour imposer son hégémonie tout en l'excluant des sphères décisionnelles importantes : notamment le pouvoir, l'économie, etc. Pour lui attribuer la fonction de domestique, formatrice, éducatrice des enfants et de leur prise en charge, etc. Pour mieux appréhender notre objet d'étude, nous avons ainsi construit ce travail autour de trois questions et de trois hypothèses de recherche.

En réalité de nos jours, beaucoup d'efforts sont faits par les femmes, les critiques féministes ou encore les défenseurs des droits des femmes pour déconstruire le savoir traditionnel masculin. Un sérieux effort est fourni pour débusquer les biais sexistes des approches utilisées en sciences des religions, afin de reconstruire des voies, théories et méthodologies qui sont susceptibles de rendre compte de la réalité plurielle des femmes dans presque tous les secteurs d'activités. « Le principe de l'égalité entre les sexes guide les travaux d'un certain nombre de chercheures qui voient, par exemple, dans la religion et ses institutions des instruments pour reproduire l'inégalité entre les sexes » (D. Villette 1995). L'exclusion des femmes du sacerdoce dans l'Église catholique en est un autre exemple.

En somme, il est nécessaire de signaler que la critique féministe de la religion s'accompagne de propositions consistantes, substantielles, cohérentes, voire fermes, pour élaborer des modèles intermittents, alternatifs pouvant servir à la transformation, au changement, de la situation des femmes, des rapports entre les sexes dans le champ religieux et même des discours et des pratiques des institutions religieuses. Grâce au dynamisme féminin observé de par le monde, les défenseures des droits des femmes se donnent les moyens de lutte, de contournement des construits sociaux établies dans la société.

Questions de recherche

Pour exprimer le plus exactement possible ce que nous cherchons à élucider dans cette étude, trois questions nous serviront de fil conducteur. Cette réflexion sur le fondamentalisme et l'émergence des femmes dans les Églises dites de réveil à Yaoundé (Cameroun) permettra de saisir et comprendre les réalités sociales sous-jacentes à ce phénomène d'émergence et d'engagement, d'une part, et d'analyser l'impact et les enjeux que ces églises ont sur la vie de leurs adhérent-e-s, d'autre part. Ainsi, nous nous sommes posé plusieurs questions :

> Qu'est-ce qui justifie ou sous-tend l'engagement et l'émergence des femmes dans les Églises dites de réveil de la ville de Yaoundé ? Qu'est-ce qui peut justifier le foisonnement de ces Églises d'un genre particulier ? Quelles sont les motivations profondes des femmes qui, depuis plus de deux décennies, s'engagent de façon particulière, c'est-à-dire « ministérielle », au service de la mission de l'Église ? Quelles sont les avancées et les reculs qui ont marqué, depuis 1970, leur cheminement vers l'amélioration de la situation des femmes dans l'Église et une plus grande reconnaissance de leur place et de leurs rôles dans sa mission ?

À la suite de ces questionnements, nous avons formulé les hypothèses de recherche qui sont des réponses provisoires. L'engagement ou l'émergence des femmes dans les Églises dites de réveil de la ville de Yaoundé se justifie par les promesses qui les sont proposées, la place et le rôle qui leur sont accordés à travers les réseaux de stabilité qu'elles développent à l'intérieur de ces Églises. Les femmes, dans cette entreprise, sont motivées généralement par la recherche du pouvoir, de l'autorité, de l'espace d'expression pour se faire entendre. Les mouvements féministes seraient en grande partie responsables voire élément déclencheur, catalyseur des avancées et des reculs qui ont favorisé, contribué à l'amélioration, et à la prise en considération de la femme et de la jeune fille dans ces Églises de réveil.

Pour mener cette étude, la recherche documentaire a été privilégiée. Elle a consisté à recenser les ouvrages, rapports scientifiques, thèses et mémoires liés à notre sujet de réflexion. Ensuite, l'observation directe a été mise à profit parce que considérée comme l'une des techniques de collecte des données les plus importantes en sciences sociales ; elle permet d'entrer en contact direct avec la réalité sociale observée ou étudiée, de porter un regard attentif sur une situation sans la modifier. Les entretiens individuels approfondis et les récits de vie des acteurs ont été utilisés, car ces derniers sont capables de rendre compte de ce qu'ils ont vécu, entendu.

Pour aborder la réalité étudiée, nous avons utilisé deux paradigmes que nous avons trouvés adaptés à notre sujet de recherche : la critique féministe et l'interactionnisme symbolique. Ces deux théories nous ont permis de comprendre que, malgré toutes les contraintes établies par les hommes d'assujettir les femmes, ces dernières trouvent toujours des stratégies, des moyens pour faire tomber les construits sociaux, afin de se hisser au même pied d'égalité que les hommes. C'est pourquoi l'on peut voir les femmes prédicatrices prophétesses, Mvéndé[1] ou Diacon[2], dans les Églises dites de réveil : Jésus sauve et guérit Église du 7e jour, Église de Siloé Nation des réveils, etc. La recherche empirique a permis également, au cours de cette analyse, de comprendre la réalité socioculturelle de la population d'étude qui, par ses construits sociaux, renvoie la femme au second plan : dépendante et assujettie à l'homme. Face à cette réalité, la femme se doit, à travers une dynamique nouvelle de socialisation, de se libérer des constructions masculines qui la réduisent à un objet, à quelque chose de futile.

Engagement et émergence des femmes dans les Églises de réveil à Yaoundé

Au-delà de la foi qu'elles témoignent au Christ, la plupart des femmes se rendent dans les Églises dites de réveil pour chercher des solutions aux problèmes qu'elles rencontrent dans leur vie quotidienne : mariage, stérilité, voyage, emploi, … C'est une opportunité que certains pasteurs de la nouvelle vague d'évangélistes ont su bien saisir. Ceux-ci se présentent comme des prophètes, des sortes de magicien capables de résoudre toutes les difficultés auxquelles font face ces femmes. « Ce sont des hommes de Dieu. C'est normal que nous nous confiions à eux pour nos problèmes[3] », explique Léocadie, fidèle chrétienne de l'Assemblée de réveil de Biyem-Assi[4]. Dans cette logique, il apparaît, mieux que par le passé, l'Église dite de réveil apporte un regard nouveau, moderne dans l'exercice, la pratique la gestion de la chose religieuse. Car elle touche et répond aux besoins actuels et donne la possibilité aux femmes de Yaoundé de s'affranchir du joug de la domination masculine. C'est pourquoi on peut les voir occuper un certain nombre de postes de responsabilité dans ces communautés. C'est dans ce sens que ces propos d'Anne[5] reflètent la réalité des faits : « Je suis, au sein de ma nouvelle église, une actrice ; je suis écoutée et je peux donner des orientations aux activités de l'Église ; je peux aussi influencer les autres fidèles. Là où j'étais avant, j'étais comme un mouton, comme le mouton d'Abraham ».

On peut lire, à travers ces déclarations, une volonté de s'affranchir socialement, face à un environnement urbain où les repères et les éléments permettant à l'individu de s'affirmer sont de plus en plus dictés par l'argent et les biens matériels. Les Églises dites de réveil offrent donc aux femmes une insertion et une reconnaissance sociales, face aux difficultés multiformes présentes en milieu urbain : les mauvaises conditions de vie, la pauvreté, la misère, l'absence d'emploi, le chômage, l'envoutement, le blocage, etc.

À partir de leurs représentations, de leurs manières de faire, d'agir, et de sentir, de leurs attitudes, de leurs faits, gestes et intentions, on peut observer qu'au-delà de la spiritualité et de l'amour du Christ, elles recherchent surtout un moyen de se hisser au premier rang. L'enquête de terrain a permis de comprendre que, dans la plupart des cas, les femmes utilisent ces églises comme tremplin, dans la mesure où celles-ci leurs permettent de passer d'une situation de précarité et de pauvreté à une situation de vie plus ou moins acceptable. L'Église dite de réveil devient, pour elles, un moyen d'émergence parce qu'elle leur donne les possibilités de se retrouver en groupe, en équipe ou en association pour débattre de leurs conditions. Elle leur sert de plateforme pour développer, ensemble, des stratégies afin de contourner les contraintes sociales imposées par les hommes. L'Église de réveil de Yaoundé offre un espace d'expression et de discussion, d'interaction et de positionnement dans la vie sociale. Les Églises dites de réveil, en général, sont venues en quelque sorte donner à ces femmes des possibilités d'expression, des armes pour essayer d'équilibrer la répartition des rôles et des tâches entre les hommes et les femmes dans la société.

La présence et les activités des Églises dites de réveil renvoient à « l'utilitarisme pentecôtiste ». Ainsi,

> « Le pentecôtisme se positionne comme une religion qui entend apporter des solutions aux maux qui minent l'existence des individus. C'est donc moins la vie paradisiaque, après la mort, qui intéresse les fidèles, que celle présente qu'ils voudraient plus heureuse, donc moins truffée d'épines. De ce point de vue, l'église de réveil pentecôtiste apparaît comme une thérapie au même titre qu'une cure de paludisme » (Mballa 2009 : 144).

La recherche empirique a permis de décrypter que les différentes fonctions occupées par les femmes dans ces églises dites de réveil, telles prédicatrice, anciennes d'églises, présidente de groupe, gestionnaire de la documentation biblique, aide-soignante dans leurs propres centres de santé ou dispensaires lorsqu'ils existent, leur donnent des possibilités de s'occuper, de se prendre en charge elles-mêmes, afin d'améliorer leur condition de vie et de valoriser leur destinée. Ces femmes deviennent plus actives et participent à la vie religieuse et sociale avec plus d'enthousiasme et d'engagement. La religion ici, loin de renvoyer uniquement au transcendant, à Dieu, leur apporte des « bienfaits » concrets, dans leur vie quotidienne.

À la suite des investigations menées sur le terrain et après l'analyse des faits et témoignages des personnes interviewées, on peut confirmer que les Églises de réveil jouent un rôle psychothérapeutique auprès de nombreuses femmes et les occupent à travers des nombreux services qu'elle offre surtout à celles qui n'ont ni activité culturelle, ni loisir en dehors de leur foyer et de leurs tâches ménagères, ou ne jouissent d'aucune attention de la part de leur mari. Le pasteur se montre attentionné à leur endroit et les valorise en les responsabilisant à diverses tâches de l'Église. Il en profite pour fructifier la fascination qu'il exerce sur elles. Ceci se fait souvent au détriment de leur vie de couple. Généralement, dans les pareilles circonstances, le pasteur demande à la femme de prier afin que Satan dépossède son époux. L'affluence constante et massive des jeunes filles observée généralement dans ces églises se justifie, effectivement, à partir des paroles rassurantes des pasteurs qui leur promet monts et merveilles en leur certifiant que Jésus-Christ pourvoira à leur souffrance, en donnant un mari à celles qui n'en ont pas, à donner une progéniture à celles qui n'enfantent pas, à trouver un emploi pour celles qui en veulent un, à donner la stabilité à celles qui sont instables, à sauver et à exorciser celles qui sont envoûtées.

Dans ces Églises dites de réveil, on ne trouve pas uniquement des femmes et des jeunes filles en situation de refuge, de mal d'attention. On y rencontre aussi les hommes en mal de reconnaissance sociale et qui, généralement, profitent de l'autorité de la parole de Dieu qu'on ne peut contester pour se tailler une stature spirituelle, mais surtout sociale. En réalité, l'enquête de terrain informe que neuf pasteurs sur dix trouvent un statut stable et sont à l'abri du besoin, après avoir été placés à la tête d'une église. Cette réalité peut se lire à travers le propos d'un pasteur de la place interviewé :

> « J'avoue que lors que j'observe mon passé il y a de cela dix ans aujourd'hui, il y a un véritable fossé. Fossé parce que hier encore, je n'avais pas de situation sociale stable. Mais depuis que je suis devenu pasteur, ma vie a été totalement transformée par la grâce de Dieu puisque maintenant, je vis presque sur le dos de mes fidèles, si je roule dans une voiture, si j'ai pu construire, si je me suis marié, si je peux faire des activités extra religieux, moyennant un peu d'argent, c'est toujours grâce à eux, je veux dire le peuple fidèle de Dieu ».

Guérisseuse, un rôle pour des femmes en quête d'égalité dans des sociétés patriarcales

Cette réflexion permet de saisir de l'intérieur le vécu pastoral de ces femmes dans l'Église d'aujourd'hui. Elle montre comment, graduellement, des femmes fidèles des Églises de réveil du Cameroun ont pris au sérieux la mission de leur Église ; comment elles se sont rendues nécessaires, indispensables, voire incontournables au sein de leur confession religieuse à Yaoundé ; comment elles ont patiemment travaillé à l'amélioration de leur situation et à la reconnaissance de leurs ministères.

Notons que dans les Églises dites de réveil, à Yaoundé et presque partout ailleurs où sont répandues ces pratiques, on voit les femmes jouer, de plus en plus souvent, le rôle de guérisseuse. Cette possibilité qui leur est ouverte n'est qu'un moyen, parmi d'autres, utilisé par les dirigeants de ces Églises pour montrer aux femmes et aux jeunes filles qu'elles ont aussi un rôle à jouer dans l'accomplissement de l'œuvre de Dieu et susciter leur adhésion massive.

Vu la situation, il est intéressant de se demander pourquoi ce sont les femmes qui tiennent ce rôle dans ces Églises de réveil. Une première explication est liée à l'imaginaire de l'homme. Ces pratiques visent à amener le « patient » à une sorte de renaissance, donc de deuxième naissance et à la fonction maternelle : qui mieux qu'une femme peut aider à une nouvelle naissance ? Elle peut aussi donner la guérison. Une seconde explication est d'ordre social : les femmes forment un groupe dominé dans ces villes. Même le groupe des hommes pauvres domine le groupe des femmes de la même classe sociale. Être guérisseuse dans ces confessions religieuses est un moyen pour ces femmes de gagner plus de reconnaissance et de pouvoir dans la société. Elles peuvent susciter admiration, crainte et parfois, respect.

En résumé, à travers l'exercice de ces pratiques, ces femmes estiment qu'elles sont susceptibles d'agir et de favoriser une nouvelle répartition des tâches et des rôles sociaux. C'est pourquoi l'on observera en ville et de façon limitée les femmes pasteurs, diaconesses et prédicatrices. Nous pouvons, néanmoins, dire que ces Églises ont, d'une certaine façon, révolutionné certaines pratiques pour inciter les femmes à pratiquer certains rôles dans la gestion des Églises dites de réveil. Autrement dit, l'observation de terrain a établi, dans les Églises de réveil, la féminisation croissante de certains rôles. En plus d'être guérisseuse, les femmes en arrivent à occuper diverses responsabilités au sein de ces organisations. Que ce soit dans le domaine de la célébration du culte, de l'éducation, de la santé, de l'administration ou du travail social, les femmes des Églises dites de réveil témoignent de leur engagement à accomplir ces tâches, ce qui, pour elles, répond au dévouement du Christ et au besoin de jouer de prestige et de pouvoir. Les propos de Florence, fidèle de l'Église du 7e jour en attestent. Celle-ci déclare, lors de l'enquête :

> « Depuis que je suis adepte dans cette chapelle, j'occupe des hautes responsabilités ; je suis par exemple prédicatrice, d'autres sont traductrices, prophétesses, présidentes des groupe, etc. Ces postes de responsabilité nous donnent assez de ressources pour nourrir nos familles au quotidien et nous mettre à l'abri du besoin. Il faut dire que ces dons viennent généralement des fidèles et des hauts responsables à qui l'on rend service »[6].

Au regard de ces déclarations, il se dégage clairement que les femmes utilisent cette vitrine pour résoudre un certain nombre de problèmes liés à la quotidienneté.

Les femmes dans les Églises de réveil : entre rédemption et déchéance

Au vu de cette analyse sur les Églises dites de réveil de Yaoundé, on constate un certain nombre de dysfonctionnements, mieux d'abus autour de la pratique religieuse de ces congrégations. D'une part, la dîme et les innombrables contributions, exigées pour soutenir la propagation de la foi, constituent des goulots d'étranglement qui, à long terme, peuvent s'avérer insupportables pour des populations en butte aux difficultés de survie quotidienne dans l'environnement sociopolitique et économique camerounais. Certaines femmes, fidèles à leur engagement pris au départ, ne veulent pas ou ne peuvent plus faire marche arrière. Un grand nombre d'entre elles ont ainsi connu des affres d'une situation dont elles n'ont plus entièrement le contrôle. C'est ce que nous confie, par exemple, Liliane Nguibous, vendeuse et adepte de l'Assemblée chrétienne du quartier Melen, lors d'un entretien :

> « J'ai peur de quitter cette Église, parce que je risque d'être victime d'un mauvais sort, d'une malédiction ou d'une folie. Je le dis tout simplement, parce que certaine femmes adeptes ont bien voulu le faire ; malheureusement certaine sont mortes, d'autres sont devenues folles ici dans la ville »[7].

Léocadie Ngono, membre de l'Église de Rédemption du Christ, déclare lors de notre entretien :

> « Je suis entrée dans cette Église, parce que je voulais être protégée contre les sorciers, parce que j'étais à la recherche du travail. Mais je constate que, pour bénéficier de tous ces opportunités, il faut au préalable donner quelque chose en espèce ou en nature au pasteur en signe de sacrifice pour Dieu, afin que le seigneur agisse avec détermination à travers les exhortations du pasteur ».

En dehors des dîmes et des offrandes versées de « leur bon vouloir », les fidèles sont soumis au paiement de divers frais destinés à financer notamment des séances de délivrance et des activités internes de l'Église. Autrement dit, les fidèles de ces Églises dites de réveil se font rançonner par les pasteurs pour pouvoir bénéficier de leurs services.

Au lieu de constituer un espace d'émancipation et de promotion sociale, les Églises de réveil sont généralement là pour manipuler les consciences faibles, pour distraire le peuple et en tirer profit. Elles en arrivent à abandonner leurs fidèles à leur propre sort. Des femmes se sont ainsi retrouvées à la rue, sans moyens et esseulées, parce qu'elles avaient été repoussées par leur conjoint, leurs parents et proches. L'un des postulats fondamentaux dans ces Églises est de ne fréquenter que les personnes ayant les mêmes vocations et obédience, à savoir suivre Jésus. Lorsque la femme y arrive seule, elle peut ne pas être suivie par les siens. C'est le cas de Sœur Marie-Solange de l'Église Rédemption des peuples qui raconte :

> « Quand je suis née de nouveau, par le baptême et le sang de Jésus, mon mari et mes enfants sont restés dans le monde. Et comme je ne pouvais pas les convaincre de venir dans mon église, j'ai choisi de suivre seule la voie de mon Seigneur et Sauveur Jésus Christ »[8].

Entre choisir les « hommes » et choisir Dieu, les femmes, en quête de salut, n'hésitent pas longtemps, quitte à entrer en déchéance sur le plan social. Elles préfèrent renoncer à leur culture et à leur identité terrestre pour vivre en harmonie avec Dieu.

Les entretiens semi-directifs approfondis menés sur le terrain ont permis de comprendre que ces églises constituent des foyers de zizanie, de trouble, de doute ; elles suscitent des séparations et divorces entre conjoints, entre la femme et ses enfants, etc. Balbine Medjo de l'Église Nation de Dieu relate son histoire :

> « Cela fait trois ans aujourd'hui que je me suis séparée de ma famille car, après avoir vu les manifestations de Dieu sur moi, j'avais décidé de quitter le monde qui passe pour m'attacher à Jésus-Christ dans une Église de réveil. Cette situation a créé une rupture totale jusqu'à présent entre mon époux, mes enfants et moi, sans toutefois oublier ma belle-famille et ceux qui m'étaient proches ; ils estimaient que j'étais devenue un élément dangereux pour la famille »[9]

La collecte des données sur le terrain permet également de comprendre effectivement que les Églises de réveil sont pour la plupart responsables du déséquilibre observé dans les foyers, ménages et familles. En effet, une fois devenu adhérent, il est fortement recommandé d'éviter de faire chemin avec les mondains. Céline Mendja, fidèle chrétienne de la Chapelle de Siloé de l'omnisport se confie :

> « Je regrette d'être ici aujourd'hui, parce je suis comme seule au monde ; mes enfants, mon mari, ma famille, tout le monde est contre moi. Mais j'ai peur de quitter cette Église parce qu'en partant, je serai victime des grosses sanctions pour tout le restant de ma vie. Je le dis tout simplement parce que toutes celles qui ont voulu partir de cette Église sont, aujourd'hui, soit aliénées mentales, soit mendiantes, soit malades, etc. ».

Par ailleurs, les mouvements pentecôtistes apportent la nouvelle évangélisation en enlevant les barrières, établies par les fondamentalistes, en déconstruisant la notion de rapport de sexes entre hommes et femmes. À partir de cette vision, il importe de repenser les ministères de Dieu pour transformer les pratiques actuelles qui sont discriminatoires, c'est-à-dire établir un véritable partenariat entre hommes et femmes dans l'Église. Mais il est à noter que

> « si l'institution ecclésiale ne reconnaît pas les femmes d'une façon pleine et entière, aux plans idéologique, structurel et juridique, elle devra faire face à une perte de crédibilité qui risque de compromettre très sérieusement sa pertinence sociale et culturelle, et cela pour plusieurs générations » (Baroni *et al.* 1995:243).

En réalité, le genre est un construit social et culturel, c'est-à-dire un ensemble de pratiques, de symboles, de représentations et de valeurs que la société élabore à partir de leur différence sexuelle, le genre ne doit pas être réduit à la femme. Car « on ne naît pas femme, on le devient » (S. de Beauvoir 1949:285).

Au sein de ces églises, les séances de prière d'exorcisme ou de délivrance de mauvais esprit sont souvent de véritables spectacles de « théâtre » (Goffman 1956:123). Ici l'on crie, chante, pleure, parle en plusieurs langues. Une nouvelle idée est subtilement associée aux concepts *frère, sœur, fraternité* et *famille*. L'enseignement doctrinal de certaines églises de réveil vont jusqu'à affaiblir, voire briser les liens familiaux entre individus, sous prétexte de lutter contre les esprits ou la coutume, arguant que la véritable fraternité existe seulement dans les Églises dites de réveil.

En définitive, au lieu d'unir les adeptes femmes à leur famille, leur mari et enfants, les Églises de réveil favorisent, par leurs actions, les antagonismes entre les individus (parents contre coreligionnaires, fidèles contre voisins immédiats, frère contre frère ou sœur etc.). Elles sont ainsi devenues un haut lieu de véritable confusion sociale. Par exemple, il est interdit de voir le corps des défunts, de servir de l'alcool lors des fêtes, de mettre de la musique mondaine, de porter de beaux habits mondains, de se maquiller, etc. Ainsi, pour Sidonie Abena, fidèle chrétienne de l'Assemblée de Dieu d'Obili,

> « dans ma chapelle religieuse, il n'est pas autorisé d'aller à l'hôpital, car seul Dieu accorde la guérison à travers la prière à l'Église. En réalité, tout ce qui relève du mondain n'est pas permis dans mon Église, c'est par exemple la pratique de la culture, la coutume, la danse, etc. »[10]

Conclusion

Au cours de cette analyse sur le fondamentalisme et l'émergence des femmes dans les Églises dites de réveil à Yaoundé (Cameroun), il a été question de marquer un temps d'arrêt pour se questionner, s'interroger sur ce qui peut justifier le foisonnement de ces Églises d'un genre particulier. En s'appuyant sur des construits de la société, sur un certain nombre de réalités sociales comme la division sociale du travail, en se référant aux textes écrits, en écoutant la doctrine fondamentaliste et en confrontant la réalité du terrain, nous sommes à même de dire que les institutions religieuses sont des instruments de reproduction parfaite des inégalités entre les sexes. Allant dans le même sens, certains chercheurs pensent que l'Église serait à l'origine de l'inégalité de rapport de sexes. « L'Église est une institution qui pratique la discrimination à l'endroit des femmes et s'avère structurellement et systématiquement sexiste » (Gratton 1986 : 87). Les femmes constatent aujourd'hui que leur place dans les religions est secondaire par rapport aux hommes, alors que leur rôle dans la transmission est primordial. Elles expriment la volonté de déconstruire ces discriminations afin d'établir l'égalité dans les rapports de sexes (hommes femmes).

L'idée fondamentale qui a suscité la présente recherche était d'appréhender et de comprendre les logiques réelles qui structurent le fondamentalisme et l'émergence des femmes dans les Églises dites de réveil à Yaoundé. Pour mieux saisir l'objet d'étude, il a été important de définir un fil conducteur formulé de trois questions et de trois hypothèses de recherche. Parvenu au terme de ce travail de recherche, le problème posé était celui de la place et du rôle de la femme dans les Églises chrétiennes et dans les Églises dites de réveil, en relation avec le fondamentalisme. Il ressort, à partir de l'enquête menée sur le terrain, que ces femmes abondent dans ces Églises, parce qu'on leur promet de les aider par la prière à trouver un emploi, un mari, une stabilité financière et sociale, de les libérer de la malchance qui les suit, de les guérir de toutes les maladies susceptibles de les attaquer, qu'elles soient physiques ou spirituelles. En plus de ces quelques éléments, la visite de terrain nous permet de dire que les femmes y adhèrent massivement parce que les églises leurs offrent des tribunes d'expressions qui leur permettent de se regrouper, de discuter, de se valoriser et de se prendre en considération afin de se faire entendre.

Notes

1. Selon le milieu de résidence, la population urbaine au Cameroun en 2010 était de 10 091 172 habitants contre une population rurale de 9 314 928 habitants, soit un taux d'urbanisation estimé à 52,0% (BUCREP, 2010). Parmi les trois régions les plus peuplées au Cameroun, deux doivent leur position du fait de l'implantation sur leur territoire d'une métropole nationale. Il s'agit de la région du Centre qui abrite la ville de Yaoundé, capitale régionale et capitale politique et administrative du Cameroun et dont la population représente 58,7 pour cent de la population totale de la région, et de la région du Littoral qui abrite la ville Douala, capitale régionale et capitale économique du Cameroun et dont la population représente 76 pour cent de la population régionale totale.
   Notons cependant que sur plus de 400 associations religieuses qui exercent leurs activités au Cameroun, seules 48 ont une autorisation légale (Mballa

Elanga 2016). C'est un titre que l'on attribue aux anciennes et anciens de l'église. Ces personnes sont généralement +celles qui assistent les pasteurs pendant les célébrations ou bien ils sont justement là pour assister le pasteur pendant le culte parfois c'est eux que revient les lectures du jour, l'homélie aussi par moment.

2. C'est aussi un titre qu'on donne à ceux ou celles qui ont des capacités et connaissance véreuse après qu'on a déjà été ancien.
3. Entretien réalisé auprès de Léocadie Fetcheu à l'Église réveil des Nations, au quartier Biyem-Assi de Yaoundé.
4. Biyem-Assi est un quartier populeux de Yaoundé.
5. Anne, fidèle de l'église ministère va et rencontre. Infirmière de profession.
6. Entretien fait auprès d'une enquêtée au quartier Efoulan.
7. Entretien réalisé avec Liliane, vendeuse, adepte de l'assemblée chrétienne de Melen.
8. Entretien réalisé auprès de sœur Marie Solange au quartier Melen à Yaoundé. Femme d'affaires adepte appartenant à l'Église Rédemption des peuples.
9. Entretien réalisé auprès de Balbine, une adepte de l'Église Nation de Dieu. Commerçante.
10. Échange avec Sidonie de l'assemblée chrétienne d'Obili. Institutrice.

Bibliographie

Akoun. A. et Ansart, P., éds., 1999, *Dictionnaire de sociologie*, Paris, Éditions Robert/Seuil.

Baroni, L., *et al.*, éds., 1995, *Voix de femmes. Voies de passage. Pratiques pastorales et enjeux ecclésiaux,* Montréal, Éditions Paulines.

Bazonzi J. M., 2006, *Les « églises de réveil » de Kinshasa à l'ombre du mouvement néo pentecôtiste mondial : entre nivellement et déconstruction culturels*, Centre d'études politiques (CEP), Université de Kinshasa, R.D. Congo, En ligne : http://www.unibas-ethno.ch/veranstaltungen/dokumente/papers/bazonzi.pdf, 12/10/2006.

Beauvoir. S., 1949, *Le deuxième sexe*, Paris, NRF, Gallimard.

Cheynet. V., 2008, *Le choc de la décroissance*, Paris, Seuil.

Durkheim, E., 1999, *Les règles de la méthode sociologique*, Paris, PUF, 11ᵉ éd.

Goffman. E., 1973, *Mise en scène de la vie quotidienne, les relations en public*, tome 2, Édition de Minuit, Coll. Le sens commun.

Gratton. M., 1986, « Les femmes, « infortunées convives » de la pratique sacramentelle », dans *L'initiation sacramentelle des enfants. Étude de la politique de l'Église du Québec,* Montréal, Fides.

Mballa, E. E. VII., 2009, *Églises pentecôtistes et mondialisation des mœurs*, Yaoundé, Presses de l'Université de Yaoundé I.

Mballa, E. E. VII., 2015, « Les transformations des rapports sociaux de genre au sein des familles des femmes converties au pentecôtisme à Yaoundé », in Feret, Y. et Malogne-Fer, G. *Femmes et pentecôtismes. Enjeux d'autorité et rapports de genre*, Genève, Labor et Fides.

Mballa, E. E. VII., 2016, « Le pluralisme religieux au Cameroun : acteurs, stratégies et enjeux. Contribution à une sociologie religieuse du Cameroun contemporain », thèse de Doctorat Ph. D., Université de Yaoundé 1.

Raquin, E., 2005, « Représentations et recompositions locales à Kinshasa : les Églises de réveil et les fan-clubs comme réponses sociales à la crise », in D. Pidika Mukawa et G. Tchouassi, éds, *Afrique centrale : Crises économiques et mécanismes de survie*, Dakar, CODESRIA, p. 289-308.

Veillette, D., éd., 1995, *Femmes et religions,* Québec, Corporation canadienne des sciences religieuses et Presses de l'Université Laval.

14

Cultural Fundamentalism and Gender Disparity: Reflections on Women and Politics in Nigeria

Chidiebere Onwutuebe

Introduction

The unwholesome political behaviour and weak responses of some African governments in relation to the struggle for women's empowerment are mere reflections of inadequate attention given to the cultural roots of gender disparity. The influence of cultural fundamentalism, often targeted against women's empowerment is one of the major reasons for governments' inability to implement reliable and durable programmes meant to redress gender disparity. Gender reflects people's perception and evaluation of behaviour as masculine or feminine. Culture is the underlying factor in the gender discourse. However gender relations could be reordered since cultural behaviours are modifiable. With a genuine support from government and public institutions, the task of gender balance could be achieved.

The usual promise by Africa leaders who often pledge to support the realization of women's rights have continued to raise a lot of questions. For example, the level of commitment of the Nigerian government towards supporting the actualization of women's desires to participate actively in politics is often thrown into doubts when we examine the general performance of women, side by side, that of the men. An assessment of the gender gap, through this prism, raises a level of distrust with regards to the originality of intent of some state policies, strategies and programmes and furthermore raises greater doubt regarding the character of Nigerian democracy considering the level of inequality between men and women. This should not suggest that the government has remained aloof in matters of unequal and unjust gender relations. The main concern is that patriarchal strongholds on gender perceptions, which consequently condition and reinforce cultural fundamentalism have not been properly addressed given their increasing manifestations in the structures of government, governmental agenda, decisions and policies.

This chapter first defines the concept of culture and gender disparity. Effort is made to show the strong linkage between culture and gender disparity. It progresses by illustrating that cultural beliefs and gender behaviours are indeed dynamic. Learned and shared attitudes could be altered to redirect former notions that underpin gender disparity.

Second, the chapter makes an effort to explain the meaning and dynamics of cultural fundamentalism. It also identifies the mode of operation of cultural fundamentalists, particularly with regards to their strategy of engaging every available instrument, legal and illegal, to sustain patriarchy. The chapter demonstrates, in some ways, the mechanisms of cultural fundamentalism in Nigeria.

The third section illustrates empirically, how cultural fundamentalism targeted against women has continued to reduce the chances of Nigerian women to actively participate in politics. Data, which give insights on the level of performance of Nigerian women in politics, between 1999 and 2011 is presented. The result shows that Nigerian women performed below expectation. A critical assessment of the 2006 Nigerian Gender Policy shows that the policy failed to actualize its goals. Following the observations made, the chapter makes some important recommendations. Diverse mechanisms, which reasonably touch on the issue of cultural modification, in favour of gender parity are provided. The last section concludes the study.

Understanding Culture and Gender Disparity

Culture represents the beliefs, values and ideas embodied in institutions and in social relations of a group of people (Haralambos and Holborn 2004:801). It is the way of life of the members of a particular group and the totality of attitudes and behavioural patterns, which they learn and share. In general terms, culture is a complex system with several components of learned attitudes and habits, wittingly or unwittingly received, shared and practised by the members of a given society.

By extension, the vitality of culture is appreciated within a specific domain. People are born into specific cultural environments and social institutions and this factor reasonably determines the world view of such a people. The specificity of culture is replicated in Udefi's approach to culture as "the whole way of life of a specific society" (2005:252-256). He noted that all philosophy that governs people's attitudes and relations is culturally shaped. Culture is the product of social interactions. Its uniqueness is often reproduced in the peculiar nature of perceptions the inheritors attach to images and the interpretations they construct in relation to prevailing ideas. Ajayi identifies that it is the people who create the things that make up culture and also absorb these things by living within a cultural setting (2005:1). Implicitly, people can also challenge, and reorder hitherto established cultural propositions. Culture is the melting point of people's views and conducts, which usually reflects their level of consciousness and awareness of their peculiarity. In a simple expression, we could refer to culture as everything, which a particular community has inherited or learnt to do, in addition to everything they have refrained from doing.

A key component feature of culture, which is crucial in this study, is its capacity to adapt. Undeniably, culture is often represented as a static ideology that cannot be changed (University of Namibia 2005:36). Such a misleading notion is usually anchored on the representation of culture as a divine heritage. Such claims, more often, are not void of intentions to preserve unpopular interests. By and large, this line of thought would seek to portray culture as a belief system that must not be questioned. Unfortunately, such cultural hegemony is wide spread. On the contrary, culture is dynamic. Writing on the "Necessity of Culture", Archie Mafeje opines that "cultures are subject to mutations" and transformations (2008:59). Similarly, while refuting the idea that beliefs are strictly neutral affairs that defy any attempts at evaluation, Tweyman states:

> ...if it is psychologically impossible for human beings to ask a certain question, it follows from this very fact that the question itself makes sense. But it is commonplace that not all habits are good habits. Some of our customs acquired by means of education and propaganda, for instance, may be subjected to careful scrutiny and eliminated. The point is that we do not allow customs and habits to reign unreservedly ; we check them again and again, retain some and reject other (1995:168).

Indeed, the sociology discourse itself would have been rendered superfluous if "culture" were to be static, divine, and immutable.

On the other hand, gender connotes the cultural perceptions, which generally reflect people's belief systems on what, should be the ideal role of the males and the females, within a given community. It is "an analytical tool for understanding social processes and variables such as race and class, deployed in the distribution of privileges, prestige, power and a range of social and economic resources" (Ministry of Gender Equality and Child Welfare 2010:52). Laurila and Young explain that "Gender is a socio-economic and cultural construct for differentiating between roles, responsibilities, constraints, opportunities and needs of women and men in a given context" (2001:11).

Extending further, they noted that gender differences are the result of learned roles, which change over time and vary widely within and across cultures. This reaffirms our contention that gender roles are not fixed but will conform to new beliefs, behaviours and inventions deemed necessary by the people. Insofar as gender refers to those characteristics of men and women, which are socially determined (Akintunde 2005:345), gender perceptions are dynamic.

Gender disparity depicts a lack of equal treatment precipitated by the images and interpretations created and harboured by a particular group of people, which is reinforced by the classification of people according to their sexes, and reproduced socially in division of roles. All forms of discrimination anchored on biological and physical differences, arising from the diverse socio-cultural evaluation of males and females, constitute gender disparity. Reeve and Baden describe it as the systematic and unfavourable treatment of individuals on the basis of their gender, which denies them rights, opportunities or resources (2000:7). The act of subjecting women to various treatments which are hardly meted out on men provides an illustration of gender disparity.

Our effort is not geared towards ignoring the impact of other elements, which reinforce gender disparity. However, we are focusing on how cultural fundamentalism directed against women's rights is bolstered through certain cultural beliefs. It is essentially on the basis of cultural beliefs that, in a typical rural setting, men are expected to perform certain masculine roles such as hunting, climbing of trees, fishing, building of bridges and clearing of bushes; whereas the women would be expected to perform such feminine roles as fetching of firewood, cleaning the house, cooking and performing other activities limited to the home. Again, although women would be expected to dominate activities in the private space, the control of domestic affairs is mostly in the hands of men. This socio-cultural construction, which lay foundation to gender disparity, equally rubs off on the division of roles in the public sphere.

Gender identities and relations are essential facets of culture as they determine the way daily life is lived not only within the family, but also in society as a whole (UNDP 2002:4). Chakorova reinforced this position by stating that the position of women (and men) throughout history has been shaped by different cultural attitudes evolving from folklore traditions, and social organizations, including religious beliefs (2003:4).

Cultural Fundamentalism and Women's Rights

Cultural fundamentalism is primarily a political phenomenon. It often challenges the values and practices of secular political organizations (Goldstein and Perehouse 2009:169). Cultural fundamentalists seem avowed to the defence of certain pre-modern ideas and values systems, which they often regard as the only way to morality and progress in human society. They equally allege that "uncontrolled" growth of modern civilization, higher levels of education, greater circulation of people and greater access to information, have been accompanied by the weakening and waning of cultural value and traditional life. They emphasize that these developments (bolstered by the current wave of globalization and secularisms) are increasingly opening up diverse alternatives to people around the world (Gosling and Taylor 2005:253-255). To them, agitations for women's rights form part of these new developments that threaten local cultures.

We must note that cultural beliefs, which underpin gender disparity, are not absolutely the problematic; rather the knotty issue is the terrifying activities of cultural fundamentalists who allege that the "security of culture" – a modality towards protecting the world view of a given society (Oladiran and Adadevoh 2008:98) – would remain their principal task. The manner in which they pursue their convictions is, to say the least, awkward. For example, while conservatives think for themselves ; fundamentalists want everyone to think their way (AWID 2007:12). People with varying opinions are treated like outcasts, even in their own communities.

Unfortunately, this fundamentalist disposition tends to deny any benefit derivable from change in thought, and behavioral patterns arising principally from modernization. Cultural fundamentalists give the impression that the same body of knowledge and experience must be passed on from one generation to another. Those who are critical are rebuked, isolated or even put to death, depending on the degree of the rebellion (Olagunju 2005:75), and the locality in question. Evidently, the perpetuation of patriarchal traditions could not have been so hard to reorder without the pillars and bastions of cultural fundamentalism targeted against gender parity. Patriarchy – that is the unit of primitive society in which descent was traced through males; the eldest male parent was absolutely supreme, his power extended to life and death and was an unqualified ruler over his children and their houses as over his slaves (Appadorai 2006:34) – is widespread in Africa.

In Nigeria, for instance, the sustenance of patriarchy, mainly on the shoulders of religious fundamentalism is obvious. This position is understandable when we assess the manner in which religion is woven into culture, especially in Nigeria. Religious interpretations and practices have become social instruments through which cultural norms, values, ideals, and the aspirations of the society are transmitted into the public space (Ogbuagu 1997:56). This trend, which is also prevalent in many other African communities, stiffens cultural fundamentalism targeted against women.

Most Nigerian communities harbour beliefs and practices, which promote the economic exploitation, cultural alienation, and political marginalization of women. The activities of cultural fundamentalists, which have become preponderant in the country's politics, as we shall see below, are on the increase. The habit of suppressing efforts geared towards empowering women politically is not an exclusionist behaviour but a sustained strategy to make them play a second fiddle role. Spaces for effective engagement with gender discourse are usually shrunk. Many public machineries for their own part have not fully understood and accepted the necessity for change in opinion and practices with regards to gender roles. Gender analysis seems to constitute a terrible phobia to cultural fundamentalists, judging from the manner they shy away from it. This significantly explains the government's weakness in the course of interventions outlined to improve women's rights.

It is sad to note that in spite of its constitutional claim to be a secular state, the nature, character, and dimension of cultural fundamentalism in Nigeria and its damaging impacts on gender relations have remained puzzling. For example, Section 26 of the Nigerian constitution allows a foreign woman who is married to a Nigerian man to automatically become a Nigerian; whereas this automatic citizenship does not apply in the case of a Nigerian woman married to a non-Nigerian man (Nigerian

CEDAW NGO Coalition 2008:33). The sustenance of this provision has been widely questioned and criticized; yet the expected reversal is yet to be manifested. The activities of many government agencies, political parties, media houses, including educational institutions, have not reasonably reflected secular virtues. Consequently, there is a constant replay of cultural fundamentalisms geared towards retaining patriarchy in many of the plans, policies and programmes of many governments. One of the areas in which the recurrence of patriarchy in government decisions is conspicuous is in the nature of representation of men and women in Nigerian politics.

Cultural Fundamentalism, Nigerian Politics and the 2006 National Gender Policy

This section intends to demonstrate the reproduction and persistence of cultural fundamentalism targeted against the rise of women in Nigerian politics. It attempts to explain the major rationale behind the poor performance of women, as against the usual preponderance of the men in politics. In doing this, a presentation, which illustrates the performance of Nigerian women in politics, beginning from 1999 when the military quit Nigeria's politics, is necessary.

Results of Nigeria's Elections 1999

S/N	Type of Election	Total Seats	Number of Female Contestants	Number of Female Winners
1	Local Govt	774	469	9
2	Councillorship	8810	510	143
3	State Assembly	990	39	12
4	Governorship	72	6	1 Deputy Gov
5	Senate	109	5	3 (1 Nullified)
6	House of Representatives	360	29	13 (1 nullified)

Source : Uhegbu, 2004:82.

The above table does not only reveal the awful performance of Nigerian women in the 1999 general elections but also creates room to interrogate, beyond the habitual notion that the military does not allow for elaborate human rights claims, other probable justifications for the situation. The institutionalization of patriarchy and its sustenance through cultural fundamentalism are obvious. The same cultural practice of dividing roles between the males who, in most cases, are considered the rightful occupants of the public sphere, and the females who, on the other hand, are often regarded as caretakers in the domestic sphere, is also manifested in the political set up.

The return of democracy in Nigeria's political history, in 1999 fostered the expectations of many advocates of human rights, women's rights and gender balance. The new democracy promised to uphold the tenets of equality, freedom and liberty of all groups, including the women's group. Consequently, there was a slight increase in the participation of Nigerian women in politics after 1999. For example, in the 2003 general elections, the number of deputy female governors increased to 2 (5.5%); the number of female senators increased to 6 (5.5%); while the number of female members in the House of Representatives increased to 19 (5.27%). This slight increase was recorded in spite of the vigorous efforts and the huge promises made on different fronts. Beyond 2003, this same trend continued, though with some variations.

The Federal Government of Nigeria adopted the National Gender Policy (NGP) in 2006 to replace the 2004 National Policy on Women. As part of the key strategies designed to open ways for women's engagement in the public sphere, the policy aimed at giving massive support for the effective representation of women in all areas of political, social, religious, cultural and economic life of the country. Specifically, it targeted the pursuit of 35 per cent affirmative action in favour of women to bridge gender gaps in political representation in both elective and appointive posts at all levels by 2015.

Indeed, the NGP (in addition to the efforts of other women's groups) recorded marginal success as when compared to the 2003 result. For example, during the 2007 general elections, the number of deputy female governors increased to 6 (16.6%); the number of female senators increased to 9 (8.25%); while the number of female members of the House of Representatives increased to 27 (7.5%) (BAOBAB for Women's Human Rights 2011a). However, such improvement was infinitesimal given the overwhelming domination by the men.

A methodical assessment of the above record against the backdrop of the central objective of the NGP reveals that the main goals were not achieved. Besides the problem of a low level of awareness, the cultural roots of gender imbalance played out, significantly.

Furthermore, the 2011 general election in Nigeria provided another opportunity to reevaluate the capacity of this same approach to women's empowerment. Unfortunately, the result was ludicrous considering the fact that in spite of great enthusiasm and hopes raised at the beginning of the 2011 electoral process, the number of women who emerged victorious was less than what was witnessed in the 2003 and 2007 general elections. Commendably, a female presidential aspirant (Ebiki Ndok) emerged under the platform of the United National Party for Development (UNPD). In addition, the participation of Sarah Jubril on the platform of the People's Democratic Party (PDP), – the most powerful political party in Nigeria – although unsuccessful, is also worthy of mention, given the risks associated with PDP primaries. Nevertheless, of a general note, the outcome was far below expectations and therefore raises some distrust on the capacity of the National Gender Policy to fulfill its promise towards mainstreaming gender into party politics at all levels, federal, state and local government areas (BAOBAB for Women's Human Rights 2011b). The reign of patriarchy and its sustenance through cultural fundamentalism needs to be addressed.

Probable Options for Gender Balance

In addition to other feasible methods of reordering the imbalance in gender relations, the study has emphasized the need for all groups that are committed to the struggle for women's rights to give special attention to a cultural approach. There is an urgent need for cultural modification – a process of reviewing learned and acquired behaviours – with a view to altering certain primordial perceptions that have become socially discordant with societal development in contemporary times. Gender roles are neither natural nor immutable (Enemuo 1999:227). Gender is largely a cultural discourse and must so be approached. Diverse ways of achieving this task abound. However, we advocate an integrative approach that engages the understanding and participation of the local people in the evolution of a people-oriented view on gender. Mamo, for example, demonstrated how the use of *Yeken Kiginit* – a serial drama – was instrumental in exposing the negative impacts of cultural stereotypes on gender roles in Ethiopia (2008:75-87). It is good to restate that "throughout human history, power relations, political structures, processes and culture and indeed social processes and norms have had to change either in response to internal dynamics or external ones, or a combination of both" (Obi 1999:126).

There is the need for a process by which alterations occur in the structure and function of our social systems (Ekong 2010:283). Reaching out to the people, specifically the rural dweller, is paramount in this process.

In Nigeria, there is an urgent need to revisit the constitution in order to correct some sections, which reinforce gender disparity. A close examination of some areas of the Nigerian constitution will buttress clear cases of marginalization of women. A typical illustration was given above on the issue of marriage and citizenship. The continuity of such standards only portrays a blatant acceptance of patriarchy, even by the government itself.

Reinforcing the values of secularism has also become crucial. In spite of the anxieties created by cultural fundamentalists in relation to what they allege as the dangers of the immoderate rise of secularism, the benefits derivable from it are huge, especially in such a multi-cultural and multi-religious state as Nigeria. The hostility of cultural fundamentalism directed against concepts such as secularism should be discouraged. New perspectives on secularism which underscore its positive attributes of fairness, equality, condemnation of discrimination, justice, reasonableness, freedom from bondage of superstition, mysticism, and dark thoughts should be promoted. Stereotypes which project secularism as a process of initiating, promoting and sustaining unethical, impure, and immoral life are myopic. Secularism is a way of life that accommodates changing behaviours of humans, especially in multi-religious states. It is not a foreign ideology.

Government should intensify effort at protecting the constitutional rights of its citizens. The habit of intimidating innocent citizens who express opinions contrary to the viewpoints of cultural fundamentalists should be challenged and forestalled. Such antagonism is in contrast with Section 38 of the Nigerian constitution, which describes the measure of freedom and privileges of Nigerian citizens, particularly as it affects pertinent areas of human rights. It states that:

> Every person shall be entitled to freedom of thought, conscience and religion, including freedom to change his religion or belief, and freedom (either alone or in community with others, and in public or in private), to manifest and propagate his religion or belief in worship, teaching, practice and observance (Constitution of the Federal Republic of Nigeria 1999).

Strategic agents of socialization, especially the school system are a necessity in this task. Regrettably, no appreciable progress has been made to utilize this medium to reeducate the Nigerian people on the need to modify their perceptions on an important issue such as gender. The reintroduction of civic education as a subject to be taught in primary and secondary schools in Nigeria is commendable (Yahaya 2009). However, its scope is inadequate. An emerging issue such as gender discourse is conspicuously missing in the curriculum. Such political behaviour denies an appreciable dedication to the women's project.

The agency of the media is also an important tool that can facilitate this process. Although there are fears that the media constitute part of the means by which the ideas of the ruling class maintain their dominance, suggesting a possible hijack of the media by cultural fundamentalists, it will be unwise to give up on the utility of the media. Persistent pressure for government assistance in the struggle to liberate the media and to integrate women's interests will not be futile.

The use and misuse of state apparatuses to intimidate defenceless people who canvass for women's rights is condemnable. The government should commit itself to the task of monitoring certain public machineries which, often in alliance with cultural fundamentalists, raise an atmosphere of fear and insecurity in various communities, particularly against women's rights advocates. The mode of intervention of some of the law enforcement agencies in Nigeria is regrettable. Their passivity in circumstance that ordinarily should require emergency worsens situations (Kwashi 2010:1-14). Such scenarios reduce the confidence placed on state security agencies and equally lower the morale of many women's rights activists.

Conclusion

Gender disparity is not an act of providence but largely a cultural construction. The institution of patriarchy has, for a long time, undermined efforts geared towards rectifying the gender gap and towards redressing the apparent injustices meted against women. Unfortunately, the sustenance of patriarchy through cultural fundamentalism, has reached intolerable heights, especially in recent times. The replay of the cultural practice of marginalizing women, which has significantly been reproduced in the public sphere, has also become widespread. In this study, a critical assessment of the involvement and participation of Nigerian women in politics between 1999 and 2011 was made. The result showed that women have continued to perform relatively poorly, in spite of the lofty promises made by the government, especially through the 2006 National Gender Policy. Besides, other factors that contributed to this ugly trend, this chapter has, underlined the retention of patriarchy through the horrendous activities of cultural fundamentalists, as paramount.

This study acknowledges that indeed efforts have been made to empower the women. Nevertheless, the achievement recorded so far has been insignificant and thus compels the need to review strategies, ab initio, adopted. This chapter has underscored the need to adopt approaches that facilitate a process of cultural modification and which provide space to rethink certain notions on gender. The strength of this proposition stems from the understanding that culture and gender are not static but dynamic.

References

Akintunde, D., 2005, "The Question of Gender in African Culture African Culture and Civilization", in A. Ajayi, ed., *African Culture and Civilization*, Ibadan, Atlantic Books.

Ajayi, A., 2005, "The Concept of Culture", in A. Ajayi, ed., *African Culture and Civilization*, Ibadan, Atlantic Books.

Appadorai, A., 2006, *The Substance of Politics*, New Delhi, Oxford University Press.

Association for Women's Rights in Development, 2007, *Religious Fundamentalisms Exposed : Ten Myths about Religious Fundamentalisms*, available at www.awid.org.

BAOBAB for Women's Human Rights, 2011a, "Women's Political Participation: Revisiting the Performance of Sarah Jubril at the January 20, 2011 Peoples' Democratic Party's Presidential Primaries", available at http://baobabwomen.blogspot.com /2011/05/reviewing-womens-participation-and.html), 10 December 2011.

BAOBAB for Women's Human Rights, 2011b, "Reviewing Women's Political Participation and Performance at the 2011 General Elections in Nigeria", available at http://www.baobabwomen.org/articles.htm, 9 December 2011.

Chakorova, V., 2003, *Development of Gender Relations in the Context of Social Transformation: The Case of Bulgaria*, available at http://www.iehei.org/bibliotheque/ memoires/, 27 August 2011.

"Constitution of the Federal Republic of Nigeria", 1999, International Centre for Nigerian Law.

Ekong, E. E., 2010, *Rural Sociology: An Introduction and Analysis of Rural Nigeri*a, Ibadan, Dove Educational Publishers.

Emenuo, F. C., 1999, "Gender and Women Empowerment", in R. Anifowose, and F.-C. Enemuo, eds, *Elements of Politics*, Lagos, Sam Iroanusi Publications.

Goldstein, J. S., and Perehouse, J. C., 2005, *International Relations*, New York, Pearson Longman.

Gosling, R., and Taylor, S., 2009, *Principles of Sociology*, London, University of London Press.

Haralambos, M., and Holborn, M., 2004, *Sociology : Themes and Perspective*, London, Harper Collins.

Kwashi, B. A., 2010, "Nigeria and Religious Liberty", available at http://www.cswng.org/files/nigeriaandreligiousliberty.pdf, 11 December 2011.

Laurila, P., and Young, K., 2001, *Gender in Research: Gender Impact Assessment of the Specific Programmes of the Fifth Framework Programme*, available at http://www.bmwf.gv.at/fileadmin/user_upload/wissenschaft/frauen/women_gender_impact_fp5_en.pc), 27 August 2011.

Mafeje, A., 2008, "Culture and Development in Africa: The Missing Link", *CODESRIA Bulletin*, Nos 3 & 4, Dakar, CODESRIA.

Mamo, H.G., 2008, *Cultural Attitudes and Gender Inequality in Ethiopia: The case of Yeken Kiginit serial drama*, thesis submitted to the Department of Journalism & Communication, Addis Ababa University, available at www.unesco.org/new/fileadmin/multimedia/ hq/shs/pdf/culture-women, 27 August 2011.

Ministry of Gender Equality and Child Welfare, 2010, *National Gender Policy. Republic of Namibia*, Windhoek.

Nigerian CEDAW NGO Coalition, 2008, *Shadow Report Submitted to the 41st Session of the United Nations Committee on the Elimination of all Forms of Discrimination Against Women*, New York, United Nations.

Obi, C. I., 1999, "Political and Social Change", in R. Anifowose, and F. Enemuo, eds, *Elements of Politics*, Lagos, Sam Iroanusi Publications.

Ogbuagu, S., 1997, "Religion of the People of Nigeria", in A. M., Uzoma, G. Nwizu, and D. Njoku, eds., *Readings in Social Science: ABSU Freshmen's Course in Citizenship Education*, Okigwe, Whytem Publishers.

Oladiran, O., and Adadevoh, O., 2008, "Cultural Dimensions of the National Security Problem", in D. Adelugba, and P.O. Ujomu, eds., *Rethinking Security in Nigeria: Conceptual Issues in the Quest for Social Order and National Integration*, Dakar, CODESRIA.

Olagunju, A.M., 2005, "Traditional System of Education in Africa", in A. Ajayi, ed., *African Culture and Civilization*, Ibadan, Atlantic Books.

Reeve, H., and Baden, S., 2000, "Gender and Development: Concepts and Definitions", available at http://unpanl.un.org/intradoc/groups/publics/documents/IDEP/UNPAN003341, 27 August 2011.

Tweyman, S., 1995, "Epistemology and Reason", in S. Tweyman, ed., *David Hume: Critical Assessments*, vol. 1. London, Routledge, 1995.

Udefi, A., 2005, "African Philosophy, Culture and Society", in A. Ajayi, ed., *African Culture and Civilization*, Ibadan, Atlantic Books.

Uhegbu, A. N., 2004, "Gender Empowerment: Information and Participatory Democracy of Rural Women in Nigeria", *Abia Journal of the Humanities and Social Science*, vol., n° 1.

United Nations Development Programme, 2002, *Gender Approaches in Conflict and Post-Conflict Situations*, available at http://www.undp.org/women/docs/gendermanualfinalbcpr, 27 August 2011.

University of Namibia, Southern African Research and Documentation, 2005, *Beyond Inequalities : Women in Namibia*, available at www.sardc.net.

Yahaya, F., 2009. *Civic Education Will Enhance Governance*, http://thenation-onlineng.net/web2/articles/7037/1/civic-education-willenhancegovernance/Page1.html, 11 December 2011.

15

Understanding Women's Participation in Politics and Decision-making: The Case of Namibia's 2009 Elections

Michael Conteh

Introduction

Although two of the top three ranked countries in the world in terms of women's representation in parliament are in Africa, most of African countries fall well below the average representation of women across all parliaments in the world and fall short of African targets. Rwanda with 56.3 per cent women in parliament is number one in the world, while South Africa at 44.5 per cent women is number three. But as women participants at a conference on Support to Women Leaders in Eastern and Southern Africa noted, African governments need to put in place special measures and support systems to speed up the pace of change to meet Africa's own target of 50 per cent women in politics and decision-making positions. Botswana and Namibia during October and November 2009 signalled a decline in women's representation in parliaments. In Botswana, which has not signed the Southern African Development Community (SADC) Protocol on Gender and Development, the proportion of women in parliament dropped from 11 to 6.5 per cent. (Xoagus-Eises et al. 2009).

Namibia has a long history of many types of social inequality. Many of the challenges facing women in Namibia have been influenced by the historical imbalance of power between men and women, social structural factors such as poverty, unemployment, HIV/AIDS and other social related problems. Changes in societal attitudes towards working women along with political and legal changes of varying degrees have also taken place providing additional impetuses for this trend. However, this change is not reflected in the number of women represented in parliament and at all levels of decision-making in Namibia. Women in Namibia were active participants in the struggle for independence and more recently have played an important role through women's movements campaigning for gender equality. Despite all these contributions they continue to be underrepresented in politics and decision-making at all levels of Namibian society, particularly at the regional and national level. This scenario stimulated these crucial questions to understand this trend: What are the factors that influence or impede women's participation in politics? What are the various discourses said to be (religious, traditional or political) impeding or supporting women's participation in politics and decision-making? And what mechanisms are in place within political parties that would hinder or support women's participation in politics?

Keulder's (2003) research on the level of interest and understanding of political issues at the community level, covering also the attitudes of community members regarding women and politics, revealed that almost three-quarters of Namibians interviewed felt that Namibia needs more women in power and that woman and men are participating in the political arena in roughly equal numbers. It is worth noting their observation that gender stereotypes of women's roles persist (Keulder 2003:8-9). These findings suggest that participation in community politics may involve different dynamics at the state level. However, Keulders's research falls short of expanding on key issues that could provide information useful in understanding these dynamics by highlighting the total number of interviewees and what ethnic groups participated in the study.

This chapter is based on a research conducted in Namibia in 2011.[1] The objectives of the study were to trace the experiences of selected women aspirants in the 2009 national elections on factors that impede their participation in politics and decision-making in Namibia; examine the extent to which different discourses (religious, cultural or traditional) perpetuate the oppression (or support) of participation of women in politics and decision-making in Namibia and to assess the institutional culture within and around political parties and the legal environment for women's participation in politics and decision-making in Namibia. The study utilized a qualitative methodology using both primary and secondary data. The primary source was mainly interviews with women aspirants for the 2009 national elections in Namibia and women Members of Parliament, while the secondary data focused on a literature review of history books, journals, newspapers and websites.

Women's Participation in Politics and Decision-Making in Southern Africa

Representation of women in parliament has gone from an average of 21 per cent in 2005 to 25 per cent in 2011 in the Southern African Development Community (SADC) region compared to 3 per cent to 19 per cent globally. SADC comes second to Nordic countries. In Tanzania, the proportion of women in parliament rose by 6 per cent to 36 per cent in the October 2010 elections. Namibia had signed and ratified the SADC Protocol on Gender and Development, a commitment that called for 50 per cent women in decision-making in all sectors by 2015. However, women's representation in Namibia has declined from 30.8 per cent to 22 per cent, with only 16 women now in the 72 members of the National Assembly. Fifteen of the women are from the ruling South West Africa People's Organisation (SWAPO).[2]

Elections are an opportunity to increase women's representation, raise issues of gender inequality and human rights violations of women and to press for building gender sensitivity into accountability systems. The recent performance by the SADC Member States with regard to political decision-making has been inconsistent. For each step forward towards attaining the target of 50/50 women in decision-making, there have been two steps backward in a number of SADC countries. There are bright spots on the horizon. Tanzania which has a legislated 30 per cent quota for women in parliament made some gains, from 30 per cent to 36 per cent women in the October 2010 parliamentary elections (Morna and Nyakujarah 2011).

Namibia was colonized by Germany in 1884. In 1920, the League of Nations assigned Namibia to South Africa as a Class C mandate, which required that Namibia be administered in a manner that promoted the social, material and moral well-being of its inhabitants (Katjavivi 1988:13).

In 1945, the United Nations (UN) succeeded the League of Nations, which requested South Africa to place Namibia under its trusteeship. South Africa accepted and subsequently introduced apartheid policy into the country. The apartheid policy effectively denied black Africans political rights while professional employment opportunities were reserved mainly for white people. Under this system, the role of the 'homelands' economy and the Contract Labour System was to supplement the wages of workers, support them during old age and sickness, and sustain the conditions necessary for the reproduction of cheap labour (DWA 1995:1). The notorious Contract Labour System under apartheid recruited men from the rural areas who temporarily migrated for contract employment to the "white" areas. Africans were forced to stay on "native reserves" unless contracted to work elsewhere. The pass system prevented women from travelling and living with their husbands who were contracted to work in the "white" areas (Hishongwa 1992:60).

The situation of women in Namibia cannot be understood without a thorough understanding of the historical, political, social and economic conditions of Namibia. It involves a critical examination of the on-going effects of pre-independence apartheid society as it constructed women's lives in terms of race, gender, religion as well as varying traditional practices among different cultures and geographical locations; and of the differences between urban and rural. It was the situation described above that motivated women in Namibia to become very active in politics and to participate in the liberation struggle for the independence of the country. Women's active participation in the liberation struggle, according to Tjingaete as quoted in Clever and Wallace (1990:80), dates back as far as 1904 when Herero women voluntarily launched their historic sexual strike to pressurize men to fight and end the German occupation. They dared not bear a child until the war against German colonialism was over.

Furthermore, Namibian women's resistance against the former South African colonial regime was seen as a direct confrontation. Women in Windhoek were in the forefront to challenge the then Administrator of the South African apartheid regime. On 10 December 1959 they declared enough was enough! They demanded that the Administrator should drop plans to forcefully relocate the residents of the old location to a new apartheid style black town ship of Katutura. This was a remarkable step by women and it also resulted in the killing of a famous woman militant, Kakurukaze Mungunda. She became the first woman activist killed by the South African army (SWAPO 1981). It is no surprise that 10 December is designated as Namibia women's day and a public holiday to pay tribute to the bravery and heroism of the late Mungunda. The death of Mungunda symbolized the gendering of the war of resistance and the armed struggle, and also confirms that it is on 10 December 1959 that the Namibian people resolved to adopt armed struggle as the only response for their freedom.

As noted by a former MP and a political aspirant in the 2009 national elections:

> The colonial period made it very difficult for women (black and white) to participate in politics. There was only one white female secretary in the apartheid regime. Traditionally, women were queens and were consulted on decision-making matters. For instance, the Oshiwambo[3] culture is mostly matrilineal, and women were the ones, who build the clan, were very valuable and were perceived as the source of the heritage. However, the exclusion brought about by apartheid and the discriminating laws, prompted women to become very active in the liberation struggle to liberate the country" this also provided an opportunity for women to analyse their situation with regard to men and to define their position within the structures. This led to the formation of the SWAPO Women's league in in 1969 (former SWAPO MP, 2011).

When SWAPO eventually launched its armed struggle on 26 August 1966 at Onghulumbashe forest in northern Namibia, women also joined their male counterparts in the prolonged and bitter struggle. The formation of the SWAPO women's council facilitated women's involvement in many spheres of the liberation struggle including the leadership of the liberation struggle, i.e. some women were members of the central committee of SWAPO of Namibia and the military council of the People's Liberation Army of Namibia. Since the 1970s, SWAPO's women council has made considerable headways in organizing women in the country to join the liberation struggle (SWAPO 1981:289).

Namibian women played a crucial role in SWAPO during the armed liberation struggle, and the emancipation of women from sources of oppression, both colonial and traditional, was central to their aspirations. Women were trained as soldiers in all military fields in the People's Liberation Army of Namibia (PLAN).[4] Namakalu further explains that as the struggle developed, PLAN female fighters became specialized in military disciplines such as nursing, artillery marksmanship, radio communication, anti-air defence guns, sabotage, reconnaissance, intelligence and even as drivers of military vehicles. A larger number of women in SWAPO underwent military training and fought side by side with men (Namakalu 2004:175).

From Namakalu's assertion, it is clear that women's roles in pre-colonial Namibia and their entry into the liberation struggle has to a very large extent challenged social stigmas relating to their ability to exercise power, and altered the texture of daily politics by injecting different values, and perspectives, in Namibia's politics.

The Constitution of the Republic of Namibia, adopted in 1990, includes a Bill of Rights that recognizes that "All persons shall be equal before the law and that no person shall be discriminated on the basis of sex" (Article 10). The constitution further stipulates that:

> All citizens have the right to participate in peaceful political activity intended to influence the composition and policies of the government, as well as the right to participate in the conduct of public affairs, whether directly or through freely chosen representatives, and to form and join political parties, to vote and be eligible for election (Article 17).

Article 17 is further strengthened by Article 23 which recognizes that the enactment of any legislation and the application of any policy should recognize that women have traditionally suffered special discrimination and they need to be encouraged and enabled to play a full, equal and effective role.

To this end, the Government of the Republic of Namibia has signed several international and regional agreements aimed at improving the position of women in society. Notably amongst them, is the SADC Protocol on Gender and Development, which states that "All states party by 2015 should ensure equal participation by women and men in policy formulation and the implementation". Namibia became the First SADC Country to sign this Protocol on 17 August 2008. National policies and programmes of which the most important, the National Gender Policy and its Plan of Action, were developed; the latter identified gender balance in power and decision-making as one of the ten critical areas of concern.

The Government of the Republic of Namibia had repealed some of these laws and put in place laws that protect human rights and especially women's rights. The Government adopted a constitution which is the fundamental law of the country. It recognizes the previously disadvantaged position of black men and women and encourages the implementation of affirmative action policies which advance women's social status and roles within society (GRN 1990: Article 10 and Article 23). The constitution further commits Namibia to the elimination of all discriminatory practices based upon, among other things: sex, colour and race. With the abolition of apartheid and the establishment of a democratic government, gender equality is enshrined in the constitution, which declares that discrimination based on sex is against the law. Through the constitution, Namibia acknowledges and encourages equal power relations and treatment of women and men in all spheres of social, legal and economic life.

Governance Representation and Participation in Decision-making in Namibia

The Constitution of the Republic of Namibia sets out the three main organs of the state, which are the Executive, the Legislative and the Judiciary branches (GRN 1990: Chapter 1, Article 1:2). Executive power is vested in the President who is the Head of State and Government and Commander-in-Chief of the defence force. The President is assisted by the Cabinet. The legislature consists of the National Assembly with 72 members elected for a five-year term, and the National Council is made up of two representatives drawn from each of the 13 geographical regions of the country for a total of 26 representatives elected for a six-year term from among the various Regional Council members. Namibia has three different electoral systems. In presidential elections, the candidate that receives the most votes is elected as long as the candidate has over 50 per cent support. In National Assembly and Local Authority elections a proportional representation (PR) system with party lists is used. For Regional Council elections the first-past-the-post or plurality system applies. Namibia held its first internationally recognized election in 1989 under UN supervision. It has since held regular national, regional and local elections. The most recent elections took place in 2009, with all three levels of government holding elections.

The National Gender Policy (NGP) identifies a gender balance in power and decision-making as one of its priority areas and indicates that an improvement in women's participation in politics and decision-making is necessary for social and economic development (Ministry of Gender Equality and Child Welfare 2010). Several NGOs, particularly Sister Namibia through their 50-50 campaign, are involved in promoting women's greater participation in power sharing and decision-making, especially within the political area. In recent years, campaigns, policies and programmes aimed at increasing women's position in political power sharing have taken place. One area where it was hoped that political status might see a shift was in the area of women's more equal representation at the various levels of political decision-making. The Government of Namibia has established several government institutions to address gender issues and developed a system within those institutions for addressing gender inequalities in all areas of Namibian life. One important milestone for gender issues in Namibia was the establishment of the Women's Desk in 1990, which was upgraded in 1997 to the Department of Women Affairs (DWA) in the Office of the President; and in 2000 the DWA was further upgraded to the Ministry of Women's Affairs and Child Welfare (MWACW), and subsequently renamed Ministry of Gender Equality and Child Welfare (MGECW) in 2005 by President Hifikepunye Pohamba (Lebeau and Iipinge 2005).

Currently, the MGECW is the national lead organization for coordinating national gender initiatives, and it is supported by a host of other government institutions, NGOs, donors, parastatals, political parties and civil society. Another important development within government was the Cabinet decision (n° 21 of 1998) which gave the then MWACW a mandate to establish Gender Focal Points (GFPs) within all ministries and government organizations. This was done with the stated objective to mainstream gender in the policies and programmes of all government ministries and institutions.

Notwithstanding these policy frameworks in place, the numbers of women in positions of power has remained low and has not necessarily translated into women's ability to push gender issues forward as national concerns. Keulder (2003) for example, found that there is no significant difference in male and female candidates' views and preference even though women made up almost 50 per cent of all Local Authority Councillors. He noted that there is no significant difference in attitudes by urban/rural domicile, education, sex or any other demographic attribute. One of the reasons why women follow the party line more than pursuing gender transformative policies might be based on the party list system, which makes candidates even more dependent on their political party than a proportionate representation system would. Certainly, it is specifically due to this apparent lack of power and low eminence of local councillors that parties are prepared to allow more women in these positions. National politics is another matter, and here women's progress has been much slower, quotas are not legislated but are up to political parties, many of whom do not apply them (Keulder 2003:13).

The 2009 National Elections: Putting Women in Their Place?

Namibia held its fourth general and presidential elections since independence in 1990 on November 27-28, 2009. A total of 14 political parties contested the elections but only nine managed to qualify for seats in Parliament. The nine political parties holding seats in the National Assembly are: All People's Party (APP), Congress of Democracy (COD), Democratic Turn Hall Alliance (DTA), National Unity Democratic Organization (NUDO), United Democratic Front (UDF), Rally for Democracy and Progress (RDP), Republican Party, SWAPO Party and SWANU of Namibia. The main opposition party, Rally for Democracy and Progress (RDP),[5] which was formed in 2007, contested the elections for the first time and emerged as a significant political force on the country's political landscape.

Unsurprisingly, gender issues in the 2009 November elections became a newsworthy topic with Namibia's mainstream media publishing stories on women's participation in politics, their placement on parties' lists and gender analyses of the political parties' manifestoes. Civil society organizations under the umbrella of the Women's Leadership Centre (WLC) engage with political parties on issues of gender equality in the run-up to the November elections. The WLC launched in October the 'Women Claiming Citizenship Campaign' demanding implementation of the country's National Gender Policy, the Convention on the Elimination of All Forms of Discrimination against Women (CEDAW), the Optional Protocol to the African Charter on the Rights of Women in Africa, and the SADC Protocol on Gender and Development. Of major concern to gender equality and women's rights activists during the November election is the "second-class" citizenship status Namibian women still retain 20 years after independence. The campaign states in its brochure:

> Twenty years after independence women are still seen as second-class citizens, with less access to resources, income, land, decision-making power and personal freedoms than men. … Enough is enough! Political parties take note of our demands. We are holding Government accountable for adhering to all of the national and international gender laws and policies it has signed over the past 20 years (WLC 2009).

While this campaign was reminding political parties that women constitute 51 per cent of the population and 52 per cent of the Namibian voters, and also engaged political parties in a dialogue on their stance on gender equality and development issues of priority to women across the country, women were still the losers of the 2009 Presidential and National Assembly Elections.

Twenty years after independence, women are still seen as second-class citizens, with less access to resources, income, land, decision-making power and personal freedoms than men. As a signatory to the SADC Gender protocol, the Government of Namibia committed itself to achieve the target of 50 per cent representation by 2015. However, this goal has not yet been achieved. Women's representation and participation in decision-making at parliament and managerial levels has fluctuated over time and across sectors. The 2009 Election for the National Assembly recorded a decline in women's' participation; 16 women among the 72 MPs were elected. There are 15 women on the SWAPO Party (ruling party) benches and one from the opposition benches. That's 22 per cent, significantly down on the previous National Assembly, that had 18 women elected in 2004 (25%), and a long way from the SADC target of 50 per cent by 2015. This situation, with regard to the decline in women's participation at all levels of society, led Liz Frank, a prominent women's activist, to pose this very important question in her article *Women Claiming Citizenship in Namibia*:

> How is this possible in a democratic state with a progressive constitution and national gender policy that has been among the first to sign new international agreements promoting women's full equality and rights? (2010:1).

The sentiments expressed by one of the respondents in a way answers this question:

> There are different ways of bringing women in politics and decision-making but the political parties are failing women. My party [Congress of Democrats] has completely lost focus despite its very good constitution and manifesto. This is responsible for the voter apathy since women have no woman candidates at the forefront of political parties. They have now focus on church where they are discouraged by some pastors not be involved in politics but to focus on God. Most women who make up the majority of those attending churches will now tell you that I do not vote for men, I vote for God (COD former MP and Aspirants, 2011).

This phenomenon of religion has significantly contributed to the backlash against women's participation in politics and decision-making. Whatever its origin and nature, religion is woven into politics and the discourses within some of the political parties; during the 2009 elections, it provided a solid foundation, not only to the support women got within the political parties, but also to the most basic acts of daily life, especially moral rules of conduct. Religion and culture are guaranteed in the constitution as fundamental rights and go far beyond the public and politics. It is therefore about being aware of the sensitive place of religion and its impact on culture in contemporary social and political transformations. In Namibia, religion, its cultural logics and its institutions have always been the foundations on which people were sensitized about the struggle for independence during the dark days of apartheid and provided hope for the independence of Namibia. Some political parties continue to model their policies and attract voters through religious discourses.

The Republican Party (RP) for instance, in their founding statement Article 2, "Acknowledges God, the trinity, as the sovereign creator of the universe, who has entrusted to humanity the right and responsibility to rule over the affairs of the world". In its manifesto for the 2009 elections, the party stated:

> Namibia must be a nation in submission to the almighty God. The RP believes in a constitutional state that promotes Christian moral values and as such rejects the concepts of Namibia as a secular state.

Similarly, the UDF party also shares such sentiments and is very critical that Namibia as a secular state will not "be governed according to the will of God".

Interestingly, religion seems to have been the determining factor in the allocation of the only seat secured by the RP in Parliament, which was given to a woman (the Vice President although not the first on the list). This represents a shift from the usual practice of having the President of the party, usually the first person on the list, to represent the party in Parliament. All the political parties in Namibia are headed by men and the move by the RP was surprising. However as noted by a female aspirant from the RP party:

> In the RP, if you are God fearing and a devoted Christian, you will be favored by the party. The party is very religious and if you are seen to be a woman who shares such belief, then you can rise within the party structures. It is not surprising that the Vice is now in Parliament (RP Female Aspirant, 2011).

A female SWAPO aspirant clearly sees this link between religion and politics in her own party, when she noted that:

> Namibia is seen as a Christian Country and as a woman, I am constraint to bring up women's issues that are not supported by conservative men who based their stance on the Bible. For instance, I cannot raise issues like abortion, commercial sex workers, gay and lesbians' rights... if you want to lose favour and be sideline in the party, dare to raise those issues (SWAPO former MP, and Aspirant, 2011).

Interestingly, one female aspirant from the COD party attributed the seriousness and apex of the religious discourses in Namibian politics back to the statements of the Founding Father and First President of the Republic of Namibia.

> You could recall some time back when the Founding father [First President of Namibia] lashed out at the mushrooming of the new churches claiming that they were not there when they liberated the country. Only the Catholics, the Anglican, and the Lutherans are recognized as authentic churches in Namibia that have supported SWAPO during the liberation struggle (COD Political Aspirant, 2011).

She saw this statement as one of the factors that impeded most women aspirants, especially those who are members of the new churches, since they are portrayed as women whose judgements are flawed. Implicitly these women cannot be trusted to be in position of decision-making. Most of the women who are in these new churches and not in the three traditional churches supported by the founding father had difficulties with their candidacy. As she noted, when the Founding Father sneezes, the whole country catches the cold.

So, taking all these religious discourses in the Namibian political scene into consideration, one can assert the fundamental nature of the Christian religious dogma, which to a large extent borders on religious fundamentalisms. Marieme Hélie-Lucas, in her article "Women's struggles and the construction of Muslimness", defines fundamentalisms as "political movements of the extreme right, which, in a context of globalization, manipulate religion in order to achieve their political aims" (2001:50-51). In her lecture at the 2011 CODESRIA Gender Institute, Karima Bennoune stated that:

> In particular, this definition specifies the nature of these movements as essentially political, rather than religious in nature. Such a description most accurately captures the character of many fundamentalist movements since they usually articulate public governance projects. Thus, they are understood to have political

aims, but to exhort achievement of those aims by using a religious discourse.

The observation of Dora King, that "religion [in Africa] is a marketplace; it is about what works" (cited by Jessica Horn 2008:3), aptly describes the nature of some political parties in Namibia, with particular reference to their manipulation of religious discourses for their personal gains.

Unquestionably, in any democracy, political parties are vitally important because of their crucial role. They do not only function as a link between state institutions and local grassroots organizations, but they also aggregate interests and discourses, are the location of political alternatives and nominate candidates. It is because of their role in all of these matters that they play an essential role in enabling or disabling the advancement of women. In short, they are the gatekeepers of candidates' selection and political power. However, political parties have been slow to respond to the needs of women's advancement within their party structure in politics. Political parties are also resistant to implement the quota system which can ensure a critical mass of women participating in politics and decision-making in all structures and ensuring a 50/50 representation. Whether this intervention in itself will guarantee women's representation is questionable judging from the outcome of the 2009 elections. The COD, the only party to have followed a zebra list and gender quota for women, only secured one seat in parliament.

Gender quotas studies are a relatively new discipline. Baldez says that countries have adopted gender quotas within the last 17 years (2006:102), as a response to the 1979 Convention on the Elimination of all Forms of Discrimination against Women (CEDAW). Quotas for women as well as other kinds of affirmative action represent a historical shift away from the simple principle of equal opportunity to the principal of equality of results (Dahlerup 2001:114). While gender quotas have not gained momentum in most of the developing world, women have sought autonomous organizational expression and transcendence from party lines. This suggested a maturing of women's political status and legitimacy as an electoral constituency.

By 2008, women's representation in Parliament reached 30.8 per cent. However, a closer analysis reveals significant disparities: there are only five female ministers out of 22, five deputy ministers out of 20, and only seven female members of the National Council out of 26. Women are under-represented in Regional Councils where only 13 out of 107 councillors are female and there are only three women amongst the 13 regional governors. However, women are well represented in Local Authority Councils, – primarily as a result of affirmative action initiatives established in the Local Authorities Act – where they constitute 45 per cent of all councillors. A closer look reveals that only eight out of 30 mayors are female whereas at the deputy mayor level, the ratio is 50/50 ((MGECW 2010). Despite these commitments to ensure women's empowerment at all levels of society, the pace has been very slow and not likely to meet the targets set out in most, if not all the commitments. Table 1 reflects the election results by political parties in the 2009 election.

Table 1: Election results by party

National	Election results (%)	Number of seats	Number of women	% Women 2009	% Women 2004	Difference
SWAPO	602 580 (75,27%)	54	15	27.8	27.3	0.5%
RDP	90 556 (11.31%)	8	1	12.5	N/A	N/A
COD	5 375	1	0	0	40	40%
DPN	1 942	0	0	0	N/A	N/A
APP	10 795	1	0	0	N/A	N/A
NDPN	1 187	0	0	0	N/A	N/A
CPP	810	0	0	0	N/A	N/A
DTA	25 393	2	0	0	0%	0%
NUDO	24 422	2	0	0	33.3	33.3%
UDF	19 489	2	0	0	0	0
RP	6 541	1	0	0	0	0
MAG	4 718	0	0	0	0	0
NDMC	1 770	0	0	0	-	
SWANU	4 989	1	0	0	-	
TOTAL		**72**	**16**	**22.2**	**26.4**	

Source: Gender links 2009

A look at Namibia's recent political history shows that there has been no progress in terms of women's representation in parliament as shown in Table 2. Between 1994 and 2009, there was a marginal increase of 4 per cent. The figures below exclude non-voting appointments by the President. It will take nothing short of a miracle to achieve parity by 2015. This raises concern for a country which has failed to honour commitments outlined in several policy documents to which Namibia is a signatory.

Table 2: Comparison of women's representation between 1999 and 2009

Year	Total seats	Women's seats	% Women
2009	72	16	22.2
2004	72	19	26.4
1999	72	18	25
1994	72	13	18.1

Source: Ibid.

Factors that Hindered Women's Participation in Politics in the 2009 Elections

Gender, like class and ethnicity, is a source of inequality (Itkonen 1995). It is also a universal phenomenon. Getting women in politics has not been easy anywhere in the world. Although, women make up around 52 per cent of the world's population, women still remain in a minority in every parliament. Women's adversity resulting from discriminatory practices still continues. Hence, the quest to bring women into political decision-making arenas has been a non-stop global fight (Burness 1998).

A major factor that could be noted as a key barrier to women's participation in politics was the fact that access to formal politics was controlled by political parties, which made little effort to promote women within their own ranks or as candidates for elections at national and regional levels. There was a tendency to blame women for not coming forward as candidates rather than to analyse the many barriers and constraints facing women who enter the patriarchal sphere of party politics. As noted by one of the female aspirants from SWAPO:

> There should be a mechanism within political parties to implement the gender commitments which they have in policy documents. At the moment is all just talk but no action. They are just putting women as a token, especially those weak ones who are not politically mature and cannot challenge the status quo within the party. The women who are in the party structure are

> not aware of the political game and do not have the skills of negotiation. In fact, most of the decisions that are made in the party are made by men "after hours" and women just accept for fear of biting the hand that feeds you! (SWAPO former MP and Aspirant, 2011).

Furthermore, women face a difficult choice, as the price of access to formal political power is subordination to male party hierarchies. Women have ascribed roles as wives, mothers, sisters and daughters, responsible for the everyday wellbeing not only of themselves but of the men in their families, which was identified as another major barrier. Their stepping out of the so-called private space of the family into the public realm of politics caused some distress. "Who is going to cook for me?" was a common response from men whose wives aspired to political office, and many of the women politicians interviewed had paid the price of being either single or divorced. Moreover, the stark social divisions of wealth and poverty were entrenched along lines of race, and ethnicity.

The sentiments expressed by two former MPs who were aspirants in the 2009 elections are adept and underscores this point:

> What is happening in political parties is very similar to what is happening inside the home. We are fighting for equality, we say we should share the tasks, but end up doing mostly the domestic chores. In political parties, the situation is the same. We are fighting for equality but we are ending up with all the practical tasks while the men dictate the rules and make decisions (SWAPO former MP and Aspirant, 2011).

> "There are unspoken issues of ethnicity in political parties – the majority vs the minority. Depending on which side you belong that would determine your chances of getting support as a woman within the party. Men remain advantaged since they dominate in decision-making in all the party structure. The only way out is for the constitution of the country to be amended to make provisions for independent candidates so that women can contest as independent candidates and not under their parties, where they stand no chance to be selected as candidates (COD former MP and Aspirant, 2011).

Conclusion

There is a glaring gap in Namibia's electoral practices with regards to women's representation at the local, national and regional level. At the local level, where elections are held on a proportional representation system, there is a 30 per cent quota for women, and SWAPO has adopted a zebra style or 50/50 on its lists, women constitute 42 per cent of all councillors. At the regional level, where elections are run on a constituency basis and there is no quota, women constitute a mere 11 per cent of the total. But even though women activists remind political parties that women represent 52 per cent of the vote, the fact that Namibia still has no legislative quota for women at the national level, and the poor showing of women on some of the major political parties' lists for the 2009 elections, have contributed to the unfavourable direction for women in politics and decision-making in parliament and at all levels of society.

The PR system at national level favours women's representation but the absence of legislated or voluntary party quotas at this level is militating against the achievement of the SADC parity target. In the 2004 elections, women constituted 26 per cent of MPs, and this rose to 30 per cent during the subsequent years as a result of women replacing male MPs who dropped out of parliament for one reason or the other. Reaching the original SADC target of 30 per cent gave rise to hopes Namibia would push the envelope further in the 2009 elections. Following the 2009 election, there was only one more election (in 2014) before the 2015 deadline of the SADC Gender Protocol stipulation of 50 per cent women's representation. Governments, civil society organizations and more particularly political parties should look beyond 2009 and adopt voluntary party quotas for women of 50 per cent, and for activists and the public to increase pressure on the government to institute a legislated quota for women.

My research suggests that the right for women to participate in politics and decisions in Namibia is still curtailed by unspoken assumptions about the role of women in society as well as in overt ways by religious fundamentalisms. Gender inequality between men and women, together with the poverty that is rife amongst women, pose a serious barrier. The cultural norms which associate women with the private and domestic spheres serve to perpetuate the dominance of men in politics who are mostly associated with the public and political arenas. These norms continue to shape unequal gender power relations and the political landscape of Namibia. There is a need to revive a very strong and dynamic women's movement to back up women who aspire to political positions and those who hold public office to ensure that they are aware of the need to reconstruct the political and party structures that caters for women at all levels of decision-making.

Notes

1. This research was part of the proposal submitted for the Gender Institute 2011 session organized by CODESRIA on the theme Gender, Cultures, Politics and Fundamentalisms in Africa, held in Dakar, Senegal, 6–24 June 2011 under the directorship of Fatou Sow.
2. SWAPO is the South West African People's Organization, a political party and the ruling party in Namibia since Independence in 1990.
3. Oshiwanbo is the largest ethnic group in Namibia constituting approximately 60 percent of the population.
4. PLAN was the military wing of SWAPO during the liberation struggle for the independence of Namibia.
5. The RDP is founded by Hon. Hidipo Hamutenya, a former Foreign Affairs Minister in the SWAPO Party and several other breakaway former SWAPO members.

References

Baldez, L., 2006, "The Pros and Cons of Gender Quota Laws: What Happens when You Kick Men out and Let Women in?", *Politics & Gender*, 2 (1): pp. 102-109.

Becker, H, 1998, "Gender, Power and Traditional Authority: Four Namibia Case Studies", *Unpublished paper*, Windhoek, Centre for Applied Social Sciences Research.

Bennoune, K., 2011, "What is Fundamentalism? Definitional Issues/Foundations: Impact on Human Rights", *CODESRIA, Lecture 1*, Gender Institute 2011, Dakar, Senegal.

Government of the Republic of Namibia, 1990, Windhoek.

Congress of Democrats, 2009, *Election Manifesto and Constitution*, Windhoek.

Dahlerup, D., 2001, "Women in Political Decision-Making : From Critical Mass to Critical Acts in Scandinavia", in I. Skjelsbaek, and D. Smith, eds, *Gender, Peace & Conflict*, London, Sage, pp. 104-121.

Frank, L., 2010, "Women Claiming Their Rights", in *Perspectives Political Analysis and Commentary from Southern Africa*, Heinrich Böll Stiftung.

Frank L., 2004 "Moving Towards Gender Balance in Elected Positions of Government in Namibia" available at http://www.quotaproject.org/CS/CS_Namibia_Frank_10_ 6_2004.pdf, accessed August 2010

Frank, L., 2000, "Women in Politics in Namibia: A Situational Analysis", in *Women in Politics in Southern Africa*, WILDAF.

Hishongwa, N., 1992, *The Contract Labour System and its Effects on Family and Social Life in Namibia*, Windhoek, Gamsberg Macmillan.

Hélie-Lucas, M., 2001, "What is Your Tribe? Women Struggles and the Construction of Muslimness", in *Dossier 23-24*, London, Women Living Under Muslim Laws.

Kapoor, H., ed., 2001, *Dossier 23-23. A selection of papers, London, Women living under Muslim laws*, available at http://www.wluml.org/english/pubs/pdf/dossier23-24pdf, accessed 26 August 2011.

Itkonen, R., 1995, *Gender Perspective of ICA Europe reports*, International Co-operative Information Centre.

Katjavivi, P., 1988, *A History of Resistance in Namibia*, Paris, UNESCO.

Lebeau D. and Iipinge E., 2005, *Beyond Inequality Women in Namibia*, GTRP/SARDC, Windhoek.

Morna, C. L., and Nyakujarah L., 2011, "SADC Gender Protocol Barometer", *Gender Links*, Johannesburg.

Mukhopadhyay, M., and Meer, S., 2004, *Creating Voice and Carving Space. Redefining Governance from a Gender Perspective*, Amsterdam, KIT Publishers.

Ministry of Gender Equality and Child Welfare, 2010, *The National Gender Policy 2010-2020*, Windhoek.

Moleah, A. T., 1993, *Namibia. The Struggle for Liberation*, Wilmington, Disa Press Inc.

Xoagus-Eises, S., Made, P., and Ndlovu, S., 2009, "Gender in the 2009 Elections", *Gender Links*, Johannesburg.

Republican Party of Namibia, 2009, *Election Manifesto and Constitution*, Windhoek.

Namibia Institute for Democracy, "Preliminary statement by the Namibia Institute for Democracy (NID) on the 2009 National Assembly and Presidential Elections", available at http://www.nid.org.na/.

SWAPO Department of Information Publicity, 1981, *To Be Born a Nation. The Liberation Struggle for Namibia*, London, Zed Books.

Tjingaete, R. E., 1995. "Guerrilla Movements Influence on the Growth of the New Social Movement in the Periphery: A Study of SWAPO Women", in *Namnet Digest*, vol. 95, n° 11 of 28 February 1995.

United Democratic Front, 2009, *Election Manifesto*, Windhoek.

Weidlich, B., 2009, "SADC Parliamentary Forum says polls fair", in *The Namibian*, 2 December, p. 3.

16

Women and Politics in Postcolonial Swaziland through the Prism of the *Kwetfula-Marula* Ceremony

Hellen Promise Mhlanga

Introduction: A Historical Background of Swaziland

Swaziland is a country located in Southern Africa sharing borders with South Africa on the Southern, Western and Northern parts while Mozambique covers the Eastern part. The present Swazi are descendants of the Bantu people who once lived in different parts of Central and East Africa, mainly around the Benue-Cross region in Cameroon. This group is said to have embarked on a wave of migrations which started around 900 B.C. These migrations took a Southward direction. They are said to have followed three key routes: Western, Central, and Eastern routes. At the time of the migrations the Swazi were referred to as the *Ngwane,* after their leader Ngwane I. They assumed the name Swazi during the reign of King Mswati II in the late 1800s.

In general, the group started off on migrations from Central Africa as the Bantu people. However, as the migration process continued southwards a variety of factors forced the group to split. The fragmentation led to some groups taking different directions and assuming different names. The Ngwane were part of the Nguni fragment. They migrated until they settled around Delagoa Bay (present day Mozambique) in the mid-sixteenth century. However, at the end of the sixteenth century, they embarked on another migration that saw them eventually settling in the Pongola region around present-day Zululand. This is where the whole process of state formation for the Swazi started.

The land that we have today is much smaller than the land that was inhabited by the Swazi people especially during state formation process at the time of the reign of King Sobhuza I and his successor, King Mswati II. Much of the land which traditionally belonged to Swaziland was "sliced off" and taken by the two neighbouring states of Mozambique and South Africa. This occurred during the historical processes like the demarcation of the country. This was a result of European encroachment which saw large numbers of various land concessionaires gaining ownership of land belonging to Swazis. This land "grabbing" exercise culminated in the colonization which saw Swaziland falling under British rule from 1903 to 1968, when it regained its independence. Political subordination to Britain and growing economic domination by South Africa, even after independence, exerted a profoundly subversive effect on Swazi social organization. However, even after being granted independence the territories "sliced off" from Swaziland were never returned and this continues to affect the economy of the country. The fact that Swaziland is a landlocked country has contributed to its economic dependency on its two neighbours especially for access to the sea mainly for export purposes.

Swaziland is one of the few Kingdoms still in full control of their domains in postcolonial Africa. This is in addition to Lesotho and the Kingdom of Morocco. It prides itself as one of the few African nation-states that has evolved an indigenous political system that is a hybrid of a heavy dosage of authentic African values, coated with a legacy of Western political systems. This study has drawn on the role played by Queen Mothers in pre-colonial times in order to find out the impact they had in the decision-making process and to ascertain the political power of the current Queen Mother. In pre-colonial times, in a number of African countries, Queen Mothers had great political influence. Catherine Coquery-Vidrovitch notes that, "the important role played by Queen Mothers in this period is a clear sign of real female power" (1997:37). They wielded political power and influenced the political decisions of the Kings. They also had special functions to perform (Coquery-Vidrovitch 1997:37; Barnes 1997:4). They had great political influence as regents and as the mothers of the young Kings.

To situate Swaziland in the context of Queen Mothers in pre-colonial and colonial times, I used the example of a very popular Queen, Labotsibeni/ Gwamile Mdluli. She was a very influential Queen Mother who assumed the position of Queen Regent, after the death of her husband, King Mbandzeni in October 1889 (RCS/717/29). This was during the period of the concessionaires when the very existence of the Swazi nation was at stake. She was the Head of the Swazi State, though she ruled with the council of male elders. In her dealings with the Europeans, she is said to have surpassed the political power of her husband who gave away three quarters of the land to the concessionaires. She also had a clear perception of the need for Swazis to be geared for changing times.

Thoko Ginindza notes that the Regent Lobotsibeni exhibited deep insight when she advocated for the education of those in positions of authority and leadership, mainly the sons of Swazi chiefs (Ginindza 1997:148). Hilda Kuper states that the Queen Lobotsibeni came to the realization that, "… the white man's power lay in money and in books. We too will learn; we too will be rich" (Kuper 1947:31). Through her efforts national schools were established in the country where children of the royal household and chiefs were to be enrolled. She did all this amidst protests by the traditional fundamentalists who did not see any good in the white man's education. It is in the light of these political decisions that the Swazis hold Queen Labotsibeni in high esteem. To show their love and support, the Swazi women celebrated the *marula* festival with her. This tradition continues to this day.

Throughout the pre-colonial, colonial and postcolonial periods, the different Queen Mothers played a pivotal role in the indigenous political set-up. They were affectionately called the "Mothers of the Nation". Such an attribute stemmed from the fact that whenever Swaziland experiences a political vacuum mainly due to the demise or minority of the King, the Queen Mother then assumes full responsibilities of a Regent assisted by male royal elders (the council). Her opinion and decisions are respected by the Council even, though she is often the only female in the traditional government. Queen Labotsibeni again took center stage as the Regent, during the minority years of her grandson King Sobhuza II who was only four months old when he was introduced to the nation as the next King to succeed his father Bhunu. The second period of her regency was still at a very crucial time in the history of the Swazi Nation, as the concessionaires were now fully established in the country and were making claims of full ownership of the land they occupied. Throughout the period of her regency, Labotsibeni was applauded by European administrators like A. M. Miller who stated that she was an intelligent, alert and active woman who had zeal for running the government (Matsebula 2010:172). Queen Labotsibeni was able to exercise her political power to such an extent that the sovereignty of the country was upheld. Other Queen Mothers in later years also displayed impressive leadership qualities.

The *Marula* Ceremony: An Appreciation and Honour to the Queen Mother

To show appreciation and honour to these Queen Mothers, as well as recognizing the value of the womenfolk, Swazi tradition initiated a number of cultural ceremonies to be conducted by the women regiments and attended by the whole nation. For the purpose of this study, the *Kwetfula-Marula* national ceremony was used. *Kwetfula* is a term given to a customary practice which stems way back to pre-colonial times. It generally means to present/deliver gifts as a way of paying homage to the one in leadership. These gifts could be food items of any kind. *Marula* (scientific term, *sclerocarya birrea*) is a kind of a fig tree from which grow fruits that have a fleshly skin on the outside, and nut kernels inside. It is in season for three months in a year, from February to April. From pre-colonial times, the fruits of this tree have been used to make a very famous traditional brew, called *marula* beer (*buganu*). This brew became and still is one of the main food items used by the Swazi for the *Kwetfula* ceremony in honour of the Queen mother. They see the ceremony as a way of paying allegiance to their majesties. The other group sees the ceremony as cultural exploitation in the name of tradition.

This particular ceremony is also gender based in that women assume all the responsibilities of preparing and conducting the ceremony. They are supposed to be the ones to benefit the most from the whole process. The dancing also centres on them. Men are just spectators in the whole event. Even the speeches delivered by the King and the Queen Mother are often directed to women.

To start off the ceremony, women from the various chiefdoms of the kingdom are expected to gather the ripe *marula* fruit from the forests. They then prepare it by making an incision on the skin and squeeze the juice out of the fleshly part of the fruit into large pots. The outer skin is then thrown away while the fleshly seeds are kept in large water-filled pots for up to three days to allow them to ferment. From time to time, during the fermentation process, the women would further squeeze the fleshly seeds to extract more juice. This juice is then placed in separate containers and more water is added into the pot of seeds. On the third day, the highly fermented brew is ready for consumption.[1]

One of the participants from the Mnjoli constituency gave further details on the preparatory stages of the *marula* ceremony. She stated that, during the brewing session, the women in the different constituencies are expected to meet, from time to time, to practise traditional songs and dances they would perform at the national ceremonies. On a nationally announced date, the women, colorful gather at the chief's residence or at designated community halls. They bring with them containers of the *marula* brew and any other fresh farm products they might want to present to the Queen Mother. Government provides transport, mostly lorries to ferry, the women and their wares to the royal residence where the national ceremony takes place. The fact that the women have to assembly at the chief's residence makes it easy, for the local authorities, to take note of women who would not heed the royal summons. In most cases, women who shun this call are made to pay a fine. Some of the women cite cultural-religious conflict.[2] They claim that the ceremony goes against their Christian beliefs, as it deals with consumption of alcoholic brew.

The ceremony is held first at the *Buhleni* royal residence, and then, at a later date, it is held at the *Hlane* royal residence which is the birth place of the current Queen Mother, Ntombi Tfwala. Both ceremonies start on Friday afternoon, and end on Sunday afternoon. On Friday, the women present their gifts and the brew to the Queen Mother. They then dance and feast on food prepared for them. Saturday is the main day, when the women show-case their dancing skills before their Majesties, the royal family, visitors and dignitaries. The King's wives and the Queen Mother also take turns to dance to the pleasure of the multitude of women.[3] To the cultural fundamentalists; this ceremony gives women the chance to display their love, loyalty and commitment to the rulers of the land. They also see this, as a national recreation time in honour of Swazi women. The *kanga* worn by most of the women has a huge picture of either the Queen Mother or the King. This attire, together with the songs sung, highly politicizes the ceremony.

It is assumed that faithful participants in this ceremony and other cultural activities stand a chance of being "remembered" when new political posts open up, for example appointed Members of Parliament. It should be noted that Swaziland has two groups of Parliamentarians: the first group is composed of members nominated and voted for by the public from the 55 constituencies around the country; the second group is formed by those members appointed by His Majesty. The Queen Mother has the mandate to register her own candidates; these could be from her *Lutsango* regiment. The argument of this chapter is that, even though such an arrangement constitutionally exists, the Queen Mother does not possess the same political power as the King. She only acts as his advisor, mainly in her capacity as his biological mother. Her leadership role is confined to traditional matters involving mostly women. This demonstrates that the power relations are based on gender roles. This is more so when one considers that this particular festival involves duties that are said to be suited for women, mainly: brewing the *marula* beer, cooking, display of handicraft and other women-gendered chores. In this manner, therefore, the ceremony cannot be said to be bridging the gender gap.

For the purpose of this study, the *marula* ceremony has also been used to provide a "window" through which issues of gender equality, equity and economic empowerment can be perceived by members of the society. Oral interviews were carried out during the data collection exercise. The key informants were ten women and two men. The women were in two categories. The first group of five comprised of women who are active participants in the *marula* ceremony. Their views were in support of the cultural activities. To them, the act of working hard to supply gallons of *marula* brew free of charge to the authorities is not a sign of oppression or form of exploitation.

In order to organize the differing viewpoints of the informants, they were grouped into supporters critics. Supporters being those who support and participate in the *marula* ceremony. Critics being those who oppose and did not attend the ceremony. Members of both groups came from the rural and urban areas. One member from the supporters' group works at the *marula* factory, called Swazi Secrets. She noted that they were grateful to the Queen Mother for her efforts in fighting against poverty. She also pointed out that to a majority of the rural women, the festivals afforded them the chance to get out of their homestead and recreate with the other women in the royal camps where they are supplied with a variety of free food. However, members of the critics' groups felt that all this was a waste of the taxpayers' money. They considered the ceremony as part of their obligation to the Queen Mother, the King, his guests and the nation at large. For purpose of the discussion, I refered to the first group as "supporters". This group comprised two members of the royal family, one female head of a constituency, one leader of a women regiment and one participant who works in the *marula*-products factory at Swazi Secrets. The other group of women also had five members. Members of this group gave views which showed negativity towards the *marula* ceremony, it is on this basis that I refer to them as the "critics" group. Even though most of their views were negative, there were some aspects of the ceremony which they agreed were positive and helpful to the Swazi women. For example, the poverty reduction projects and other self-help campaigns that the Queen Mother unveils each time the women meet during the *marula* festival. Two members of this group were teachers; one from a rural area and the other from an urban area.

The other two members were housewives. One lives in the compound of the Tambankulu Estates, which is a peri-urban area, while the other lives in the rural area of Nkambeni. The last one is an active member of a progressive group called PUDEMO (Peoples United Democratic Movement), which is one of the banned political parties in the country. In the case of the men, one is the father-in-law of the housewife who falls under the group of critics and lives in Tambankulu Estates. He is also the father of the teacher who lives in the urban area. The other man is a member of the Youth wing of PUDEMO, called SWAYOCO (Swaziland Youth Congress). This division in the attitude and the views of the Swazis has made the ceremony to be a very "misty window" and the conclusions made show contradicting elements of the cultural values.

The critics of this ceremony noted that these cultural events are no longer practically relevant to the current society, as they do not add any significant value in promoting the welfare of women countrywide. They see the continuation of these events as a deliberate move by the cultural fundamentalists who use it as a "check and balance" device to ascertain the level of loyalty to the monarchy, in the face of changing world politics. An increase or a decrease in the numbers of women who heed the call to participate in the *marula* ceremony, as well as the people who attend the main national event, sends either a positive or negative signal to the fundamentalists who might then need to devise other strategies to "force" the women to participate and attend the culturally crucial ceremony.

Cultural fundamentalists then take the initiative to spread the "gospel" of culture, especially during national events. A case in point is during the reed dance held at Shiselweni, in August 2010, where the Minister of Housing and Urban Development made a speech on the importance of cultural activities. She noted that people who respect and follow their culture keep together and have character. She also pointed out that the easy way of destroying a nation is by destroying its culture (*Times of Swaziland* 2011:4).

The religious fundamentalists share similar sentiments. These Swazi traditionalists advocate that the Swazi traditional religion of ancestor veneration should be a foundation on which Swazi way of life is based. They are of the idea that Swazi must engage in all cultural activities, as these are the "pillars" of the very existence of the Swazi as a nation. They consider these ceremonies as some kind of religious devotion to the nation's ancestors who they believe bestowed these activities as part of religious worship. Therefore, without these ceremonies, the nation would lose its national identity, as the ancestors would no longer protect the nation. One traditionalist who saw no wrong in blending Christianity with Swazi culture is a retired Army Commander who noted that Swazi culture is reflected in the Christian Bible. He noted that one of the ten commandments in the Bible talks about observing culture and the significance of paying allegiance to the country's authorities (*Times of Swaziland* 2011:6). He however, could not quote the Biblical texts.

Such observations give the impression that cultural and traditional-religious fundamentalisms work together to enforce practices that could be good, but not to the advantage of all members of the society. Members with dissenting views are then considered to be "evil" and geared towards destabilizing the "peaceful" nature of the Swazi people. Such an approach eventually leads to negligence of crucial issues, like human and women's rights.

Apart from the already highlighted issues in this the chapter, the study also raises the need to further unmask the agenda of cultural fundamentalism, when it comes to women and cultural activities like this *marula* ceremony. Some of the cultural practices lead to the insubordination of women. For example, during the *marula* ceremony, the women are expected to produce barrels of the brew to be enjoyed by the men, without payment. This is worsened by the fact that women, who do not bring the brew and do not attend the ceremony, are fined by the leaders of their constituencies. Furthermore, the conditions under which the women live during the three days of the festival in the royal residences are not conducive for human habitation, but they are expected to endure all the hardships in the name of loyalty to the royal summons.

Significance to the economy of the country is another angle at which to look at this ceremony and the *marula* brew. Culture is not static, and this is displayed by the changes observed over time. In pre-colonial times, the *marula* brew was not sold. It was freely enjoyed by those who consumed it, at family, chiefdom or national levels. However, this changed with the advent of the money economy. While brewing for the *Kwetfula* functions, most of the women now also keep some of the brew to sell to customers, both at the home market and during the royal ceremonies. This is done during the first and second days of the ceremony since the free-for-all brew offered by the Queen Mother is only consumed on the evening of the second day. The women transform the cultural ceremony into a business venture.[4]

Another overlap of this ceremony is the commercialization of the *marula* fruit and its by-products. The current Queen Mother, Ntfombi Tfwala, introduced this new trend. Her prime aim was to alleviate poverty especially for the unemployed women who reside in the rural areas. She assisted in getting foreign investors to open Swazi Secrets which deals with processing the *marula* fruit and dry seeds to make cosmetics, bath soaps, bath oils and other beauty products. This led to a national call for women to collect the fresh fruits and dried seeds to sell at the factory. Also, in her speeches during these ceremonies, the Queen Mother introduces new self-help projects aimed at poverty alleviation. She also solicits for funds and material aid from foreign missions and investors to empower the women economically.

There are also companies which have taken it upon themselves to assist in promoting the involvement of their women employees in national cultural events like the *marula* ceremony. For the purpose of this study, the Tambankulu/Hullet Sugar Company has been used. It allows the women employees to form the *Lutsango* regiment and prepare the *marula* brew as well as practise songs and dances to perform during the national ceremonies. The company assists in transporting the women and their wares to the royal residences. It also provides them with food even though they also receive rations at the royal residencies. To further show its commitment to cultural activities in Swaziland, it assists all other regiments (for men, boys and girls) whenever they have to attend national ceremonies like *Incwala*, tasting of the first fruit which is a male-centred events; *Lusekwane*, which is cutting of the sacred shrub carried out by boys and the cutting of the reed done by girls and women (at separate times and events).

The effort to assist in royal assignments made by companies, such as Tambankulu Estates, has been viewed in different perspectives by members of the Swazi society. Traditionalists and Loyalists see this as a positive step that shows the importance of cultural values which should be promoted, even by foreign investors. Such sentiments were shared by members of the Tambankulu women regiment who were found preparing for the journey to the *marula* festival, at Hlane Royal residence. Their leader noted that the company further displayed its close connection and loyalty to the country's leadership by having a Prince from the Royal family on company payroll. He is the Company's Liaison Officer to the King's office. He sees to it that the welfare of the company employees when going for cultural activities is highly taken care of. He also oversees the interests of royalty in the company.[5] There are many other companies who follow the example of Tambankulu and involve themselves and their employees in the country's cultural activities.

Some members of society see this relationship between royalty and independent companies as a way of spreading "social ills" like nepotism as some people who are connected to the royal circles are said to be given high posts in these companies, which they do not merit. The engagement of members of the royal family especially in the leadership structures is also seen as a way of intimidating the workers. The general feeling is that it would not be easy for them to engage in strike actions, especially after negotiations in the presence of the Prince or Princess as this would be considered un-Swazi. Swazis are known to respect their political leaders even if it is a representative.[6]

The Ceremony and the Significance of the Queen Mother for Political and Social Relations

The current Queen Mother Ntfombi Tfwala, mother to the reigning King Mswati III, still exhibits a lot of political power, even though she is not directly on the throne. According to Swazi tradition, the ruling system is a dual monarchy. This means the King and Queen mother are supposed to share political power. This is displayed in the Swazi coat of arms, which has the symbols of a lion (for the King), and a she-elephant (for the Queen Mother). According to the traditionalists, the *marula* ceremony is one way through which she exercises her power and she does this with the help of the women.[7]

A number of the songs and praises sung during the ceremony are in honour of the Queen Mother while others could be songs in protests over a particular incident. The protest songs are composed with the aim of bringing the issue in question to the attention of the country's leadership on the big day, with the hope that the matter will be taken up and justice effected. The general belief is that the Queen Mother could influence decisions made by the King, which could then be in favour of the people. However, observation has been made that some of the grievances of the women are not addressed due to these songs, but they do form part of the awareness campaign. That is why women's movements like SWAAGA (Swazi Action Group Against Abuse) then make a follow-up on the cases brought out through these songs.

Throughout the ceremony, the Queen Mother, assisted by leaders of the women regiment and women Members of Parliament, takes center stage in all the activities, which are also attended by men. The King, his advisors and all other males take a "backseat", but they are allowed to join the women in drinking the *marula* and in feasting on the food provided. To the critics, this leadership role assumed by the Queen Mother at this time does not necessarily mean she has political power which could be equated to that of the King. To them, this is just a temporary measure and it does not in any way show gender equity. Such an observation was given by one woman who is an active member of the banned political party, called PUDEMO (cited earlier in the study). However, she asked that her identity be concealed due to the sensitive nature of the study, as it touches on royalty. She was then given the codename of Sharon; her main concern was that the participation of women in these cultural activities does not change the status quo.

Women's basic rights are still violated; the three-day session at each of the three royal residences, where the *marula* ceremony takes place, does not have lasting effects of bringing about gender equality. These women and even the Queen Mother would go back to their normal everyday life experiences without notable changes, except for some of the self-help projects they might engage in. Generally, they would still be under the same "yoke" of patriarchy as before the *marula* festival; and still be considered as second-rate citizens and inferior to men.[8]

To the members of the "supporters" group, the *marula* ceremony does display the political status of the Queen Mother. According to Mantfombi Tsabedze, leader of the Mnjoli Constituency, on the main day of the ceremony which is a Saturday, the Queen Mother delivers the main speech of the day instead of the King, as it is always the case when there are national ceremonies in the country. It is at this time that she delivers news on the latest poverty alleviation strategies which are aimed at economically empowering the women. She also makes the women aware of any new international donations in money or in kind (example: sewing machines) that she had managed to solicit in a bid to further assist the women to be self-employed.[9]

It was during one of these ceremonies in 2003 that the Queen Mother revealed the establishment of the new factory called Swazi Secrets. This factory produces a variety of cosmetics from the seeds of the dried *marula* fruit. Other varieties of cosmetics are produced from another wild-indigenous tree called *trichilia* that grows well in the Lowveld. The women are then encouraged to collect as many *marula* kernels and *trichilia* seeds as they can get. They crack the kernels to obtain the *marula* seeds. After filling up as many containers as they could, they are to assemble at designated areas and the company personnel's come and buy these seeds from the women.[10]

Another informant, Thuli Dlamini, who works at the *marula* company, noted that the company was opened in 2002. She noted that many women benefited from selling the seeds. In 2007, women who were involved when the company started were given the opportunity to become share-holders. This was regardless of their level of education. Up to today this company is co-owned by these women.[11] Over the years, the Queen Mother introduced many other business ventures which are unveiled during the *marula* ceremony. On this issue, the "critics" note that, though this is a good move to enhance women's economic empowerment, it does not benefit all women in the country. Only those who are able to attend the ceremony and get registered benefit from the various schemes introduced.

Differing Views on the Ceremony: Supporters versus Critics

In analysing the whole ceremony, different viewpoints were obtained from the two groups of interviewees cited earlier; being that of supporters and critics. The major outcome is that this ceremony has many contradictions. To the fundamentalist group which supports and actively participates in this cultural ceremony, the Queen Mother does not just represent the political figure-head, but she is more the main reason for their national identity. As a result, she is referred to as the "lioness" that is able to protect and take care of her "cubs". According to Zodwa Matsebula, one of the informants from this group; climbing the political ladder is a high possibility for all women who diligently adhere to the call for royal duty. She believes that if a woman continuously attends all ceremonies and is an active member of the women regiment, then she stands a good chance of being noticed by those in "high" places and could land herself or her children top political posts.[12] Such a view is fostered by the fact that, in Swaziland, the Queen Mother has the mandate to influence the appointment of some Members of Parliament who are said to be the King's appointees, through a system called *kubulala* which means to "kill" – royal appointments are associated with being given a heavy task.

Members of the critics group then argue that such action is tantamount to nepotism. To this allegation, one supporter Fikile Dlamini then made a counter claim stating that, even though the Queen Mother has the authority to recommend appointees to parliament, she does not use this power in a corrupt manner. She made the observation that, if the women had been seated at their homes and not participated in the ceremony, nobody would even know they exist. Therefore, attending the cultural ceremonies like the *marula* event exposes the potentials of these women.[13]

Mantfombi Tsabedze attested to the fact that she gained her important political post as Head of the Mnjoli Constituency (she assumes the position of acting chief of the area) due to her being an active and diligent member of the women regiment. She also noted that the fines imposed on women who fail to provide the *marula* brew and fail to heed the royal call to the ceremonies, are not a way of forcing the women to attend. These fines assist in buying additional provisions for the women who attend, as most of them are not employed, yet there are other foodstuffs being sold at the camps besides the food provided by the authorities.[14]

To the supporters' group, the Queen Mother uses the cultural festivals as a platform to encourage women to take an active role in the country's politics. They claim it is in this regard that, in 2003, a national call was made for women to stand for national elections. A slogan "Vote for Women Campaign" was made (*Times of Swaziland* 2003:6). From that year onwards, it was no longer going to be the appointing hand of the Queen Mother and the King only that was going to land women in the political and economic hierarchy, but they were to be elected by the people. As a result, over the years, more women have been elected to be Members of Parliament, ministers, and heads of various economic establishments and institutions. The supporters' group sees the Queen Mother as the pillar of strength for the women. They also believe that the institution of Kingship rests on the shoulders of the "She-Elephant" – the *Indlovukati*.

On the whole issue of the significance of the Queen Mother in politics, the critics group is of the view that her political leadership does not necessarily mean that there is gender equality in the country. Instead, to them, this *marula* ceremony further shows that women are exploited by those in authority. They are expected to work very hard to provide the brew to be enjoyed by the King and the men free of charge. One informant who is from a rural constituency stated that the element of force and gender discrimination was evident in that the chief made women, who failed to produce the 25 liter container of the brew or to attend the ceremony, to pay a fine; yet this does not happen to men who failed to heed any of the royal commands.

One young man who is a member of SWAYOCO, the youth wing of PUDEMO (the banned political party), pointed out that these cultural events are a way of assessing the rate of loyalty to the monarchy, especially by the women folk, since they are known to be people who are easily influenced by external forces, yet they form a majority of the country's population.[15] Another informant, Tinny Tsabedze, noted that in as much as the traditional ceremonies are used to try and bridge the gender and political gaps in society, there is always the danger of creating further division in society. At times, this comes out without being planned. In the case of the *marula* ceremony, she noted that there has been a growing tendency by some women from along the lines of royalty (even through friendship) to isolate themselves from the rest of the regiment, by forming their own dance group and having a *kanga* (the traditional attire) that is unique to the special group. The researcher observed this, during some of the *marula* ceremonies held in the royal kraal. The display put up by these women makes them conspicuous from the rest of the regiments; their supposedly rich attire, heavy make-up and expensive jewellry make them to be the center of attraction.

The fact that this peculiar group is mostly from the elitists classes in society, as well as from royalty, makes them dance close to the Queen Mother. They also do not go through the tougher stages of the ceremony, that of queuing to deliver the brew and other products which occur on the arrival day which is Friday. They are also spared the gruesome task of having to dance for long hours outside the main arena (this part of the field is usually not well prepared for the barefooted dancing, as it could either have gravel or even thorns), The rest of the regiment is expected to begin the ceremony by displaying their dancing skills through this rough patch in a style called *kuhlehla* which is more like a march-pass parade. Such a situation tends to create division among the members of the women regiment, yet the whole purpose of this cultural event is to create a harmonious relationship among women from different walks of life.

In her speech, the Queen Mother clearly explains that the major objectives of the cultural ceremonies is, for the women, to socialize, network, get counselling especially on various family issues, discuss poverty reduction strategies, like teaching each other handicrafts and sharing many other constructive ideas. She expects this to be done by the women in their camps, as they are given time to rest on Saturday, the whole day, since dancing starts in the afternoon. However, some of the women prefer not to camp with the rest of the regiment in the school halls and tents, but come in their "posh" cars late in the afternoon for the main dancing and speeches by the Queen Mother. This then defeats the important aim of cultural homogenization through the royal traditional ceremonies.

On another note, there is an outcry over the rate at which some of these women get drunk after consuming the brew. They are also said to exhibit immoral conduct during the three-day-camp. In fact, some of the interviewees stated that they do not attend this event because they see no relevance in the drunken behaviour of the participants and the aims of the Queen Mother. They see this as a mockery of the whole event. Women leave their homes for the whole three days just to get drunk. She pointed out that it is due to such reports of drunkenness and immoral behaviour that people who are Christians like herself tend to shun these cultural events. Such bad report on the behaviour of some of the women dates back to the 1990s.

A columnist for the country's newspaper, *the Times of Swaziland*, once gave a depressing expression when reporting on the *marula* season. He stated that "Its *maganu* (siSwati name for the *marula* brew) and loose morals time" (*Times of Swaziland* 1992:5). In his report, he outlined how Swazis generally lose their moral values at this time of the year, such that a number of families' break-up. Over the years reports of married women who were impregnated by other men during these functions were circulated. The distribution of free condoms during the festival also goes on the show that immoral acts occur yet a majority of these women are supposed to be married and most of their husbands do not attend these camps. Such bad occurances make the whole ceremony to be looked down upon by those who oppose it.

Conclusion

The major observation of this research is that culture, religion and politics can come together to engender equalities among men and women; however, for this to be a reality, there needs to be commitment by the custodians of the culture and the different participants as well as any other stakeholders. But this is a gradual process that needs a lot work especially in uprooting deep-seated stereotypes.

Also caution has to be taken in dealing with aspects of culture and religion, as these two areas tend to have clash of interests. For example, on the issue of the *marula* ceremony, many Swazi people consider it as evil, due to the fact that the brew intoxicates and is said to arouse all sorts of reactions from those who drink it, especially immoral behaviour. Some women have been accused of having committed adultery during the ceremony. Such reports make the tradition to be scorned upon by many.

In this regard therefore, Swaziland like most African countries still has long way to go in bringing about a satisfactory position of bridging the gender gap especially in politics. The contradictions unearthed by the study make it difficult to ascertain if these traditional ceremonies could be used as a tool to bring about change in the country.

Notes

1. Background information on the *marula* ceremony was supplied by Saraphina-Mantfombi Tsabedze, aged 55. She is an active participant in all the women cultural activities. She is also Head of the Mnjoli chiefdom which is under the Hlane constituency.
2. Skefu Magagula, aged 75, is father-in-law to two of the informants. He also gave insight on the Kwetfula custom. He further explained the important role played by the Queen Mother in all cultural activities.
3. Information supplied by Khangezile Dlamini who is member of the royal family she emphasized the importance of adhering to cultural norms for the survival of the nation.
4. Some of the informants felt that the topic being discussed was politically sensitive as it centred on royalty; they then requested not to reveal their identities. This is due to the fact that open criticism of the status quo is not allowed as political parties were banned in 1973.
5. Both supporters and critics applauded the Queen Mother for her active role in poverty reduction projects. However, others lamented that the schemes did not benefit all women in the country.
6. Zanele Khoza, 37 years-old, a teacher by profession, is one of the informants who agreed to have her identity exposed. Her views were more on the cultural fundamentalisms associated with this ceremony.
7. The *kanga* is a large colourful cloth that has different prints, like the portrait of the King, Queen Mother or the country's shield or flag. It is worn as part of the traditional attire, over the Swazi leather or woollen pleated skirt for women or over the loin skin for men.
8. PUDEMO is an acronym for the Peoples United Democratic Movement. This is one of the political parties operating "underground" as all political parties were banned in Swaziland through an "infamous" law passed by the late King Sobhuza II called the 1973 decree. So, when making any submissions of a political nature, members of this formation cannot reveal their identities for fear of victimization.
9. SWAYOCO is the youth wing of PUDEMO. It means Swaziland Youth Congress. It also operates "underground" like its mother body.
10. A speech by the Minister of Housing and Urban Development. She emphasized the importance of adhering to cultural norms for the survival of the Swazi nation. The recording was done by an unnamed journalist in the *Times of Swaziland* dated September, 19, 2011.

11. Information from the Times of Swaziland dated September, 19, 2011. The report on views given by a traditionalist former Army Commander on the importance of cultural activities in Swaziland.
12. Information supplied by Khangezile Dlamini who is member of the royal family. She gave a detailed account on the preparations for the *marula* festival.
13. Views of a vocal female member of the banned PUDEMO group and a gender activist. Like the other members of political formations she was not keen to have her identity revealed, instead she opted to use her codename. Most of her submissions were critical of the value of cultural activities in the country, more especially in the area of promoting gender equality and the general welfare of women.
14. Thabile Nyoni leader of the women regiment at Tambankulu Estates gave an elaborate account of events of the main day of the *marula* festival. In her account she also applauded the role played by companies like Tambankulu in assisting employees to participate in national cultural events like the *marula* ceremony. She explained how this particular company provides its workers with free food, money and free transport to the *marula* festival. This is done after the women workers and housewives of male employees had also prepared the *marula* brew and practised songs and dances to present at the festival. They go there as a regiment from the company.
15. Women like Thuli Dlamini felt that the role of the Queen Mother has been instrumental in bringing about betterment of their lives through the various self-help projects. She noted that it was through her efforts that a factory called Swazi Secrets was established, which used the by-products of the *marula* fruit after the brew had been made. This saw a large of women benefiting financially from their *marula* fruit collection.

References

Afolayan, F., 2004, *Culture and Customs of South Africa*, Westport, Greenwoods Press.

Aphane, D. et al., eds, 2001, *Multiple Jeopardy : Domestic Violence and Women's Search for Justice in Swaziland,* Mbabane, Women and Law in Southern Africa Research and Educational Trust (WLSA).

Banton, B., 1965, *Roles : An Introduction to the Study of Social Relations*, London, Tavistock Publications.

Bochner, S., ed., 1982, *Culture in Contact: Studies in Cross-Cultural Interaction*, Oxford, Pergamon Press.

Bonner, P., 2002, *Kings, Commoners and Concessionaires : The Evolution and Dissolution of the Nineteenth-Century Swazi State*, London, Cambridge University Press.

Duley, M. I. and Edwards, M. I., eds, 1986, *The Cross-Cultural Study of Women: Comprehensive Guide*, New York, Feminist Press.

Geertz, C., 1967, *Old Societies and New States*, New York, The Free Press.

Ginindza, T., 1996, "Labotsibeni / Gwamile Mdluli: The Power Behind the Swazi Throne, 1875-1925", in F. E. S. Kaplan, ed., *Queens, Queen Mothers, Priestesses, and Power : Case Studies in African Gender*, New York, New York Academy of Sciences.

Iliffe, J., 2005, *Honour in African History*, Cambridge, Cambridge University Press.

Kanduza, E., 2009, "The Women's Movement in Swaziland: Tracing Women's Activism, from 1970-2008", conference paper presented at a *History Inter Disciplinary Conference* at the University of Swaziland in January 2010.

Kaplan, T., 1997, *Crazy for Democracy: Women in Grassroots Movements*, New York, Routledge.

Kuper, H., 1947, *An African Aristocracy: Rank among the Swazi,* New York, Holmes and Meier, Africana Publishing Co.

Maloba, W. O., 2007, *African Women in Revolution*, Eritrea, Africa World Press.

Matsebula, J. S. M., 2010, *A History of Swazil*and, Cape Town, Longman Penguin Southern Africa.

Tehranian, M., 1999, *Global Communication and World Politics : Domination*, Development, and Discourse, Boulder CO, Lynne Rienner Publishers.

Vidrovitch-Coquery, C., 1997, *African Women: A Modern History*, Boulder CO, Westview Press.

17

Terrorism and Counterterrorism in Eastern Africa: Concerns for Muslim Women in Kenya

Alfred Anangwe

Introduction

From the perspective of both national and international human rights law, violence which is directed at civilian non-combatants is defined as criminal. While this is the case, Al-Qaeda and Al-Shabaab are two Muslim fundamentalist groups which have issued terrorist threats and claimed responsibility for terrorist attacks on Kenyans (Otiso 2009; Wahome 2005). These groups, in addition, have also been involved in other criminal activities such as international drug trafficking. As a result, the Government of Kenya has declared war on terrorism. "War on Terror" has also come under attack for violating human rights. This chapter presents a discussion of concerns raised by Muslim women regarding human rights abuses generated by both terrorism and counterterrorism in light of increasing Muslim fundamentalism in Eastern Africa.

The term *fundamentalism* first appeared in the Christian world when Christian fundamentalists held that the Bible must be accepted and interpreted literally. Fundamentalists oppose modernism and secularism which they perceive as an existential threat to their religion and, consequently, seek to follow a strict scriptural interpretation of the holy texts to counterweight profane influences (Armborst 2009; Westerlund 1982). On the contrary, though, Muslim fundamentalists paradoxically embrace modern means: mass media, bureaucratic institutions, and destructive military technologies.

This paradox has led some scholars, human rights activists and feminists to dismiss Muslim fundamentalism as modern political movements which uses religion as a basis for their attempt to consolidate political power and extend social control over women (Karam 1998; Haynes 2003). Muslim fundamentalists like Osama bin Laden characterize themselves as the "just" involved in the struggle against the "unjust" through the Holy War or jihad. By making reference to jihad, they employ violence which has generally come to be referred to as terrorism (Hudson 1998). Some of these violent acts have been tragically demonstrated by the US, Bali and Kenya bombings (Baffoun 1994). There are variants of Muslim fundamentalism (Bennoune 2010) and not all resort to terrorism (Armborst 2009). Some embrace political participation in order to capture the nation-state alongside all its institutions through which political power can be exercised and used to assert and promote Islam top down via the nation state machinery.

This study is concerned with activities of two Muslim fundamentalist groups (Al-Qaeda and Al-Shabaab) which engage in violent attacks against civilians. Chung (2005) regards such groups as advancing a more dangerous ideology and political movement than communism after the collapse of the Soviet Union. Al-Shabaab and Al-Qaeda have launched a fierce war against established authority through terrorist means such as attacking government officials and buildings, kidnapping and assassinating foreign travellers, journalists and diplomats. Terrorist activities are thus an international threat to the rule of law, democracy and human rights (Wahome 2005).

While governments have established instruments to deal with terrorism, the world is still faced with the dilemma of balancing between curbing terrorism and ensuring that national security is safeguarded without infringing on human rights. Based on this, Bennoune (2010) argues that terrorism has become a contentious terminology when it is used to describe Muslim fundamentalist movements. Bennoune (2008) has emphasized that there is need for "War on Terror" to be informed by the understanding that international human rights law protects the individual both from terrorism and the excesses of counter-terrorism, such as torture.

Muslim women in Kenya have expressed their concern about terrorism as well as counterterrorism. This springs from the fact that (1) terrorists do not respect the right to life since they indiscriminately target non-combatant civilians, including Muslim women, destroying their property and livelihoods, among others and (2) counterterrorism has also been carried out in breach of human rights exhibited by arbitrary arrest, illegal and prolonged confinements of arrested suspects, torture of women and children, among others. The right to life is a fundamental human right. Whereas international law recognizes that many rights protections are absolute and may be suspended or qualified in exceptional circumstances such as wars, it does not accept that fundamental human rights may be restricted based on religious dictates (Mayer 2007; Howland 1997).

Muslim fundamentalists and their terrorist acts are mainly carried out by young Muslim men. In view of this, Graham (2008) asserts that, in Africa, a gendered lens has been used to ignore women's involvement because, like other security issues, it is seen as the preserve of men. The result of this is that Muslim women's issues are often downplayed or neglected altogether within the security paradigm of terrorism (Ness 2008). Moreover, Muslim fundamentalists' view of women contributes to the relegation of women's issues and concerns, regarding terrorism and counterterrorism, away from public debates. Cragin and Daly (2009) agree that terrorism by women is often disturbing because women are stereotypically perceived as incapable of instilling terror. Instead, they are generally perceived as inherently more peaceful in their attitudes toward international conflict (than men) and more disposed towards moderation, compromise and tolerance (Bloom 2005). If anything, prevailing notions across cultures are that women should be sheltered from engaging in warfare activities, including near-total exclusion of women from combat forces (Goldstein 2001).

Prevailing views about women and terrorism have served the function of making women, in this case Muslim women, become invisible in global "War on Terror". While Kenyan Muslim women have not been perpetrators of terrorism, this study demonstrates that they have been affected as much as men. However, their concerns have not attracted the much-needed attention from scholars beyond documentations of the media and human rights organizations.

The study is divided into two main parts. The first part examines Muslim women's concerns regarding terrorism while the second examines their concerns with counterterrorism. A brief account of how data that informed this study was gathered and analysed is presented first.

Methodological Issues: Data Collection and Analysis

Data that informed this chapter was generated through a combination of methods of data collection. Writing this study started with a thorough review of secondary literature from university libraries in Kenya, internet and at the CODESRIA resource centre in Senegal. The researcher reviewed literature on fundamentalism and Muslim women as well as documents from human rights organizations which have been concerned with human rights issues of terror suspects in Kenya. The research also benefited from print media reports and stories on counterterrorism in Kenya. This source provided a number of case studies which are referenced in this study. This is bearing in mind that Muslim women in Kenya have voiced their concerns through the media, after failing to get the required attention from relevant government agencies.

This research generated additional data from informal interviews with Kenyan Muslims (both men and women), as well as with ordinary Kenyans. Lastly, views, comments and face to face verbal exchanges from the chair, laureates and resource persons of the CODESRIA Gender Institute 2011 enabled the researcher to contextualize, conceptualize and refine ideas which are presented in this study.

The data was subjected to a gendered analysis with the intention to project the voice of Muslim women around concerns generated by terrorism and counterterrorism activities in Kenya. "War on terror" is viewed as a male affair thereby sidelining women to the periphery.

This research sought to present the women's side of the story on terrorism in Kenya. In fact, this chapter demonstrates that (counter) terrorism activities in Kenya affect both Muslim men and women. Before analysing and discussing the findings of the study, the next section presents a brief discussion of the "War on Terror" in Kenya.

Terrorism and Muslim Women's Concerns in Kenya

Muslim fundamentalists linked to Al-Qaeda and Al-Shabaab carried out terrorist attacks in Kenya between 1998 and 2012. The terrorist bombing of the US Embassy in Nairobi in 1998 and the Israel-owned Kikambala hotel in Mombasa in 2002 were the most catastrophic (Otiso 2009). Recently, Al-Shabaab has carried out small-scale attacks using grenades in several parts of the country. Apart from violent attacks, terrorism has been linked to the recruitment of Kenyan youths to fight the Somalia government. This is in addition to involvement in the drug trade which generates funds for terrorist activities. These activities have been a concern of Muslim women in Kenya.

Muslim women have, generally, expressed their displeasure with terrorist activities of Al-Qaeda and Al-Shabaab as demonstrated by the fact that most Muslim women in Mombasa, in particular, celebrated upon the death of Osama bin Laden (Mwakio 2011). One woman, Mufidha Mohamed, whose husband died in a terrorist attack on Kikambala Hotel in Mombasa, remarked that:

> It would have been better if Osama was captured alive by the American forces. He would have been interrogated and provided more information on the real operations of the outfit he was heading (Mwakio 2011:7).

The death of her husband left her to fend alone for her five children. Kadzo Kaingu, a female relative of another band member who died in the Kikambala Hotel bombing, said that the US had done a great job in eliminating Osama. Concerns raised by Muslim women's regarding terrorism in Kenya are presented in the following section.

Muslim Fundamentalism, Terrorism and the Purging of Muslim Women's Rights

It is now an established fact that two terrorist groups, Al-Qaeda and Al-Shabaab, linked to Muslim fundamentalism, are represented, or at least have sympathizers, in Kenya (Kitimo 2011a; Otiso 2009; Shinn 2008). Intelligence information from the Kenyan and US governments have pointed out that some of the most wanted terrorists, linked to this group, have taken cover in Kenya. These groups have issued terrorist threats and accepted responsibility for acts of terrorism committed on the Kenyan soil. They have infiltrated mosques from which they recruit young Kenyans into their ranks. Some have married Kenyan women and are bringing up Kenyan children. These are avenues through which Muslim fundamentalism is likely to spread amongst some Kenyan Muslims. Muslim fundamentalism is an adversity on the rights of Muslim women.

Muslim fundamentalists oppose the separation of religion and politics, denying the importance of individual rights, especially women's rights, and are not concerned with the notion of universal human progress. They promote religious doctrines which put restrictions on women based on interpretations of some Muslim laws and restrict women from participating in the public arena. They expect Muslim women to observe morality that stresses traditional ideals of femininity, motherhood, and wifehood which have to be channelled through obedience, seclusion, and bearing sons (Rubenberg 2001; Israeli 2004; Kedar 2006). Wahome (2005) notes that religious fundamentalists try to control women's bodies since women reflect the morality of society. It is no wonder then that feminists view the rise and spread of Muslim fundamentalism with unease (Creevey 1991). Karam notes that feminists "try to steer a middle course between interpretations of socio-political and cultural realities according to Islam and a human rights discourse" (1998:11).

Thus, Muslim fundamentalists seek to push Muslim women further into the private sphere and away from Western influence and assistance. Otiso (2009) for example notes that tourism, as it is practised on Kenya's coastal beaches, is at odds with some Muslim fundamentalists' interpretations of Islam. This is in spite of Islam not encouraging such interpretations. Some of the interpretations advance the view that women should cover every part of the body except the eyes when in public and also forbid the consumption of alcohol. Yet in Kenya's coastal beach areas, women tourists walk around barely dressed and alcohol is freely served in the many bars that cater to tourists and non-Muslim Kenyans.

As in all religions, of course, the perspective of Islamic doctrinal positions in the Muslim world has been decidedly patriarchal. But it is the absolutist brand of Islamic fundamentalism that has, in fact, been the most repressive of women. While prepared to go to any extent to "liberate" the Muslim world from Western imperialism, it has been busy consolidating structures of "enslavement" of the Muslim woman – all in the name of "true Islam". The nation-wide oppression of women in Afghanistan under the Taliban is, tragically, being mirrored in the domestic spaces of some revivalist Muslims in parts of sub-Saharan Africa. Radical Muslims in Kenya are increasingly campaigning for stiffer measures that infringe on rights and freedoms of Muslim women as a measure to counter emergent Americanism in Muslim areas through counterterrorism security surveillance. Muslim women have, thus, become an arena in which terrorists and counter-terrorists fight each other.

Terrorism and Loss of Human Life and Livelihoods

Otiso (2009) lists the impacts of terrorism in Kenya as economic sabotage (slump in tourism), increase in security costs and loss and destruction of lives. Cronin (2002) has underscored the dangers inherent in religious terrorism which can engulf all humanity because it is premised on good versus evil. Religious terrorists (perpetrators) can unleash large scale terror at the command of deities unknown to non-adherents and without regard for any earthly concerns such as people's feelings. Such terror has been unleashed in Kenya by terrorists linked to Al-Qaeda who blew up the American Embassy in Nairobi, in 1998, killing over 200 people and injuring dozens of others. This attack was followed with another in 2002 when the Israeli-owned Kikambala Hotel was attacked in 2002, this time by three suicide bombers. Eleven Kenyan Muslim men and women and three Israelis were killed, and dozens were wounded. Collectively, the 1998 and 2002 suicide bombings led to a loss of 228 people and injured 4,080, mostly Kenyans in their prime ages (Muendo 2003). Kenya has also received terror threats and attacks from Al-Shabaab, an Islamic fundamentalist group based in Somalia and linked to al-Qaeda (*Nation Correspondent* 2011). These threats have been premised on the fact that Kenya supports the Somalia Interim Government.

Terrorist acts and threats have had a negative impact on livelihoods of people on the Kenyan coast where most people depend on tourism and tourism-related ventures. Terrorists have mainly targeted tourism on the Kenyan coast because most of the investors are Israelis and most of the tourists are Americans and Europeans. While this is the case, many Kenyans including Muslim women, are employed in these investments. By targeting these investments, terrorists have adversely affected the livelihoods of many Kenyans living on the coast. In fact, many tourism investments have either closed down or relocated to other destinations considered to be safe. This has been occasioned by either the increasing security costs incurred by investors or a decrease in the number of tourists visiting tourist sites in Mombasa (Kyama 2006).

The Kikambala Hotel Bombing in Mombasa in 2002 provides an example of how terrorism has become a Muslim women's concern. Kadzo Masha's daughter, Kafedha Masha, is among those who were killed in the hotel bombing. Kafedha Masha had left home very early that morning to dance for an arriving group of tourists from Israel. She was the sole breadwinner of the family as she raised her three children alone and took care of her mother, Kadzo Masha. Kafedha Masha, and her four colleagues (Muslim lady dancers) were among the 14 people killed (Mutiga 2011:5). Mufidha Mohamed, wife to the late Wilfred Owuor, who died in the attack of Kikambala Hotel, provides another case study. Mufidha depended entirely on her husband's wages. She now has to fend alone for the family which comprises of five children inside a rented house at Mtwapa Trading Centre in Kilifi County. Safari Yaa was another man killed in the incident leaving behind his wife and nine children (Kitimo 2011a; Kitimo and

Kalama 2011). The right to life of Kenyans who lost their lives in the Kikambala Hotel bombing was violated according to both national and international human rights law.

Infiltration of Terrorism into Some Muslim NGOs

The infiltration of Muslim fundamentalism in some Muslim organizations in Kenya has presented problems for genuine NGOs. Genuine Muslim organizations have been helpful to Muslims especially women and children in terms of offering humanitarian assistance. This is bearing in mind that Kenya has witnessed poor economic growth since the inception of Structural Adjustments Programmes (SAPs) in the late 1980s which has affected Muslims adversely. Muslim communities, in Kenya, are predominantly found in Northeastern and Coast provinces. These areas are also the poorest in the country (Government of Kenya 2002). They lack basic social services and amenities such as education, roads and hospitals. Many more of these services are provided by NGOs through community development initiatives. Muslims' own initiatives to organize themselves for community development has been praised as one of the more positive outcomes of the ravages caused by economic globalization which the West prescribed for Kenya as the medicine to fight poverty. Many Muslim women and children have benefited from basic social services provided by NGOs (education, health care and infrastructure).

Unfortunately, some of the Muslim NGOs have been linked to Muslim terror groups, notably Al-Qaeda and Al-Shabaab, who use such organizations to transfer funds and recruit terrorists (Otiso 2009). As a result, Muslim NGOs have come under the scrutiny of security agents with some having to be closed down pending investigations. There are cases where some NGOs have been cleared and allowed to continue offering services. Before genuine NGOs are cleared, Muslim women beneficiaries have had to suffer for some time. Following the August 1998 bombing of the US embassies in Kenya and Tanzania, for example, Kenya's NGO Co-ordination Board deregistered five Muslim organizations for allegedly supporting terrorism. One of them is *Al-Haramain*, which according to Kenyan Muslim leaders was supporting orphans and destitute children at Dadaab, Ifo Dagahle and Hagardeera refugee camps (Mayoyo 2004). *Al-Muntada Al-Islami*, which had been funding several *madrassas* and health facilities in the country, was also banned.

Terrorism and Drug Trade in Muslim Neighbourhoods

Financing of Al-Qaeda terrorist activities is also linked to drug trade. Ochami (2009) notes how Kenya has become a hub for drug trafficking. Some of the proceeds from the drugs are used to finance terrorism activities in Northern Africa and some other sub-Saharan states. Kenyan drug kingpins not only facilitate this lucrative international illicit trade, but also facilitate the sale of these drugs to Kenyan Muslims both men and women. Availability of drugs in Kenyan cities is fuelling addiction and spread of HIV/AIDS in towns like Mombasa and Nairobi. It is in view of this that the Government of Kenya has embraced an anti-narcotics campaign as one of the strategies of fighting international terrorism. These drugs are mainly concentrated in Muslim neighbourhoods on the Kenyan coast. Muslim mothers have raised alarm at the rate at which their sons and daughters are increasingly being spoilt through use of drugs.

Terrorism and Islamophobia against Somali Muslims in Kenya

Terrorist attacks carried out by Al-Qaeda and Al-Shabaab in Kenya are facilitated by Kenyan Muslims. The association between Muslim fundamentalists and Kenyan Muslims has created Islamophobia (fear for Muslims) in the country. Muslim populations in Kenya make it possible for terrorists to slip into the country unnoticed, blend in, plan, fundraise or set up cover businesses, and carry out their attacks (Soke 2003). It also makes it easy for terrorists to slip out after the attacks. For instance, the accomplices of the Mombasa Hotel suicide bombers vanished into the local Muslim population before fleeing to Somalia two days later (Kelley and Munaita 2004). Moreover, the perpetrators knew that investigations into their crime would be complicated by the presence of a relatively large local Muslim population because any arrest and interrogation of local Muslim suspects could be easily interpreted as Muslim persecution by the country's Christian dominated government (Potter 2003). Studies have shown that after the 1998 terrorist attacks, by purported Al-Qaeda Muslim fundamentalists, relations between Muslims and Christians began to sour (Kelley 1999; Otiso 2009; Potter 2003) with many Christians blaming local Muslims for abetting the attacks (Mwaura 2004). This religious rivalry, if unchecked, could spiral downwards into civil war and anarchy as happened in Sudan in the 1980s (Mulama 2003).

Islamophobia has also been registered, in the recent past, against Somali Muslims following Kenya's war against Al-Shabaab in Somalia. In most cases, it is Somali Muslim women who are conspicuously identifiable as Muslims based on their dress code. Cases of attacks carried out on Somalia Muslims, including women, have been registered in several parts of the country. This has generated concerns among Muslim women in Kenya given that it is not easy to differentiate between Kenyan Muslims and those from Somalia. Cook (2011) interviewed Aisha Wangari, a Kenyan Muslim woman, who registered her displeasure with rising cases of Islamophobia. Aisha stated, during the interview, that there has been a lot of hatred against Muslims (Islamophobia) in Kenya in the aftermath of terrorist bombings. More and more hate crimes have occurred against Muslims. She is concerned that everyone is talking about Muslims, hijab, and Islam with feelings of bitterness, rejection and hate.

Intermarriages between Muslim Women and Terrorists

Muslim terrorists disguising as religious leaders have ended up marrying Kenyan Muslim women. Fazul Abdalla Mohammed, killed in Somalia in 2011, married a Kenyan Muslim. When Fazul realized that he was being sought by Kenya Anti-Terrorist Police, he fled leaving behind his wife and three children (Amran 2007:6). The police arrested and detained his wife and children, prompting the Supreme Council of Kenya Muslims (SUPKEM) and the Council of Kenya Muslims (CISK) to demand that they be released or produced in court. They were detained for a long time without being produced in a court of law as required by Kenyan laws and international laws on human rights. According to the mother of Fazul's wife, no one ever suspected that Fazul was a terrorist because he disguised himself as a pious Muslim leader. More mothers in Mombasa are worried that there could be more terrorists disguising as religious leaders who might marry their daughters and bring them problems the same way Fazul did.

Recruitment of Kenyan Youths into Al-Shabaab Terrorist Networks

In addition to issuing threats against Kenyans for their involvement in Somalia affairs, Al-Shabaab has been involved in recruiting Kenyan youth into their rank and file (Kibirige 2011). Recruiters exploit the existing economic backwardness which is prevalent among Muslim communities on the Kenyan coast (Meilink 2000). Like in the Middle East where much of the current wave of religious terrorism originates, most people in Muslim communities in Kenya are trapped in poverty and underdevelopment despite the region's wealth which is generated through tourism and the Kilindini port. Frustrations with the slow pace of social reforms in the region, coupled with poor governance and lack of social services, facilitates the proliferation of terrorist groups that purport to offer solutions to the poor Muslim community (Baffoun 1994). The tourism industry in Mombasa has not really benefited local people, Muslims in particular, for three reasons. First, many tourist investments are in the hands of government and upcountry or foreign investors (Eastman 1995). Second, the facilities are oriented to Western tourists whose influence on local Muslim populations is opposed by Muslim fundamentalists (Otiso 2009). Lastly, many local Muslims, lack the skills required to work in the tourism industry because they are mostly schooled in *madrasas* or Islamic schools (Eastman 1995).

These factors facilitate the recruitment of Muslim youth into terrorist networks in order to sabotage the tourism industry which does not benefit locals, and which is perceived to have a negative effect on morals, especially of Muslim women. Indeed, terrorism has sabotaged the tourism industry (Government of Kenya 2002; Soke 2003; Maclean 2003). Kenyan youths are promised economic prosperity and they are paid upon recruitment (Kibirige 2011). Circumstances under which young Muslim males are being recruited are a concern of Muslim mothers because it leads to their sudden disappearance and sometimes death. The case of Suleiman Hassan, aged 27, presents an example of how recruitment, disappearance and death of Kenyan youths is a pain to Muslim mothers in Kenya's Coast Province. Suleiman Hassan was the only son to his mother, Saum Mwachambuni. According to Saum, her son's last words, before he left for Somalia where he died fighting for Al-Shabaab terrorists, were "Everyone was born alone and whenever I die, I should be buried in accordance to Muslim rituals" (Kitimo 2011a:5). Saum narrates how her son, a devout Muslim, spent most of his time in mosques, before being recruited into Al-Shabaab.

Counterterrorism in Kenya

Counterterrorism entails preventive and responsive mechanism to terrorist activities. Norton defines counter-terrorism as:

> those state actions that aim to suppress terrorist violence, utilizing any or all tools of statecraft including the use of military force, criminal law measures, intelligence operations, regulatory controls, and diplomacy (2006:37).

Kenya relies on a combination of legislative, security, social and diplomatic measures to deal with the country's terrorist threat. These measures include (1) beefed up security patrols by the military and police, (2) social outreach and (3) peace talks to resolve the Somalia and Sudan crises. However, police and military security measures predominate.

Combined counterterrorism efforts by the Kenyan police and military have been carried out to pursue terrorist suspects as far as Somalia (Soke 2003) in order to secure Kenyan borders with troubled Eastern Africa states (Otiso 2009). Joint Kenya–US navy patrols of Kenya's Indian Ocean territorial waters are regularly carried out in order to prevent infiltration of terrorists from Somalia, curb illegal immigration and the smuggling of narcotics and weapons (Wabala and Wandera 2003). The US government is assisting Kenya to deal with anti-money laundering and combating the financing of terrorism. In spite of these measures, there have been insufficient boats and personnel to prevent entry of terrorists and pirates into Kenyan territory via the Indian Ocean coastline and other ports (Otiso 2009).

As stated earlier, counterterrorist measures are mainly undertaken by the Kenya Anti-Terrorist Police Unit which was established in 2003 and started operating in February 2004 as a branch of the police force. Members of this police unit are selected from serving police officers who have displayed exemplary acumen in investigations and anti-terrorism (Njoroge 2004). In addition, candidates have to do a month long special course on anti-terrorism. Those who do well are picked and taken for further training locally, at the Criminal Investigation Department Training School, and internationally in countries like Israel, Egypt, and the US, and also at an American base in Botswana. The anti-terrorism unit has been behind raids in areas suspected to have terrorist cells.

The unit has been strengthened through the opening of a National Counter-Terrorism Center to provide an institutional framework to combat terror threats (Kelley 2003; Otiso 2009; Kelley and Munaita 2004). Moreover, internationally renowned anti-terrorism police units such as Scotland Yard and the Federal Bureau of Investigations (FBI) are aiding and training their local counterparts to better combat the threat (Wabala and Wandera 2003). The unit has received technical support from the US in detection and disarming of bombs, protection of government leaders and hostage negotiations (Otiso 2009). Airport security has also been enhanced by the US provision of computer systems that allow each traveller's identity to be quickly checked against an updated terrorist watch-list.

In spite of the successes achieved by the Kenya anti-terror police unit, it is viewed as a tool to intimidate and oppress members of the Muslim community (Mwinyihaji and Wanyama 2006). This view has heightened tensions between the Kenyan Muslim community and the Kenyan government (Otiso 2009; Muendo 2003). Muslims on the coast, the northeast and in Nairobi complain that they have been persecuted on the flimsy excuse of being terrorist suspects (Mwinyihaji and Wanyama 2006). While counterterrorism efforts by the Kenyan police have been generally criticized by the Muslim community and human rights organizations in and outside Kenya, there are concerns specific to Kenyan Muslim women which are discussed in the next section.

Counterterrorism and Muslim Women's Concerns

This section examines the impact of counterterrorism measures on Kenyan Muslim women. Just as the case with terrorism, Muslim women have registered displeasure with certain aspects of counterterrorism. In fact, Otiso (2009) notes that, as in other countries such as the US, the "War on Terror" has become a major threat to human, civil and political rights in Kenya as the security forces have acquired unprecedented powers and tools to combat terrorism. Counterterrorism has been criticized from a human rights perspective because (1) terrorist suspect detainees are, sometimes, never charged with any offence and are never informed, at the time of arrest, of the reasons for the arrest, (2) detainees are, sometimes, never brought before a judge "promptly" as required by laws, (3) suspects are, sometimes, denied access to their families or lawyers. Detaining individuals without allowing them contact with their families and refusing to inform their families of the fact and place of the detention of these individuals amount to inhuman treatment both of the detainee and their families, (4) children are, sometimes, detained under degrading conditions, and (5) some suspects have alleged to have been subjected to torture and other cruel, inhuman or degrading treatment, among other human rights violations. The next section discusses some of these as they relate to Muslim women in Kenya.

Damage Caused to Property of Muslim Women

The Kenya Anti-Terrorist Police Unit has been accused of using excessive force during their night raids on homes of suspected terrorists or those of their relatives. Usually, the use of force has led to destruction of property. Doors have been broken to gain access to these houses. Whenever these cases are brought to the attention of the media, police officers deny causing such damages. Muslim women in Mombasa have complained about destruction of their property in the name of counterterrorism. A case was registered whereby the police used explosives to corner two suspected recruiters for Al-Shabaab (Kitimo 2011b).

One of the complainants was Aziza Mohammed Kapera, whose house was among the three which were raided by a contingent of police officers in Mombasa. Two young Muslim men were arrested on suspicion of aiding the recruitment of foreigners and locals to join the insurgent group of Al-Shabaab in Somalia. The police were armed to the teeth. Officers detonated special explosives to scare suspects before arresting them. The explosives interfered with the power supply, causing a blackout in Tononoka and Majengo villages, hence panic among the residents. Aziza Mohammed Kapera, mother of one of the arrested suspects, said the explosives caused damage to her house and the police did not provide any explanation as to why they used such force to arrest her son (Kitimo 2011b).

Somali Muslim Women and Child Refugees are Denied Entry to Kenya

Uganda, Ethiopia, Eritrea and Somalia are Kenya's neighbouring countries which have suffered civil wars for decades after independence. Political instability in these countries, coupled with many years of economic stagnation, has led to an increased overflow of a large number of refugees into Kenyan refugee camps. Apart from wars, climatic conditions, mainly droughts, have also contributed to an overflow of pastoralists into Kenya in search of pasture and water for their livestock. It is for this reason that Kenya has been described as an island of peace embedded in a troubled Eastern Africa. Counterterrorism has invited strict measures for policing Kenyan borders against infiltration of refugees who might harbour bad intentions on the country. This has had a negative impact on Muslim Somali refugees from Somalia especially women and children.

Njagi (2011) notes how "War on Terror" has posed a danger to refugee Somali Muslim women and children fleeing war-troubled Somalia into Kenya. Kenya's security forces in conjunction with the Anti-Terror Police Unit have intensified surveillance on the Kenya–Somalia border which makes it impossible for Muslim Somali women to enter Kenya as refugees. Chacha notes that:

> the threat of international terrorism has also recently affected Kenyan attitudes and policies towards refugees with Muslim backgrounds whose population has been increasing in the country (2006 : 67).

Muslim women refugees in urban areas such as Nairobi have been subjected to frequent harassment by Kenyan police (Chacha 2006). They are also often the targets of native resentment and political scapegoating in connection with terrorist activities.

Kenya, though a signatory to the international agreements on refugee protection, lacks an internal legal framework to deal with permanent refugee resettlement and integration in the country. Most of the refugees in Kenya are resettled in the US and Canada through the assistance of the United Nations High Commission for Refugees. Increased scrutiny of Somali refugees by the Kenyan police have led to long delays in the departure of thousands of Somali Bantu refugees previously approved for permanent resettlement in the US (Chacha 2006). Most of these refugees are confined to camps in geographically remote semi-arid areas such as Dadaab and Kakuma under inhuman conditions.

Arrest, Torture and Detention of Muslim Women and Girls

The Kenya police, generally, believe that it is easier to extract confessions from women and children as opposed to men. For this reason, women (friends and relatives) and children of suspected terrorists have been arrested, tortured and detained in order to squeeze information out of them (Amnesty International 2003). Sometimes, women and children are arrested in order to compel run-away suspected terrorists to appear before the police. This has been described by Kenyan and international human rights organizations as the epitome of the abuse of women and children's rights. This is notwithstanding the fact that Kenya boasts of being among the countries in the world which has ratified international legal instruments that protect the rights of women and children. Two case studies, drawn from Amnesty International and Kenyan media, are provided below for illustration.

The Case of Arrest and Detention of a Girl Child

According to the Kenya National Commission on Human Rights (2007), the Kenya Anti-Terrorist Police Unit arrested and confined a four-and-half year-old girl called Hafswa Swaleh Ali for almost a month. Her only crime was that her father Saleh Ali Nabhan was a wanted man for his alleged involvement in "terrorist activities". Hafswa's mother, Fatma Ahmed, three children and a pregnant woman Halima Hashim Abdulrahman were also detained alongside Hafswa Swaleh. The Kenya National Commission on Human Rights was forced to intervene when it stormed the police headquarters demanding the release of the girl in vain. The police transferred the suspects to another police station. A court in Mombasa issued an order, which was ignored, to the police to either release the suspects or have them produced in court.

Case of Arrest and Detention of a Suspect's Wife and Child

Armed Kenya police arrested and detained a wife to a brother of a suspected terrorist on 15 December 2002. At that time, she was nursing an infant child. Police officers ordered her to pack some clothes for her child and they then took both away to the police station. The young woman's mother was also arrested and detained on the same occasion. Neither were supplied with sufficient reasons leading to their arrests. One was released after four days and the other was released a month later. These two victims thought that the plainclothes armed police officers were robbers when they stormed their house (Amnesty International 2005).

The Case of Detention of Women and Children under Inhuman Conditions

Women and young girls have been reportedly detained under inhuman and degrading conditions which violate the absolute prohibition of torture and other ill-treatment (Redress and Reprieve 2009). A female detainee described these conditions in the following words:

> Dimensions less than 4x3 feet, no lights; the only ventilation was a hole in the wall with bars and next to the ceiling; liquid all over the floor, particularly around the bucket in the corner of the cell that was meant to be a toilet; it smelt like a very dirty toilet.... There were no lights in the cells, and only two lights in the corridors... Although some of the people in our group had severe diarrhea, for the first two days in that police station we were not allowed to use the toilet at all. The cell had shit all over the floor. We were not allowed to clean our cell nor did anyone clean it for us.... We only had shorts and T-shirt, and no blanket.... Because we were sleeping on cement in the cell, it was so cold.... The baby had bad nappy rash. She was bleeding with big blisters (retrieved from Redress and Reprieve 2009:9).

Arrest, Torture and Detention of Men and the Increased Burden on Muslim Women

The Kenya Anti-Terrorist Police Unit has, on several occasions, been accused of arbitrarily arresting, torturing and detaining Kenya Muslim men on account of their suspected involved in or link with terrorism. Redress and Reprieve (2009) estimate that in 2006 and early 2007, approximately 150 people had been rounded up and detained on suspected terrorist-related charges. Whenever Muslim men are arrested, their male relatives and friends fear to visit their relatives because they may be implicated also. It is Muslim women who spent most of their time frequenting police stations. Some of the suspects are taken to unknown police locations and women have to spend even more money and time trying to locate them. Relatives have had, in certain circumstances, to file applications for writs of habeas corpus to have access to members of their families who were detained. Several detainees report having been effectively cut off from the outside world for periods ranging from three days to over six weeks while their families tried to locate them. Muslim women have, as a result of this, shouldered extra responsibilities that include fending for children. Some of the men have suffered permanent disability due to torture. This means that women have to assume men's roles due to their (men's) permanent disabilities. Two case studies, drawn from complaints registered by Muslim women to Amnesty International (2003), are presented below in order to shed light on the burden shouldered by Muslim women when their male relatives are arrested by terrorist police.

Muslim women have narrated to Amnesty International how they have suffered as a result of the arrest of their husbands, brothers and sons. In one case a woman narrated how she was arrested together with her husband and their five-year-old son. The husband was taken to Bamburi Police Station. While the women and the child were released, the man was transferred to Nairobi. The woman, her relatives and a lawyer she hired could not effectively locate the whereabouts of the suspect for weeks until after filing a habeas corpus application (Amnesty International 2005). In another case, a mother to a suspected terrorist stated that her son was arrested at around 3 o'clock and brought to her house. The police broke into her house because she was not present. When she heard that her son was arrested, she went looking for him for a week without knowing where he was detained.

> Nobody told us where he was and how he was doing. We went to all police stations in Mombasa, searching for him. It was only later that an officer from the Anti-Terrorist Unit informed us that my son had been taken to Nairobi by air (cited by Amnesty International 2005:16).

Conclusion

Kenyan Muslim women, like men, are dissatisfied with terrorism and counterterrorism because both undermine respect of human rights as enshrined in national and international human rights law. The infiltration of Muslim fundamentalism into Muslim neighbourhoods has introduced unwelcome fundamentalist beliefs that relegate women into the domestic sphere. Terrorism has led to loss of human lives, especially of Muslim women and their livelihoods, and has brought Muslim women into the cross-fire between terrorists and counterterrorists. Muslim mothers have lost their sons recruited into Al-Shabaab ranks and networks. Muslim women who have had associations with terrorists through marriage have been arrested, tortured and detained for months without being brought before courts for trial. Likewise, counter terrorism has become a major threat to human, civil and political rights in Kenya, as elsewhere, as the security forces have acquired unprecedented powers and tools to combat terrorism. Terrorism is being fought with terror which Kenya's security forces have been accused of during their heavy-handed interrogation tactics of terrorist detainees, including Muslim women. While this is the case, Muslim women have received less attention, compared with Muslim men, as regards human rights abuses stemming from the "War on Terror". This is in spite of the fact that they have suffered gross violation of their rights.

This research has demonstrated that terrorism and counterterrorism have affected both Muslim women and men almost in equal measure. In order to fight terrorism in Kenya, the government of Kenya requires the involvement of all Kenyans and most importantly Muslims. Going by concerns raised by Muslim women in this paper, the government of Kenya and US is far from winning the cooperation of Kenyan Muslims in general and Muslim women in particular. This calls for a realignment of the strategy of fighting terrorism to seize the support of Muslim women especially now that most of them are not supporting militant Islamic fundamentalism. This is the right time to do this in light of the newly endorsed constitution which guarantees an expanded space for the enjoyment of human freedom and administration of justice.

References

Amnesty International, 2005, Kenya: The Impact of Anti-terrorism, Operations on Human Rights, Unpublished Report, March 23.

Amran, A., 2011, "Muslims Want Fazul Wife Freed", *Sunday Standard Newspaper*, 28 January 2007, p. 6.

Armborst, A., 2009, "A Profile of Religious Fundamentalism and Terrorist Activism", *Defense Against Terrorism Review*, vol. 2, n° 1, pp. 51-71.

Baffoun, A., 1994, "Feminism and Muslim Fundamentalism: The Tunisian and Algerian Cases", *Africa Development*, vol. XIX, n° 2, p. 5-20.

Bennoune, K., 2008, "Terror/Torture", *Research Papers Series P*aper, n° 032, Rutgers School of Law, Newark, available at http://ssrn.com/abstract=1148284, accessed 12 December 2011.

Bennoune, K., 2010, "Remembering the Other's Others: Theorizing the Approach of International Law to Muslim Fundamentalism", *Research Papers Series Paper*, n° 075, Rutgers Law School, Newark, available at http ://ssrn.com/abstract=1626026, accessed 30 December 2011.

Bloom, M. M., 2005, *Dying to Kill: The Allure of Suicide Terror*, New York, Columbia University Press.

Chacha, B. K., 2006, "From Local Conflicts to Global Terrorism: Can Refugees and Regional Security Problems Jeopardize the Renewal of Kenya?", *African Journal of International Affairs*, vol. 7, n° 1&2, pp. 57-80.

Chung, B., 2005, "Islamic Fundamentalism, Jihad, and Terrorism", *Journal of International Development and Cooperation*, vol. 11, n° 1, p. 57-67.

Cook, S., 2011, "Islamophobia: Why Do You Hate Us?: An Interview With Aisha Wangari Kaminjo", available at www.islamicgarden.com/islamophobia.html, accessed 30 December 2012.

Cragin, R. K and Daly, S. A., 2009, *Women as Terrorists : Mothers, Recruiters and Martyrs*, Santa Barbara, ABC-CLIO.

Creevey, L. E., 1991, "The Impact of Islam on Women in Senegal", *Journal of Developing Areas*, vol. 25, n° 3, pp. 347-368

Cronin, A. K., 2002, "Behind the Curve : Globalization and International Terrorism", *International Security*, vol. 27, n° 3, p. 30-58.

Eastman, C. M., 1995, "Tourism in Kenya and the Marginalization of Swahili", *Annals of Tourism Research*, vol. 22, n° 1, pp. 172-185.

Goldstein, J. S., 2001, *War and Gender : How Gender Shapes the War System and Vice Versa*, London, Cambridge University Press.

Government of Kenya, 2002, *Kenya Economic Survey*, Nairobi, Government Printer.

Graham, S., 2008, "Mother and Slaughter: A Comparative Analysis of the Female Terrorist in the LRA and FARC", in M. Pretorius, ed., *African Politics: Beyond the Third wave of Democratization*, Cape Town, Juta, pp. 198-214.

Haynes, J., 2003, "Religion and Politics: What is the Impact of September 11?" *Contemporary Politics*, vol. 9, n° 1, pp. 7-15.

Howland, C. W., 1997, "The Challenge of Religious Fundamentalism to the Liberty and Equality of Rights under the United Nations Charter", *Columbia Journal of International Law*, vol. 35, pp. 327-331.

Israeli, R., 2004, "Palestinian Women: The Quest for a Voice in the Public Square Through 'Islamikaze Martyrdom", *Terrorism and Political Violence*, vol. 16, n° 1, pp. 66-96.

Karam, A. M., 1998, *Women, Islamisms and the State: Contemporary Feminisms in Egypt*, London, Macmillan Press.

Kelley, K. J. and Munaita, P., 2004, "US: Al Qaeda Threat Greatest in East Africa", *The East-African* on the Web, April 12, available at http://www.nationaudio.com/, accessed 6 August 2011.

Kitimo, A., 2011a, "Alarm as Kenyan Youths Enlisted in Al-Shabaab Killed", *Daily Nation Newspaper*, 10 May, p. 6.

Kitimo, A., 2011b, "Anti-Terrorism Police Use Explosives to Corner Two Suspected Recruiters for Al-Shabaab", *Daily Nation Newspaper*, 7 August, p. 4.

Kitimo, A., and Kalama, M., 2011, "Avert Other Terror Attacks, Say Victims", *Daily Nation Newspaper*, 2 May, p. 4.

Kabirige, A., 2011, "Three Mombasa Mosques Accused of Recruiting Militias", *Daily Nation Newspaper*, 28 April, p. 5

Kedar, M., 2007, *Gap of Values: Gender and Family Issues as Source of Tension between Islam and the West*, Herzliya, Institute for Policy and Strategy.

Kenya National Commission on Human Rights (KNCHR), 2007, "Arbitrary Arrest and Illegal Detention by Police of Alleged Terror Suspects: Press Statement", 31 January.

Kyama, R., 2006, "The Threat of Terrorism to Kenya", *Terrorism Monitor Volume*, vol. 4, n° 19, pp. 1-8.

Maclean, W., 2003, "Bombers Push Kenya's Coast Deeper into Poverty", *Financial Standard*, August 26-1 September, Available at www.ea-st-andard.net/, accessed August 26, 2011.

Mayer, A. E., 2007, *Islam and Human Rights: Tradition and Politics*, Boulder, CO, Westview Press.

Mayoyo, P., 2004, "Kenya Muslims Say no to US School Funds", 23 February.

Meilink, H., 2000, "The Kenya Coast in National Perspective", in Hoorweg, J., Foeken, D., and Obudho, R. eds., *Kenya Coast Handbook: Culture, Resources and Development in the East African Littoral*, Hamburg, Lit Verlag, pp. 11-28.

Muendo, L., 2003, "US Embassy Bombing Anniversary Set for Today", *East African Standard*, August 7, available at http://www.eastandard.net/, accessed 7 July, 2011.

Mulama, J., 2004, "Constitutional Endorsement of Muslim Courts Provokes Anger", available at http://www.axisoflogic.com/artman/publish/printer_5623.shtml, accessed June 8, 2004.

Mutiga, M., 2011, "Old Masha Has no Kind Words for those who Killed her Daughter", *Daily Nation Newspaper*, 7 August, p. 5.

Mwakio, P., 2011, "Relatives of Kikambala Bomb Victims Glad Osama no More", *Standard Newspaper*, 8 September.

Mwaura, P., 2004, "Islamophobia on the Rise Everywhere", *Daily Nation*, 23 January, available at http://www.nationaudio.com/, accessed July 7, 2011.

Mwinyihaji, E. F., and Wanyama, F., 2011, "The Media, Terrorism and Political Mobilization of Muslims in Kenya", *Politics and Religion*, vol. V, n° 1, pp. 103-112.

Nation Correspondent, 2011, "Terror Suspect in Kenya, Police Warns", *Daily Nation Newspaper*, 27 April 2011.

Ness, C.D., 2008, *Female Terrorism and Militancy : Agency, Utility, and Organization*, New York, Routledge.

Njagi, J., 2011, "Kenya Grapples with Influx of Immigrants", *Daily Nation Newspaper*, 1 May.

Njoroge, K., 2004, "Arm that Responds to Terror Threats", *East-African Newspaper*, 26 February.

Norton, B., N., 2006, "A Coalition of Coalitions : International Cooperation against Terrorism", *Studies in Conflict and Terrorism*, vol. 29, pp. 35-49.

Ochami, D., 2009, "Drug Barons Storm Kenya", *Standard Newspaper*, 14 December, p. 6.

Otiso, K., 2009, "Kenya in the Crosshairs of Global Terrorism: Fighting Terrorism at the Periphery", *Kenya Studies Review*, vol. 1, n° 1, pp. 107-132.

Porter, B., 2003, "Terrorism Splits Kenya Christians and Muslims", available at www.washtimes.com/upi-breaking/2ff0030806-062435-7097r.htm, accessed 24 October, 2011.

Redress and Reprive, 2009, *Kenya and Counterterrorism: A Time for Change*, Unpublished Report.

Rubenberg, C. A., 2001, *Palestinian Women: Patriarchy and Resistance in the West Bank*, Boulder CO, Lynne Rienner.

Shinn, D. H., 2008, "Implications of Terrorism and Counterterrorism in the Horn of Africa", paper delivered at the Horn of Africa Conference – VII on *Faith, Citizenship, Democracy and Peace in the Horn of Africa*, City Hall, Lund, Sweden 17-19 October.

Soke, H. A., 2003, "Somalia Flights Banned as Kenyan Government Steps up Terrorism War", available at http ://www.africanconflict.org/newacj, accessed 9 July.

Wabala, D. and Wandera, N., 2003, "Scotland Yard Joins Kenya War on Terror", *East African Newspaper*, 27 June, available at http ://www.eastandard.net/ accessed 9 August 2011.

Wahome, P. M., 2005, "War on Terror or War on Human Rights? Implications of the "War on Terror" for Human Rights in Kenya", A Masters Research Report, Johannesburg, University of the Witwatersrand, unpublished thesis.

Westerlund, D., 1982, "From Islam to Socialism? Notes on Islam as a Political Factor", in *Contemporary Africa*, Research report n° 61, Uppsala, Scandinavian Institute of African Studies.

Index

S

T

www.ingramcontent.com/pod-product-compliance
Lightning Source LLC
Chambersburg PA
CBHW060019030426
42334CB00019B/2102
* 9 7 8 2 8 6 9 7 8 7 5 4 4 *